AF378013

Un caractère pour la vie…
Mais qui êtes-vous vraiment ?

Un caractère pour la vie...
Mais qui êtes-vous vraiment ?

Auteur : Etienne de Ruffray

Un caractère pour la vie… Mais qui êtes-vous vraiment ?
ISBN 978-2-9590917-2-8
Edition: KDP
Depot legal: Novembre 2023
Imprimé en France
Rédaction : Etienne de Ruffray
Collection : Psychologie.com.co

Sommaire

Deuxième partie

QUI êtes-vous vraiment ?

Caractérologie spéciale. Les différents types de caractères.

Troisième partie

Caractérologie et psychologie

Construction ou déconstruction de la personnalité

Le maintien des schémas par compensation

Quatrième partie

Caractérologie et société

Approche holistique de la caractérologie

Du caractère à la personnalité

Lorsque nous sommes en présence de quelqu'un nous voyons son apparence, ses traits de visage, son sourire ou au contraire son visage fermé. Nous voyons ses vêtements, son allure, sa silhouette, son uniforme, sa coiffure. Quand nous le voyons pour la première fois nous nous demandons à qui nous avons affaire n'est-ce pas ? Tous ces détails laissent percevoir quelques signes extérieurs de ce qu'on appelle la personnalité. Celle-ci s'est forgée au fil des années en devenant la somme du caractère intrinsèque de cette personne et du comportement qu'elle s'est approprié. Ce n'est donc pas uniquement le fruit de son héritage génétique, mais la conséquence des influences environnementales auxquelles elle a été soumise.

Ce sont toutes les émotions, les comportements, la manière que nous avons de penser, d'agir et de vivre, la mentalité, les convictions, les croyances, la façon de marcher, de courir, de regarder ou de parler qui dessinent la personnalité. Ce sont plusieurs processus qui interagissent entre eux en mettant ainsi en place un système dynamique. Ce sont nos opinions qui correspondent à des systèmes de réactions affectives et verbales qui se déclenchent avec l'automatisme d'un réflexe. La personnalité est une distinction individuelle et donc une caractéristique de chacun. Il y a autant de personnalités que d'êtres humains sur cette terre.

Revenons sur cette personne que vous voyez pour la première fois. Vous savez quelle profession elle exerce, quels vêtements elle porte, dans quelle voiture elle roule... mais au fond, ce que vous voyez n'est pas sa personne mais son personnage. D'ailleurs, comment se fait-il qu'elle soit devenue médecin alors que sa sœur, pourtant élevée dans la même famille, est boulangère ? Peut-être que la première a fait médecine pour faire comme son père et que la deuxième s'y est opposée ? Peut-être aussi que son caractère a contribué à choisir sa profession de chirurgien, et que pour la fille puînée voir constamment son père faire la même chose lui a définitivement fait mettre une croix sur cette profession ? Tout simplement n'était-elle peut-être pas destinée à cela ?

En tout état de cause, l'influence de la famille a eu une incidence très nette sur le devenir de ces deux sœurs. En quelque sorte la vie dans un certain environnement superpose à nos dispositions congénitales une deuxième nature, à laquelle il peut être aussi compliqué de s'arracher que sa nature première qui est notre caractère inné. Un enfant né dans une famille très défavorisée sur un plan matériel et intellectuel n'évoluera pas de la même façon qu'un autre héritant d'une éducation fertile.

Les naturalistes Locke et Helvétius affirmaient que « *nous naissons tous égaux d'esprit et de caractère et que l'éducation seule fait des différences* ». Ou encore que « *l'esprit, le caractère de l'homme sont à la naissance une page blanche, l'éducateur peut donc y inscrire ce qu'il veut* ». Si c'était le cas, comment expliquer que sur les mêmes bancs d'une même école, certains élèves s'illustreront, et d'autres, toute leur enfance, souffriront de leur apprentissage scolaire ? Aujourd'hui, tout le monde reconnaît unanimement, et fort heureusement, l'existence d'un bagage psychologique héréditaire particulier à chaque enfant, et le rôle indéniable et durable de cette hérédité dans la formation de l'esprit et du corps de chacun. Ces deux enfants, de milieux sociaux opposés, subiront l'influence forte de leur environnement. Sans nier l'influence héréditaire de chacun, le facteur externe sera prépondérant et leur développement intellectuel aussi ;

nous verrons dans quelle mesure les prédispositions intrinsèques de leur efficience auront ou non un impact sur leur environnement familial et scolaire.

Chacun naît aussi avec des aptitudes particulières. Comme dirait Gaston Berger : « *le caractère donne au génie son allure, non sa puissance* ». Le génie est celui qui peut démontrer ce qu'il suppose être. Ce que veut dire Gaston Berger, c'est que, si nous avons des aptitudes, il faut pour s'en apercevoir y être confronté et les exploiter. Les aptitudes sont des caractéristiques individuelles qui ne sont pas directement observables. Elles peuvent être considérées surtout comme des caractéristiques cognitives responsables de l'acquisition et du traitement de l'information. Elles se distinguent en cela des caractéristiques de motivation et de la personnalité de chacun. Les uns auront une prédisposition à faire du sport quand d'autres seront à l'aise avec la lecture, la rédaction ou encore la capacité de mémorisation des chiffres.

Albert Einstein considérait que tout le monde est potentiellement un génie. Même s'il est vrai qu'un poisson rouge aura l'impression toute sa vie d'être idiot s'il est élevé dans une tribu de chimpanzés, peut-être qu'Albert Einstein a-t-il extrapolé ses propos par excès de modestie ? J.Demey (*Expérience et Education*, Ed Bourelier, 1947), philosophe américain pragmatique qui, du reste, côtoya Einstein à la Section Américaine de la Ligue Internationale pour la Liberté Académique, considérait que l'éducation des aptitudes « *est un développement qui procède du dedans* », elle se fonderait sur les dons naturels de chacun mais dominerait aussi les inclinations naturelles « *en lui substituant des habitudes qu'une longue pression extérieure a permis d'inculquer* ». L'aptitude d'une personne c'est une disposition particulièrement développée par rapport à une autre, un talent qui émerge de toute la personne comme une sorte de « pouvoir ». Mais comme le dit Paul Griéger (*L'intelligence et l'Education Intellectuelle, Ed Presse Universitaire de France, 1950*), si l'on définit ainsi l'aptitude par la supériorité, « *comment définira-t-on les capacités qui sont inférieures à la moyenne* » ?

Un enfant qui joue du piano peut être plus ou moins doué. Cela peut être lié à une capacité mais aussi à un goût particulier pour cet instrument. Il ne sera pas forcément un génie de la musique pour autant. Ce sera une tendance ou un don musical. L'aptitude est une disposition héréditaire qui tout au long du cursus scolaire pourra favoriser ou non l'apprentissage. Les principes d'évaluation d'aptitudes intellectuelles mis en place par Charles Spearman que sont la persévérance, la rapidité d'adaptation et le pouvoir de concentration et d'application s'appuient sur les intercorrélations des épreuves et tests d'aptitudes.

Lorsqu'on fait réaliser ces fameux tests à des enfants, on s'aperçoit souvent que le nombre des facteurs nécessaires pour définir des corrélations entre ces tests tend à augmenter avec l'âge. Un facteur général qui suffit d'abord à expliquer la plus grande partie de la variance de ces tests perd de son importance au fur et à mesure qu'on avance, alors que le poids des facteurs qui n'affectent chacun qu'une catégorie d'épreuves (les facteurs verbaux ou spatiaux par exemple) aurait tendance à augmenter. Partant, les aptitudes sont bien des dispositions congénitales, donc ce qui résulte de l'hérédité. Ce que les parents vont transmettre aux enfants sur un plan génétique n'est pas le passé sous forme de souvenir mais bien des aptitudes, des dispositions à agir de telle ou telle façon.

Il est indispensable que chacun identifie bien ses aptitudes afin qu'il y ait une parfaite symbiose entre le caractère et la fonction. Mais ce que dit Gaston Berger à ce sujet est fort intéressant et contredit cette théorie : « *Là où l'accord est trop intime entre ce qu'on est naturellement porté à faire et ce que l'on doit faire effectivement, la conscience s'assoupit et l'individu se mécanise* ». (*Traité Pratique d'Analyse du caractère, Ed Presse Universitaire de France*).

Si nous reprenons l'exemple de cet enfant qui joue du piano : n'est-il pas plus important qu'il prenne du plaisir à jouer, même s'il ne sera jamais un « génie » de la musique ? En admettant qu'il en soit un et qu'il en fasse sa profession, rien ne nous dit à ce jour qu'il ne rentrera pas dans une forme de routine, que l'instrument ne deviendra pas un outil de travail comme un autre ? Au final cet enfant aura peut-être laissé mourir en lui toute la richesse et toute la variété de ses possibilités humaines, en se focalisant uniquement sur le piano. Dès lors, ce sont d'autres propriétés qui vont rentrer en jeu et participer à l'épanouissement et la réussite sociale de cet enfant. Très certainement, s'il a des prédispositions à jouer du piano, à condition qu'on les ait identifiées, il serait regrettable qu'il n'en fasse pas usage. Mais il est possible que son champ de conscience se ferme totalement sur la musique, et nous aurons là un enfant à talent unique, focalisé par le plaisir de jouer ou, s'il est ambitieux, sur la réussite de sa carrière de musicien. Par contre, si son champ de conscience est large et fertile, il s'ouvrira à d'autres perspectives et continuera à s'intéresser à d'autres « objets » que sa conscience voudra bien lui laisser entrevoir, et, vraisemblablement ne passera pas à côté des autres aptitudes qui le constituent.

A la fin de la troisième, certains ont dû prendre une décision importante : choisir la profession de vos rêves qui déterminera votre orientation future dès la classe de première ! Alors, bon nombre d'entre vous ont choisi par défaut la série où il y aurait le moins de maths possible, alors que d'autres ont privilégié celle qui exclurait le plus les langues vivantes. Assurément, ce choix cornélien a rarement fait des miracles. C'est ainsi que, quelques années plus tard, vos souvenirs d'écoles vous ramènent avec amertume à votre triste existence ; celle qui consiste à vous dire tous les matins dans le bus, le métro ou la voiture que, peut-être, vous auriez dû choisir une autre option, une autre filière ou encore un autre métier.

Ce serait le cas de 36% des actifs en France : « *Ils ne trouvent pas de bonheur dans un travail qu'ils n'apprécient guère et qui leur permet avant tout de survivre financièrement.*

Pour les résignés, le travail est un devoir. Ils ont le sentiment que cela restreint les libertés et la vie sociale » selon une enquête de Capital publiée le 2 mars 2021.

Comme le souligne Gaston Berger : « *L'homme trop étranger à sa fonction y réussit mal et y trouve l'occasion de souffrances indéfiniment renouvelées* ». Il fait là allusion à vous tous à qui on avait dit que vous seriez un bon vendeur, ou une bonne secrétaire, ou encore un bon à rien, mais dont la réalité est toute autre aujourd'hui. A vous qui aviez toutes les aptitudes pour réussir mais peu de plaisir pour les exercer. Ou encore à vous qui vous êtes passionné pour vos études mais que votre profession décevra par la répétition monotone des mêmes tâches et du train-train quotidien.

« Qui suis-je ? ». Très bonne question à laquelle nous pourrions simplement répondre : ce que vous êtes d'une part, et ce que la société a fait de vous d'autre part. Jusque-là rien d'extraordinaire, même si vous vous posez régulièrement cette question depuis votre plus tendre enfance. Mais la vraie question à laquelle nous allons répondre est : « qui êtes-vous *vraiment ?* ».

Parmi les multitudes de caractères, votre personnalité est unique. Unique ne veut pas dire irréprochable, impeccable ou enviable. Vous avez certainement déjà lu un ou plusieurs livres de « développement personnel » vous expliquant que vous êtes quelqu'un de formidable mais que vos ressources sont cachées, que vous êtes introverti mais que votre véritable richesse n'est pas celle qui brille à l'extérieur, que votre vie est un enfer mais que le bout du tunnel n'est pas loin. Mais, peut-être vous rendrez vous compte finalement que vous avez d'ores et déjà épuisé vos ressources. Peut-être n'avez-vous pas encore réellement conscience que vous êtes cette « fameuse » personne toxique capable de mettre un jour votre couple en péril et de trahir vos proches. Vous êtes-vous déjà réellement posé la question de votre responsabilité à faire porter à l'autre un regard négatif sur vous-même, et de vos propres responsabilités dans la destruction de ceux que vous étiez censé aimer ?

Vous vous apercevrez alors peut-être que, bien que vous n'ayez de cesse de creuser pour extraire la « substantifique moelle » qui est censée faire de vous l'être unique, il n'y aura pas autre chose à extraire que le vide absolu d'une coquille de noix ramassée au sol en été.

Peut-être aussi vous rendrez vous compte que vous êtes unique, non pas dans le sens que votre personne est unique car, certes, vous l'êtes, mais dans le sens où vous vous détachez de l'autre par un format de pensée, de réflexion, d'intelligence hors de la norme. Vous vous sentez depuis toujours en décalage et vous allez comprendre pourquoi, par une meilleure connaissance des personnes qui vous entourent d'une part, et par une connaissance approfondie de votre être profond, d'autre part.

L'analyse caractérologique la plus fiable est celle qui consiste à découper la construction de la personnalité selon les facteurs « constitutifs » de classification auxquels sont associés les facteurs dits « secondaires » que nous allons détailler ici prochainement. Les propriétés fondamentales auxquelles est consacrée la caractérologie générale sont les propriétés indispensables à la détermination et la systématisation des caractères. Les trois propriétés constitutives les plus généralement reconnues par les caractérologues (et notamment René Le Senne que nous citerons très fréquemment tout au long de ce livre) comme éléments des caractères sont l'émotivité, l'activité et le retentissement des représentations. Elles ont servi à la constitution des formules usuelles et à la fixation des types de caractères généralement courants.

Nous ajouterons à ces trois propriétés constitutives, une liste de propriétés supplémentaires, comme l'ampleur du champ de conscience, l'intelligence, l'égocentrisme ou l'introversion, et d'autres propriétés qui serviront à spécifier les caractères définis par les propriétés constitutives. Elles permettront de multiplier les variétés caractérologiques et à la limite les caractères pourraient devenir aussi nombreux que les individus, susceptibles en effet d'être considérés chacun comme une « espèce ».

Longtemps la notion de race humaine a été employée pour classer l'espèce humaine selon des critères morphologiques, ethniques ou culturels. Les limites de cette classification ont pu être mises en évidence par le simple fait que la diversité génétique de l'espèce humaine est trop vaste et que, dès lors, il y aurait trop d'individus différents sur cette terre pour élaborer une classification raciale. En conséquence la Science rejette aujourd'hui l'existence d'arguments biologiques qui viendraient légitimer la thèse de l'existence de races humaines.

Quoi qu'il en soit, nous verrons plus loin qu'à chaque famille de caractère correspond un profil de personne bien particulier. Par abstraction et dans l'objectif de bien comprendre les mécanismes, nous devrons généraliser à 8 caractères de base les 8 milliards d'êtres humains peuplant notre terre, mais vous allez être surpris de pouvoir identifier chaque personne que vous connaissez.

Avant cela, nous allons nous replonger quelques instants dans votre classe de sixième ...

Petit extrait d'une journée de classe d'un 25 octobre, dans votre collège en France

9h15.

Mme Pasquier pose la question à sa classe de 6ème D : « Tiens, est-ce que quelqu'un est capable de me dire où est mort Napoléon ? ».

« *A Sainte Hélène ! à 5h49 le soir du 5 mai 1821 à Longwood, sur l'île de Sainte-Hélène* » répond du tac au tac Bernard sur un ton assuré. Bernard, le visage ferme et déterminé est au premier rang de la classe. Ses réponses fusent et à peine laisse-t-il le temps à ses camarades de répondre.

« *Très bien, Bernard,* dit la prof, quelqu'un a-t-il autre chose à dire sur la mort de Napoléon ? ».

« *Son fils Léon lui a crevé le bidon !* » ajoute Gérard du fond de la classe, sous les gloussements de ses acolytes. « A coups de bâton ! » surenchérit Vincent son voisin de deux tables.

« *Très drôle*, relève Mme Pasquier. Tu n'as pas trouvé mieux comme idiotie cette fois-ci Gérard ? ».

« *Côme, as-tu quelque chose à dire sur Napoléon ?»* lance-t-elle.

Ce dernier tente de répondre consciencieusement : « *Je crois que tout a été dit Madame, il me semble qu'il est parti en exil* » ose-t'il balbutier timidement après quelques secondes de réflexion, et s'extrayant péniblement de ses pensées.

9h59.

La grosse cloche sonne la fin du cours, alors que Vincent, Gérard, Jonathan, Maxime et Olivier ont déjà constitué l'équipe pour profiter de ce quart d'heure de récré à jouer au foot avec une balle de tennis contre la sixième A.

Pendant ce temps, Côme s'est retrouvé avec son meilleur ami Xavier, d'un an son cadet, pour échanger quelques souvenirs sur leurs vacances passées au Carel de Royan cet été, tout en troquant leurs dernières cartes panini pour compléter leurs albums respectifs.

10h01.

Michel est monté au CDI pour y emprunter « Ravage » de Barjavel, alors que Nathalie attend, seule dans son coin, la fin de la journée. Hélène, elle, est allée voir au parking le premier vélo trafiqué de Damien, profitant de ce petit moment ensemble pour y échanger quelques bisous, alors que ce dernier en profite pour remettre la chaîne de son dérailleur.

Driiiiiing ! retentit la cloche, au grand dam d'Olivier qui se dit qu'il n'a toujours pas fait son exo de maths et que cela risque de tomber sur lui cette fois. Il s'empresse d'aller voir Xavier qui, n'ayant pas vraiment le choix, lui prête son brouillon.

10h25

« *Côme au tableau !* » s'exclame d'une voix pesante et stressante Monsieur Morillon.

En passant par le jaune, le rose vif, et presque le vert, Côme devient rouge écarlate. « Mon Dieu, se dit-il, pourquoi encore moi » ?

« *Côme, tu connais bien la racine carrée de 2 ?* » Alors que ce dernier murmure à voix basse : « *1.14* ».

Bernard, Xavier et Damien ont déjà donné la réponse : « *√2 ≈ 1,414 213 562* » s'exclament-ils presque en cœur.

« *Bien* » répond Monsieur Morillon « *mais je vous rappelle qu'on lève le doigt pour répondre* ». « *Xavier, rappelle-nous quelle est la particularité de Pi (π)* ?

Froidement, Xavier affirme : « *La racine carrée de pi est un nombre irrationnel qui ne peut être exprimé par une fraction, et donc, qui a un nombre infini de décimales, mais est approximativement égale à 1,77245385091* ».

12h00

Driiiiiiiiing ! retentit la cloche, annonçant enfin pour Olivier, qui a déjà bouclé son cartable, le début de la récré et surtout l'heure du repas.

Ce soir c'est réunion parents-profs à 17h00 précisément.

Olivier, Gérard, Bernard et Damien font déjà la queue au self, Hélène et Carine filent aux toilettes pour vérifier devant la glace que tout est « ok » alors que Nathalie dans son coin se fait traiter de « Schtroumpfette » à cause de sa grande taille, par des caïds en survêtement, crachant au sol au passage pour marquer leur dégoût et leur supériorité.

Cette fois-ci, Côme est seul car son copain Xavier est bon au foot et jouera ailier droit. Lui n'a pas été sélectionné pour la rencontre, et de toutes façons le foot ce n'est pas son fort. Il est d'ailleurs « trop nul » selon le diagnostic presque unanime des « copains » de sa classe. Pascal est au CDI avec Bernard qui veut assurer pour ce soir.

12h45

C'est le tournoi interclasse qui commence et, sous les applaudissements d'Hélène, Damien marque son premier but, alors que Jonathan reproche à Xavier d'avoir loupé sa passe : « *t'es vraiment à chier mon pauvre, je te fais signe depuis tout à l'heure* » lui crie-t-il.

« *On a quand-même marqué, non ?* » lui rétorque Xavier abasourdi par tant de bêtise, *alors que Jonathan,* vexé de ne pas avoir été sous le feu des projecteurs, quitte le match désabusé : « *Vous êtes trop cons, j'arrête* ».

Sébastien est appelé en remplacement de l'avant-centre manquant en urgence et marquera l'avantage par un coup-franc à la 10ème minute.

13h59, la grosse cloche sonne !

« Do, mi, fa, sol, fa, mi, ré, do » chante Olivier en simulant un concerto de Bach à l'opéra de Paris.

« *La flûte n'est pas un jouet* » s'indigne Madame Aubert s'adressant à Jonathan et Gérard qui ont une fois de plus trouvé dans le cours de musique l'occasion de faire une habile transition entre la récréation et le prochain cours d'anglais. De son côté, Bernard s'applique à faire ses gammes en vue de la réunion parent-prof avant laquelle il reste précisément 3 heures pour faire bonne impression.

« *Tiens Pascal, on ne t'entend jamais, tu vas nous jouer : « j'ai du bon tabac* ». Ce dernier s'exécute et, sans une fausse note, réalise une véritable prouesse, sous les yeux ébahis de la classe, dont une moitié au moins n'a pas révisé son morceau.

Mais où était Pascal d'ailleurs depuis le début de la journée ? Tapi au fond de la classe près de la fenêtre, il profitait des derniers rayons de soleil de l'année (la classe est orientée plein sud), écoutant d'une oreille le cours et le capharnaüm de ses voisins de classe, Olivier et Jonathan, et de l'autre le chant des étourneaux nichés sous les érables de la cour.

15h40

« *Oh John Harvey, are you John Harvey? Yes I am, Here you are, thank you*". "*Very good Carine* » félicite Mme Brosnan.

« *Hélène, c'est à toi, tu es Paméla l'amie de John Harvey, et toi Bernard, tu es John Harvey* ».

Les deux protagonistes s'exécutent dans un anglais Shakespearien des plus fluides : « Here you are thank y… ». Mais Hélène n'a pas le temps de finir sa phrase qu'elle se prend une boulette de papier dans le coin de l'oreille.

« *Gérard et Jonathan, 1 heure de colle !!!* » hurle Mis Brosnan témoin de la scène.

« Ce n'est pas moi, c'est Gérard !! » s'insurge Jonathan qui, du haut de ses 1m35 a vite fait de désigner le coupable.

16h10. Cours de français avec Monsieur Portillon : « *J'attends de vous de la virtualité et de l'élan poétique dans votre récitation pour rendre hommage à Paul Éluard notre plus grand poète de ce siècle. Bernard, nous t'écoutons* » !

Rangeant à la hâte sous son livre de français son dernier dessin de Roger Hodgson, ce dernier s'exécute :

« Je t'aime pour toutes les femmes que je n'ai pas connues, Je t'aime pour tous les temps où je n'ai pas vécu, Pour l'odeur du grand large et l'odeur du pain chaud… Je t'aime pour ta sagesse qui n'est pas la mienne, Je t'aime contre tout ce qui n'est qu'illusion, Pour ce cœur immortel que je ne détiens pas, Tu crois être le doute et tu n'es que raison, Tu es le grand soleil qui me monte à la tête… »

La cloche retentit, accompagnée par les applaudissements de la sixième D, annonçant le début de l'hallali pour certains et un moment de grande curiosité de voir la tête des parents des copains pour les autres.

17h00 : Réunion parents-Profs…

Caractérologie des enfants de la classe

Nous allons détailler 10 personnalités de votre classe de sixième. Ce sont 10 personnalités que vous avez assurément rencontrées au cours de votre scolarité, à quelques nuances près. Ces portraits vont vous donner une première idée des 8 types de caractères, ils sont volontairement stéréotypés afin que vous compreniez bien les mécanismes qui se mettent en place ; nous vous invitons à y voir uniquement l'aspect « analyse caractérielle » conçue comme une première approche du livre. Nous détaillerons ensuite d'une manière plus générale les propriétés constitutives et les propriétés supplémentaires dans le chapitre suivant et vous comprendrez petit à petit la construction de chaque type de caractère. La notion de QI évoquée pour chaque élève vous permet de comprendre qu'il n'y a parfois aucune corrélation entre celui-ci et la réussite scolaire. La taille et le poids des élèves permettent d'expliquer la croissance moyenne constatée d'un caractère à un autre. Vous apprécierez aussi le lien établi entre le champ de conscience et la réussite dans certaines matières. L'appétit est précisé quand il apporte une donnée supplémentaire à la compréhension du caractère de l'enfant. Il est souvent en lien avec le retentissement de la personne que nous détaillerons tout à l'heure. Les photos pour chaque enfant montrent aussi souvent le lien existant entre le caractère et le physique. Le goût pour certaines matières est souvent corrélé à l'émotivité et aux taux d'activité.

NB : Les personnages sont fictifs et conçus informatiquement. Toute ressemblance avec des personnes connues est pure coïncidence.

Portrait de Damien

Assez difficilement ému. Parle d'une voix calme et sans éclat. Accepte les évènements tels qu'ils se présentent. D'humeur égale, toujours souriant. Ne pleure jamais. Empressé au travail, quelle que soit la nature de l'exercice ou le moment. S'adapte à tous les travaux imposés. Pas d'orgueil, pas d'agressivité particulière. Très décidé même dans les cas difficiles. Parle lentement et posément. Populaire. Se libère vite d'impressions pénibles. Est aimé de tous et se plaît avec tout le monde. Assez facile à convaincre sans être pour autant crédule. Assez insouciant, pense que tout s'arrangera et qu'il saura se tirer d'affaires ; Goût pour l'ordre sans être maniaque. Juste opinion de lui-même. Aime les groupes et les jeux collectifs. Bonne habileté manuelle, esprit pratique. Pacifique, gros travailleur. Intellectuellement doué, amateur de sciences physiques et de maths. Ironique et cynique. Gros mangeur, sportif, 1m55 pour 60 kgs. Moyenne : 17/20   QI : 114

Type : Sanguin. Non-émotif/actif/primaire, extraverti, particularisant-conceptuel, large d'esprit.

Portrait d'Olivier

Enfant non-émotif, impossible à mettre en colère, indifférent à tout sauf à ce qui touche la satisfaction de ses besoins organiques. Toujours souriant et heureux. Ne pleure jamais. Volontiers bavard pour occuper son temps en classe. Paresseux, incorrigible. Aurait pourtant tous les moyens physiques pour fournir des efforts mais fait toujours le strict minimum. Néglige ses leçons malgré une bonne mémoire. Devant un obstacle, reste désespérément passif. S'appui au besoin sur des moyens malhonnêtes pour réussir. N'attire pas les autres mais n'en veut à personne. Seules les nouveautés concrètes ont des chances d'attirer son attention. Ne cherche pas à résister aux tentations. Fait le pitre en permanence. Incapable de concentrer son attention, ignore le travail bien fait. Très mauvais observateur, ne voit pas les détails. Aimerait être pâtissier.
Parle beaucoup de lui et toujours satisfait de lui-même. Aime qu'on le remarque. Préfère jouer avec des plus petits pour être le chef. Intelligence concrète. N'utilise pas toutes ses aptitudes à cause de sa paresse. Egoïste et peu empathique. 1m45 pour 64 kg. Moyenne : 8/20 QI : 95. Très gros mangeur.

Type : Amorphe. Non émotif/non-actif/ primaire, particularisant, extraverti, étroit d'esprit, égocentrisme marqué

Portrait de Jonathan

Enfant très émotif, fait quelquefois des crises de nerfs et a souvent des réactions impulsives. Intelligent. Très actif en apparence mais s'intéresse uniquement au jeu, à l'attirance des autres. Extraverti, mais très instable dans ses sympathies. Se fait des amis facilement mais change de groupe souvent. Exaspère tout le monde par sa mauvaise foi et parfois sa méchanceté. Critique facilement les autres et leur fait souvent des reproches en cas d'échec de sa part. Versatile avec les filles ; n'est pas gêné d'avoir deux copines en même temps. La vanité et la satisfaction de parler sont évidentes. Contradiction entre les pensées, les propos et les actes. Recherche en permanence les divertissements. Goût de l'interdit. Tutoie facilement tout le monde, parfois les professeurs. Très soucieux de son physique (vêtements et coiffure). Aimerait arrêter ses études mais ne sait pas ce qu'il voudrait faire.

Aurait des aptitudes en anglais et en français mais ne se donne pas la peine d'apprendre. Bon en sport. Moyenne : 9/20 QI : 110. 1m43 pour 39 kg.

Type : Nerveux. Emotif/non-actif/primaire, étroit d'esprit, particularisant, extraverti, égocentrisme marqué.

Portrait de Pascal

Garçon relativement émotif mais assez réservé. Doué en récitation et en dessin, passionné d'histoire-géographie (climats, reliefs, histoire de la France), sensible à l'écologie. A des aptitudes dans toutes les matières mais ne les exploite pas à 100%. Introverti, fidèle dans ses amitiés. Ne change pas de groupes et choisit quelques amis fidèles. Quelques difficultés avec les filles (elles ne l'intéressent pas), mais apprécié par tout le monde. Respectueux des autres. Tendance à procrastiner. Aimable et poli avec les professeurs. Peu soucieux de son look. Peu réceptif aux suggestions. Peu conformiste, parfois un peu froid et réservé. Aime le sport mais pas d'aptitudes élevées. Adore les animaux. Aimerait être écrivain.

Moyenne : 12/20 QI : 127, mécanisme HPE. 1m45 pour 38 kg. Petit mangeur.

Type : Passionné para-sentimental. Emotif/ sous-actif/ secondaire, généralisant, introverti, large d'esprit, allocentrisme marqué

Portrait de Gérard

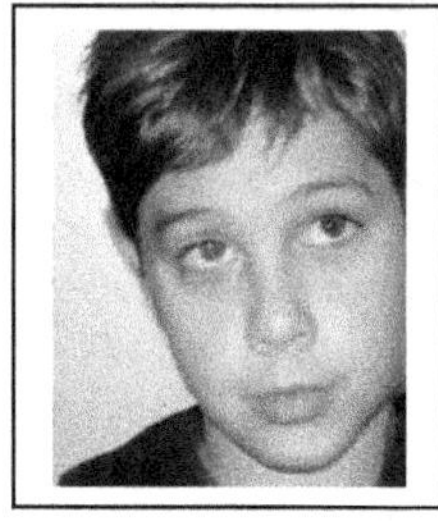

Ambitieux, vif d'esprit avec de bonnes aptitudes en matières scientifiques. Adore le sport et les matières concrètes (techno, travaux pratiques). A besoin de se dépenser, de se défouler ; énergie débordante. Très bavard, très actif. Se mêle facilement à tous les groupes. Est apprécié de tous. Un peu « lourd » et trop entreprenant avec les filles. Très démonstratif, aurait une tendance à être un peu brutal. Carrure impressionnante d'ailleurs pour son âge. S'acquitte sur le champ d'une tâche qu'on lui demande. Rien n'est pour lui un obstacle. Inconscient et optimiste, n'a aucun remords. Perturbateur en classe. Saisit la moindre occasion pour faire le pitre. Content de lui et fait tout pour se faire remarquer. Tendance égoïste mais ne le montre pas.

Moyenne : 11/20 QI : 102. 1m68 pour 68 kg (très au-dessus de la moyenne). Très gros mangeur. **Type : colérique**. Emotif/très actif/primaire, extraverti, particularisant, assez large d'esprit.

Portrait d'Hélène

Fille discrète, honnête et polie. Tendance à la mélancolie et relativement craintive et timide. Change facilement d'humeur. Se décide après de longues hésitations. Facilement découragée devant les obstacles. Tendance à la rêverie et à la contemplation nostalgique. Manque d'esprit pratique et peut être assez anxieuse surtout la veille des devoirs. Copie volontiers sur ses voisins de classe quand elle n'est pas sûre d'elle, mais est aussi prête à aider n'importe qui dans le besoin. Change facilement d'opinion. Tendance à la procrastination. Assez influençable. A peur de ne pas être comme les autres. Préfère se fondre dans le moule que de subir des reproches. Tendance à l'introversion et à se déprécier. Aime la danse, la musique et le français. Communique assez peu, a des amies fidèles, mais est capable de changer de groupes facilement. Est sollicitée par les garçons mais reste assez fermée. Aime les animaux. Aimerait faire un élevage de chats.

Moyenne : 11.5/20, 1m50 pour 38 kg. QI : 119. **Type : sentimentale** para-nerveuse. Emotive/ non-active/ sous-secondaire, intelligence généralisante, introvertie, large d'esprit.

Portrait de Bernard

Enfant impatient qui réagit toujours avec force à toutes les sollicitations. Prend tout à cœur. Est appliqué au travail et toujours en activité. A tendance à ne pas s'intéresser à tout ce qui ne concerne pas ses préoccupations présentes. Se précipite d'une tâche à une autre sans transition. Se passe volontiers de faire du sport mais a de bonnes aptitudes. Très émotif, il garde longtemps en tête le souvenir de tous les évènements. Parle souvent de son passé. Se projette facilement dans l'avenir. Fais preuve d'une grande persévérance. Est prêt à aider ses amis dans le besoin. Prête volontiers son travail, mais peut être exigeant avec ses camarades. A tendance à vouloir être le chef. Délégué de classe. Ne se soucie pas trop de sa réputation. A du mal à admettre qu'on ne soit pas d'accord avec lui. Excellente mémoire et aptitudes intellectuelles. Don pour les sciences et passionné d'histoire. Se rebelle quand il se sent agressé, peut être violent s'il s'emporte. Adore les animaux. S'intéresse déjà beaucoup à la politique ! Vif d'esprit.

Moyenne : 14,5/20, QI : 124, 1m53 pour 48 kg. Tendance hyperactive. **Type :** **passionné** para-colérique. Emotif/ actif/ sous-secondaire, extraverti, généralisant, tendance étroite.

Portrait de Xavier

Garçon silencieux, mais apprécié des autres et peut avoir le contact facile, si ce n'est que sa grande intelligence aurait tendance à le mettre de côté. Il dispose d'une intelligence posée, un goût affirmé pour les sciences, va à l'essentiel dans ses explications ou dans ce qu'il raconte, retient et reproduit précisément ce qu'il entend. Très ponctuel, n'aime pas mentir. Suscite une confiance générale. Discipliné, n'aime pas qu'on le dérange. Aime lire. Goût moyen pour le sport mais sait être assez technique et veut faire gagner son équipe. Compréhension intuitive maximum. Sens du devoir et de l'honnêteté. En tête de classe. Excelle dans toutes les matières. Assez rigide. Moyenne : 19/20, QI : 135. 1m46 pour 37 kg.

Type : Flegmatique para-passionné. Non-émotif/actif/secondaire, plutôt extraverti, généralisant, intelligence large.

Portrait de Côme

Enfant introverti, n'aime pas participer en classe. Préfère se mettre au fond pour être tranquille. Conserve en lui de longues impressions. Juge les autres assez injustes et puérils. N'aime pas les populaires de la classe. Est peu attiré vers les filles ; garçon très timide et tendance à se déprécier. Lorsqu'il est appelé au tableau, perd tous ses moyens. Change d'humeur assez facilement. A peu d'aptitudes en matières scientifiques. S'en sort assez bien en français et en anglais. Aime dessiner. N'aime pas du tout le sport. Manque de confiance en lui, aime s'isoler. Est bien avec sa famille qui est son seul point de repère et avec laquelle il se sent totalement différent. Très scrupuleux et généralement honnête. Ne sait pas ce qu'il voudrait faire plus tard.

Moyenne : 10.5/20, QI : 107. 1m49 pour 38 kg. Petit mangeur.

Type : Sentimental. Emotif/ non-actif/ secondaire, introverti, généralisant, Champ de conscience étroit.

Portrait de Nathalie

Enfant peu épanouie, paraît éteinte. Très introvertie. Ne participe pas en classe. A peur que les autres se moquent d'elle. A horreur d'être en groupe. Se fait embêter par certains garçons, souvent à la récréation. Préfère aller au CDI pour être tranquille. Peu d'aptitudes d'une manière générale mais de bonne volonté. N'aime pas le sport, n'aime pas les matières scientifiques. Arrive à réussir en français et en géographie. A déjà redoublé une classe ; on se moque d'elle parce qu'elle est trop grande. Problèmes familiaux récurrents, père alcoolique et violent. N'ose pas s'affirmer. A quelques amies filles uniquement. Ne sait pas ce qu'elle veut faire plus tard. N'aime pas les animaux. Mange peu. Assez égocentrique.

Moyenne : 8.5/20, QI : 92. 1m61. 42 kgs. Type : **Sentimental** tendance Apathique. Sous émotif/ non-actif/secondaire ; Introvertie, intelligence plutôt généralisante, champ de conscience étroit.

Introduction à la caractérologie

Les propriétés constitutives donnent la base du caractère ; ce sont l'émotivité, l'activité et le retentissement. Associées entre elles, les trois propriétés constitutives donneront 8 types caractérologiques. Vous appartenez nécessairement à un de ces 8 types mais avec possiblement une tendance vers un autre type. Prenons le cas de Bernard « passionné para-colérique » comme nous venons de le voir. Son émotivité, activité et retentissement font de lui un enfant de type « passionné », mais sa vivacité d'esprit et son « hyperactivité », entre autres, l'orientent vers un caractère plus « primaire ». Nous pourrons donc le situer vers un type intermédiaire mais la plupart de ses caractéristiques seront proches du caractère « passionné ».

Au final nous avons les associations suivantes possibles :

Famille des secondaires :

Emotif/Actif/Secondaire : Type « passionné ». (Tendance possible : sentimental, flegmatique, colérique ou nerveux)

Emotif/Non-Actif/Secondaire : Type « sentimental ». (Tendance possible : passionné, flegmatique, apathique ou nerveux)

Non-Emotif/Actif/Secondaire : Type « flegmatique ». (Tendance possible : passionné, sentimental, apathique ou sanguin)

Non-Emotif/Non-Actif/secondaire : Type « apathique ». (Tendance possible : flegmatique ou sentimental)

Famille des primaires :

Emotif/Actif/Primaire : Type « colérique ». (Tendance possible passionné, sanguin ou nerveux)

Emotif/Non-Actif/Primaire : Type « nerveux ». (Tendance possible passionné, sentimental, colérique, sanguin ou amorphe)

Non-Emotif/Actif/Primaire : Type « sanguin ». (Tendance possible passionné, flegmatique, colérique, nerveux ou amorphe)

Non-Emotif/Non-Actif/Primaire : Type « amorphe ». (Tendance possible nerveux ou sanguin).

Après avoir lu la première partie, vous saurez vous situer dans une famille de caractère et réussirez à vous « auto-diagnostiquer ». Ensuite, vous pourrez intégrer les propriétés « secondaires » que nous détaillerons plus loin, à savoir extraversion/introversion, allocentrisme/égocentrisme, intelligence concrète ou abstraite et ampleur du champ de conscience qui vous serviront à comprendre comment votre personnalité s'est forgée lorsque, grâce à la troisième partie du livre, nous aborderons les influences de votre environnement familial et social.

Dans la deuxième partie du livre pour retrouverez le descriptif de votre caractère ainsi qu'un résumé de chaque type de caractère qui vous permettra de reconnaître toutes les personnes que vous connaissez grâce à une synthèse de deux pages. Des graphiques récapitulatifs seront là à chaque étape pour visualiser plus rapidement les principaux mécanismes développés.

Le caractère est inné mais votre personnalité va se mettre en place petit à petit avec la vie ; la compréhension des étapes du développement de l'enfant permet de mesurer à quel point l'environnement social/familial sera l'élément déterminant de votre évolution caractérielle.

C'est ainsi que, dans la dernière partie, vous apprendrez pourquoi vous agissez ainsi, comment vous vous intégrez dans la société, quels évènements ont exercés sur vous les plus grosses influences, ou à quel moment s'est opérée la construction ou la « déconstruction » de votre personnalité.

Première partie

CARACTÉROLOGIE GÉNÉRALE

Propriétés constitutives

L'émotivité

Aucune propriété n'a été plus généralement reconnue par les caractérologues : l'émotivité est la source du caractère. Les psychologues ou psychiatres ont mis en évidence l'importance des traumatismes affectifs dans la vie individuelle et, généralement, ils ont tous souligné l'importance majeure de l'émotivité dans la vie normale et sur un plan pathologique. Dans *Psychologische Typen* (1920. 7ᵉ mille 1937, Rascher, Zurich et Vienne), C. G. Jung a étudié les effets de la « confluence » de l'affectivité avec l'extraversion et l'introversion. Enfin, l'importance de l'affectivité dans la vie psychologique a été partout soutenue et exploitée par la science depuis le début du siècle dernier.

Par cette notion d'émotivité est défini ce trait général de notre vie mentale : aucun événement que l'on subit, aucune perception ni aucune pensée, ne peut se produire sans nous émouvoir ou du moins sans provoquer dans notre vie organique et psychologique un ébranlement plus ou moins fort. L'émotion renvoie une quantité plus ou moins grande d'énergie qui se trouve en réserve dans notre organisme ; elle entraînera un accroissement de la conscience de l'émotion ou une réaction sur le monde extérieur. Généralement, les émotifs se distingueront des non-émotifs par l'intensité de leurs manifestations ou de leurs actions.

Concrètement, vous êtes quelqu'un d'émotif si vous réagissez de façon vive à un évènement en libérant sous des formes diverses une partie de l'énergie dont vous disposez : des cris, des larmes, de l'enthousiasme, des indignations, des mouvements de défense, ou un changement de couleur, un stress ou une gêne avec un stimulus faible. L'évènement peut être intime comme une pensée, une image ou le souvenir d'un sentiment. Il n'est alors pas rare que vous vibriez en écho à un sentiment intériorisé qui vous touche personnellement. A ce titre René Le Senne précise : « *Dans l'ordre de la connaissance l'émotivité doit entraîner l'attachement du sujet ému à ce qui l'émeut. Le sujet colle à ce qu'il perçoit, ce qui veut dire que l'objet de l'appréhension affective entraîne plus ou moins fortement la totalité du moi qui l'appréhende. Qu'il soit actif ou non, ce qui l'émeut devient important pour lui, (...) il y adhère si bien que rien ne lui paraîtra sérieux que ce qui produira chez d'autres la même adhésion.* »

Mais les éléments extérieurs sont ceux qui vont provoquer les décharges émotives les plus puissantes : elles sont d'autant plus nombreuses et d'autant plus fortes que le seuil de la sensibilité est plus bas. Cette capacité de réagir à des évènements qui pour d'autres personnes seraient insignifiants ou anodins, constitue le premier signe de l'émotivité.

Le deuxième signe est lié à l'ampleur de la réaction : elle sera faible ou mesurée chez la personne moins émotive alors que la réaction sera intense et débordante si vous êtes très émotif ou « hyperémotif ». Le troisième signe de l'émotivité est d'accuser l'évènement par des ébranlements qui sont à fois physiques et psychologiques comme des attitudes physiques de découragement ou d'abattement, ou au contraire un éclat dans le regard ou dans la voix qui montrent les réactions positives au contre-coup physiologique que vous avez vécu.

L'émotivité apparente et l'émotivité masquée

Précisons dès maintenant que l'intensité de l'émotion ne signifie pas nécessairement éclat et violence. Certains émotifs comme les sentimentaux et les passionnés, donc à mécanisme secondaire, ressentent vivement les évènements mais au lieu de s'épuiser dans une réaction immédiate, les étalent dans de longues ruminations. L'intensité peut être égale ici et là, ses traductions sont plus ou moins brutales selon qu'elles se situent dans un laps de temps court ou long. Philippe Fossati à *l'Institut du cerveau et de la moelle épinière*, a montré que les émotions se décomposent en deux phases qui se manifestent de manière distincte au niveau cérébral : Une phase explosive, caractérisée par une activité accrue dans le cortex préfrontal médian, puis une phase de compensation située au niveau de la partie postérieure de l'insula. Il a été observé que le cerveau module la durée de la réponse émotionnelle pour que chacun *« puisse intégrer le stress social, le dépasser et en tirer des conséquences dans un état plus apaisé. Ainsi, une dysfonction dans les circuits neuronaux responsables de cette dynamique pourrait expliquer pourquoi certains réagissent très fortement à ce qu'ils perçoivent comme un rejet, sans que cet état puisse se résoudre dans le temps »* (Source : site de l'Inserm).

Pour certaines personnes, il est assez simple de conclure qu'ils sont émotifs, mais pour d'autres, comme certains secondaires, le retentissement inhibera les manifestations extérieures de l'émotivité et c'est une émotivité intérieure, non visible, qui se mettra en place.

Chez l'enfant, quelques signes laissent percevoir les émotions comme le fait d'être peureux, craintif ou timide ou bien les excès de violence ou les chagrins. Un bon moyen d'apprécier l'intensité émotive est d'écouter parler une personne. Si elle bégaye ou montre des tremblements dans la voix, si elle s'exprime par saccade ou émet des sons à peine audibles, ce sont des manifestations extérieures d'une émotivité masquée. L'écriture donne aussi des précisions du même ordre.

Une personne dont la voix est forte, dont vous sentez la main vous serrer le bras, dont le corps est transporté ou agité par l'émotion, peut prononcer les mêmes paroles, avoir la même intention que l'autre dont la voix est basse, posée et lente, les gestes courts et pauvres, le corps immobile. La différence d'attitude sera liée à l'intensité de l'émotion. La voix habituelle d'une personne peut être calme et posée ou subir des variations : l'augmentation de rythme, de volume, l'emploi de superlatifs ou d'injures sont autant de signes d'émotivité.

Chez un enfant dont la secondarité aura bloqué la traduction verbale de l'émotion, c'est le style écrit qui permet de vérifier l'ampleur de son émotivité ou sa froideur caractérielle. Mais le rapport entre graphologie et émotivité nécessiterait une étude très approfondie que nous ne pourrons pas aborder de manière succincte. La patience dont fait preuve une personne, sa susceptibilité dans les rapports sociaux, sa réaction devant ce qui ne dépend pas de soi ou l'attitude devant un évènement seront d'autres signes d'émotivité. La variabilité d'humeur est aussi un marqueur. En ce qui concerne le rire, tous les degrés sont possibles, depuis le sourire triste jusqu'au rire à gorge déployée et au fou rire : toutes ces intensités donnent les degrés de l'émotivité.

Pour ce qui est des pleurs, nous avons des variations entre la moue, les légers tremblements, la crispation de la commissure des lèvres jusqu'aux sanglots profonds. Il existe aussi les faux inémotifs qui n'oseront jamais montrer en public leurs émotions, par orgueil ou par amour propre, mais qui vont ensuite pleurer à l'écart dans un coin de la cour ou au fond du jardin.

Enfin, la faculté ou la nécessité d'embellir la réalité trop fade est une des caractéristiques possibles des émotifs. La réalité des choses doit être rendue plus expressive ou plus émouvante, d'où de tentantes exagérations ou des légères transformations d'histoires, qui iront parfois jusqu'au mensonge, plus ou moins accentué.

L'émotivité face à l'activité

Suivant qu'elle se compose dans le caractère avec « l'activité » ou avec la « non-activité », l'émotivité se manifeste par deux groupes opposés d'effets.

Prenons un exemple simple : il est midi, vous avez faim et un bon plat de pâtes vous ferait bien plaisir. Si vous pouvez satisfaire ce besoin, alors vous mangerez selon votre appétit et vous n'aurez même pas le temps de ressentir la faim. Rien ne viendra gêner votre action et, dans ce cas, le sentiment se déploie sans difficulté. Votre conscience est tournée vers l'objet (le repas) et s'intéresse aux moyens et aux fins de l'action. La conscience des choses refoule la conscience de soi. Le sentiment n'est que tendance et la tendance se satisfait. *« Mais le sentiment est une puissance, une énergie prête à se mobiliser à tout instant. Si une importante libération d'énergie anime une opération mentale ou pratique en cours d'exécution* (le sentiment d'avoir faim ou soif libère une quantité d'énergie) *la direction changera de sens suivant que l'activité ou l'inactivité y sera ajoutée par le sujet en train d'agir »* souligne R Le Senne.

Admettons maintenant que vous n'ayez pas pu satisfaire votre besoin de vous rassasier. Vous êtes dans les embouteillages et le premier restaurant est à 1 heure d'ici. La direction du sentiment se renverse, la tendance se convertit en émotion, l'impatience se transforme en expressions de colères, interjections et trépignements.

Vous subissez alors l'évènement, et, l'objet (la faim et ce fameux plat de pâtes) vous domine, votre champ de conscience se resserre vers cette idée fixe : vous ressentez une impatience et un énervement surpassant désormais le premier sentiment, la faim, qui, finalement, devient presque accessoire. (Comme quoi la « faim » justifie parfois les moyens…). Au lieu de se satisfaire par des effets pratiques, le sentiment s'éprouve. Maintenant c'est l'émotion forte qui l'emporte sur le sentiment.

Prenons cette fois l'exemple suivant : imaginons qu'il pleuve ce matin et qu'hier vous vous étiez dit que, peut-être, vous iriez faire un footing aujourd'hui. Le fait qu'il pleuve vous démotive et vous trouverez toutes les bonnes raisons pour vous dire que vous avez plein de choses à faire dans la maison, parce que vous n'avez pas le courage de sortir. L'empêchement provisoire à votre activité est produit par l'inactivité qui est essentiellement un obstacle congénital à l'action, un empêchement d'agir appartenant à votre caractère même. Ce frein inhérent en vous exerce là son action de ralentissement : vous remettrez cela à plus tard, il n'y a rien de grave en soi. *« L'inactivité, facteur d'inertie, détourne l'énergie libérée par l'événement émouvant de l'action sur le dehors à l'effet au-dedans »* souligne R Le Senne.

Si vous misiez tout sur ce footing de ce matin, parce que, par exemple, vous aviez prévu de vous faire accompagner par quelqu'un qui vous est cher, alors votre réaction ne sera pas du tout la même. Il se peut même que l'émotion de cette rencontre vous stimule à sortir contre vents et marées.

Si ce dernier entraînement avant la course de dimanche prochain était pour vous essentiel et qu'en raison de la pluie cela pourrait remettre en question votre carrière de sportif, il est probable que votre activité soit un moteur suffisant pour compenser ce mauvais temps et vous permette de persister dans ce projet.

L'émotivité, source commune des sentiments, est une énergie susceptible de se déployer en tendance ou en émotion, si elle est associée à l'activité ou à l'inactivité. Mais elle enveloppe toujours la libération d'une certaine quantité d'énergie organique.

Chacun se distingue en ce que, pour provoquer la libération d'une même quantité d'énergie, il faut une excitation plus ou moins grande ; l'émotif est celui chez qui pour le même effet une faible excitation suffi. L'émotif est facile, le non-émotif difficile à ébranler. L'essence de l'émotivité est l'aptitude à être bouleversé par des événements dont l'importance est minime.

Mais ajoutons pour finir que l'émotivité est une propriété générale : elle est antérieure à ses spécifications. L'émotivité se déclenche plus ou moins en fonction des intérêts de chacun. Revenons sur notre exemple de tout à l'heure : vous avez faim et voulez satisfaire ce besoin. Si vous êtes très gourmand, vous espérerez une bonne platée de pâtes et, si ce désir n'est pas satisfait, vous ressentirez de la frustration. Si vous n'avez que du poisson à manger alors que vous vous étiez focalisé sur les pâtes, alors vous satisferez peut-être votre besoin d'être rassasié mais pas celui qui avait déclenché votre « fantasme » autour des pâtes. C'est alors qu'on s'aperçoit que d'autres facteurs rentrent en jeu comme celui de l'avidité ou de l'activité, dans le déclenchement des émotions. Le diagnostic de l'émotivité suppose toujours qu'on ait reconnu les intérêts de chacun.

C'est donc bien, comme conclue R Le Senne sur le sujet : « *la disproportion entre l'importance objective d'un événement, sa gravité réelle, et l'ébranlement subjectif par lequel vous répondez qui définit votre degré d'émotivité.* »

L'impulsivité qui manifeste la puissance de l'instant sur l'individu résulte immédiatement de l'émotivité. Elle est mi-passive, mi-active, composant la secousse subie par lui avec une réaction peu organisée. Il y a toutefois deux modes d'impulsivité suivant que l'émotivité est liée à un retentissement faible ou fort des représentations.

Si vous vivez dans le présent, l'impulsivité est une impulsivité immédiate, réactive. Sous le choc du présent, vous réagissez vivement et cette réaction trouve dans le choc une explication simple. Le passé n'intervient que pour fournir des moyens de la réaction.

Dans l'autre cas, l'impulsivité est une *explosivité* : le choc paraît plutôt l'occasion que la cause de l'impulsion, car elle manifeste l'influence d'expériences antérieures et accumulées, comme c'est le cas si vous avez plusieurs fois inhibé un mouvement de colère contre quelqu'un et finissez par éclater. Dans ce cas l'émotivité a été associée au retentissement.

Enfin, comme le souligne R Le Senne : « *En tant que rapport de simultanéité entre le sujet et l'objet, le moi est susceptible ou capable de deux actions de sens opposés : l'émotivité exprime la passivité du sujet envers l'objet qui l'affecte, l'activité au contraire, l'efficacité du sujet sur l'objet* ». C'est ce que nous allons maintenant aborder.

L'activité

Il s'agit de la deuxième propriété constitutive du caractère. Prenons tout de suite un exemple pour illustrer ce qu'est l'activité au sens caractérologique du terme.

Imaginez que vous êtes poursuivi par un chien qui semble être prédisposé à vous mordre. Que vous soyez émotif ou non, actif ou non, vous courez pour y échapper. Mais il s'agit d'un stimulus qui se déclenche par un mécanisme émotionnel et qui est à l'origine de votre action de courir. Admettons maintenant que vous couriez de votre plein gré sans être stimulé par la peur de vous faire mordre par le chien. Rien ne dit à ce stade que vous courez pour le fait même de courir, ou si votre motivation est d'ordre émotionnelle comme l'envie de perdre du poids qui serait alors le « moteur » de votre motivation à vous lever à 6h pour aller courir.

Une personne peut en effet se dépenser en une succession rapide d'actions pour deux raisons différentes : l'une, l'émotivité, indépendante de l'activité réelle, l'autre provenant directement de l'activité. Dans les deux cas, vous serez perçu à première vue comme quelqu'un d'actif. Mais vous ne l'êtes pourtant pas si vos actions résultent uniquement d'une provocation exercée du dehors comme la forte motivation de perdre du poids.

Vous êtes peut-être dans ce cas un « faux actif ». Le terme caractérologique « d'actif » ne convient donc qu'à partir du moment où vous agissez par l'effet d'une disposition à l'action qui provient de vous-même.

Si vous agissez contre votre gré par exemple pour faire plaisir à votre conjoint ou parce que votre médecin vous a conseillé de faire du sport pour perdre du poids, et que vous êtes ainsi contraint de vous lever à 6h pour aller courir, cette activité ne fera pas de vous un « actif ».

Pour l'actif les événements extérieurs ne sont pour lui que des occasions, des prétextes : s'il n'y en avait pas, il les chercherait, les susciterait, car il vit pour agir. Son excitation réside dans le fait de dépenser de l'énergie à l'état brut. Si vous observez comment se comporte une personne devant un obstacle, vous comprendrez quelle est la source de l'énergie qu'elle déploie. L'actif est celui pour lequel l'émergence d'un obstacle sur sa route renforce l'action dépensée par lui dans la direction que l'obstacle vient couper, alors que l'inactif est celui que l'obstacle décourage et qui devient un frein à la réalisation de son objectif.

Pour la personne qui est d'un caractère très actif, l'obstacle peut même être la raison de s'intéresser à un objectif qui, sans l'obstacle, ne l'aurait pas tenté. C'est le marathonien qui se fixe un objectif personnel de battre son record d'année en année et dépasser ses limites. C'est aussi ce chef d'entreprise qui se lance à l'affût de la nouveauté d'un produit pour chercher à développer sa société dans un environnement hyper concurrentiel. Du reste, un projet d'entreprise soutenu par un dirigeant actif sera mené jusqu'au bout, car les difficultés sur son chemin seront surmontées par la ténacité et la persévérance qu'il déploiera. Combien d'inactifs ont par contre échoué dans leur réalisation par manque d'élan et de continuité dans l'action. Les projets fantasmés ne sont pas réalisés sur un plan opérationnel et la finalité de leur entreprise se transformera à terme en peau de chagrin.

Fonction de l'activité /combinaison binaire du facteur « activité » avec les facteurs « émotivité » et « non-émotivité »

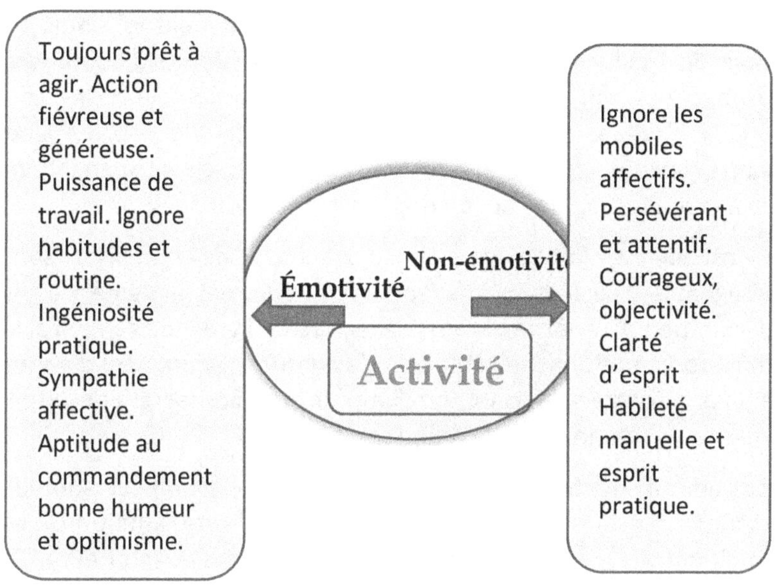

Les grands signes de l'activité

Nous avons vu la capacité de renoncer devant un obstacle, de le contourner ou au contraire de l'affronter comme étant l'élément déterminant de l'activité. La capacité de réaliser les travaux imposés (écrire un courrier, faire le ménage, finir un travail…), d'une part, et la durée de réalisation des obligations, d'autre part, sont les deuxièmes signes apparents d'activité chez tout individu.

Imaginons que vous ayez à remplir votre déclaration d'impôts et à la renvoyer d'ici une semaine au maximum, et que vous veniez de recevoir en cadeau le dernier Marc Levy. De deux choses l'une ; soit vous vous débarrassez de la tâche ingrate pour ensuite profiter pleinement de votre auteur préféré, soit vous succombez à la tentation tout de suite et vous dites : « J'ai largement le temps de remplir ma feuille d'impôts ». Vous ne serez pas surpris d'apprendre que l'inactif est celui qui repoussera jusqu'à la dernière limite la tâche la plus ingrate. L'inactivité est en quelque sorte une « contre-activité ». Elle intervient comme un obstacle permanent, un frein à la réalisation de l'action et parfois même du désir.

Il est de ce fait évident que beaucoup de scénarios sont envisageables : les plus inactifs repousseront peut-être même à la fois la déclaration d'impôts mais aussi la lecture du livre, notamment si la stimulation émotionnelle est faible. L'actif pur se soumettra d'abord à la finalisation de sa déclaration d'impôts et se consacrera ensuite à la lecture du roman qu'il lira d'une seule traite.

Les émotifs-actifs seront plutôt tournés vers l'action : ce sont les personnes d'action, riches en général d'une forte ambition. Les émotifs-inactifs seront plutôt ramenés vers la vie intérieure, la conscience intime d'eux-mêmes. Chez ces personnes, les sentiments interviendront comme une source de mouvement et d'efficience. Un des premiers signes qui ne trompe pas et permet de reconnaître facilement une personne active, est le fait de la voir toujours occupée, y compris pendant les périodes de loisirs. Elle profitera par exemple d'une journée pluvieuse pour ranger la maison, repeindre une porte ou pour réparer un meuble. L'actif va jusqu'au bout de ce qu'il entreprend. L'inactif, lui, va commencer une tâche puis en faire une autre alors qu'il n'aura pas été jusqu'au bout de la première. Les tâches contraignantes seront facilement repoussées au lendemain, à la semaine prochaine, ou même à l'année suivante !

La persévérance et l'entêtement

La distinction entre ces deux termes permet de différencier la nature de l'action entre un actif et un non-actif. L'entêtement est l'empire d'une idée subie passionnellement. En quelque sorte l'entêtement remplace la persévérance quand le champ de conscience se resserre et devient stérile. La personne entêtée persiste sans s'adapter au milieu tandis que le persévérant maintient son intention en tenant compte des circonstances dans lesquelles il en poursuit la réalisation.

La persévérance augmente donc en proportion de l'accroissement de l'activité.

Gaîté, vivacité et optimisme sont propres aux personnes actives

Quand l'émotivité fournit son énergie à l'activité, celle-ci en est renforcée et, par suite, l'optimisme s'accroît. Quand, au contraire, l'inactivité s'interpose, elle prend la forme de l'impuissance et entretient un complexe d'infériorité et la désaffection pour la vie. L'émotivité est une variable d'ajustement : elle produit par elle-même l'enthousiasme ou le désenchantement plutôt que le contentement froid imparti à l'activité.

La baisse de l'activité entraîne la mélancolie, surtout chez les émotifs-inactifs. Celle-ci manifeste en somme la passivité de l'individu plus que son autonomie.

L'esprit pratique est stimulé par l'activité

L'émotivité est intéressée aux événements par les émotions qui s'en dégagent, ce qui, en un sens, détourne de l'analyse des événements eux-mêmes. L'activité porte vers ce qu'il y a de déterminé.

Ainsi, l'enquête de Heymans avait révélé que 71% des actifs avaient un esprit pratique contre 47% des inactifs. Si vous êtes artisan, maçon, plâtrier, plaquiste, électricien, plombier, ou toute autre profession qui nécessite de l'habileté et un esprit pratique vous êtes vraisemblablement plus actif que la moyenne. Vous avez ce sens pratique des choses qui vous permet de vous sortir plus facilement de situations complexes. L'activité favorise par ailleurs la ponctualité, la véracité et l'objectivité. Chez l'actif, la disposition permanente à l'activité s'ajoutera à l'émotivité pour accroître la puissance des énergies et des moyens mis à son service. Il en résulte que le fait d'être moins facile à décourager est corrélé aussi à l'esprit pratique. L'inactivité, par opposition à l'activité se décrit comme le schéma ci-dessous :

Fonction de l'inactivité/combinaison binaire des facteurs

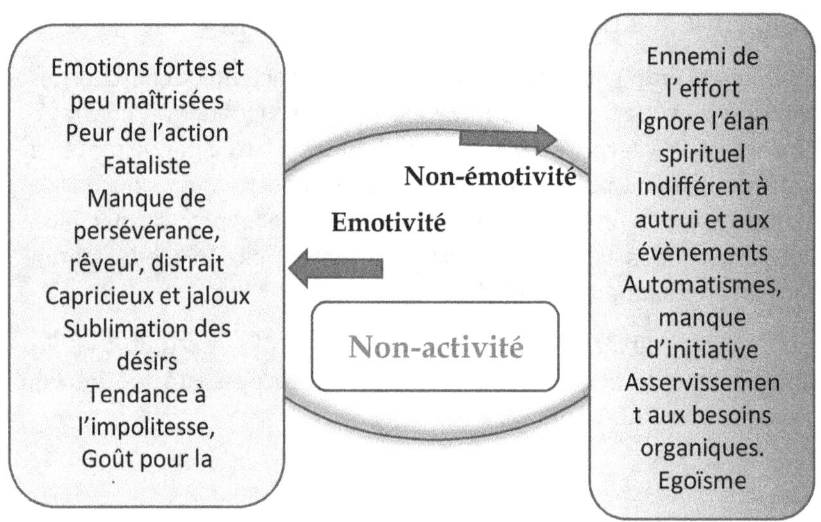

Le retentissement

La troisième propriété constitutive est le retentissement des représentations. Cette propriété n'a été reconnue que plus tard par les caractérologues. Le terme de retentissement appelle d'autres termes comme la primarité et la secondarité et permet de qualifier une personne de « primaire » et de « secondaire ».

Cette propriété constitutive du caractère est fondamentale : elle sépare le monde en deux types d'individus par la répercussion sur l'esprit de la notion de temporalité. Voilà pourquoi nous distinguerons deux grandes familles caractérologiques : Les primaires et les secondaires.

La perception du temps produit dans l'esprit un effet pendant tout le temps qu'elle occupe la conscience : Imaginez-vous quand vous étiez en train de finir un devoir à l'école. Vous regardiez l'heure sur la pendule tout en réfléchissant au temps qui vous restait pour finir votre dissertation. Les effets produits par la représentation de la pendule pendant qu'elle occupe votre esprit constituent le premier retentissement. Il s'agit là de la fonction primaire de la représentation. Mais ces effets ne sont pas les seuls que la perception initiale va engendrer. Une fois que cette première perception est tombée dans votre subconscient, elle continuera à produire d'autres effets.

Si vous avez manqué de temps pour réaliser cette dissertation, vous en tirerez la conclusion que vous n'avez pas été assez vite. Vous accélèrerez la prochaine fois la rédaction de votre brouillon et essayerez d'écrire plus rapidement votre introduction. Vous modifierez donc votre façon de travailler par l'effet prolongé de cette première expérience infructueuse. Tous les effets produits par une représentation passée constituent le second retentissement, la fonction secondaire de la représentation.

Si les impressions que vous ressentez dans le présent prennent le dessus sur les impressions que vous avez ressenties dans le passé, si les évènements qui vous affectent n'ont pas de répercussions sur le long terme et laissent peu de traces dans votre conscience, alors votre mécanisme est primaire.

Si au contraire, l'influence persistante des expériences passées est plus forte que celles du présent, si vous êtes marqués par chaque évènement au point d'en être longtemps imprégné, il s'agit d'un mécanisme secondaire. Pour les primaires, expérience veut dire « présence vive du donné » : les expériences s'enchaînent les unes après les autres sans qu'il y ait un lien évident entre elles. Ils ont telle, puis telle expérience. Pour les secondaires, expérience signifie « accumulation d'impressions reçues ». La métaphore de R Le Senne à ce sujet est très claire : « *On écrit facilement sur le sable ; mais cela s'efface aussi facilement ; on grave péniblement sur le marbre, mais ce qu'on a gravé demeure* ».

Le mécanisme primaire

Le « Présentisme » est la théorie métaphysique selon laquelle seul le présent existe, contrairement au passé et au futur qui n'existent pas. Cette théorie s'oppose directement à « l'Eternalisme », théorie selon laquelle le passé, le présent et le futur existent tout autant. D'après les premiers métaphysiciens, le présent ne peut pas être à la fois passé et simultanément présent, donc il n'est pas étendu au-delà de l'espace-temps qui lui est imparti. D'autres s'opposeront toutefois à cette conception instantanéiste du temps, mettant en avant la durée ou l'étendue dans le temps de la conscience. William James pensait que le temps était « *la courte durée durant laquelle nous sommes immédiatement et incessamment sensibles* ».

Pour Bergson, la durée est une mémoire « *qui prolonge l'avant dans l'après et les empêche d'être de purs instantanés apparaissant et disparaissant dans un présent qui renaîtrait sans cesse* ».

Otto Hans Adolf Gross, médecin psychiatre et psychanalyste autrichien a confirmé au début du siècle dernier la théorie de plusieurs caractérologues qui reconnaissaient l'existence d'une classe de personnes qu'ils qualifiaient de « *vifs, mobiles, instables* » mais s'opposant avec une autre classe qu'ils considéraient comme « *méthodiques, réfléchis ou lourds et difficiles à mettre en mouvement* ».

Au 18ème siècle déjà, Emmanuel Kant élaborait sa conception métaphysique du temps et de son rapport à l'espace. Il considérait que « *l'espace et le temps ne sont pas des choses en soi mais de simples formes de notre sensibilité* ». Elles ne seraient perçues par l'homme qu'à condition que nous soyons équipés de ces formes de sensibilité. « *Les trois modes du temps sont la permanence, la succession, la simultanéité* » (*Critique de la raison pure* traduit par Jules Barni./Édition Germer-Baillière, 1869). Il décrivait alors le tempérament primaire qu'il qualifiait de « sanguin » comme léger : « *Il est sans souci et d'espérance facile ; il donne à chaque chose au premier moment une grande importance et ne peut plus ensuite y penser. Il promet magnifiquement, mais ne tient point sa parole parce qu'il n'a pas assez réfléchi d'abord s'il pourrait tenir sa promesse... Il est toujours occupé, mais à ce qui n'est qu'un jeu parce que c'est là un changement et que la constance n'est pas son affaire* ».

Enfin Jean Paulhan, écrivain français du début du siècle dernier (*Journal de Psychologie normale et pathologique*, 1925, Editions Alcan) décrit le présentisme comme étant la caractéristique d'un type de caractère évoluant dans l'espace-temps du présent.

Quelles sont les grandes caractéristiques d'une personne primaire ?

Vivre avec le présent, ressentir le moment en faisant abstraction du passé et du futur, livre la personne primaire à une mobilité forte et une impulsivité qui sera, du reste, accentuée par l'effet de l'émotivité. Les primaires sont désireux de changement (travail, amitié, relation), vites consolés et vite réconciliés, ils agissent en vue de résultats immédiats. R Le Senne et J Paulhan s'accordent pour constater que les primaires sont moins rancuniers, mais aussi moins reconnaissants. Ils peuvent être superficiels et avoir tendance à se contredire aisément. La gaîté et l'humour sont aussi des prédispositions qui les distinguent.

La primarité lie la personne à l'instant présent et favorise l'indiscipline des mœurs comme la gourmandise ou les plaisirs de la table. Sur le plan de la sexualité, nous le verrons notamment avec l'étude du caractère nerveux, les primaires sont de loin les plus avides et les plus « indisciplinés ». D'une certaine manière, le mécanisme primaire est le fameux « Carpe Diem » : « *dum loquimur, fugerit invida aetas: carpe diem, quam minimum credula postero* » écrivait HORACE. (*Pendant que nous parlons, le temps jaloux s'enfuit. Cueille le jour, et ne crois pas au lendemain*).

Enfin, la primarité diminue la protection contre les tentations. Il y a donc une corrélation forte entre primarité et baisse de la « moralité » de la conduite en société (personnes dépensières, moins dignes de foi que les secondaires, moins ponctuelles). Selon R Le Senne : « *Toutes ces corrélations sont plus fortes encore chez les primaires-émotifs, chez lesquels l'émotivité fait fonction de grossissement* », et de nouveau plus fortes encore chez les émotifs-inactifs-primaires, « *que l'inactivité livre à la pure passivité à l'égard de l'instant présent* ».

Nous détaillerons cette analyse dans l'étude des caractères nerveux, sanguins, amorphes et colériques.

Fonctionnement primaire/combinaison binaire du facteur « primaire » avec les facteurs « émotivité », « activité », « inémotivité » et non-activité »

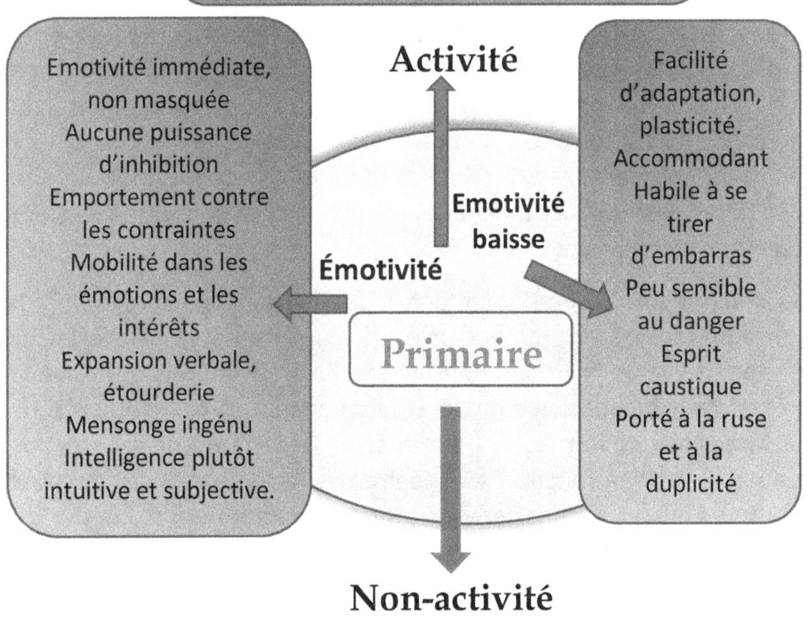

Le mécanisme secondaire

La secondarité est l'inverse de la primarité. Les propriétés caractéristiques inversées de la fonction primaire des représentations donnent les corrélations de la secondarité à savoir le prolongement des impressions, la systématisation de la vie mentale, et la puissance d'inhibition. Les personnes secondaires restent longtemps sous une impression et souvent difficiles à consoler. Elles peuvent être plus rancunières mais sont plus constantes dans leurs relations avec les autres, plus fidèles en amitié sur du long terme. Elles sont attachées aux vieux souvenirs de leur enfance qui s'imprègnent dans leur mémoire, d'autant plus qu'elles seront émotives (nous verrons ce point en abordant les caractères sentimental et passionné). Ce sont des personnes « d'habitude » qui persévèrent et sont attachées aux opinions qu'elles ont.

La longueur du retentissement apparaît dans tous les sentiments qui manifestent leur dépendance à l'égard du passé par l'effet du prolongement des impressions et de l'action en vue d'un avenir lointain qui dénote d'une relative indépendance à l'égard du présent. E. Wiersma, pour mettre en évidence le rapport de la fonction primaire et de la fonction secondaire des représentations, a réalisé plusieurs études sur des patients souffrant notamment « d'hystérie » (nervosité, excitation), « de mélancolie périodique » (dépression) et de « neurasthénie » (tristesse, état de fatigue, angoisse, insomnie). Ses rapports d'expérience ont été fournis dans la Revue « L'année Psychologique » en 1903 (*La méthode de combinaison d'Ebbinghaus et Recherches sur les oscillations de l'attention*) et par G. Heymans (*Résultats et avenir de la psychologie spéciale /Archives néerlandaises Sciences exactes et Naturelles en 1915.*). Wiersma a émis l'hypothèse que l'opposition des deux facteurs primarité et secondarité se situait au niveau de la sensation perçue par le patient.

Dans l'une de ses expériences, Wiersma a étudié la durée de l'action secondaire des sensations cutanées et des sensations de lumière et d'électricité. Chez les « mélancoliques » et les « paranoïaques » de type secondaire, cette durée a été deux fois plus longue et chez les « maniaques » de type primaire, plus de trois fois plus courte que chez les patients qualifiés de « normaux » (sans pathologie). La deuxième expérience consistait à faire tourner un disque, rouge et bleu-vert à une vitesse croissante, jusqu'à ce que les deux couleurs se fondent l'une avec l'autre dans une couleur grisâtre devant la vue des patients. Wiersma a observé le temps moyen nécessaire pour que la distinction des couleurs rouge et bleue disparaisse. Pour les « secondaires » le disque devait tourner à la vitesse de 12 tours par seconde. Pour les patients de type « primaire » il devait atteindre 27 tours par seconde.

Ses conclusions ont été les suivantes : moins les sensations persistent, ce qui était le cas pour les primaires, plus la vitesse devait croître pour que la fusion des deux couleurs s'opère. A l'inverse, il fallait moins de présentations des deux couleurs par seconde quand le test était réalisé avec des secondaires à sensibilité moins « élastique ». Heymans, en analysant les tests de Wiersma, en a déduit que « la fonction secondaire est un phénomène fondamental, embrassant toute la vie psychique ».

Quelles sont les plus grandes caractéristiques d'une personne secondaire ?

Lorsque votre mécanisme est secondaire, vous êtes en capacité de relier une situation donnée à un événement du passé en utilisant ce souvenir ou cette expérience qui ont permis de reconnaître la possibilité de passer de cette situation initiale à ce résultat. Votre secondarité conditionne la conception d'un objectif lointain à atteindre, les moyens qui permettront de l'atteindre et la persévérance indispensable pour aller jusqu'à ce but.

R Le Senne insiste sur le fait que : « *La substitution ordinaire de la considération du passé et de l'avenir à l'absorption dans le présent est évidemment favorable à la systématisation de la vie mentale* ». La secondarité pourrait être vue comme un enrichissement des données de l'esprit. En effet les souvenirs et les expériences que vous avez imprimés dans votre mémoire vont ressortir ici et là quand un évènement vous les rappellera.

Les personnes les plus ponctuelles et les plus véraces comptent parmi les secondaires. Elles parleront de manière objective en s'intéressant aux choses plus qu'aux personnes. Elles seront fidèles à leurs principes et agiront sans trahir leurs paroles.

La secondarité agit donc comme un facteur de cohérence mentale comme une sorte de « liant » à travers le temps, alors que la primarité est en quelque sorte un facteur d'annihilation, de désintégration de la vie mentale dans le sens où elle introduit la séparation entre les instants.

Nous verrons toutefois à quel point la secondarité dans des degrés extrêmes peut, au contraire, être une forme de « paralysie » des aptitudes : ce sera abordé dans l'étude du caractère sentimental où nous comprendrons qu'elle favorise par exemple le repli sur soi.

D'ailleurs, ce que l'on peut constater chez une personne secondaire est la persistance des sentiments tristes. Mais à ce constat, il faut préciser que cette tristesse est largement accentuée par l'émotivité qui vient renforcer le traumatisme passé. Nous le verrons au cas par cas selon les caractères, et nous tenterons de comprendre aussi pourquoi l'inactivité les livre à la passivité envers leurs sentiments et vient également grossir les effets de la secondarité.

Fonctionnement secondaire/ combinaison binaire du facteur « secondaire » avec les facteurs « activité », « émotivité », « non-activité » et « inémotivité »

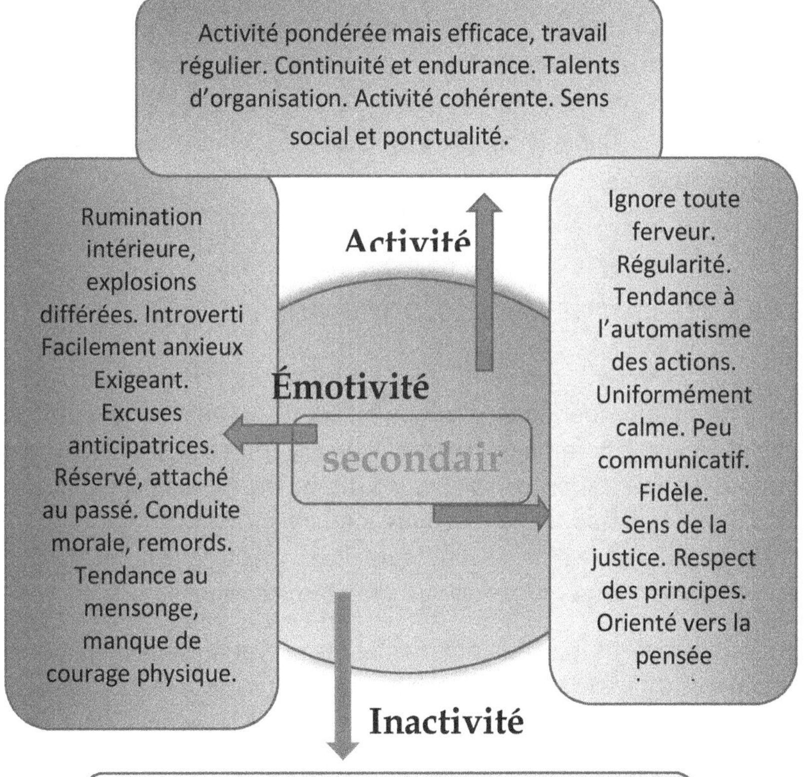

Propriétés supplémentaires

A partir des propriétés fondamentales que nous venons de voir ; l'émotivité, l'activité et le retentissement, vous allez pouvoir maintenant ajouter les propriétés supplémentaires (dites secondaires) que sont l'extraversion ou l'introversion, l'allocentrisme ou l'égocentrisme, l'intelligence généralisante ou particularisante (abstraite ou concrète) et l'ampleur de votre champ de conscience (large ou étroit). Par la suite, vous saurez vous situer dans un type caractérologique.

Les extravertis Vs le monde des introvertis

Les extravertis aiment participer à différentes activités sociales et rechargent leur énergie en étant au milieu de la foule. La perception que nous avons du monde est l'extraversion : en effet, les extravertis remplissent les stades, les soirées, les discothèques, les plateaux télé, les rues. Ces personnes étant plus « énergisées » par les foules et l'interaction avec le monde extérieur, elles sont de ce fait plus visibles et sont en conséquence devenues « la norme sociale ».

Les extravertis pourraient être décrits comme ceux étant plus communicatifs, sociables et enthousiastes, ceux qui sont plus ouverts et ont plus de facilités à rentrer en contact avec les autres. Pour être conforme à ce que notre société occidentale contemporaine attend, il faut être extraverti. Le psychologue nord-Américain Jerome Kagan, lui, s'est intéressé à l'introversion, et son caractère génétique. En 1989, son équipe a mené une expérience hors norme où 500 bébés de quatre mois ont été exposés à des bruits, des mouvements brusques et au contact avec l'alcool. 40 % de ces enfants ont réagi tranquillement ; Jérôme Kagan les a qualifiés de « faiblement réactifs » et a émis l'hypothèse qu'ils deviendraient plus tard des personnes extraverties.

20 % d'entre eux ne supportaient pas ces expositions aux mêmes stimuli et le psychologue a parié sur leur futur « caractère introvertis » du fait de leur haute réactivité. Les 40 % restant ont eu une réaction intermédiaire. Chaque enfant a eu droit à un suivi en grandissant et la plupart sont devenus ce que l'expert avait prédit.

En réalité, que s'est-il passé dans la tête de ces enfants ? Les premiers ne se sont pas sentis particulièrement touchés dans leur intimité et ont réagi comme si tout était normal avec une forte tolérance à l'environnement extérieur. Il s'agissait des bébés extravertis. Les deuxièmes se sont sentis « attaqués » dans leur intimité propre et ont réagi par une forte stimulation à l'environnement « perturbant ». Il était question des enfants introvertis.

Les deux types sont des moyens d'adaptation de l'humanité à la nature. L'un, l'extraversion, est une attaque : elle vise « *l'accroissement de la fécondité de l'objet avec moindre défense de l'individu ; l'autre, l'introversion, est une défense : il y a diminution de la fécondité de l'objet avec plus grande défense du sujet* » conclue R Le Senne.

L'opposition de l'introversion et de l'extraversion a été très largement commentée par C. G. Jung dans son livre Psychologische Typen, (1920, 7e mille, 1937. Rasvher, Zurich et Leipzig). L'introversion est définie comme la condition dans laquelle le sujet a un plus haut niveau de valeur que l'objet ; l'extraversion, au contraire, comme la condition opposée dans laquelle c'est l'objet qui a une plus haute valeur que le sujet. Il est souvent difficile de les distinguer en raison de la tendance à la compensation de chacun. L'extraverti est tourné vers les choses, vers le dehors. Il donne à l'objet tout le poids possible sur lui-même. « *A la limite l'extraverti est menacé de se perdre dans l'objet* » souligne R Le Senne qui précise en outre que « *L'extraversion est compensée chez l'extraverti par une tendance inconsciente à l'égocentrisme, mais sous une forme que domineront des préoccupations restées infantiles* ».

L'égoïsme se développerait chez l'extraverti pour compenser l'absence de réflexion intérieure. C'est son mécanisme de transformation du concret vers l'abstrait qui transformerait son analyse subjective en une forme égoïste. Alors que l'introverti « *jette un voile subjectif entre la perception des objets et lui-même*". Par compensation, toujours inconsciente, l'objet prend alors un poids exagéré. Le Senne précise : « La *vie de l'introverti est un anarchisme compensé par l'esclavage.* « *L'objet prend des dimensions angoissantes* ». Le mécanisme introverti peut entraîner vers des ruminations mentales et des effets dépressifs.

Les extravertis s'intéressent aux objets externes ; les autres, le monde environnant, alors que les introvertis sont tournés vers leur propre univers intérieur, leur subjectivité. Le subjectif ayant moins de validité que ce qui est objectif, JUNG explique ce principe : « *Par le facteur subjectif j'entends l'action ou réaction psychologique qui fusionne avec l'effet produit par l'objet donnant lieu à une nouvelle donnée psychique.* »

Si l'on comprend bien cette analyse, chaque perception de l'extérieur pour un introverti entraîne une nouvelle perception, cette fois-ci sous une forme intériorisée. Introvertis et extravertis voient un même objet mais jamais ne le perçoivent de façon identique. JUNG le confirme : « *Il existe souvent une différence radicale, de genre et de degré, dans l'assimilation psychique de l'image perçue* ». Tandis que l'extraverti fait constamment appel à ce qui lui parvient à partir de l'objet, l'introverti s'appuie principalement sur ce que l'impression sensorielle constelle à l'intérieur de lui-même.

Les extravertis ont tendance à avoir plus d'amis et à consacrer plus de temps à des activités sociales. De cette manière, ils accèdent au bonheur avec plus de facilité car les impressions leur arrivent directement, avec objectivité. Ils ont cette faculté de rentrer facilement en relation avec autrui.

L'attitude extravertie se caractérise par une énergie psychique tournée vers l'extérieur, un intérêt pour les événements, les personnes et les objets, une relation avec eux. L'extraverti devient en quelque sorte dépendant de son environnement. Cette capacité d'adaptation qui est en réalité nécessaire à sa survie, le rend sociable et à l'aise dans toute situation, qu'elle soit familière ou non. Ses réactions sont rapides et spontanées.

Les extravertis tendent à se satisfaire des interactions sociales et à être heureux, enthousiastes et souvent plus bavards que les introvertis. Ils prennent plaisir à participer à des activités en groupe, comme des fêtes ou des manifestations publiques, entre autres. La politique, l'enseignement, le management, les activités commerciales sont en lien avec l'extraversion. Un individu extraverti préfère interagir socialement plutôt que de rester seul. Il se ressource avec les autres.

L'extraverti aurait en quelque sorte un mécanisme « primaire » ; la recherche de la satisfaction du moment présent, comme être rapidement capté par un nouveau stimulus, peut entraîner une certaine superficialité. La dépendance à ce qui leur est renvoyé par les autres, le besoin d'avoir un public, d'être flatté pour ce qu'il est, sont des aspects « primaires » qui, d'une certaine manière, sont liés à l'égoïsme qu'évoquait LE SENNE, dans un mécanisme de compensation subjectif.

Mais cette réflexion ne doit pas être trop restrictive. Il est bien clair qu'un caractère sentimental est plus fréquemment introverti qu'un caractère sanguin, mais pour autant André LE GALL dans caractérologie des Enfants et Adolescents (Presse Universitaire de France) souligne que « *cette propriété nuance de façon intéressante l'ensemble des caractères. Elle explique que certains sentimentaux ne sont pas introvertis et secrets. Il en est des séduisants, parce qu'ils allient à leurs tendances fondamentales une certaine ouverture au monde, qui leur permet de faire apparaître la qualité de leur sensibilité, le charme de leur sincérité* ». L'introverti est concentré sur son moi intérieur, il intériorise beaucoup ses émotions et ses sensations, il peut donc peut sembler timide, réservé. Il se place en observateur du monde puisqu'il n'est pas sous la dépendance de l'objet. Il a donc une capacité de concentration beaucoup plus importante que l'extraverti.

C'est en cela qu'il y a une corrélation forte entre l'empathie et l'introversion, contrairement aux idées-reçues. Les introvertis se concentrent sur ce que l'autre dit, et ils sont complètement absorbés par les paroles de l'autre. Reprenons la phrase de Jung que nous évoquions tout à l'heure : « *Par le facteur subjectif j'entends l'action ou réaction psychologique qui fusionne avec l'effet produit par l'objet donnant lieu à une nouvelle donnée psychique* ». Là, nous comprenons vraiment pourquoi dans un échange entre deux personnes introverties il y a en quelque sorte une création de « valeur ajoutée ». Chaque mot peut suggérer d'autres pensées qui s'ouvriront, potentiellement, à l'infini.

Une conversation entre deux personnes extraverties n'ouvrira pas de perspectives aussi larges sur la fertilité du discours et la profondeur de l'échange. L'introverti prend le temps d'analyser la pensée de l'autre et de la comprendre, il cherchera à entrer en connexion avec l'autre quand l'extraverti n'aura pas le recul nécessaire pour interpréter ce qu'il reçoit de l'autre. Lors d'une soirée, on remarquera aisément l'attitude d'une personne extravertie : elle aura tendance à s'ennuyer beaucoup plus rapidement et aura besoin de la relation avec l'autre. Elle ira de groupe en groupe, se déplacera beaucoup dans la soirée, discutera un petit peu avec chacun et passera très vite à un autre groupe. Elle va chercher à puiser beaucoup d'énergie de l'extérieur pour se sentir « rassasiée ». L'introverti va, lui, se concentrer sur une ou deux interactions avec lesquelles il va plus approfondir. Cette capacité de concentration de l'introverti va introduire de l'empathie dans son mécanisme d'interaction, car le fait d'être concentré sur une seule chose, va lui permettre de focaliser toute son attention autour de celle-ci. Sur un plan professionnel, cette empathie lui permettra de ne passer à l'action qu'après une longue réflexion.

Ce qui évite bien des erreurs de jugement et des conflits avec les collègues, clients, patrons… Si l'on devait légèrement extrapoler, nous dirions qu'un extraverti se nourrit de l'autre, alors que l'introverti recharge son énergie au contraire en étant seul.

Jung a approfondi son étude en déclinant à l'intérieur de ces deux catégories une typologie basée sur les fonctions psychologiques suivantes : pensée, sentiment, sensation et intuition. Les notions d'extraversion et introversion deviennent les traits de personnalité qui ressortent le plus dans l'approche empirique du modèle des Big Five, de l'outil Myers-Briggs Type Indicator (MBTI) développé dans les années 60 et inspiré par le modèle des Types Psychologiques de Jung, ainsi que dans le modèle HEXACO. L'axe Introversion/Extraversion est un aspect du MBTI qui aurait une valeur scientifique depuis 1991 selon l'Académie nationale des sciences, aux États-Unis. Ces deux fonctionnements ou attitudes coexistent chez chaque individu mais, en fonction des contextes de vie et de la constitution psychique de chaque individu, un mécanisme prédomine sur l'autre et c'est à ce moment-là que Jung parlera de *type extraverti* et *type introverti*.

Ces descriptions de Jung sont souvent subjectives et soulèvent de la part de R Le Senne les critiques suivantes : « *L'auteur n'est pas suffisamment soucieux de fournir des vérifications des distinctions alléguées : l'importance de la reconstruction dialectique est trop exclusive. La caractérologie au contraire exige l'équilibre entre l'analyse objective et l'intuition dialectique. L'opposition de l'extraversion et de l'introversion perd dans l'usage qu'en fait Jung de sa netteté parce que son utilisation est élargie à l'excès ; « Il confond ou mêle l'opposition entre la profondeur de l'analyse et le souci du concret, celle de l'activité et de l'inactivité, enfin l'opposition entre primarité et secondarité avec celle même du mouvement vers les choses et du retour vers soi. Enfin cette opposition est dérivée et il convient de la situer dans le système des caractères* ».

René Le Senne ne retient donc que les deux sens de l'orientation dont les intérêts humains sont susceptibles, suivant qu'ils se portent vers les choses ou vers l'intimité du sujet : *« l'introverti tourne le dos à la nature, à la perception, à l'extérieur, il est replié vers lui-même, ne s'intéresse qu'à ce qui se passe dans son intimité. Au contraire, l'extraverti oublie sa propre sensibilité dans le spectacle des choses dans lequel il s'aliène ».* Une fois délimitée de cette manière, l'opposition de l'introversion et de l'extraversion s'intègre effectivement mieux dans l'étude des caractères.

Allocentrisme et égocentrisme

La conscience d'une personne a deux pôles. Elle est à la fois le moi et l'autre (autrui). Si elle met le moi au centre de sa vision et de sa sensibilité : elle est alors égocentrique. La conscience égocentrique ne voit autrui que comme un objet alors que l'allocentrique s'identifie avec l'autre, renonce à son « moi » en ne se voyant plus soi-même mais uniquement du point de vue de l'autre. En réalité, Il n'existe pas une seule personne sur terre qui a un moment donné ne soit pas en mesure de se mettre à la place de l'autre, ni aucune personne qui soit totalement tournée que sur elle-même. Au même titre qu'on n'est pas totalement secondaire ou primaire, nous avons tous un degré d'égocentrisme et d'allocentrisme.

Mais il convient dans un premier temps de bien comprendre la notion d'égocentrisme en comparaison de l'égoïsme. Si vous êtes égocentrique, vous n'avez pas vraiment conscience de cette situation, vous avez du mal à comprendre les besoins de l'autre, vous êtes aveuglé par vos propres besoins. Cela n'empêche nullement que vous puissiez être à la fois bien élevé ou généreux, mais vous êtes incapable de donner à l'autre ce dont il a besoin à l'instant T.

Si vous êtes égoïste vous allez remarquer que votre sœur vient de perdre son travail mais ignorerez sa souffrance car dans une certaine mesure cela ne vous concerne pas. Cela ne nuira pas à votre quotidien et ça ne vous apportera rien de l'aider. La perception élevée que vous avez de vous-même vous amène à concevoir les besoins des autres comme étant secondaires. En cela il y a un lien entre l'égoïsme et le narcissisme, nous reviendrons sur cette notion dans le chapitre sur les perversions.

La société actuelle, nous pousse à se concentrer sur soi. La dureté du travail, les conditions de vie, le pouvoir d'achat en baisse, les conditions sociales d'existence ont, dans une certaine mesure, accentué l'individualisme au détriment de certaines vertus comme l'allocentrisme ou l'empathie. En réalité, vous adoptez un comportement égocentrique à défaut d'éprouver de l'empathie pour autrui car, enfermés en vous-même, vous ne pouvez vous abstraire des besoins enracinés dans votre nature propre. Tout est une question de circonstance.

Admettons que vous soyez ambitieux et que votre objectif dans la vie est votre réussite professionnelle. Vous aurez peu de temps disponible à accorder à votre conjoint, et, même si cette ambition forte pourra entraîner le sacrifice de vous-même, vous serez dans un mécanisme égocentrique, car votre propre ambition s'imposera aux autres. Mais cela ne fera pas de vous une personne forcément égoïste.

A l'inverse, prenons l'exemple d'une personne reconnue pour sa bienveillance et son empathie. Elle peut devenir égoïste sans cesser d'être allocentrique si, par exemple, elle s'aperçoit que sa gentillesse lui amène la connaissance ou même la sympathie de l'autre et en profite pour les subordonner à des actions totalement intéressées. L'égoïsme, dans ce cas précis, est un calcul, une action volontaire, alors que l'attitude égocentrique est désintéressée.

Häberlin a mis en avant « *l'opposition entre la tendance à s'imposer aux autres en se prenant pour le centre du monde et la tendance à se syntoniser avec eux* ». L'homme est pour lui le mixte de deux tendances primordiales : la tendance à l'affirmation de soi, qui finit par s'accomplir dans la volonté d'être soi, et la tendance à la modification de soi-même qui aboutit dans la volonté de fusion, de communion avec l'autre. (Häberlin *Der Charakter Kober, Ed Bâle, 1925. Article de W. Bowen, Journal de Psychologie norm. et pathol., 15 déc. 1930*)

Toute personne est inégalement égocentrique et allocentrique. Finalement, qu'est ce qui les distingue en apparence ? Prenons comme exemple une personne travaillant dans le secteur social, qui s'occupe des personnes défavorisées dans une association. Elle a renoncé à une carrière professionnelle mieux reconnue socialement pour se consacrer aux autres. Mais ne cherche-t-elle pas en même temps son salut ou sa repentance ? Ce militaire qui part au front pour défendre sa patrie, ne cherche-t-il pas au fond de lui la gloire et la décoration, ne se réjouit-il pas de la défaite de l'ennemi ? Ce chercheur qui vient de trouver le vaccin contre le covid-19 qui sauverait l'humanité ne va-t-il pas en tirer un revenu très conséquent, de l'admiration et de la gloire ? Leurs actions ne sont-elles pas le commencement d'une démarche égocentrique ?

Ces exemples illustrent à quel point nous ne sommes jamais totalement désintéressés par ce que l'on fait, et jamais vraiment certain de qui l'on est et de qui est l'autre. Il est bien difficile de démontrer qu'au plus profond de son être, une personne n'est pas déterminée dans ses actions par des fins égoïstes et que ce n'est pas sa propre satisfaction qu'elle recherche de façon ultime. Tout autre mobile ne peut être finalement qu'un moyen au service de cette fin.

Aucun comportement, bien qu'apparemment désintéressé et altruiste, ne peut être vraiment rapporté à l'intérêt ou au bénéfice du sujet, ni aucune preuve ne peut être apportée à l'existence de comportements qui auraient uniquement pour finalité le bien d'autrui. L'égoïsme serait le seul axiome qui permettrait de comprendre pourquoi nous agissons et pensons comme nous le faisons. C'est souvent la satisfaction de nos propres intérêts que nous visons : la reconnaissance, la gloire, le paraître, le qu'en-dira-t'on et l'image que nous souhaitons véhiculer.

La recherche de récompenses personnelles ou sociales, le désir d'échapper aux condamnations de notre conscience ou de la conscience des autres ou la volonté d'éviter les sentiments d'anxiété que produit le spectacle de la détresse ont l'apparence de l'altruisme dans certains cas, mais leur nature est, en réalité, teintée d'égoïsme. C'est ce qui se passe lorsque vous donnez en fin d'année 30 euros à « Action contre la faim » ou proposez à votre voisin de l'aide pour lui ouvrir la porte, alors qu'il vient de revenir du supermarché à pied avec 4 sacs de 5kgs à bout de bras…

Ainsi, les conduites totalement altruistes de l'être humain peuvent être considérées comme marginales. Néanmoins, lorsqu'une propriété a une prévalence sur l'autre, on pourra parler d'allocentrisme ou d'égocentrisme ou en limitant ces termes dans leur sens caractérologique d'altruisme ou d'égoïsme.

Etes-vous égocentrique ou allocentrique ?

Le questionnaire caractérologique de Roger Gaillat (« *Analyse caractérielle des élèves d'une classe par leur maitre* », Presses Universitaires de France, 1952), nous a permis de définir les principales nuances entre une personne égocentrique et une autre allocentrique.

En voici la synthèse : vous êtes égocentrique si vous avez tendance à parler principalement de vous-même, à ramener presque tout à vos expériences personnelles, si vous avez tendance à couper la parole pour revenir au sujet qui vous intéresse. A contrario, si vous parlez peu de vous, en employant notamment le « nous » à la place du « je », si vous faites peu d'allusions personnelles dans vos conversations, si vous reproduisez fréquemment les paroles ou les pensées de votre interlocuteur, alors vous êtes intrinsèquement plus allocentrique, ou tout au moins, moins égocentrique que la moyenne.

La manière de se juger ou non supérieur aux autres est le deuxième indicateur : vanter vos mérites, être orgueilleux ou montrer votre supériorité de différentes manières mais fréquemment en taquinant ou diminuant les autres, être convaincu que vous savez faire mieux que l'autre, que vous êtes plus beau, plus habile ou plus intelligent, sont des signes évidents d'égocentrisme. Vous aimez également vous complimenter et avez du mal à admettre que l'on vous critique.

A l'inverse, vous êtes allocentrique si vous avez tendance à vous déprécier, si vous trouvez fréquemment les autres supérieurs à vous-même, si vous vantez les qualités d'autrui par opposition à vos insuffisances, si vous diminuez vos mérites ou si vous trouvez de bonnes actions à faire totalement naturellement et sans mérite spécial.

La manière de vouloir être distingué à tout prix est le troisième indicateur. Si vous avez l'art d'attirer l'attention sur vous, si vous faites tout pour vous faire remarquer, en criant, riant, parlant, chantant plus fort que tout le monde, si vous aimez vous voir mis au premier rang, si vous essayez de provoquer des compliments sur vous, vous êtes dans une démarche égocentrique.

A l'inverse, si vous ne cherchez pas à vous singulariser ou si vous êtes indifférent à la considération de l'autre (vous acceptez toute critique et compliment), si vous êtes porté à vous effacer derrière les autres sans vous mettre vraiment en avant, en acceptant les propositions ou les suggestions des autres, en vous évertuant à passer inaperçu, vous êtes dans un mécanisme allocentrique.

Le fait de juger que seule votre opinion est valable, le fait d'être autoritaire et parfois brusque avec les autres, sont aussi des signes d'égocentrisme. Ou encore : vous refusez de vous avouer vaincu et ne savez pas reconnaitre vos erreurs, vous méprisez l'avis ou les conseils qu'on vous donne, vous prétendez avoir toujours raison. Vous vous imposez et ne voulez jamais céder.

Enfant, vous vous immisciez dans les jeux pour en prendre aussitôt la direction, vous imposiez des règles variables suivant votre intérêt et dans l'objectif de ne pas perdre. Vous preniez parfois une attitude de défense.

Par contre, le fait d'accepter la vision des autres, leur avis ou leur opinion, ou parfois le fait de vous appuyer sur l'avis des autres pour prendre des décisions, le fait de ne pas craindre la domination et d'être poli sont des signes d'allocentrisme.

Enfin, si vous n'admettez pas qu'on puisse vous commander, si vous vous révoltez contre la règle commune, si vous pensez qu'elle va à l'encontre de vos désirs et n'admettez pas le travail en équipe, vous êtes dans un mécanisme égocentrique.

Intelligence, données générales

L'intelligence est la faculté de comprendre, de saisir par la pensée. C'est aussi l'aptitude à s'adapter à une situation et de donner un sens aux choses. C'est un facteur général qui influence les différentes compétences comme le fait de raisonner, de décider et de résoudre des problèmes. Il est impossible de trouver une définition simple et consensuelle de l'intelligence. On parle souvent des compétences liées à notre capacité de penser par l'utilisation de notre conscience. Mais dès lors, par extrapolation, la pleine utilisation de sa conscience qualifierait d'office la pensée d'intelligence abstraite. Or, nous savons qu'il existe plusieurs types d'intelligence. Plus on rentre dans les détails, plus l'on pourrait extraire une liste détaillée des formes possibles d'intelligence. En effet tous ces artistes capables de composer spontanément une mélodie ou un poème, ces artisans qui fabriquent de leur main un meuble ou un instrument de musique, et ces sportifs qui se réalisent par leurs aptitudes physiques ou par leur esprit pratique, ont tous des formes d'intelligence bien spécifiques.

L'abstraction recherche ce qui est commun à différents éléments particuliers, ce qui permet de définir des classes d'objets. L'abstraction consiste à remonter d'éléments particuliers vers des classes toujours plus englobantes. Au sens de l'abstraction, par généralisation, l'abstrait est nécessairement plus global que le concret. Nous reviendrons après sur cette théorie.

Partant de ce principe, nous passerons rapidement en revue les huit ou dix formes d'intelligences qu'Howard Gardner en 1983 a théorisé dans son livre « Frames of Mind, the Theory of Multiple Intelligence », où il critique l'emploi des tests d'intelligence pour l'orientation scolaire des enfants. Selon lui, en effet, les tests d'intelligence ne mesureraient pas tous les types d'intelligences. La presse est suffisamment documentée sur ce sujet (Intelligence linguistique, musicale, logico-mathématique, spatiale, kinesthésique, intrapersonnelle, interpersonnelle, naturaliste…). Nous considérerons, par abstraction, celles qui prédominent.

Quant à l'intelligence émotionnelle, généralement associée à l'empathie, elle implique en quelque sorte qu'une personne relie ses expériences personnelles à celle d'autrui. Nous l'aborderons en filigrane sur des cas particuliers.

L'intelligence permet de transcender les faits et de leur assigner une valeur. Vous y parvenez grâce au pouvoir que vous avez de percevoir l'identique dans le multiple. Cette capacité est essentielle : sans elle, vous ne pourriez exister. Elle seule vous permet de produire vos moyens de subsistance en donnant une « valeur » au travail que vous faites, aux choses, à l'argent, aux idées. Platon a développé le principe de « la nécessité de l'idéalisme » comme étant la seule théorie à même de fonder la possibilité de la pensée contre le relativisme : « *Si l'on n'admet pas qu'il y ait des formes, des êtres, et qu'on se refuse à assigner une forme à chacun d'eux, on ne saura plus où tourner sa pensée, parce qu'on ne veut pas qu'il y ait pour chacun des êtres une idée toujours identique et que, par-là, on détruit absolument la possibilité de discuter.* »

Les animaux ne disposent pas à leur portée des choses nécessaires à leur subsistance. Mais ils disposent d'un instinct que nous n'avons pas et sont capables de se mouvoir. L'animal pourra fuir devant un danger, se protéger de la pluie ou du froid, et chasser pour se nourrir. Il naît avec cette faculté, cet atavisme et ces moyens de défense et de subsistance. Ses savoir-faire innés le pousseront à satisfaire ses besoins biologiques. Parce que l'homme produit ses moyens de subsistance, il ne peut se contenter de ses sens et de son instinct ; Il faudra qu'il possède une vision précise des éléments constitutifs de l'objet. L'objet étant le monde qui l'entoure.

Toutes les civilisations ont dû faire en sorte de comprendre l'essence même des choses. L'homme y est arrivé dès lors qu'il a pu isoler parmi les multiples réalités qui l'entourent, ce qu'elles ont d'identique entre elles : c'est le principe de l'abstraction. En les comparant, vous situez les objets les uns par rapport aux autres et vous estimez la valeur qui leur est donnée. Il existe trois modes d'accession à la valeur : l'intuition, le raisonnement et l'activité créatrice.

Vous n'êtes pas tous dotés des mêmes facultés intellectuelles, et certains d'entre vous n'iront jamais plus haut qu'un niveau de connaissance limité. La troisième dimension de l'esprit est l'activité créatrice : nous reviendrons sur ce point. La seconde dimension de l'intelligence, qui pose le problème des centres d'intérêt, met en avant les notions de généralisation et de particularisation. Nous détaillerons leur définition et leur opposition. La première dimension de l'intelligence est l'intuition. Reconnaître au premier abord un chat d'un chien ou un palmier d'une rose est une forme d'intuition. Cette forme d'intelligence est intuitive car elle se passe de réflexion mais c'est une intuition superficielle. Les enfants disposent tôt de cette forme d'intelligence avant que le savoir ne vienne imprégner la pensée, la réflexion et plus largement l'esprit. Les premières manifestations du langage de l'enfant en font partie aussi.

A un second degré, vous vous montrez plus exigeant. Au-delà des ressemblances sensorielles, vous recherchez par des comparaisons multipliées et de plus en plus subtiles, des relations nouvelles entre les objets. Cette fois, ce n'est plus l'intuition qui vous guide mais ce que l'on peut appeler « concept » ou abstraction : vous pouvez reconnaître deux variétés de palmiers ou de roses, un bouledogue d'un cocker ou un chat bengale d'un siamois.

Enfin, il y a un dernier degré dans la marche de l'intelligence vers les valeurs. C'est celui que vous atteignez grâce au raisonnement, c'est à dire la pensée discursive, qui est en opposition avec l'intuition. Le raisonnement intervient pour percevoir des valeurs communes et distinguer le lien qui unit les éléments entre eux. Cette pensée « implicite » vous fait percevoir le fil conducteur qui vous guide dans votre réflexion. Ces trois degrés de l'intelligence marquent autant de procédés par lesquels celle-ci atteint plus ou moins parfaitement les valeurs de l'objet. Ils correspondent à des différences de tension : ce sont elles qui permettent de dire que l'être humain est plus ou moins intelligent.

Mais quelles valeurs atteint-on de cette façon ? Ce n'est plus cette fois un problème quantitatif, mais qualitatif. Il s'agit de la notion de différences qualitatives entre les esprits.

Vous connaissez tous des personnes très intelligentes mais absolument incapables de venir à bout d'une tâche pratique, de monter un meuble, de passer leur permis de conduire ou de changer un essuie-glace et d'autres qui n'ont jamais été des « lumières » à l'école dans leur compréhension théorique mais qui sont excellents pour réparer une montre ou un embrayage de voiture. La plupart du temps, Ils font même preuve de beaucoup d'esprit inventif.

Ces exemples font référence au fait qu'il y a bien une autre dimension que l'intensité ou la tension de l'intelligence. Il est possible de différencier les personnes selon une dimension qualitative. Celle-ci s'exprime par les notions de **généralisation et de particularisation**. Cette dimension de l'intelligence exerce une influence très nette sur le caractère, et notamment sur les trois autres propriétés fondamentales de celui-ci, que sont l'émotivité, l'activité et le retentissement. Pour analyser les répercussions caractérielles il faut considérer la genèse des valeurs par les voies de l'opération mentale qui est l'abstraction.

La plupart des chercheurs ont considéré qu'elle est constitutive de l'essence même de l'intelligence : on ne peut pas penser et réfléchir sans dégager les valeurs essentielles des choses, c'est-à-dire sans abstraire. Mais il est également vrai qu'on peut aussi les créer, comme dans l'intuition créatrice, ou les intuitionner, comme dans la connaissance directe et sans intermédiaire que nous prenons de l'être et du moi.

Facteurs intervenant dans les différents degrés d'intelligence ; intuition simple, abstraction et activité créatrice ou intuition créatrice.

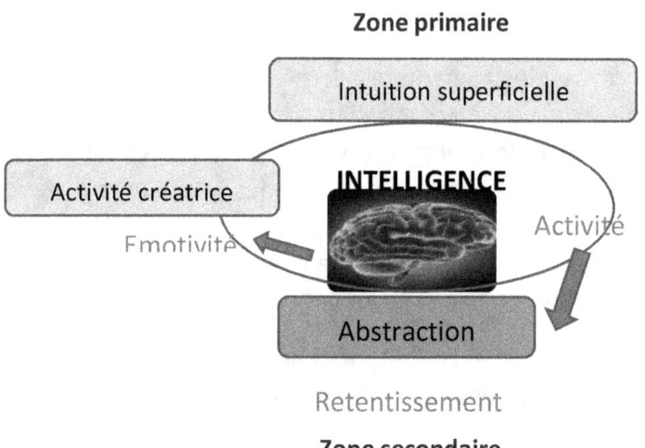

Introduction à la généralisation et à la particularisation

Comme nous l'avons vu, l'intuition est superficielle quand il ne s'agit que d'abstractions particulièrement simples. Ainsi, si on se contentait de définir les chiens comme étant les animaux qui ont une longue queue, on inclurait aussi les chats qui, pourtant, ne sont pas des chiens. Par ailleurs, on exclurait tous les chiens qui n'ont pas de longue queue.

Les ressemblances externes faussent donc les données pour atteindre le fond d'un problème. Les jugements des enfants s'appuient souvent sur de simples intuitions. Leur intelligence, très concrète, a des difficultés à annihiler l'influence de leurs perceptions : en effet l'enfant, à qui il manque la connaissance, ne dispose pas d'un grand nombre d'éléments relationnels pour effectuer des comparaisons. Son procédé mental répond à une « tension » peu élevée de l'esprit : P Grieger dans « *l'Intelligence et l'éducation intellectuelle* » en a étudié les répercussions sur les différents caractères, en qualifiant ces esprits « d'intelligences particularisantes ». C'est le principe schématisé de l'intelligence concrète.

A un second degré, « *l'esprit entreprend systématiquement d'inventorier les différents aspects de l'objet ou des objets qu'il considère. Il s'efforce ainsi de dégager progressivement toute leur valeur.* (P. GRIEGER). Bien souvent, les similitudes entre les choses ne se présentent pas d'elles-mêmes et il faut les rechercher par un travail subtil de l'esprit : par exemple vous allez associer une table en bois à la forêt amazonienne qui elle-même vous rappellera que le livre que vous lisez a possiblement les mêmes origines. Ce dernier degré est évidemment beaucoup plus subtil.

Chacun construira donc ses concepts qui le conduiront plus ou moins loin dans la réflexion, selon la vigueur de son intelligence, et la hauteur de sa tension intellectuelle.

L'esprit procèdera alors par analogie, processus de pensée par lequel on remarque une similitude de forme entre deux choses de différentes natures. L'analogie explicite est une comparaison, et elle deviendra métaphore quand elle sera implicite. « *La comparaison entre deux routes tortueuses n'est pas une analogie, car ce sont deux objets de même type : c'est une simple ressemblance. En revanche, dire qu'une route serpente est une analogie : on repère ici la similitude entre deux choses de type différent* » (Article « Analogie » sur Wikipedia). Le raisonnement par analogie est ainsi un raisonnement par association d'idées, combinaison et synthèse.

Le troisième degré que nous avions évoqué est celui de l'intuition mais dans sa forme « créative » la plus fertile, degré auquel peu d'êtres humains n'accèdent. Dans un processus créatif, l'intelligence en vient à posséder un grand nombre de valeurs rationnelles, grâce à des analyses nombreuses et de plus en plus précises. La perception des valeurs devient alors instinctive. Des créations techniques, artistiques, scientifiques, philosophiques en résultent. Elles sont l'œuvre de l'intuition créatrice, acte synthétique supérieur où l'esprit découvre subitement, par une pensée implicite qui se déroule sans le secours des mots, tous les aspects d'un problème et le secret de leur lien.

Cette sorte d'intuition est à l'extrême opposé de celle que nous avons déjà décrite. L'intuition créatrice est une richesse qui dépasse le discours alors que l'intuition primaire est à la limite de l'instinct : les concepts la débordent.

L'hémisphère droit du cerveau traite l'information de manière globale, dans un champ de conscience largement ouvert. Il est visuel, et s'occupe plutôt des objets dans l'espace. Le discursif, en rapport avec l'hémisphère gauche, est analytique, intellectuel. L'hémisphère droit est souvent associé à la créativité.

C'est en quelque sorte « la nourriture » de l'activité créatrice de l'hémisphère gauche, celui du langage. Le cerveau droit se rapporte à l'intuition du réel, tandis que le gauche construit une représentation du réel, il en est l'interprète. L'activité du cerveau droit est intense et traite le multiple, le complexe, ce que le gauche ne peut pas traiter et se contente en quelque sorte de contrôler, de simplifier.

C'est en tout cas à partir de ces trois niveaux de tension de l'intelligence, fondamentalement homogènes, que les esprits se distinguent qualitativement entre eux. Ces dimensions de l'intelligence entraînent d'importantes conséquences sur le comportement. La principale nuance se situe dans l'éloignement plus ou moins grand du concret. Les esprits qui s'y trouvent étroitement « rivés » seront les **« particularisants concrets »**.

Ceux qui parviendront à s'en dégager, au point de pouvoir se passer de la présence des choses et de la remplacer par des concepts plus abstraits, seront soit des **« particularisants conceptuels »**, soit **des « généralisants »**. Les conceptuels auront toujours un attrait fort pour le concret. S'ils s'éloignent de celui-ci, c'est pour mieux le dominer. Mais leur centre d'intérêt demeure dans les choses. C'est pourquoi ils sont qualifiés également de « particularisants ». Les généralisants vont plus loin dans leur abandon des réalités tangibles. La connaissance du réel ne les intéresse pas pour ce qu'ils pourraient en retirer d'utile, mais bien plutôt pour l'harmonie de l'ordonnancement qu'ils y découvrent. Ils s'intéressent avant tout aux relations entre les choses.

L'abstraction

L'abstraction est l'opération de l'esprit par laquelle les propriétés générales, universelles et nécessaires d'un objet sont distinguées de ses propriétés particulières et contingentes. Notre pensée prend alors du recul par rapport à l'expérience sensible et forme l'ensemble de nos idées qui seront exprimées par le langage.

La capacité d'abstraction consiste en la possibilité pour l'abstrait d'exister. L'abstrait est obtenu par opération mentale, et n'existe donc pas à nos sens. Ainsi, dans le cadre de sa théorie de l'idéalisme, Platon confirme l'existence réelle des idées abstraites, par opposition à l'existence du monde sensible et palpable qui est le concret. Il considère que le concret « phénoménal » dans lequel nous nous trouvons, qui est la réalité des choses palpables, s'oppose au monde des idées qui est véritablement réel dans le sens de la réflexion. Cette conception suppose une forme d'existence idéelle (relative aux idées), indépendante de la pensée humaine, et qui fonde le monde.

Pour Platon, les Idées générales et universelles sont immuables et par conséquent ne peuvent résider dans la réalité sensible qui est changeante. Les idées, existent dans un Monde extérieur à l'expérience sensible, accessible par la puissance de l'âme qu'est l'intelligence. Les impressions sensibles qui proviennent des sens ne sont que des images imparfaites et trompeuses. Il est impossible d'avoir une connaissance vraie, par l'expérience des choses sensibles (du concret) car elles ne sont que des copies des idées.

Le disciple de Platon, Aristote, définira à son tour l'abstrait par le processus par lequel l'intellect opère l'abstraction : l'aphairesis. Ce concept désigne la capacité d'abstraction dont dispose un sujet humain pour distinguer les propriétés universelles des propriétés particulières. L'abstraction implique de simplifier une réalité complexe pour pouvoir la penser. Il s'agit alors de négliger ce qui n'a pas d'importance au profit de ce qui en a. Au sens de l'abstraction par simplification, l'abstrait est nécessairement plus simple que le concret car il dégage l'essentiel de la pensée.

Cette notion explique pourquoi certaines personnes pourront avec peu de mots exprimer une pensée plus claire que d'autres qui emploieront plusieurs phrases pour exprimer une seule idée, qui, bien que fondue dans une rhétorique, n'en sera pas pour autant plus convaincante.

L'abstraction par généralisation recherche ce qui est commun à différents éléments particuliers, ce qui permet de définir des classes d'objets. Par exemple « l'Homme » regroupe toutes les ethnies et tous les peuples. « La classe des invertébrés » recense tous les animaux dépourvus de squelette.

L'abstraction par généralisation consiste donc à remonter d'éléments particuliers vers des classes toujours plus englobantes. Au sens de l'abstraction par généralisation, l'abstrait est nécessairement plus général que le concret. Enfin, l'abstraction par analyse ou par sélection consiste à isoler une propriété en la détachant de ses déterminations ou de ses relations. Au sens de l'abstraction par analyse, l'abstrait est toujours plus pur ou mieux isolé que le concret.

Pour vous rendre compte de ce que vous êtes c'est très simple : Si après avoir lu ces quelques paragraphes vous avez perdu le fil du livre, c'est que votre esprit est vraisemblablement plus tourné vers le concret !

Ce livre est en effet l'illustration du principe d'abstraction par généralisation : la création d'ensembles formant 8 types caractérologiques permet de regrouper entre eux les caractères qui disposent des plus grandes similitudes. Alors que si nous détaillions tout, nous trouverions les 8 caractères de base, tous les caractères intermédiaires (ou inter-caractères) selon les degrés d'émotivité, de retentissement ou d'activité. Ensuite, viendraient s'ajouter tous les multiples : les 2 grandes formes d'intelligence (qui restent en soi une abstraction puisqu'en réalité il existe de nombreuses formes d'intelligence), l'introversion ou l'extraversion, l'égocentrisme ou l'allocentrisme, et l'ampleur du champ de conscience. Enfin, nous ajouterions ce que Gaston Berger nomme les facteurs de tendance, à savoir l'avidité, les intérêts sensoriels, la tendresse et enfin la passion intellectuelle.

Tout ceci nous donnerait des milliers de profils caractérologiques à étudier ; il est donc plus aisé d'abstraire et de généraliser les données que d'analyser dans le détail leurs composantes. Mais, rassurez-vous, les parties qui vont suivre ont été adaptées pour que chaque « esprit » y trouve son compte.

L'Opposition de l'abstrait et du concret

L'opposition entre l'abstrait et le concret recouvre l'opposition entre ce qui est purement intellectuel et ce qui est seulement sensible.

Le concret est ce qui est donné par nos sens. Cette opposition constitue deux approches opposées de la pensée pour y voir une même réalité. En science, l'abstraction est une méthode du passage de l'abstrait au concret. Selon Paul Langevin (*L'Évolution de l'espace et du temps,* Scientia, 1911 et *La Notion de Corpuscules et d'Atomes*, Paris, Hermann, 1934), « *Le concret est l'abstrait rendu familier par l'usage* ».

Abstrait et concret sont des classifications qui dénotent si un terme décrit un objet sans ou avec référent physique. Un objet abstrait est un objet qui n'existe pas en aucun moment ni endroit particulier mais existe plutôt comme type de chose, c'est-à-dire sous la forme d'idée ou d'abstraction. Le chiffre 7 est abstrait alors que les 7 nains existent réellement en tant que personnages de dessin animé (même si c'est une fiction). La blancheur est abstraite alors que Blanche Neige est concrète. La neige est blanche également, tout comme la nuit est noire.

Platon, dans sa théorie des formes, considère que les objets abstraits constituent la définition de l'objet de la métaphysique ou de la réflexion philosophique d'une façon plus large. A l'opposé, le Naturalisme est la conception d'après laquelle tout ce qui existe (objets et événements) peut être expliqué par des causes ou des principes naturels, écartant ainsi toute forme de transcendance du réel vers l'abstrait. Nous comprendrons donc plus loin pourquoi les « naturalistes » sont plutôt des particularisants, primaires de surcroît, attachés au sens concret des découvertes et des débats.

La pensée concrète implique des faits et des descriptions des objets tangibles tandis que la pensée abstraite implique un processus mental qui élève l'intelligence à un haut niveau de tension. Par exemple, prenons la leçon de science naturelle suivante : « Les plantes absorbent l'eau par leur racine et le CO2 dans l'air, elles captent l'énergie lumineuse et rejettent de l'oxygène ». Ceci est un développement concret permettant d'expliquer le principe de la photosynthèse. Par abstraction, nous affirmerions la chose suivante : « La photosynthèse est un processus bioénergétique ». Si nous élevons l'esprit sur un champ analogique alors nous affirmerons que « l'eau, c'est la vie ».

Cette intuition pourrait sembler au premier abord simpliste et nécessite qu'une relativité soit faite, qu'un concept soit établi. L'eau seule ne permettrait pas à l'homme d'exister puisqu'il n'aurait pas l'oxygène nécessaire pour respirer, n'est-ce pas ? Mais si l'on part du principe qu'en absorbant de l'eau les plantes rejettent de l'oxygène, nous en déduisons implicitement mais surtout intuitivement que l'Homme ne peut respirer que dans la mesure où les plantes absorbent de l'eau et pouvons ainsi **affirmer de manière intuitive** : « Sans plantes il n'y aurait pas d'hommes ».

Les théories sur l'intelligence

La première théorie sur l'intelligence est la « théorie bifactorielle » de Spearman, et l'autre, la « théorie des traits unitaires ». On sait que l'emploi de tests variés d'intelligence sur un très grand nombre d'individus révèle que les notes obtenues par chacun dans l'une de ces épreuves présente un caractère d'homogénéité assez fiable.

Les personnes qui réussissent dans un test ont, en général, de bons résultats dans tous les autres, et il en est de même pour ceux qui réussissent moyennement et ceux qui ont les moins bons résultats. Spearman en concluait que les aptitudes intellectuelles peuvent être ramenées à un facteur commun, le facteur « G », doublé d'un autre, le facteur « S », propre à chaque épreuve, et qui correspond à une aptitude particulière que requiert celle-ci.

Wechsler, l'auteur de la célèbre échelle de mesure de l'intelligence (Wechsler-Bellevue), tient la démonstration du facteur « G » pour une des plus grandes découvertes de la psychologie. La preuve de l'existence d'un facteur commun lui semble ne pouvoir être mise en doute. Voici comment il se représente « G » : « *Avant tout, c'est une mesure purement mathématique, primitivement conçue pour expliquer les corrélations existantes entre les genres les plus divers d'actes cognitifs* », valeur qui reparaît dans toutes les données qui peuvent être dérivées des mesures d'aptitude intellectuelle. Le facteur « G » explique donc les effets du travail mental ou les opérations de l'esprit.

« G « est donc une sorte d'énergie, ou plus exactement une mesure de cette énergie. C'est une quantité psycho-mathématique qui mesure la capacité de l'esprit à effectuer un travail intellectuel. Mais Spearman lui-même a affirmé qu'il lui paraît impossible de donner le titre « d'intelligence » à ce facteur, tout en affirmant par ailleurs que les meilleurs tests d'intelligence sont ceux que « G » sature le plus, ce qui est contradictoire.

Adrian M. Owen et Adam Hampshire ont découvert que la notion d'un seul facteur « G » corrélé à la moitié du résultat obtenu lors d'un test de QI n'est pas représentative des réelles variations de performance lors du test ; les résultats prouvent que lorsqu'un large panel de capacités cognitives est exploré, les variations de performance observées ne peuvent être expliquées qu'avec au moins trois composantes distinctes : la mémoire à court terme, le raisonnement et la composante verbale.

Nous retiendrons que « G » exprime l'activité caractéristique de tout esprit, à savoir la capacité de distinguer l'identique dans le multiple et reconnaître les perceptions sensibles, afin d'y trouver des valeurs. Mais cette tension de l'intelligence n'exprime pas toute la réalité de l'esprit, c'est pourquoi il est nécessaire d'avoir recours à une autre dimension pour caractériser l'intelligence. William Picken Alexander (*Intelligence, concrete and abstract*, Cambridge University Press, 1935) l'a confirmé en prouvant que ce facteur ne suffit pas à expliquer « *la totale variance existante* » entre les tests utilisés pour mesurer l'intelligence. Ainsi, l'aptitude verbale est une unité fonctionnelle, et l'aptitude pratique en est une autre. L'intelligence marque profondément les propriétés fondamentales du caractère que l'on considère généralement comme étrangères à toute influence de l'esprit (l'activité, l'émotivité et le retentissement). Wechsler considère que les trois principaux facteurs seraient l'activité, l'équilibre émotionnel et la ténacité, ainsi qu'il les décrit dans « British Journal of Psychology » (1935, « *l'évaluation de l'efficience mentale* »).

Sur un plan caractérologique, nous retiendrons que l'intelligence est dominée par deux facteurs qui correspondent à la généralisation d'une part, que Wechsler appelait « intelligence verbale » ou « intelligence théorique », et la particularisation d'autre part qui est l'intelligence pratique.

Intelligence particularisante et généralisante

Nous pouvons donc distinguer principalement deux formes d'intelligence selon une dimension qualitative : la « généralisation » et la « particularisation ». Vous êtes « généralisant » si votre esprit est plus orienté vers les théories, les valeurs spéculatives et l'abstrait en général, et « particularisant » si vous vous dirigez plutôt vers le concret, les choses et les faits. Les généralisants, ont tendance à développer volontiers des arguments abstraits, à orienter leurs conversations vers des idées ou des considérations générales, à se plonger dans des rêveries idéologiques, à préférer la méditation à l'action, les théories aux faits et à ne se soucier que médiocrement des détails pratiques. Ils attachent une grande importance aux nuances entre les idées. Les particularisants, s'entretiennent davantage de faits que d'idées, se méfient aisément de celles-ci en considérant que c'est de la théorie pure. La valeur de l'expérience est pour eux primordiale : ils agissent plus volontiers, sans parfois prendre le temps de la réflexion, mais ils privilégient les aspects pratiques et les détails. Ils préfèrent les questions spécifiques aux vues d'ensemble et aux problèmes généraux. Devant un appareil qu'ils ne connaissent pas, leur souci est avant tout de savoir quel est son usage et comment s'en servir : les principes de son fonctionnement les préoccupent beaucoup moins. *

Les esprits généralisants sont ceux qui exerceront leur intelligence sur les spéculations, les théories, les abstractions, et en général sur les relations que les choses entretiennent entre elles, beaucoup plus que sur ces choses elles-mêmes. Les esprits particularisants, eux, se dirigent de préférence vers l'utile, le pratique et le concret. Les uns ont, au fil du temps, inventé des choses nouvelles et des machines, tandis que les autres ont conçu des théories et des systèmes.

**Essayer de comprendre une personne généralisante pour un esprit concret est aussi difficile pour lui que supporter d'écouter de longues histoires pleines de détails, narrées par une personne particularisante pour un généralisant qui préférera aborder des sujets de fond plutôt que d'entendre comment son interlocuteur se brosse les dents le matin...*

Tableau de synthèse des deux principaux types d'intelligence

Intelligence généralisante

Cherche à ne pas faire comme tout le monde et peut être en désaccord facilement
Propension à la rumination mentale

S'enthousiasme pour les grands projets. Préfère les théories aux faits
Cherche les principes de fonctionnement d'un appareil

Arguments intellectuels abstraits et théoriques

Développe des idées et des considérations générales

Discute de théories et de principes larges

Se livre à la réflexion et à la méditation et se plonge dans des rêveries abstraites

Les nuances entre les idées sont importantes. S'intéresse aux généralités plus qu'aux détails

A une dimension métaphysique

Préfère travailler intellectuellement

Préoccupé par sa vie intérieure

Est sensible à l'art et a une sensibilité artistique. Rêveries idéologiques

A une vue générale des choses

Intelligence particularisante

Intérêt pour les arguments expérimentaux

Parle de faits concrets

Parle dans le détail des évènements, des personnes

Préfère être dans l'action

Préfère les démonstrations « cartésiennes » aux théories philosophiques

S'intéresse aux détails plutôt qu'aux aspects généraux

S'intéresse aux détails d'ordre pratique

Préfère travailler manuellement

Préfère l'expérience aux généralités

S'intègre plus facilement

Rit plus fréquemment

Est souvent extraverti

La question fondamentale qui peut se poser est : comment ces deux variables d'intelligence influencent-elles le caractère, tout en émettant aussi l'hypothèse que le caractère en lui-même peut être à l'origine des variables de l'intelligence ? Cette dernière option était privilégiée jusque dans les années 60. C'était, en outre, la vision de Heymans, qui ne voyait pas dans l'intelligence une propriété constitutive du caractère mais argumentait la théorie selon laquelle le caractère définissait l'intelligence. Grieger exprime une opinion plus nuancée en distinguant l'intelligence pure et l'intelligence investie.

La première, l'intelligence pure, analyse l'esprit en sa nature propre, c'est-à-dire dans ses exigences formelles essentielles. La seconde, l'intelligence investie, considère le fait que chaque esprit se réalise concrètement en un être humain qui possède une physionomie mentale déterminée, c'est-à-dire un caractère. **Investie dans une psychologie particulière, c'est-à-dire une personnalité, l'intelligence en subirait l'action ou, mieux encore, ses propres virtualités seraient mobilisées par les puissances du caractère.**

Dans cette hypothèse, un actif/non-émotif/primaire de type sanguin mobiliserait les propriétés de l'intelligence qui sont sensibles aux facteurs *activité* (dont la persévérance et l'action sont les maîtres mots), ainsi que la froideur d'esprit (qui entrainerait son intelligence vers la systématisation), tandis que sa primarité lui donnerait toute la vivacité d'esprit pour se réaliser rapidement dans l'action. Le Gall montre avec clarté dans « Les insuccès scolaires, (Ed Que sais-je) » que des formes d'intelligence particulières peuvent être rattachées à chaque type caractériel déterminé. Chaque caractère aurait donc des prédispositions à une forme particulière d'intelligence, mais pour autant, la question de savoir si l'intelligence ne possède pas elle-même une valeur caractérielle reste aussi à démontrer.

Robert Maistriaux soulève cette notion : « *Avant d'être investi dans un caractère, l'esprit ne revêtirait-il pas deux formes essentielles, et celles-ci ne seraient-elles pas des composantes du caractère ? Dans ce cas, l'intelligence serait un élément constitutif du caractère, qu'elle contribuerait à spécifier, au lieu d'être spécifiée par lui. (...) Les deux théories ne s'excluent nullement. Tout au contraire, elles se complètent l'une l'autre, des interférences pouvant fort bien se manifester des formes de l'intelligence sur les trois propriétés fondamentales (Emotivité, Activité et Secondarité) et de celles-ci sur celles-là* ».

Il suppose donc que le conditionnement du cerveau pourrait spécifier l'intelligence humaine. Et comme un conditionnement corporel peut évidemment subir une autre action corporelle et, en même temps, réagir sur elle : « *L'intelligence imposerait ses spécifications propres aux puissances psychophysiologiques* (l'émotivité, le retentissement et l'activité), *tandis qu'à leur tour, celles-ci l'influenceront, par une sorte de choc en retour* » affirme-t-il. C'est précisément ce que nous analyserons pour chaque caractère dans la deuxième partie de notre étude.

L'ampleur du champ de conscience

Ce point est fondamental car il constitue la propriété supplémentaire qui aura pour effet de séparer chacun des caractères en plusieurs sous-familles et aussi de faire se rapprocher entre eux des caractères distincts par l'effet de similitudes d'un même fonctionnement de la conscience.

Ce qu'il est nécessaire de comprendre en premier lieu, c'est que nous subissons tous des variations d'ampleur de notre conscience : à certains moments, elle est distendue, c'est-à-dire qu'elle contient une grande richesse d'impressions parmi lesquelles notre attention se noie.

Imaginons que vous êtes en bord de mer et que vous contemplez le paysage composé de plages, de rochers, de bateaux… Vous percevrez certainement une multitude de choses sans avoir l'intention d'observer quoi que ce soit en particulier. Dans ce cas précis, votre conscience sera large, vous aurez une vue panoramique du paysage, de la plage à l'horizon.

Imaginons maintenant que vous ayez à remettre un devoir de maths pour demain, ou bien que vous deviez remplir votre déclaration d'impôts avant minuit : à ce moment-là, votre champ de conscience se rétrécira pour se concentrer autour d'un objet qui exclura tous les détails qui ne sont pas concernés par le sujet. Dans ce cas de figure votre conscience sera étroite. L'émotion (le stress à propos de ce devoir ou de cette déclaration) ou l'attention rétrécissent le champ de conscience ; la froideur, le détachement et l'apaisement l'élargissent.

Ces variations sont fréquentes et concernent presque tout le monde. L'urgence et le stress rétrécissent l'attention autour de l'événement redouté et, une fois réalisé, l'apaisement distend l'attention qui rétrécissait l'esprit.

Comme le souligne R Le Senne ; « *il convient de ne pas confondre l'ampleur occasionnelle dont les variations dépendent des événements et surtout de l'émotion et de l'attention avec l'ampleur constitutionnelle qui caractérise une conscience considérée à part des perturbations exceptionnelles dans ce qu'on peut appeler son régime moyen d'existence* ».

Avez-vous une conscience étroite ou large ? Corrélations principales de l'ampleur du champ de conscience

Dans le langage courant, nous avons l'habitude de qualifier « d'étroits » les personnes qui ont des « œillères ». Elles se montrent incapables d'imaginer autre chose que ce qu'elles ont pris l'habitude de faire. Prisonnières des idées toutes faites ou de sentiments familiers, elles se défient des nouveautés, des usages reçus, des préjugés intellectuels ou sociaux.

Vous avez tous déjà rencontré quelqu'un qui est persuadé d'avoir raison alors que tout porte à croire que ses arguments ne sont fondés que sur des analyses succinctes, ou émanent d'une vérité déformée, aseptisée. Sa routine, ses préoccupations professionnelles journalières bornent son horizon. Son manque d'envergure de l'esprit le pousse à tout généraliser et il conclura rapidement que vous avez tort. Cette même personne ne vous écoutera que vaguement voire pas du tout car elle sera focalisée sur ce qu'elle doit vous dire. Si elle manque par ailleurs d'allocentrisme alors ce sera un monologue. Elle pourra simuler une forme d'écoute mais, en réalité, ne sera pas réceptive à ce que vous pourrez lui dire et n'en tiendra pas compte.

Comprendre ce qui rend un esprit large ou étroit, c'est considérer les rapports que l'on peut marquer entre le sujet d'une représentation ou d'une action et son objet, celui-ci étant ce que vers quoi l'attention se porte. Vous êtes quelqu'un de « large » si votre indépendance vis-à-vis de l'objet est plus grande ; vous êtes plus « étroit » si vous êtes davantage dominé par celui-ci, au point, parfois, d'en devenir véritablement l'esclave. L'étroitesse d'esprit vous hypnotise et limite votre horizon intellectuel ; certaines personnes rigides sont enfermées dans un petit nombre d'habitudes qui prennent à leurs yeux une exclusive importance. Elles deviennent dépendantes de leur routine quotidienne, de leurs marottes, de leurs manies. Elles sont asservies par l'objet d'une représentation mentale, d'une action ou d'une habitude.

Être absorbé ou non par ce que vous faites

Si vous êtes pris tout entier dans ce que vous faites au point de devenir « sourd » ou « aveugle » pour tout le reste, c'est un premier signe de champ de conscience étroit. Dès lors, les bruits, les occupations des gens autour de vous, les conversations ne peuvent vous extraire de votre occupation. Vous parlez avec une telle tension que vous êtes insensible aux réactions des gens autour de vous.

La personne « étroite » est celle qui, au milieu d'une table où plusieurs conversations s'entremêlent lors d'une réunion de famille, ne percevra pas les rires du bout de la table et continuera sa conversation, persuadée qu'il n'y a que celle-ci. Elle continuera à parler sans s'apercevoir qu'on ne l'écoute plus. Si votre conscience est large et que vous êtes à cette même table, vous entendrez votre frère demander en vain qu'on lui passe la carafe d'eau alors que tout le monde est absorbé par la conversation ; c'est donc vous qui finirez par le lui donner. Vous saurez répondre aux sollicitations alors que vous êtes en train de faire autre chose, vous écoutez d'une oreille la conversation de l'autre bout de la table, et êtes en même temps capable de vous servir en rôti alors que vous parlez.

La tension de l'esprit vers une direction spécifique ou vers plusieurs impressions

Si votre champ de conscience est étroit, vous êtes focalisé par le but que vous voulez atteindre. Lors d'une conversation, vous êtes capable de produire de longs monologues où vous ne suivez que votre idée directrice. Vous répondez à côté lorsque la conversation a changé de sujet, alors même que vous ne vous êtes pas aperçu de ce changement. Hanté par une idée ou une pensée, vous en oubliez tout le reste. Vous avez des difficultés à mener deux actions simultanément, comme parler en lisant, ou conduire en parlant (et encore plus en téléphonant au volant). Nous reviendrons d'ailleurs après sur la conduite automobile.

Le rétrécissement du champ de conscience livre l'esprit à la détermination, à quelques objets exactement définis et nettement distincts des autres. La détermination privilégiée révèle sa puissance et le rétrécissement de la conscience entraîne l'orientation, la polarisation de la pensée dans le sens indiqué par cette détermination dominante. A l'école, un élève à champ de conscience étroit, potentiellement bon en orthographe, sera capable de faire beaucoup de fautes dans un devoir d'histoire, car il sera obnubilé par ce qu'il a dans l'esprit et par sa transcription ; alors que s'il s'agit d'une dictée, où l'objectif est de faire zéro faute, il réussira.

A contrario, si votre attention se détend et s'étale rapidement, si vous perdez le fil de la conversation par un certain nombre de disgressions, si vous avez l'esprit « flâneur » allant d'un objet à un autre sans y demeurer longtemps, si vous êtes capable de mener de front deux activités différentes, vous êtes de conscience large. Il est fréquent alors que vous donniez l'impression de penser à autre chose, que vous commettiez de fréquentes étourderies, que vous confondiez les mots ou que vous inversiez parfois des lettres.

Allure générale, occupation et objectifs

Vous avez une conscience étroite si vous passez d'une tâche à une autre sans transition, brusquement. Cela induit que vous êtes incapable d'entreprendre plus d'une chose à la fois. Vous ne pouvez consacrer votre activité qu'à un objectif bien déterminé. Lorsque vous vous déplacez, vous pouvez être parfois maladroit du fait d'une inadaptation aux circonstances. Vous montrez une certaine raideur et une incohérence dans vos réactions. Vous êtes obligé de vous boucher les oreilles pour vous concentrer. Etudiant, vous avez des difficultés à apprendre vos leçons ou à lire dans le bruit. Vous répondez par un mouvement d'impatience à celui qui vous tire de vos préoccupations. Vous ne percevez plus rien de ce qui se passe autour de vous. Toute votre activité mentale est tirée suivant une direction que vous impose votre rigidité.

Si vous passez d'une occupation à une autre facilement, si vous aimez changer régulièrement d'activité avant même d'avoir fini la première, alors votre conscience est sûrement large. Vous pouvez notamment vous orienter vers des objectifs vagues et lointains, vous êtes capable d'abandonner un travail pour faire autre chose et revenir après pour le finir. Vous savez éviter les obstacles même les plus imprévus. Vous savez adapter vos mouvements et gestes à tous les changements et à toutes les nécessités. En général, votre élocution est plus posée et relativement coulante, votre démarche et vos gestes sont plus lents mais gracieux. Vous êtes capable d'écouter de la musique en travaillant, vous pouvez regardez la télé en lisant.

Perfectionnisme et champ de conscience

Un autre signe d'étroitesse est la rigidité avec laquelle vous achevez un travail. Vous allez soigner l'apparence, la forme, vous ne vous contenterez pas du premier jet. Vous recommencerez un travail pourtant convenable pour l'améliorer encore plus. Vous numéroterez les paragraphes et les questions seront mises en avant dans votre devoir de géographie ou de français. Vos cahiers sont tenus avec soin, vous évitez les tâches, les titres sont soulignés, vos affaires sont classées, vos comptes sont bien tenus. Vous avez du mal à supporter que vos affaires soient sales. Vos vêtements doivent être repassés, vos lacets attachés et votre coiffure doit être impeccable.

Si votre conscience est large, ce sera peu ou prou l'inverse de ce descriptif. Le fond devient plus important que la forme en quelque sorte. L'apparence devient moins préoccupante ; elle vous parait superficielle.

Détails et précisions ou vue d'ensemble

Si vous avez la conscience étroite, vous ne pouvez voir qu'un seul détail à la fois. Ce détail retiendra alors toute votre attention. Vous ne voyez qu'un seul aspect des choses. Lorsque vous recopiez un texte, vous l'écrivez lettre par lettre ou syllabe après syllabe. Vous lisez les mots pour eux-mêmes sans trouver l'intonation qui convient pour l'ensemble de la phrase : on pourra vous faire remarquer que vous êtes parfois « rébarbatif ».

Si votre conscience est large, vous aurez une vue globale des choses. Vous savez voir l'essentiel sans négliger l'accessoire. Vous savez trouver des ressemblances ou des oppositions entre les objets et faire des rapprochements en conséquence. Vous aurez une plus juste estimation des tailles et des proportions et vous saurez mettre le ton adapté au discours ou à vos lectures.

Quelles sont les sources de l'étroitesse d'esprit ?

Une difficulté à pouvoir s'évader du concret, d'une part, un excès d'émotivité ensuite, et une trop grande secondarité enfin, sont les trois principaux facteurs d'étroitesse d'esprit.

Dans le premier cas, vous êtes débordé par l'objet ; une vue trop analytique des choses empêche de voir l'ensemble où celui-ci doit prendre place, et conduit la personne étroite à donner à des détails une importance qu'ils ne méritent pas. C'est ce scientifique qui est absorbé par la résolution de ses calculs, ce chercheur qui se focalise sur un thème et qui y consacrera sa vie, ou encore cet élève qui est incapable de travailler sur toute autre matière que celle qui l'intéresse car il s'est mis en tête que les autres ne lui serviront jamais dans la vie.

Il est important à ce stade de préciser que les généralisants manifestent beaucoup plus de largeur d'esprit que les particularisants. L'étude réalisée par Robert Maistriaux sur l'intelligence met en avant la notion suivante : le dépassement des choses que pratique l'intelligence des généralisants est un facteur puissant, décisif même, de la largeur d'esprit.

La domination du concret propre à l'intelligence verbo-conceptuelle, qui est une évolution « positive » de l'intelligence particularisante permet déjà, cependant, un appréciable dégagement de l'étroitesse d'esprit. Dans certains cas, le particularisant « verbo-conceptuel » l'emporte même légèrement sur le généralisant en matière de largeur d'esprit. La raison en est, évidemment, dans la primarité plus grande qui constitue ce groupe de personnes. Par contre lorsque la secondarité augmente, nous verrons que l'esprit peut avoir tendance à se resserrer.

La seconde influence qui détermine la largeur ou l'étroitesse d'esprit est d'ordre émotionnel ; la personne se trouve portée vers la contemplation ou la possession de l'objet par la violence de ses tendances, de ses émotions. « *Spéculativement, il peut fort bien estimer correctement la valeur de celui-ci. Peu importe, il se sent irrésistiblement attiré* » précise Robert Maistriaux, dont l'étude portée sur 1300 personnes révèle par ailleurs que les caractères inémotifs l'emportent dans la plupart des questions sur les caractères émotifs quant à la largeur d'esprit.

Imaginons que vous êtes en train de conduire sur une route de campagne, sans aucune autre voiture ni devant ni derrière vous. Votre esprit est concentré sur la route et peut, de temps à autre, divaguer face aux nombreuses impressions qui viennent s'offrir à lui. Vous prenez le temps de regarder le lapin dans le champ, le troupeau de chevreuils le long de la lisière du bois, les arbres qui bordent la route. Soudain, un groupe de perdrix rouges traverse la route. Votre esprit se focalise sur l'objet (le groupe de perdrix rouges). Le reste du paysage disparait au profit d'une seule impression : votre concentration se fixe sur l'objet. Votre champ de conscience se resserre alors. Il est donc normal que les émotifs, subissant fréquemment des émotions fortes avec un moindre stimulus, soient plus sensibles aux variations de leur champ de conscience.

Le retentissement associé à la non activité entraîne un rétrécissement de la conscience : un sentimental, émotif/non actif/secondaire, dispose de toutes les propriétés pour être quelqu'un d'étroit. D'une part, son retentissement l'entraîne vers des ruminations ou des pensées focalisées sur ses impressions les plus fortes. Ses émotions l'acheminent vers un rétrécissement de la conscience alors que son manque d'activité va l'empêcher de se rediriger vers de nouvelles pensées et de les renouveler. Il devient prisonnier de son étroitesse et ses œillères l'empêchent de voir le monde dans sa globalité.

La comparaison homme/femme dans le processus de rétrécissement de la conscience lié à l'émotion, à l'activité et à la secondarité

L'étude de Robert Maistriaux révèle également que parmi les hommes les maximas de largeur d'esprit appartiennent à des non-émotifs dans la proportion de 100% tandis que les émotifs sont 98% parmi les caractères qui détiennent les maximas d'étroitesse d'esprit. Chez les femmes, la proportion est de 55,6 % de caractères non-émotifs parmi les plus larges, contre 82,3 % d'émotives parmi les plus étroites.

Les effets de l'émotivité sur le rétrécissement de l'esprit sont donc inégalement accentués selon les sexes. La raison en est que l'émotivité accuse au maximum ses effets quand elle va de pair avec une activité faible. En conséquence, le champ de conscience rétrécit quand l'émotivité augmente et l'activité baisse. Un nerveux étroit le sera d'autant plus qu'il est très émotif et peu actif. Mais nous verrons que lorsque le retentissement s'en mêle, l'esprit se rétrécit encore plus. En effet, parmi les 82,3% de femmes émotives « étroites », 73 % sont, en même temps, des inactives, tandis que, parmi les « larges », on ne trouve, au contraire, aucun type d'émotive inactive. L'activité peut parvenir à neutraliser certaines conséquences de l'émotivité.

Par conséquent, la liaison entre les émotions et la largeur d'esprit devra devenir d'autant moins marquée que les sujets seront en même temps plus actifs. Nous trouverons donc parmi les femmes une quantité d'émotives « larges », dans la mesure où leur activité est, en moyenne, supérieure à l'homme. C'est bien ce que les chiffres de Robert MAISTRIAUX confirment : *Les caractères féminins accusant le maximum de « largeur d'esprit » se trouvent à 85% parmi les actives, alors que 39,4% seulement des « étroites » sont actives.*

Chez les hommes, la dénivellation est sensiblement moins accentuée : on ne relève, parmi les « *larges de champ de conscience* », que 65 % d'actifs, contre 48 % d'actifs parmi les plus « étroits ». L'activité semble donc surtout exercer ses effets bienfaisants sur la largeur d'esprit en réduisant les conséquences rétrécissantes de l'émotivité. Ainsi, nous devrions nous attendre à trouver plus de femmes « larges » que d'hommes. Mais ceux-ci reprennent l'avantage par l'infériorité naturelle de leur émotivité. Enfin, la primarité, est nettement favorable à la largeur d'esprit, puisqu'elle libère de la servitude des déterminations. C'est ce que les chiffres confirment : les maxima de largeur d'esprit parmi les hommes se trouvent chez des « primaires » à hauteur de 65 %. Cette proportion est de 67,7% parmi les femmes. Quant aux maximas « d'étroitesse d'esprit », nous les trouvons pour 50% parmi les « secondaires » masculins, et pour 66,6% chez les femmes.

Le rétrécissement du champ de conscience lié à une faiblesse intellectuelle

La personne moyennement efficiente ou sous efficiente par manque de connaissance et de savoir sera fermée au monde qui l'entoure et aura tendance à n'ouvrir les yeux que sur son environnement proche. Elle prendra pour argent comptant ce qu'on lui suggérera de penser et de faire.

Ainsi, le manque l'intelligence est un des facteurs du rétrécissement de la conscience. On peut donc avoir des œillères pour trois raisons. Cela peut être par manque d'envergure intellectuelle : on se trouve empêché par-là d'estimer l'objet à sa juste valeur, il n'est que trop naturel qu'on lui reconnaisse alors une importance démesurée, voire exclusive. Cela peut être encore par excès d'émotivité : la puissance de vos émotions peut vous attacher alors à certains objets bien plus qu'il ne serait raisonnable. Enfin cela peut être également lorsqu'on manifeste une secondarité trop particularisante et par conséquent rigide et sans souplesse.

Ce qu'il faut retenir à ce stade :

- ➢ **Plus l'émotivité augmente plus le champ de conscience rétrécie**
- ➢ **Plus l'activité augmente plus le champ de conscience s'élargie**
- ➢ **La secondarité entraine le rétrécissement de la conscience d'autant plus que votre intelligence est particularisante.**

La conduite automobile

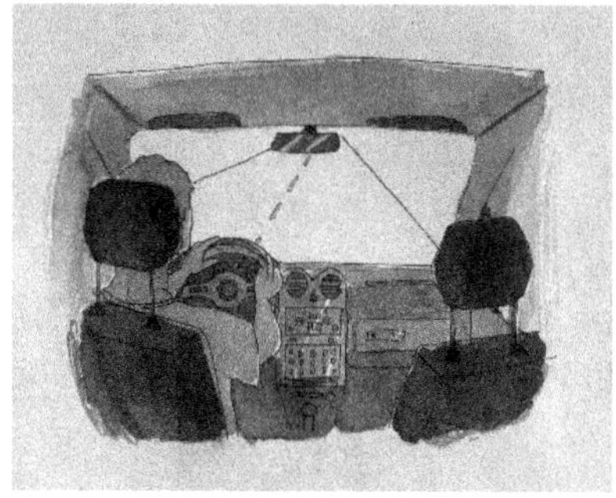

Les lois sont les mêmes pour tout le monde eu égard au code la route, n'est-ce pas ? Les aptitudes à la conduite diffèrent par contre grandement d'un conducteur à l'autre. Une personne étroite d'esprit se concentrera sur sa route, attentive à la voiture qui la précède. Moins perturbée par les nombreux détails qui seront tant de tentations pour le large d'esprit : la concentration sera alors optimale pour ce qui est situé au-devant. Mais qu'en est-il pour ce même conducteur si, soudainement, une voiture, venue de nulle part, surgit et le double ? L'étroit sera surpris : sa concentration extrême l'a empêché de voir venir dans son rétroviseur le bolide qui va alors perturber sa paisible conduite. Il n'aura pas anticipé la traversée de ce chevreuil que le large aura vu courir bien avant lui, au loin dans le champ. Mais le large d'esprit, laissera son esprit flâner au gré des perturbations qui viendront sur sa route. Il est vraisemblable qu'il n'ait pas vu uniquement le chevreuil mais aussi cette Porsche 911 au loin devant lui, s'imaginant peut-être pouvoir la rattraper, ou cette colline enneigée sur laquelle il s'imaginera en train de skier.

Ajoutons maintenant un élément à la largeur d'esprit qui serait la secondarité. Il va de soi qu'un secondaire large sera moins concentré sur sa route puisque ses potentielles ruminations pourraient l'entraîner à la fois dans des réflexions internes, une arborescence de pensées qui viendrait s'ajouter aux multiples impressions qu'il a déjà à traiter. Mais la faculté des esprits larges est bien la possibilité de traiter en simultané plusieurs informations. Il existe par contre en chacun une limite au traitement des données. Si le téléphone portable est interdit au volant c'est précisément parce que certaines personnes sont potentiellement incapables de traiter plusieurs informations en simultané. Imaginons que l'esprit étroit, concentré sur sa route, reçoive un coup de fil au moment où il se fait doubler par une autre voiture. Il est absolument improbable qu'il puisse traiter à la fois l'information de se concentrer sur sa route et d'avoir une conversation normale, qui plus est si ses facultés intellectuelles sont limitées et encore moins si son émotivité l'entraîne vers un sentiment de peur, de perte de contrôle ou d'impulsivité.

Nous pourrions donner de nombreux exemples et calculer les probabilités d'aggravation du risque de la conduite avec les facteurs cumulés de l'alcool, du manque d'expérience, de la puissance du véhicule, de la capacité d'attention, et nous en arriverions aux conclusions que d'une personne à l'autre, la voiture passe du stade de moyen de locomotion à un niveau de véritable « bombe à retardement ». Entre un non-émotif large ayant 25 ans d'expérience, conduisant sa berline à 90 km/h et concentré sur route, et un émotif étroit alcoolisé et conduisant sa voiture de sport le téléphone dans une main et la cigarette dans l'autre, l'espérance de vie sur la route ne sera pas la même ni pour lui, ni pour ceux qui se trouveront malheureusement sur son chemin.

N'oublions pas enfin que, quelles que soient les dimensions de votre esprit, tout évènement improbable et inattendu provoque un rétrécissement de la conscience et augmente la dangerosité de la conduite.

Répartition caractérologique de la population

Robert MAISTRIAUX Professeur à la Faculté de Philosophie et Lettres de Saint-Louis, à Bruxelles et à l'Institut Universitaire Territoires d'Outre-Mer, a mené la plus grande étude caractérologique sur l'intelligence connue à ce jour, et qu'il a par la suite publiée dans « *L'intelligence et le caractère* » (Presses Universitaires de France Paris 1959).

Sur un échantillon de 1750 personnes de tous horizons (plusieurs pays sont représentés dont la France), 250 questions étudiées autour des variables « IG » et « IP », c'est-à-dire « Intelligence Généralisante » et « Intelligence Particularisante » ont permis d'arriver aux résultats que nous allons maintenant détailler. Notons que l'instruction et l'éducation ont normalement pour effet de développer le sens de la généralisation. 1324 sujets ont été retenus avec une base de caractères bien identifiés, ce qui en fait l'étude caractérologique la plus fiable du 20ème siècle sur ce sujet. *

*Précisons toutefois que ces données n'ont pas été actualisées ; elles donnent une tendance de la répartition caractérologique d'une population hétéroclite. Nous la donnons ici à titre d'information, davantage pour comprendre les corrélations entre le caractère et le type d'intelligence que pour étudier la répartition caractérielle de la population en elle-même. Aucune autre étude publiée n'est disponible à ce jour. Cela mériterait une nouvelle enquête statistique qui mesurerait l'évolution de la population actuelle.

Répartition des propriétés principales par sexe.

	Emotif	Actif	Secondaire
Hommes	47.2 %	54.2 %	57.9 %
Femmes	63.9 %	62.5 %	56.9 %

Ex : « *47.2% des hommes sont émotifs, 63.9% des femmes sont émotives* ».

	Non-Emotif	Non-Actif	Primaire
Hommes	52.8 %	45.8 %	42.10 %
Femmes	36.10 %	37.5 %	43.10 %

Ex : « *52.8% des hommes sont non-émotifs, 36.10% des femmes sont non-émotives* ».

Répartition de la population caractérologique par sexe.

	Nerveux	Sentimental	Colérique	Apathique
Hommes %	15.1	11.4	6.6	7.7
Femmes %	16.5	10.8	14.5	6.1

	Passionné	Sanguin	Flegmatique	Amorphe
Hommes %	15.2	10.1	23.5	10.3
Femmes %	22.2	8	17.8	4.1

Ex : « *Le caractère nerveux représente 15.1% des hommes et 16.5% des femmes* ». NB : Les hommes flegmatiques arrivent en premier avec 23.5% de la population masculine et les femmes amorphes sont les moins représentées avec 4.1% de la population femme. Précisons que l'émotivité est en général plus forte chez les femmes avec un écart de 16.7%. Elles sont par ailleurs plus actives que les hommes avec un écart sur le taux d'activité de 8.3% ce qui explique que les populations de colériques, de nerveux et de passionnés comptent plus de femmes.

Répartition de la population caractérologique tout sexe confondu en %

Nerv.	Senti.	Colér.	Pass.	Sang.	Flegm.	Amorph.	Apath.
15.8	11.1	10.6	18.7	9.05	20.6	7.2	6.9

Les émotifs représenteraient 55.6 % de la population alors que les non-émotifs sont 44.4%.

Les actifs représenteraient 58.95% de la population de référence et les non-actifs représentent 41%.

Enfin, les secondaires sont 57.4% de la population alors que les primaires représentent 42.6% de la population de référence, tous sexes confondus.

Part des généralisants (intelligence abstraite) dans la répartition caractérologique homme et femme

	Nerv.	Senti.	Colér.	Pas.	Sang.	Flegm.	Amor phe.	Apath ique.
Généralisant Hommes %	30	52.6	24.1	41.9	17.1	40.3	31	55.6
Généralisant Femmes %	17.9	54.5	16.2	36.3	17.1	39.6	16.1	67.7

Ex : « *30% des hommes de caractère nerveux ont une intelligence généralisante* ».

La part des généralisants dans la population générale est de 37.2% des hommes et 32.7% des femmes, répartie comme suit :

Les généralisants sont avant tout des secondaires, avec une majorité de caractères sentimentaux (52.6% chez les hommes et 54.5% chez les femmes) et apathiques (67.7% de femmes et 55.6% d'hommes).

Part des particularisants (intelligence concrète) dans la répartition caractérologique homme et femme

La part des particularisants dans la population générale est de 62.8 % des hommes et 67.3 % des femmes, répartie comme suit :

	Nerv eux	Sentim ental	Coléri que	Passio nné	Sang uin	Flegma tique	Amor phe	Apathi que
Particula risant Hommes %	70	47.4	75.9	58.10	82.9	59.7	69	44.4
Particula risant Femmes %	82.1	45.5	83.8	63.7	82.9	60.4	83.9	32.3

Ex : « 70% des hommes de caractère nerveux ont une intelligence particularisante ».

Notons que les caractères « primaires » sont, dans tous les cas, en majorité des particularisants ; Les sanguins arrivent en premier avec 82.9% quel que soit le sexe, suivis par les femmes colériques, amorphes et nerveuses, puis les hommes colériques, nerveux et amorphes.

Proportion des généralisants par sexe et par propriété principale

	Emotifs	Non-émotifs	Actifs	Non-actifs	Secondaires	Primaires
Hommes	38	36.2	34.3	40.5	45.2	26.2
Femmes	30	35.5	30.1	35.3	44.1	16.9
Moyenne	34	35.9	32.2	37.9	44.7	21.6

Les femmes primaires sont les moins généralisantes de la population globale, alors que la corrélation entre la secondarité et l'intelligence abstraite semble être évidente. La non-activité associée au facteur secondarité donne aussi une corrélation forte avec l'intelligence abstraite.

Proportion des particularisants par sexe et par propriété principale

	Emotifs	Non-émotifs	Actifs	Non-actifs	Secondaires	Primaires
Hommes	62	63.8	65.7	59.5	54.8	73.8
Femmes	70	64.5	69.9	64.7	55.9	83.1
Moyenne	66	64.2	67.8	62.1	55.40	78.5

Les particularisants représentent une majorité au sein de la population globale. Les chiffres confirment que l'écart entre les primaires et les secondaires sur la population de particularisants est de 23.1% : la corrélation primarité/intelligence particularisante est donc forte. La non-activité est plus au profit de l'intelligence particularisante et l'émotivité est aussi un facteur d'augmentation de ce type d'intelligence.

NB : vous pourrez revenir sur ces tableaux après avoir lu la deuxième partie du livre, pour une meilleure compréhension, après les explications données sur chaque caractère.

Synthèse de la première partie

Avec les propriétés constitutives et secondaires de ce tableau, synthétisants la première partie, nous allons pouvoir créer les 8 « espèces caractérologiques de base » qui seront décrites dans la deuxième partie de ce livre.

Chaque propriété devient une variable, tout en sachant que les propriétés secondaires (PS) viennent s'ajouter aux propriétés constitutives (PC).

Par exemple, il est possible d'être Emotif/actif/secondaire, généralisant, introverti, à champ de conscience large et allocentrique, cela donnera une personne de type « passionné », ouverte aux autres, mais aimant avoir des moments de réflexion profonds, curieuse de tout, réfléchie et persévérante. Retenez bien cet exemple, car nous aurons l'occasion de le comparer tout à l'heure à d'autres « modèles » caractérologiques.

Dans la deuxième partie, nous allons « habiller » l'être humain de ses particularités caractérologiques.

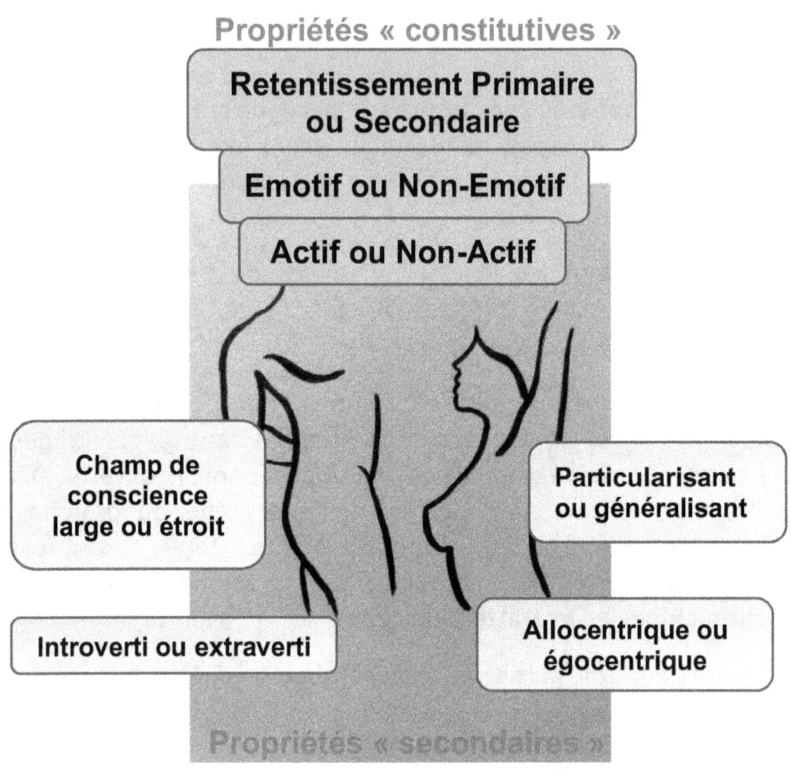

Habillage de
l'être humain nu
avec les
propriétés
constitutives et
secondaires

Mais qui êtes-vous vraiment ?

Caractérologie spéciale. Les différents types de caractères

Avant d'aborder chaque caractère il convient de préciser que nous avons adapté chaque descriptif de chaque caractère au mécanisme correspondant à votre système de pensée et de réflexion, ainsi qu'aux questions que vous pourriez vous poser en fonction de votre schéma cognitif. Nous avons, du reste, anticipé le fait que certains d'entre vous auraient besoin de plus de détails, quand d'autres seront plus familiers avec les abstractions, ou encore que la secondarité vous fera apprécier de comprendre l'influence de certains souvenirs, tandis que d'autres lecteurs, à mécanisme primaire ou plus extravertis, auront envie de comprendre un peu plus leur environnement. C'est pour cette raison que d'un caractère à un autre nous ferons évoluer le style d'écriture ainsi que le nombre d'exemples donnés, la rhétorique, les figures de style, ou la longueur des phrases.

Pourquoi ? Parce qu'instinctivement vous allez lire avec plus d'intérêt le descriptif qui se rapporte à vous et survoler les profils qui vous intéressent moins ou que vous reconnaîtrez moins.

Famille des primaires
Amorphe
Amorphe para colérique
Colérique
Colérique para-sanguin
Colérique para-passionné
Sanguin para-amorphe
Sanguin
Sanguin para nerveux
Nerveux
Nerveux étroit
Nerveux para sanguin
Nerveux para-sentimental
Sanguin para-flegmatique

Famille des secondaires
Sentimental
Sentimental para-passionné
Sentimental para-flegmatique
flegmatique
Flegmatique para-passionné
Passionné
Passionné para-sanguin
Passionné para-colérique
Sentimental para-apathique
Apathique

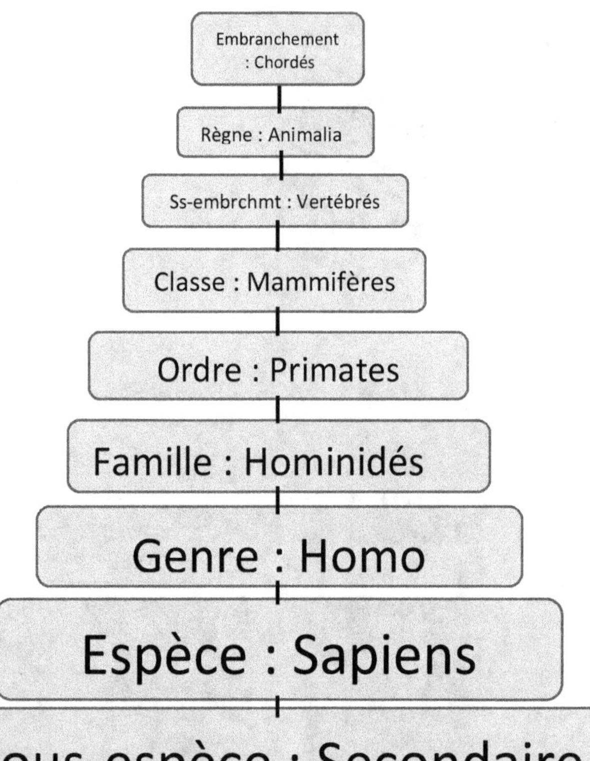

Embranchement : Chordés
Règne : Animalia
Ss-embrchmt : Vertébrés
Classe : Mammifères
Ordre : Primates
Famille : Hominidés
Genre : Homo
Espèce : Sapiens
Sous-espèce : Secondaire
Type : Sentimental Emotif/ Non-Actif / Secondaire

Le sentimental (Emotif/Non-Actif /Secondaire)

C'est sans doute un des caractères les plus étonnants, et sûrement aussi un des plus touchants ; nous commencerons donc par celui-ci. Le sentimental pur est un hypersensible, cette si grande « famille » dont les forums parlent aujourd'hui, dont des groupes se sont constitués et qui sont à l'origine de plusieurs livres et romans. Les hypersensibles sont composés de ceux dont la sensibilité et l'émotivité dépassent les autres caractéristiques du comportement. Tous les sentimentaux ne le sont pas, en raison de leur secondarité forte qui, parfois, surpasse le reste et les plonge dans les méandres de l'introversion la plus forte dans laquelle l'émotivité va comme se « dissoudre ».

Par ailleurs, la famille des hypersensibles est composée également des nerveux (émotifs/non-actifs/primaires) ainsi que certains passionnés et colériques. Mais nous verrons que cette hypersensibilité revêt des comportements bien différents selon que nous avons affaire à un introverti ou un extraverti.

L'enfance du sentimental

« Peut-être avez-vous été, vous aussi, un enfant un peu brimé qui se sentait moins vigoureux que les autres dans la cour pleine de cris et de disputes. Peut-être avez-vous frémi à la pensée d'être appelé au tableau par un professeur méprisant et habile à faire de vous aux yeux de la classe un enfant ridicule et idiot… » (F MAURIAC).

Enfant, c'est d'abord ce regard qui vous trahit. Un regard à la fois inquiet et profond, tourné vers votre interlocuteur et vers vous-même. Un regard à la fois franc et réticent, sincère et réservé. Lorsque vous vous faites gronder, c'est un drame. Vous êtes blessé profondément alors que cette même remarque adressée à un « non émotif » n'aura aucun impact. Un nerveux, émotif et primaire, pleurera un bon coup puis oubliera très vite. Vous, vous êtes marqué, vous ruminez plusieurs jours cet évènement qui d'heure en heure va prendre une ampleur considérable. Votre tête s'abaisse, c'est le signe de la soumission provisoire et de la réflexion qui commence.

Vous n'êtes pas l'esclave et le reflet des évènements, mais vous en êtes en quelque sorte le juge-arbitre. Vous y êtes sensible, extrêmement, mais à échéance. C'est de là que découle dans le présent l'unité de votre conduite, l'accord solide des pensées entre elles et la correspondance des actes et du retentissement de la pensée. Vous avez intégré les règles morales tôt. Enfant, vous êtes apprécié pour votre honnêteté et votre véracité.

Votre enfance vous marquera à jamais parce que vos souvenirs s'imprimeront fortement. La secondarité fixe solidement les traces du passé et l'émotion « introversive » imprégnera votre mémoire à long terme. Pour cette raison, le moindre choc dans l'enfance d'un sentimental peut avoir un retentissement qui s'étend jusqu'à la conscience et dont vous serez potentiellement l'esclave toute votre vie durant. Bon nombre de blessures peuvent meurtrir les sentimentaux : une éducation trop tendre ou bien trop castratrice pourra avoir, du reste, des effets très néfastes. Mais nous y reviendrons plus amplement.

L'introversion peut être compensée par une bonne harmonie avec votre environnement. Vos qualités et vos valeurs intrinsèques font que l'on va reconnaitre en vous ces atouts et vous apprécier, entre autres, pour votre sens de la moralité. Vos parents, éducateurs ou enseignants ont un rôle prédominant pour vous « ramener » au monde environnant.

Il est certain qu'un enfant de bonne humeur et enjoué attirera plus facilement les autres autour de lui. Les caractères primaires ont cette faculté. Ce sont eux les « populaires » et ils n'ont pas de difficulté à être syntone. Mais, comme le précise André LE GALL dans son recueil de caractérologie à l'usage des parents et éducateurs (Presse universitaire de France) ; « *Il y a une échelle de valeur de la syntonie. Celles de certains sanguins (primaires), dominée et orchestrée par l'extérieur et ses évènements, n'est un constant accord qu'au prix d'une docilité excessive, d'une certaine lâcheté de la personne* ». La bonne humeur du sentimental, lorsqu'il la laisse transparaitre, est vraie et pure sans qu'elle soit entachée d'indifférence ou déguisée d'insignifiance.

L'éducation sera prédominante dans la confiance en soi du petit sentimental. Si vous avez été élevé dans l'indifférence, si personne ne vous a tiré vers le haut, le danger de vous voir perdre dans les vicissitudes de l'introversion est fort ; « *On nait sentimental, on devient introverti, et, plus loin, schizoïde ou paranoïaque* » souligne André LE GALL. Si vous avez été compris, stimulé, aimé, reconnu et apprécié pour ce que vous étiez, alors les perspectives de pouvoir vous réaliser pleinement seront là.

Enfant vous avez pu déjà connaitre des périodes de dépression, passagères ou plus intenses. Il est fréquent que certains sentimentaux s'enferment sur eux-mêmes, ne jouent plus ou décident même de ne plus s'alimenter. Dans certains cas, ils s'enferment suite à un choc moral et les conséquences s'installent, « *allant jusqu' aux déficiences corporelles* » souligne André Le Gall. Dans d'autres cas les dépressions trouveront leur cause dans le retentissement moral de leurs déficiences physiologiques. C'est aussi ce que Jung écrit lorsqu'il affirme que « *lorsque le milieu ou l'évènement le déçoivent, il se complet dans l'introversion parce qu'il y reprend sa revanche* ». Il est sûrement arrivé parfois que votre famille vous reproche votre isolement ou votre rumination. En réalité, vous êtes tellement attentif aux marques de sympathie ou d'intérêt que vos proches peuvent avoir pour vous, que vous vous isolez lorsque vous estimez ne pas en recevoir assez. Et vous vous appuyez sur leurs reproches pour justifier votre bouderie.

A l'école, ce sont les élèves trop excités, beaux parleurs et insolents qui auront été votre « bête noire ». Vous fuyez ainsi la vulgarité, la brutalité des couloirs bondés, des classes bruyantes, et ces fameux « populaires » qui n'ont pas à vos yeux tous les mérites qu'on veut bien leur attribuer. Alors, vous préférez la compagnie d'enfants plus dociles, plus fréquentables. Vous avez un ou deux copains bien choisis plutôt qu'un groupe bruyant et chahutant, comme ceux qui s'acharnent sur vous et seront à l'origine des impressions mauvaises qui vont vous faire ruminer des heures durant et empêcher votre sommeil.

Depuis l'école, puis au collège et enfin au lycée, vous avez pris conscience de la dureté du monde, de sa laideur et de sa méchanceté. L'école occupe le premier plan de vos préoccupations. C'est ici que se construira le jugement que vous porterez sur vous-même et si au sein de la famille vous ne ressentez pas le soutien nécessaire ce seront autant de difficultés qui vont vous meurtrir et vous obséder.

Il convient de souligner que plus la secondarité est forte, plus les effets de la société pourront être dévastateurs, et vous pourriez en grandissant vous mettre en opposition par rapport au « système ». Si vous êtes moins secondaire et disposant de facultés intellectuelles élevées et d'une largeur d'esprit féconde, vous pourrez être amenés à vous investir avec une grande sincérité dans des projets dont la morale est au cœur de vos préoccupations.

Vous êtes capable de bons résultats, moyennant des efforts pour vaincre votre inactivité. Mais vous pourriez faire mieux si rien ne venait entraver vos efforts : si vous recevez une remarque d'un prof ou une mauvaise note, vous aurez un sentiment de méfiance ou d'hostilité à l'égard de l'instituteur qui vous a sanctionné et vous ressentirez un vif complexe de culpabilité. Vous êtes mécontent de vous parce que vous êtes aussi très conscient de vous-même. Mais cette exigence, l'inactivité tend à la faire glisser vers l'autocritique et l'autodépréciation.

Il est important que les parents minimisent l'insuccès et qu'ils aient une démarche pour recueillir calmement vos explications, faute de quoi la sanction viendra s'ajouter au blâme intime. Les maths, la physique, la chimie, la techno, ne sont à priori pas vos matières de prédilection. Mais si l'on vous montre l'intérêt qu'elles représentent, vous pourriez vous y attacher pour le plaisir de la découverte. C'est aussi le souci de bien faire et la conscience professionnelle qui vous caractérisent. Cette disposition caractérielle est un atout et beaucoup d'entre vous se donneront un emploi du temps et une méthode qu'ils suivront avec précision.

Vous êtes vulnérable

Violemment ébranlés par tous les événements, même minimes, se rapportant à vos intérêts, vous êtes livrés à ces fortes émotions par une passivité générale.

La secondarité intervient pour inhiber la tentation d'une réaction prématurée, à demi adaptée et toujours irréfléchie. Il en résulte en premier lieu que la cause de l'émotion, au lieu d'être interrompue dans votre action, va pénétrer, approfondir et étendre son influence dans l'intimité. En conséquence, un évènement même minime vous provoquera une blessure dont le retentissement sera dans l'avenir plus ou moins prolongé.

Les mots « blessure » ou même « lésion » ne sont pas trop forts. Les excitations d'origine extérieure sont ressenties plus souvent par vous que par les autres comme négatives, douloureuses, blessantes. Maladroit, vous vous adaptez difficilement à ce qui n'est pas votre quotidien et vous fuyez même toute perspective de nouveauté dans votre vie.

Par l'influence secrète mais constante de votre inactivité, accrue par celle de la secondarité qui empêche la spontanéité, votre émotivité est tournée vers votre échec et la conscience de votre échec, vers les sentiments tristes, plutôt que vers son essor ou l'allégresse joyeuse de l'action. Enfin, la secondarité, en prolongeant ces expériences, en les offrant à votre intuition intérieure, approfondit cette tristesse par son doublement dans la réflexion. Ces raisons s'ajoutant les unes aux autres vous déterminent plus que quiconque à ressentir les émotions comme des souffrances, les événements comme des agressions, le nouveau comme hostile.

Vous êtes également très sensibles aux variations météorologiques de l'atmosphère et le changement de temps vous perturbe. Un matin ensoleillé vous donnera l'énergie qui disparaîtra aussitôt si le lendemain est pluvieux. Vous finissez par vous conformer au rythme du milieu climatique en ressentant par moment une sorte de spleen intérieur quand le temps devient mauvais, et un bien être au premier rayon de soleil. Vulnérables de manière extrême, votre souci principal devient vite la préoccupation de vous protéger contre les blessures infligées de l'extérieur.

L'ennemi numéro un, c'est l'autre. Vous fermez parfois vos volets pour ne pas être vu du voisin, tout au moins les jours où vous n'avez envie de voir personne. Vous cachez les objets, même ceux qui n'ont aucune valeur, vous êtes secret, et ne racontez nullement votre vie à votre entourage de peur de recevoir des observations désobligeantes. Pour vivre heureux vivons cachés, ou loin des autres, tant que faire se peut.

L'émotivité « sélective »

Nous venons de voir que, par l'effet de la secondarité, la mobilité affective reste chez le sentimental, intérieure, et par suite, masquée. En fait, l'intervention de la secondarité ne se limite pas à cette suspension des réactions possibles. L'arrêt de toute réaction se sublime, se subjective en jugement. Vous ressentez vivement les causes et les effets de l'événement qui ont provoqué votre émotion.

Si l'événement est sans importance, la secondarité commence le refoulement, la dissipation de l'émotion provoquée par lui. Par « l'émotivité spécialisée », tout se passe comme si vous deveniez extrêmement sensible à certains événements mais aussi insensible à d'autres qui peuvent être objectivement plus graves. Si un événement qui vous touche survient, vous devenez faible comme un enfant, excitable, alors qu'au contraire en présence d'un événement très grave, mais qui n'est pas du ressort de votre « émotivité spéciali-sée », vous pourriez être jugé par votre entourage comme quelqu'un d'insensible et froid ne réagissant pas à l'évènement.

En réalité, et, dans le cas présent, l'émotivité n'est rien de plus que de l'énergie, devenue énergie de cohésion qui devient le ciment d'un édifice mental. L'émotivité sélective est considérablement facilitée et aggravée quand votre champ de conscience est très étroit. Le rétrécissement de la conscience a en effet pour conséquence immédiate d'éliminer ou réduire certaines excitations, d'accroître l'efficacité d'autres en concentrant sur elles votre attention. L'action de la secondarité est donc faussée dès le début.

Très fréquemment, dans les esprits étroits, on trouvera des personnes qui privilégient arbitrairement certains aspects du donné suivant les rapports affectifs qu'ils ont eus avec eux : soit de façon positive en leur conférant une importance qu'ils n'ont pas, soit de façon négative en n'en tenant pas suffisamment compte. Ce seront aussi les personnes à marottes et à manies. Certains sentimentaux peuvent être qualifiés de « dur » quand cette émotivité est spécialisée.

Quand on passe des sentimentaux larges et sous-secondaires à des sentimentaux étroits et très secondaires, le rapport de l'émotivité et de la secondarité se renverse. On retrouve à ce moment-là tout ce qu'il faut pour faire la raideur d'un doctrinaire. C'est le cas des personnes avares dont l'émotivité est ici souvent très vive, mais elle est durcie sous la forme d'une méfiance concentrée sur un seul objet, par exemple la peur d'être volé : l'extrême sensibilité eu égard à cette forme de « paranoïa » est la contrepartie d'une extrême insensibilité de l'avare pour lui-même et pour les autres, en tout ce qui ne concerne pas sa passion unique.

Le caractère le plus introverti

Le sens même de la conscience du sentimental ne la tourne pas vers l'objet, le dehors, l'extérieur, mais au contraire il la retourne vers le sujet, le dedans, l'intime. C'est à cette orientation qu'il convient d'appliquer le nom d'introversion. L'introversion s'explique parfaitement par le caractère émotif/non-actif/secondaire puisque l'inactivité provoque le repli de l'émotivité à l'intérieur de soi alors que dans le même temps la secondarité favorise la réflexion sur les émotions passées.

Votre inactivité fait que vos excitations affectives ne sont pas immédiatement converties en réactions pratiques. Même votre impulsivité est contrariée par la secondarité qui ajoute ses inhibitions au frein de l'inactivité. Cependant, l'inactivité et la fonction secondaire concourent pour prolonger vos émotions.
Celles-ci persistent et finissent par vous envahir. Une personne primaire réagira immédiatement sous l'effet d'un évènement mais ensuite, un nouvel événement va lui imposer une nouvelle émotion, et ainsi de suite. Elle ne détachera guère ses impressions de leurs causes objectives pour en faire les objets d'une méditation intérieure, et elle n'intériorisera que pendant quelque temps ses effets. Au contraire, la secondarité prolonge une émotion et son retentissement bien au-delà de sa cause, même si une autre cause lutte contre elle. Le sentimental va donc en quelque sorte opposer à l'objectivité de ces causes successives, la subjectivité de l'affection persistante. Sans ce prolongement, il n'y aurait pas de subjectivité : à la limite il n'y a de subjectivité que pour le sentimental.

Les passionnés, que nous verrons tout à l'heure, coïncident avec les sentimentaux par l'identité du groupement émotivité/secondarité et comprennent mieux que les autres caractères les richesses de la vie intérieure. Mais leur activité les travaille, elle nourrit leur ambition, les ramène souvent vers la vie sociale, de sorte que, le plus souvent, ils feront de la matière de leur vie intime la condition d'une action se tournant encore une fois vers l'autre. Voici la raison pour laquelle, vous, sentimentaux, êtes particulièrement attachés à l'écriture, à la rédaction de journaux intimes et parfois même de livres. Vos journaux intimes sont alors écrits pour vous-même, pour ce qui vous intéresse. Ce n'est pas la matière objective des événements qui provoque votre méditation, c'est la manière dont ces événements vous affectent. Ce que vous analysez, ce n'est pas vous, c'est vous en vous, ou plus précisément vous face à votre moi profond.

Le présent, en devenant passé, laisse derrière vous un long et profond retentissement. Les événements se décantent de la violence avec laquelle ils vous ont affectés et se subjectivent de manière à permettre la réminiscence de l'épreuve passée. Par l'effet de l'inactivité qui ne permet pas la libération de votre tension intérieure, et celui de la secondarité qui en poursuit l'accumulation, vous vous chargez petit à petit d'une tension qui devient de plus en plus pénible. Il faut lui trouver un exutoire.

La conscience remplit une fois de plus sa fonction évacuatrice et voilà que vous allez confier à votre journal intime vos contradictions cachées révélatrices de toute votre pensée intérieure. Vous y trouvez le moyen d'être deux en restant seul. Vous lui parlez en pensant sans que personne ne puisse l'entendre. Par la composition d'un écrit, vous pouvez satisfaire votre goût de la solitude, votre besoin de méditation morale, la curiosité pour vous-même, l'attachement à votre passé, la prudence et votre souci de l'idéal. Ce sont toutes ces tendances qui se composent dans votre introversion*.

*André le Gall considère que « *il y a beaucoup moins de sentimentaux ordinaires que de nerveux moyens. C'est une conséquence directe de l'introversion. Les nerveux, parce que ce sont des extravertis, sont nettement plus voisins les uns des autres : ils sont tributaires de l'extérieur donc tentés par les variations du réel...les sentimentaux au contraire installent sous les caractéristiques générales du type les nuances ou les diversités de leurs tendances propres, de leur milieu, de leur éducation.* »

Solitude, contrainte ou désirée ?

Le cadre le plus favorable, et même nécessaire, de l'introversion est la solitude. Elle vous délivre du souci de vous défendre contre les autres, mais elle vous livre aussi à la satisfaction amère du pessimisme. D'abord, vous vous isolez, puis l'ennui vous gagne et toute votre émotivité secondaire s'accumule en vous. Vous retournez alors dans le monde et, là, vous retrouvez à nouveau l'indifférence ou la froideur des individus, et souffrez de ne pas obtenir la reconnaissance de votre valeur propre. Les paroles vous blessent et vous leur attribuez alors une hostilité qu'elles n'ont pas. Alors, une fois de plus, vous aurez le sentiment qu'on vous rejette à votre solitude.

Flâner, rêver, toutes ces évasions se traduisent par une forme de paresse qu'une envie soudaine peut très vite dissoudre. Vous faites ce que vous aimez faire, même si votre état d'âme, fait de rêveries et de vie intérieure intense, s'accorde rarement avec les tâches du quotidien à accomplir. Bien des moments vous conduisent à ces refuges : un échec à l'école ou au travail, une frustration, un chagrin intime, une rupture. L'isolement a pour vertu principale de vous ressourcer, de remplacer la tension par la détente et la défiance par la confiance.

Rumination mentale et souvenirs du passé

Vos pensées défilent malgré vous et vous ne pouvez les canaliser. Parfois elles ne font que passer. D'autres fois, elles sont source de créativité, génératrices d'idées. Mais lorsque la rumination s'enclenche, des pensées négatives surgissent et tournent en boucle. Vous repensez sans cesse à une colère, une inquiétude par rapport au monde ou à votre avenir.

Susan Nolen-Hoeksema, spécialiste des troubles de l'humeur et de l'anxiété, du département de psychologie de l'université de Yale à mis en évidence le « Syndrome d'overthinking » (terme américains signifiant « trop de pensées »). Ses recherches ont exploré comment les stratégies de régulation de l'humeur pouvaient être corrélées à la vulnérabilité d'une personne à la dépression,
En mettant l'accent sur les différences entre les sexes, elle a mené une étude sur 1 300 personnes et découvert que 63 % des jeunes adultes et 52 % des quadras pouvaient être atteint du « syndrome de rumination » avec une population féminine davantage touchée par ce trouble. Elle a également démontré que la rumination est un facteur de risque de toxicomanie et aussi de troubles alimentaires.

« Pourquoi ai-je dit cela hier ? Comment vais-je pouvoir parler devant autant de personnes ? Ou encore pourquoi m'a-t-il dit ces choses blessantes ? Revivre un traumatisme ou une situation d'échec est le fait de tout être humain. On en tire en général quelques enseignements, puis on met en place un mécanisme de résilience. Mais lorsque nous restons dans ce que l'on pourrait appeler « un arrêt temporel » à nous poser trente-six mille questions, ces pensées négatives, prennent alors le pas sur la réalité. Elles nous enferment dans une spirale négative, nous éloignent de l'action, du futur et des solutions d'avenir.

Voyons maintenant la solitude du sentimental dans laquelle s'immisce l'introversion. La condition préalable pour que la rumination mentale puisse se déclencher est la pensée des souvenirs : la réfection du passé. La mémoire donne ce que les caractères désirent : à l'extraverti intellectuel, des éléments de pensée abstraite et des références ; à l'homme d'action, des données propres à s'insérer dans un élan pratique ; au sentimental, ce qu'il lui faut pour alimenter sa vie intérieure.

Votre conscience sentimentale préfère le rappel d'un événement à l'évènement lui-même. L'événement comporte pour vous comme un pouvoir d'éblouissement : ce n'est que dans un deuxième temps que vous retrouvez le calme de l'esprit et trouvez la réponse ou la réplique. Vous vous refaites alors l'événement tel qu'il aurait dû être, avec un temps de retard. La mémoire du sentimental, spiritualisée et adaptée aux besoins de l'esprit, ne fait plus qu'un avec lui, elle devient sa subjectivité même. Cette réfection des souvenirs est l'opération par laquelle vous vous retrouvez avec vous-même : *« le reste est une vie esclave et opprimée »* souligne R LE SENNE.

Les sentiments rétrospectifs sont une des caractéristiques majeures de l'émotivité secondaire, mais surtout de l'inactivité. Il s'agit du retard, souvent assez long, entre la perception d'un événement et celle de sa signification qui le rend émouvant ; vous entendez une parole, mais vous ne réalisez qu'après un assez long laps de temps et loin de la présence de son auteur ce qui a été dit, et là, vous y repensez sans cesse ; vous pensez que vous auriez dû dire cela, intervenir plus tôt, vous défendre, réagir. A l'inverse, vous apprenez un événement qui vous laisse indifférent jusqu'à ce que, par l'établissement brusque d'une relation entre cet événement et quelque chose qui vous semble important, vous découvriez une forme de tristesse ou de joie. Il en résulte une explosion intérieure qui est un mode original d'impulsivité retardée et secrète.

La réfection du passé, une fois introduite dans la rumination mentale, et la compréhension de l'évènement, amène à l'éveil de la conscience du sentimental ; Si l'inactivité s'impose à la secondarité, elle produit ce que l'on appelle le rabâchage. C'est une forme intellectuelle de l'entêtement, le durcissement d'une représentation que l'inactivité laisse se consolider sans l'adapter à de nouvelles conditions extérieures. C'est par exemple un mot que vous venez d'écrire ou de lire et qui se représente presque immédiatement à la pensée de sorte que vous allez le répéter deux lignes en-dessous et qu'il faut le corriger dès lors que vous vous en apercevez.

Un traumatisme affectif peut être à l'origine du rabâchage ; vous répétez ce qui vous a ému, et si l'émotivité s'insère dans les connexions mêmes des idées évoquées, elles vont s'insérer dans votre esprit pendant toute votre vie.

C'est votre capacité d'analyse, votre ouverture d'esprit, votre champ de conscience qui peuvent seuls empêcher ou atténuer le rabâchage. Les sentimentaux les plus inactifs et les plus secondaires ne succombent au rabâchage qu'à proportion de leur intelligence. Si c'est l'émotivité qui s'ajoute à la rumination mentale, c'est le scrupule qui s'installe alors ; tout d'abord, parce que vous avez de forts sentiments moraux et affectifs d'une part, mais parce que ces sentiments se rattachent aux souvenirs passés d'autre part, ils doivent se référer souvent plus à ce qu'ils ont suscité qu'à ce qu'ils doivent inspirer. Ainsi les remords se transforment en scrupules plus ou moins persistants. L'un ne se distingue plus de l'autre, de sorte que le moi ne peut plus se dégager de son scrupule et glisse facilement vers les obsessions.

Pleine conscience contre rumination mentale

Le Senne considère que les pathologies prennent naissance dans le « substrat » du caractère : « *On saisit ici sur le fait le passage de la caractérologie normale à la caractérologie pathologique ; et l'on devine l'intérêt qu'il y aurait à dépister par l'analyse caractérologique dans le caractère d'un homme les dispositions, dont l'aggravation fera de lui un malade, avant qu'elle ne devienne trop grave pour pouvoir être guérie* ». *

La pleine conscience est une expression désignant une attitude d'attention, de présence et de conscience vigilante, elle joue un rôle important dans le bouddhisme où elle est une étape nécessaire vers la libération et l'éveil spirituel. L'appellation « pleine conscience » est la traduction française de « mindfulness » en anglais, désignation de Jon Kabat-Zinn pour distinguer l'état recherché dans une pratique thérapeutique d'une forme de méditation ayant pour but la lutte contre le stress ou la prévention de rechutes dépressives. L'attention juste ou en pleine conscience consiste à ramener son attention sur l'instant présent et à observer les sensations ou pensées tandis qu'elles apparaissent puis disparaissent. C'est l'attention portée à l'expérience vécue et éprouvée, « sans filtre et sans jugement » selon Jon Kabat-Zinn. Dans une approche bouddhiste, l'observateur apprend à se détacher et se libère progressivement de la matière, de la sensation, de la perception, des conditionnements mentaux. Elle consiste à observer les objets physiques et mentaux qui se présentent à l'esprit. Quand un objet disparaît, la pleine conscience ne cesse pas, elle est tournée par l'observateur vers un objet par défaut. Quand un nouvel objet apparaît à l'esprit (nouvelle pensée), l'attention délaisse l'objet par défaut et s'applique à observer attentivement le nouvel objet dans le but de maîtriser la pensée, de la contrôler.

Nous venons de voir qu'en réalité le champ de conscience se rétrécit au fur et à mesure que l'émotion se focalise sur une pensée unique qu'est la rumination mentale. Être maître de sa conscience, c'est ne pas être esclave de ses ruminations. C'est pourtant bien ce mécanisme qui s'installe chez les sentimentaux et qui sera la source de votre mal-être.

Une étude scientifique publiée par The Lancet suggère qu'une thérapie basée sur la méditation en pleine conscience est une alternative aussi efficace qu'un traitement par antidépresseurs dans la prévention de rechute dépressive.

L'étude de l'université d'Oxford publiée en avril 2015 souligne que « L'humeur jouerait un rôle prépondérant en contribuant aux pensées dysfonctionnelles et à la rechute dépressive ».

La pleine conscience est la troisième forme de sagesse, dite bhavana-maya panna, la vision directe de la réalité ultime en toute chose, la sagesse obtenue par l'expérience personnelle directe, le développement de l'esprit. La thérapie basée sur la pleine conscience pour la dépression a été présentée comme un moyen de prévention des rechutes dépressives.

Scrupule et accusation de soi

La forme la plus courante est le complexe d'infériorité ; il peut s'approfondir dans la condamnation de soi-même et dès que ce sentiment général devient esclave d'un traumatisme dans votre conscience, cette condamnation diffuse devient une accusation de soi. Après un échec, le sentimental est non seulement prédisposé à le personnaliser, c'est-à-dire à l'attribuer à un sujet, mais aussi amené par le fort sentiment de soi-même à y chercher sa propre culpabilité.

L'actif primaire, comme le sanguin ou le colérique que nous verrons plus loin, l'oubliera vite et n'en sera pas marqué ; le flegmatique, actif/non émotif, tendra à le réduire à la théorie de ses conditions objectives et modifiera l'objet qui l'a conditionné. Chez des sentimentaux très émotifs et plus secondaires, ce scrupule devient l'accusation totale de soi.

Dans un premier temps, un évènement insignifiant va devenir un remord ; à un degré de plus, vous vous condamnez des conséquences hypothétiques d'un de vos actes ; Enfin, au degré le plus élevé du scrupule, vous allez jusqu'à vous persuader que vous êtes coupable et vous devenez le martyr de votre conscience morale.

Un défaut physique ou une mauvaise estime de soi peuvent déclencher ou accentuer le complexe d'infériorité. Il prend ses racines pendant l'enfance lorsque les camarades d'école ou même l'environnement familial font remarquer à l'enfant qu'il n'est pas comme les autres.

Cette sanction est vécue comme un traumatisme par l'enfant. Le sentiment de pas être comme les autres devient alors une préoccupation majeure et peut entraîner l'isolement social, et dans les cas les plus graves, cela peut engendrer un trouble tel qu'une phobie sociale, amplifié par la peur d'être ridiculisé et moqué par les autres.

Enfant, vous avez besoin d'avoir des modèles de références qui doivent apporter les valeurs et l'amour nécessaires à la fondation d'une structure stable et sécurisante afin que vous puissiez vous épanouir en toute confiance.

Un enfant toujours critiqué et jamais valorisé quoi qu'il fasse peut développer un très fort sentiment d'infériorité. La dévalorisation que les parents peuvent exercer sur un enfant sentimental est systématiquement fatale.

Mélancolie et conscience

L'atmosphère où se déploient ces vicissitudes est la mélancolie. La mélancolie imprègne chez le sentimental le tissu même du moi. Mais ce moi est faible et déprimé. Vous êtes vulnérable, et la mélancolie s'est installée, accentuée par la systématisation de votre pensée secondaire.

Ce n'est pas une colère que vous vivez, vous ne vous plaignez pas de votre sort, mais de la condition humaine. Votre intelligence, animée par votre forte émotivité, ne cesse de vous travailler. Vous vous posez mille et une questions existentielles et vous vous questionnez constamment entre ce que vous êtes et ce que vous voudriez être. En définitive, vous restez enlisé dans la mélancolie.

La propension à la mélancolie marque la nécessité qui vous ramène vers le centre permanent de vous-même. L'introversion vous détache de la sensation : vous êtes sévère avec vous-même, vous ne recherchez pas les plaisirs faciles. Votre conscience est, plus qu'aucune autre, une conscience déchirée, problématique, car vous vivez dans l'inquiétude. Mais votre conscience et vous-même ne font qu'un. Jean Toulemonde parle « d'hyperesthésie mentale » lorsque le sentiment de soi négatif pousse au pessimisme maladif : « *Le cœur irrité construit des motifs de désespoir et les développe jusqu'aux plus déplorables conséquences* ».

La « résignation présomptive » *

« Un héritier présomptif est une personne qui n'hérite pas encore parce que celui dont il doit hériter est toujours vivant et malgré cela lui-même et tout le monde le considèrent comme s'il était héritier. Ce qu'on entend couramment par résignation, c'est le mouvement par lequel un esprit accepte un événement dont il a éprouvé ou dont il prévoit une conséquence mauvaise. Par cette acceptation il cesse de protester, de lutter contre lui ou son effet, même il cesse de se plaindre ». R Le Senne.

Lorsque vous vous résignez, vous passez d'un univers où vous ne vouliez pas admettre que tel ou tel évènement allait se produire : un univers où cet événement a pris place.

La résignation est simple et vient naturellement quand elle s'exprime par la constatation que c'est nécessaire ; elle devient philosophique quand on va jusqu'à penser que l'ordre l'exige, en impliquant par-là que cet événement, négatif si on le considère isolément, fait partie d'un ensemble à apprécier à son tour dans sa totalité.

Par exemple, vous devez passer un examen la semaine prochaine et, sans aucune raison objective, vous aller abandonner l'épreuve avant même de l'affronter, par peur d'une mauvaise note ou parce que vous êtes persuadé que de toute manière vous ne la réussirez pas. Vous vous résignez quand vous êtes soumis à un événement qui a déjà eu lieu ou, s'il s'agit d'un événement qui va avoir lieu, si vous vous attendez à ce qu'il soit difficile à vivre ou insurmontable. Certains sentimentaux ne vont ni attendre que l'évènement ait eu lieu pour se résigner, ni tout tenter pour l'empêcher, mais vont se comporter comme s'il s'était réalisé. Ils vont même parfois contribuer à sa réalisation. Il s'y résignent d'avance de façon prématurée, on pourrait dire *présomptivement*.

*Nous reviendrons sur ce point dans le chapitre « criminologie ».

La timidité « maladive » du sentimental

Nous pouvons tous ressentir de la timidité, selon le contexte dans lequel on se trouve : situation gênante, compliquée, effet de surprise, nouveauté sont autant de moments parfois peu agréables où l'on ressent une gêne particulière et on devient victime de notre timidité. La timidité du sentimental est toute autre. Il s'agit d'une timidité fréquente, forte, supérieure à la moyenne ; c'est la timidité de caractère, dont sont particulièrement affectés les sentimentaux. Elle prend la forme de résignation présomptive, que l'on va retrouver du reste dans beaucoup de propriétés caractéristiques des sentimentaux. *

*Hartenberg (*Les Timides et la timidité,* Paris, Alcan, 1901) reconnait les hommes timides dans les caractéristiques du caractère sentimental : hyperesthésie affective, perspicacité psychologique provenant de l'analyse de soi, tendance au scrupule, tristesse et pessimisme et une association fréquente avec l'orgueil. Par exemple les propos, mimiques et gestes de son entourage vont être interprétés comme des signes évidents de mépris et d'hostilité. Les thèmes du délire, c'est-à-dire le contenu des interprétations, concernent des idées de persécution, de préjudice et de mépris dont le sujet serait victime, ou d'atteinte de ses valeurs morales. Le « délire » est en général limité au cercle proche du patient (famille, amis, collègues, voisins). Il est vécu douloureusement et de manière solitaire et se complique généralement d'épisodes dépressifs parfois sévères. L'agressivité est rare envers l'entourage mais un vrai risque suicidaire existe. Ce sont des personnes difficiles à fréquenter. Tout ce qu'on leur dit est sujet à interprétation, tant et si bien que leur susceptibilité extrême les place souvent dans une situation faite de rejet et d'exclusion. Ces personnes qui comptent sur l'approbation d'autrui, se retrouvent donc le plus souvent solitaires. Ces personnes se reconnaissent faibles et vulnérables mais aussi extrêmement timides. Elles se caractérisent aussi par une asthénie (une grande fatigabilité).

Les situations de frustration sont vécues avec un sentiment douloureux d'incompétence et d'humiliation. Il existe un contraste entre la qualité du développement intellectuel et l'inhibition affective (sexualité inhibée, troubles sexuels, échecs affectifs). Repliés sur eux-mêmes, mais au premier abord faciles et bienveillants, ils sont dévoués aux autres et souvent philanthropes. Ils ressentent toute sympathie à leur égard comme un lien absolu, et la moindre critique comme une trahison.

Ce « trait de caractère » s'installe progressivement chez l'adulte, généralement en milieu de vie. L'évènement déclenchant est un échec moral, lié à un conflit professionnel ou sentimental. Les propos, mimiques, gestes de l'entourage sont interprétés comme des signes évidents de mépris et d'hostilité. La timidité devient certitude d'une impuissance totale, le doute se transforme en conviction catastrophique, la susceptibilité en châtiment autopunitif.

Tout s'explique et s'enchaîne par intuitions et interprétations. Le sujet réagit par la passivité, l'isolement et enfin la fuite. L'évolution dépressive est faite de périodes de soumission triste avec des périodes d'affolement, où le risque suicidaire est certain. Elle se fait le plus souvent vers la guérison, avec un état compatible avec la vie sociale ordinaire, mais avec un risque de rechute après une nouvelle déception.

Sur ce fond de caractère sentimental, la parenté entre la timidité et la résignation présomptive devient évidente. Pour protéger votre sensibilité, par présomption, vous allez renoncer à un avantage objectif, voir même consentir à un sacrifice ; vous vous sacrifiez à une valeur, celle dont vous redoutez d'éprouver les conséquences par l'événement qui vous menace. Vous vous dérobez par votre timidité parce que vous ne voulez pas exposer une valeur à une blessure. C'est pour cela que, bien souvent, vous ne parlez pas car vous avez peur de mal répondre et d'être jugé. Vulnérabilité et protection du « moi » manifestent la toute-puissance de la timidité du caractère sentimental.

L'amour des animaux sur fond de rejet de l'être humain

La timidité pourrait être définie comme étant une misanthropie momentanée et la misanthropie comme étant une timidité permanente. *« La misanthropie est le fait de détester ou mépriser le genre humain dans son ensemble, sans aucune distinction de sexe, d'ethnie, de religion ou de nationalité ».*

Vous espérez, vous aimeriez que l'Homme soit irréprochable. Vous avez un idéal élevé des autres et de vous-même. Mais à cet idéal, doit survenir de nombreuses déceptions.

Votre inactivité vous fait ressentir fréquemment votre impuissance à faire tout ce que vous voudriez réaliser. L'idéal de vous-même est d'ores et déjà affecté. Cette inactivité vous pousse au découragement. Vous constatez qu'il est compliqué d'atteindre cet idéal alors même que votre émotivité secondaire l'a amplifié. Votre vulnérabilité vous amène souvent à souffrir des actions des autres et vous allez alors facilement critiquer. Votre morale vous sert plutôt à condamner qu'à positiver les choses.

Le mouvement vers la solitude finit par se confondre avec une apologie de cette solitude qui, au final, est proche de la misanthropie. Parfois, c'est la méchanceté des hommes ou bien leur sottise, leur égoïsme, qui vous sert à fonder votre anthropophobie, et votre besoin vital de solitude nécessaire à votre survie. C'est précisément ce trait du sentimental que souligne Jean TOULEMONDE : « *Il est manifeste que la faculté la plus gravement responsable de l'émotivité est l'imagination : elle crée les motifs de terreur (appréhension), de mécontentement contre autrui ou le genre humain (susceptibilité et misanthropie)* ». (*Les Inquiets*/Ed Payot).

On peut ainsi comprendre que les sentimentaux manifestent plus fréquemment de l'amour pour les animaux que pour les êtres humains.

« *Les animaux ne sont pas encore humains ; ils sont dans la nature ; leurs mouvements ne blessent qu'exceptionnellement la sensibilité. (…). Entre les uns et les autres les sentimentaux doivent préférer les animaux, quitte à se comporter avec les enfants à la manière de ceux d'entre eux qui sont des bourrus bienfaisants* » précise *R LE SENNE*. Jean TOULEMONDE confirme la passion pour les animaux des sentimentaux : « *Les consolations lui sont fournies par les animaux, ces frères inférieurs, qui ignorent la duplicité ou l'ambition et pratiquent la reconnaissance* ».

Sentiment et objectivité. La relation du sentimental avec la religion, les croyances et le pouvoir

L'activité chez une personne agit comme un « tempérament » de l'émotivité. Il peut la compenser. Chez le sentimental, l'émotivité se subordonne à la secondarité quand, chez certains sentimentaux qui tendent vers des caractères primaires, la secondarité est plus faible. Dans ce cas de figure, la personne s'oppose à l'objectivité par préférence pour la vie affective sous ses différentes formes. Les considérations trop abstraites comme la spiritualité ne deviennent plus assez palpables.

La pratique de la religion par exemple qui requiert une systématisation philosophique est abordée dans ce cas par le sentimental sous un angle plus affectif : c'est la religion du cœur qui parle. Le sentimental ressent son individualisme plus qu'il ne le professe parce que cet individualisme est affectif : c'est encore une manière de protéger une sensibilité à fleur de peau. D'autre part, le sentimental ne vise pas le pouvoir. Il ne le refuse pas, et peut d'ailleurs souhaiter l'exercer, certaines fois par devoir et d'autres fois parce qu'il n'est pas satisfait de la manière dont les autres l'exercent. Mais ce souhait ne dépasse guère la velléité et ce n'est jamais pour le pouvoir même qu'il l'accepte, mais pour ce qui le ramène vers des nécessités objectives.

Commander aussi bien qu'être commandé exige une disponibilité envers l'autre qui est au-delà de vos possibilités. Le découragement guette tous les efforts que vous pourriez faire en amont. Les départs affectifs, les sursauts d'ardeur, aboutissent vite à des retombées, à une sorte d'échec vis-à-vis des élans dans lesquels vous vous étiez engagé. L'inactivité vous condamne à manquer de ferveur et de persévérance.

Si l'émotivité n'avait pas établi et ne maintenait pas une sorte de « connivence intime » entre vous et la religion, vous en seriez totalement détaché. C'est ce que confirme R Le Senne lorsqu'il nous parle de « *la dissociation fréquente de l'affectivité et de l'objectivité dans la vie religieuse (...). Toute religion chrétienne est à la fois affective, pure, et déterminée, institutionnelle, confessionnelle. Par son intimité elle exige la sincérité du cœur, demande l'amour, et, à la limite, la charité lui suffit ; mais en même temps par sa structure sociale, elle se détermine.* »

Mais ce « conformisme » ne vous satisfait pas et vous abordez la religion sous l'angle de l'affectivité uniquement, en pratiquant une sorte « d'anarchisme religieux », sincère mais indéterminée, où le refus de l'objectivation apparaît comme la condition principale de la pureté religieuse. Très souvent, cette dissociation prend la forme de l'anticléricalisme, ou du moins de l'athéisme : la religion est opposée aux hommes qui lui vouent leur vie, aux prêtres ainsi qu'à ceux qui la pratiquent. Pour cette raison et, parce qu'ils ne sont que des hommes, ils doivent y mêler les faiblesses humaines que vous ne cessez de dénoncer en voyant chez certains de la fausse dévotion ou de l'hypocrisie.

La religion n'est plus pour vous une foi, mais un problème existentiel. La solution terrestre de ce problème est d'ordre moral ; il vous reste le pouvoir d'aimer les hommes et de les aider : ainsi, vous vous engagez par exemple dans des œuvres humanitaires ou sociales par exemple.

Timidité, mais aussi impulsivité

L'explosion qui manifeste votre impulsivité résulte d'une accumulation de petits traumatismes dont la condition est l'émotivité. Vous réagiriez différemment si la secondarité n'intervenait pas pour inhiber la réaction.

Mais en même temps que la secondarité limite vos réactions, elle conserve la trace de l'excitation qui l'avait provoquée initialement. Puis une autre fois, et ainsi de suite, le même phénomène en rapport avec de nouveaux souvenirs ou de nouveaux traumatismes comparables au premier, se reproduit.

Au bout d'un moment, c'est l'explosion : tous les sentiments accumulés font éruption et, l'activité n'intervenant pas pour l'adapter, votre réaction est violente. La violence verbale est d'autant plus frappante qu'elle est en rupture totale avec l'impression générale que vous donnez : une personne calme et placide.

Sans aller jusqu'à la violence, ce sont parfois des changements d'humeur ou d'attitude qui vous caractérisent : il est intéressant de souligner ce que Le SENNE nomme la « rupture de taciturnité ». Dans un milieu où vous ne sentez pas de sympathie diffuse à votre égard, vous êtes capable de parler peu. Quelqu'un de taciturne est une personne qui parle peu. Mais ce silence ne fait que masquer la force de la tension intérieure, et il suffira d'un environnement favorable, une personne à l'écoute pour que cette puissance qui s'est accumulée peu à peu en vous fasse irruption au dehors, si tout à coup vous vous sentez écouté avec intérêt. C'est de la timidité « à rebours » : l'énergie qui bloquait la conscience se déverse dans des manifestations vocales.

C'est ce que Jean TOULEMONDE décrit (Les Inquiets) : *« d'interminables bavardages avec ceux qui daignent l'écouter, contrastant avec son mutisme habituel. La prise à parti d'un émotif annihile ses facultés et le prive de cet élément si important dans la vie sociale, la répartie. Attaqué il demeure stupide et sans réplique, cependant qu'en lui bouillonne l'indignation. Avec ses familiers il ne manque ni d'à-propos ni d'esprit. »*

Le choix d'une carrière professionnelle sécurisante

Le terme misonéisme (du grec miso- : « qui hait » et néo : « nouveau ») désigne l'attitude consistant à rejeter tout nouveau concept, toute nouvelle conception du monde. C'est une forme d'hostilité à l'encontre de la nouveauté et du changement. Cette tendance est assez fréquente à l'adolescence et chez certaines personnalités comme celles au niveau intellectuel peu élevé ou avec des éléments obsessionnels-compulsifs.

Les primaires comme les colériques n'ont pas peur de l'avenir car ils ne doutent jamais de la valeur de ce qu'ils entreprennent et s'y précipitent, les primaires/actifs sont avides de progressisme et recherchent les moyens de dépasser leurs routines car leur activité les empêche d'appréhender les obstacles. Sentimentaux, vous êtes dans l'hésitation. Vous ne comptez pas sur vos initiatives, vous vous rassurez en restant dans votre petite vie tranquille avec vos habitudes comme point de repère.

Vous choisirez des métiers calmes, il faudra éviter le risque et les changements, et vous aurez une vie prudente, sans grande ambition, mais vous permettant d'assurer le minimum qui puisse vous permettre de vivre décemment, mais sans excès. Vous choisirez une carrière de fonctionnaire pour la sécurité de l'emploi et la perspective d'une retraite assurée, un poste administratif, sans grande ambition mais sans trop de stress, ou un métier qui ne vous confronte pas aux autres. Vous pourrez exceller par votre sens du devoir et votre grande conscience professionnelle car, et nous le verrons plus tard, sur le plan de la moralité, vous êtes irréprochable.

La routine ne vous rebute pas, elle vous rassure. Vous êtes prudent et n'êtes pas désireux de changement. Parfois même, votre méfiance en l'avenir vous rend attentiste et légèrement « avare ».   Vous n'engagerez pas votre argent dans une entreprise et préférerez le placer, le garder « sous votre oreiller », car on ne sait pas de quoi demain sera fait.

Les changements politiques vous inquiètent, vous ne prendrez pas le risque de faire élire un nouveau système si ce dernier ne vous donne pas la perspective de conserver vos acquis. Vous n'êtes pas comme la plupart des primaires, impatients de voir comment une nouvelle société pourrait naître, car avides de nouveauté.

Dans le misonéisme, viennent converger votre timidité, votre attachement, triste ou heureux, au passé, le désir de ne pas être troublé dans vos habitudes, surtout l'appréhension des émotions que l'incertitude ou la nouveauté vous apporteraient, aussi le sentiment, objectivant la secondarité, qu'il faut à toutes choses pour devenir pérennes, le concours et l'épreuve du temps.

Inactivité et ennui

Un de vos traits caractéristiques est l'ennui. C'est chez les plus inactifs d'entre vous que l'on trouve les aveux les plus pathétiques d'ennui, lorsque la passion disparaît, au profit de la pure passivité, liée bien souvent à la paresse. L'inactivité est la condition principale de l'ennui car c'est l'incapacité d'extraire le désir de l'intrinsèque, c'est-à-dire de le faire passer de la velléité à l'activité.

L'ennui n'est pas lié à la pure absence de désir ; « qui ne désire rien ne s'ennuie pas » ; il se contente d'être ce qu'il est. D'autre part, celui qui a un désir assez fort et peut le concrétiser par son activité, trouve dans celle-ci la fin même de l'ennui : il vit occupé et intéressé par ce qu'il fait. On constatera donc que l'ennui augmente au fur et à mesure que « l'activité » baisse.

Vous vous ennuyez quand un désir s'éveille en vous. L'essence de l'ennui est le « à quoi bon ! », par résignation, par absence de motivation, par faiblesse d'activité. Un manque d'excitation et vous vous surprenez un moment à fantasmer l'action qui vous ouvrirait quelque nouveauté.

Mais votre inactivité intervient : vous appréhendez l'effort, le risque, le mouvement même et rejetez alors cette possibilité de tenter, d'essayer. Alors, les désirs s'évanouissent. La voie du renouvellement est fermée. L'inactivité est devenue la seule fin du moi. Et seul demeure l'ennui.

Les vertus du caractère sentimental

Pour finir ce premier portrait, il est bon de souligner que l'ambition est motivée par l'émotivité et que la secondarité dont vous bénéficiez est un atout intellectuel incontestable pour systématiser votre pensée et votre réflexion. L'émotivité agit comme un multiplicateur de vos intérêts, et la secondarité les grossit par la systématisation des moyens qui peuvent vous servir et des intérêts eux-mêmes.

C'est ce qui vous permet d'imaginer un avenir dans lequel vous donnerez tout ce dont vous êtes capable à la mesure de vos ambitions qui ne seront jamais démesurées. Seule l'inactivité, qui exercera de temps à autre son effet de sublimation, vous empêchera de concrétiser parfois vos objectifs. L'effet de l'âge pourra aussi devenir une contrainte lorsque l'usure de vos émotions, ne permettant plus le contrepoids de l'inactivité, réduira cette ambition à la faveur de l'ennui qui pourrait s'installer.

L'ambition « aspiratrice » qui ne cesse de marquer la distance impossible à combler entre l'idéal et la réalisation amène à déprécier les effets de l'ambition réalisatrice. Mais, comme nous le disions en introduction, ne vaut-il pas mieux vivre de rêves simples plutôt que de se contenter de ce qu'on a, ou de souffrir de ce que l'on n'a pas ?

Vous êtes prédisposé à avoir une vie finalement assez simple, marquée par une recherche de satisfaction de vos besoins assez sobres. Même si, parfois, vous êtes perturbé par une morosité ambiante, vous êtes prêt à vous contenter de peu de choses.

C'est ce qui fait de vous une personne modeste et s'éloignant des besoins de plaisir ou de luxe et, plus globalement, du matérialisme.

La moralité d'un actif sera toujours à un moment donné perturbée par l'action qui pousse à outrepasser les limites de la morale. Si la morale est corrélée à la bonté, au fait d'éprouver des sentiments humanistes ou de ne pas rester insensible au malheur de son prochain, alors vous êtes bien de ceux qui êtes capables de percevoir ses bienfaits, pour vous comme pour les autres.

Votre vulnérabilité et votre sensibilité vous amènent à concevoir ce que la pitié engendre comme effet. Votre secondarité vous fait également reconnaitre la validité des règles de conduite en société. Même si l'inactivité peut gêner l'accomplissement de votre volonté morale elle va renforcer le sentiment même que vous donnez à votre moralité. En effet le fait de connaitre cette faiblesse ajoute à la modestie et la noblesse de vos intentions.

En accomplissant ce devoir de respecter les lois et les règles, vous y ajoutez un désintéressement à l'égard de toute prétention à la moralité. La morale se glisse donc dans votre vie à la place de l'action mais elle vous donne cette bonté pour les inférieurs, cette fidélité aux souvenirs, cette affectivité et cette dignité plus ou moins conventionnelle qui a l'immobilité d'une force latente à laquelle suffit la conscience de soi pour s'imposer aux autres.

La conscience est ce recours naturel à votre secondarité qui vous permet de contrôler votre émotivité ; vous trouvez dans l'accomplissement d'une activité utile aux autres à la fois la satisfaction requise par votre moralité et un sentiment de votre importance, suffisants pour que votre fort sentiment d'introversion ne soit pas pénalisant.

Familles de sentimentaux

Comparatif variances du caractère « sentimental » (émotif non-actif secondaire) avec paramètres « largeur ou étroitesse d'esprit », et « égocentrisme ou allocentrisme » et « activité ou non-activité »

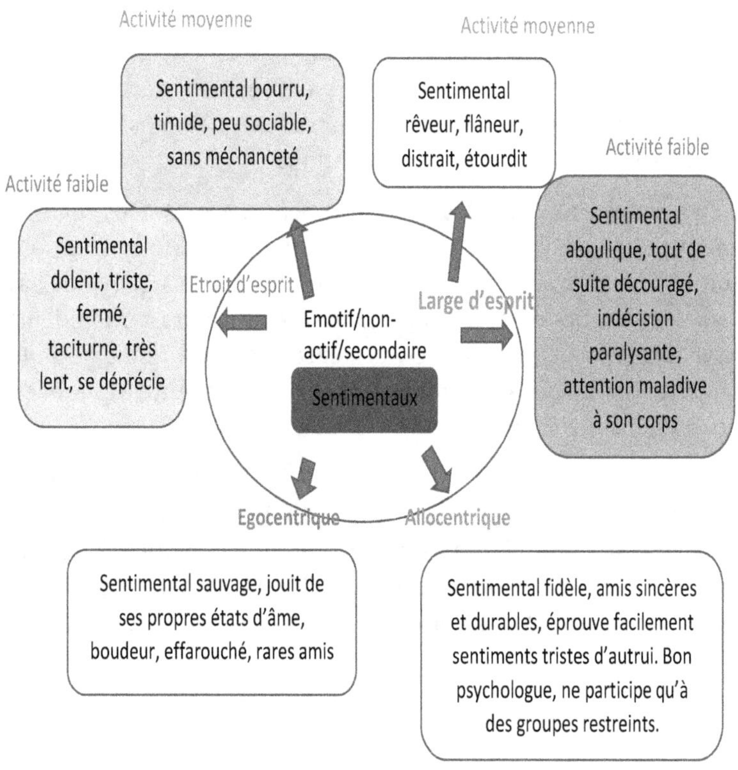

Fiche de synthèse du Sentimental (Emotif/ non-actif/ secondaire)

Émotivité :

> Peut être alternativement gaie ou sombre, mais sans grande extériorisation
> Volontiers mélancolique (teinte de tristesse sur le visage, voit toujours le côté triste des choses). Craintif et peureux
> Assez facilement excitable (mauvaise humeur pour un rien, facilement vexé, sensible à la moquerie)
> Impulsivité éruptive (les excitations ne produisent une réaction qu'après une certaine sommation des décharges émotives jusque-là contenues)

Activité :

> Se décide difficilement, après de longues hésitations
> Facilement découragé devant les obstacles (le premier échec le désarme, un simple mot inconnu dans une question ou un énoncé peut le rebuter)
> Aurait tendance à négliger les travaux imposés pour ceux qui ont sa préférence et qui surtout le laissent plus libre (enquêtes personnelles, collections, textes libres, dessins libres ou d'imagination...)
> Tendance très nette à la rêverie et à la contemplation nostalgique
> Manque d'esprit pratique, n'est pas « débrouillard » (embarras dans le maniement des choses, peu d'intérêt pour les machines)
> Porté à l'anxiété et à l'inquiétude, à la rancune
> Change difficilement d'opinion (résiste aux preuves ou aux arguments convaincants). S'est déjà créé un lot d'habitudes dont le retour périodique ou la présence permanente lui manque (goût pour un objet ou un vêtement particulier, discipline préférée)
> Attentif et tenace dans l'application, sans que cela soit incompatible avec une certaine économie de moyens
> Fait preuve d'ambition, mais plus aspiratrice que réalisatrice

Fiche de synthèse du Sentimental (Emotif/ non-actif/ secondaire)

Secondarité :

> Les accès de mauvaise humeur se prolongent dans le temps, même quand la cause qui les a provoqués a disparu
> Conserve secrètement en lui d'anciennes impressions (de préférence désagréables)
> Sujet à la rumination mentale (retour obsédant de pensées, propension à l'idée fixe)
> Se créé des habitudes dont le retour périodique ou la présence permanente lui manque (goût pour un objet ou un vêtement particulier, ne vit qu'au retour de sa discipline préférée)

Égocentrisme. Allocentrisme :

> Facilement mécontent de lui-même (se critiquant, se diminuant, capable de se faire souffrir pour se punir soi-même...)
> Manque de confiance en soi, aime s'isoler (fuit le contact d'autrui, ne se sent pas du tout à l'aise devant des inconnus)
> Parfois grognon et brusque quand on lui adresse la parole (mécontent d'avoir été tiré de ses réflexions intimes, veut écourter l'entretien, a hâte de se replier à nouveau sur lui-même)
> Se défend contre l'indiscrétion d'autrui (assez secret, communique peu ses pensées, refuse parfois de répondre)
> Tendances individualistes très nettes (notamment dans le travail en équipe)

Intelligence et moralité :

> Peu de goût pour les rapports techniques avec les choses
> Assez mauvais observateur
> S'il est intelligent, n'aime pas faire étalage de ses capacités
> Fait preuve de plus de finesse que de rigueur, assez lent à la réflexion, volontiers sujet à la bouderie
> Très scrupuleux et généralement honnête
> Guidé dans son action par des considérations éthiques (ne pas faire le mal, respecter la règle, faire son devoir, ne pas déchoir)

> Quand il ment, le fait par déformation systématique
> Introversion (se replie sur lui-même, se complaît dans l'analyse de soi), souvent timide. Sujet aux ruptures de taciturnité (loquace quand on le met à l'aise ou en présence de ceux qu'il sent compréhensifs ou aimants)
> Tendance à la résignation présomptive (peu audacieux quand il faut entreprendre, par crainte d'échouer ; se tait quand il pourrait répondre, de peur de se tromper)
> Disposition générale à l'ennui
> Tendance à tout déprécier (transforme par exemple les éloges en reproches implicites, souvent mécontent de soi)
> Sérieux, mais d'un sérieux vrai et séduisant, peu soucieux de sa tenue, attiré par la nature et les animaux

Trait distinctif :

> Introversion (se replie sur lui-même, se complaît dans l'analyse de soi)

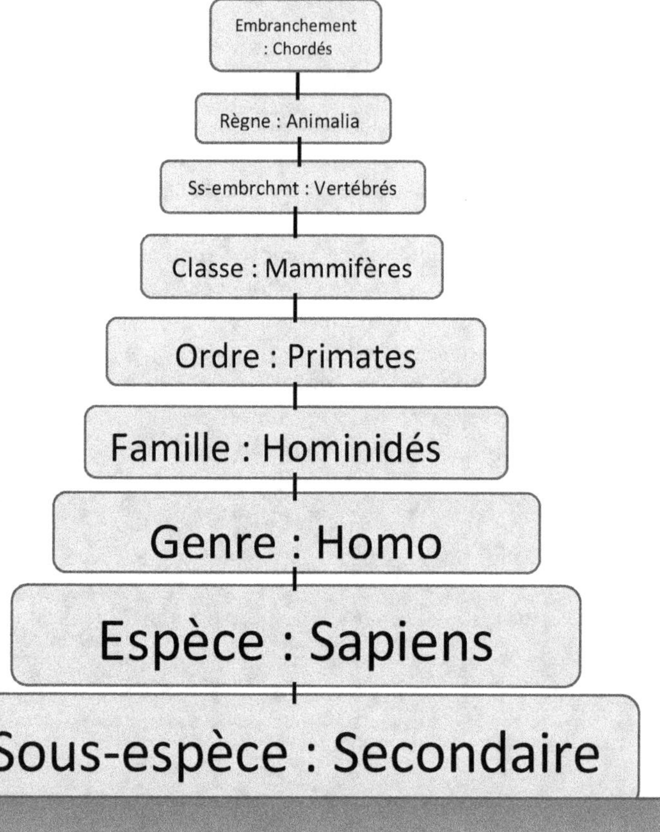

Embranchement : Chordés
Règne : Animalia
Ss-embrchmt : Vertébrés
Classe : Mammifères
Ordre : Primates
Famille : Hominidés
Genre : Homo
Espèce : Sapiens
Sous-espèce : Secondaire
Type : **Passionné**
Emotif/actif/secondaire

Le passionné (Emotif/actif/secondaire)

Les grands traits du passionné

Travailleur, persévérant, décidé, vif d'esprit, sens pratique, vue large de l'esprit, indépendant, observateur, bonne mémoire, peu vaniteux, a de la compassion, bonté envers les inférieurs, sentiment patriotique, peu de sympathie pour les tendances progressistes, économe, collectionneur, goût du naturel, honorabilité, méritant, digne de confiance, ponctuel, sentiments spirituels forts, amour des animaux : nous arrivons au caractère le plus intense de la caractérologie. Si nous appelons en effet « puissances » l'activité et l'émotivité et si l'on y ajoute le retentissement fort des impressions qu'apporte la secondarité, alors le caractère passionné est à trois puissances et il est évidemment le seul qui ait cette détermination.

Il faut donc s'attendre à ce que les individus qui composent cette famille aient une autorité importante, et à ce que l'histoire trouve en eux ses personnalités les plus marquantes : Napoléon, Pasteur, Ampère, Newton, mais aussi Hitler ou Mussolini.

Nous les retrouvons à tous les niveaux de la société, mais ce sont eux qui occupent la plupart du temps la plus haute place. Ce sont les chefs d'entreprise de PME et de grands groupes, ce sont les directeurs, les gérants, les PDG du CAC 40, ceux qui osent contre vents et marées se battre pour des causes qu'ils jugent nobles, à la tête d'associations ou de partis politiques : ce sont Nicolas Sarkozy, J-M Le Pen, sa fille ou sa nièce, Eric Zemmour, Philippe de Villiers, Emmanuel Macron (passionné para-sanguin) ou encore Ségolène Royal. Ce sont les présentateurs TV et les journalistes comme Jean-Pierre Pernaut, Marc Menant, Charlotte d'Ornellas ou Pascal Praud. Ce sont des artistes ou des acteurs, des chanteurs ou chanteuses comme Zazie. La liste est longue : ils sont présents dans toutes les hautes sphères de la société et très visibles à la télévision ou au cinéma.

A l'école, ce sont les bons élèves en Histoire-géo, en Français, en Sciences, ce sont souvent les têtes de classe, les délégués, les plus ambitieux, et ils comptent parmi les moins chahuteurs (car là on y retrouve en premier lieu les primaires) et rarement les plus sportifs. *« Tout se passe comme si le train de l'humanité était mené par les Emotifs actifs, comprenant en leur centre les passionnés, et comme si cette troupe tumultueuse laissait sur ses flancs, les Emotifs non Actifs pour refléter les émotions suggérées ou utilisées par l'histoire et les non Emotifs Actifs pour l'analyser et la penser… » écrit René Le Senne. « Il en résulte une conséquence capitale pour la caractérologie, c'est que les passionnés à eux seuls doivent former à l'intérieur de l'humanité cosmique une plus petite, mais éminente humanité microcosmique où les divisions caractérologiques de l'humanité totale viennent se reproduire en s'exaltant » ajoute-t-il.*

Il est important de préciser ce qui suit : à mesure que l'émotivité augmente, ce sont des personnes qui peuvent être plus impulsives, moins patientes, plus susceptibles, parfois mélancoliques et désireuses de commander. C'est pour cela qu'il convient de distinguer plusieurs types de passionnés, en tenant compte du fait que les propriétés les rapprochant d'autres types de caractères vont souvent orienter cette personnalité avec des nuances allant de subtiles à fortes. Nous préciserons régulièrement les influences des propriétés secondaires appliquées sur ce caractère.

Comparatif variance du caractère « Passionné » (émotif/actif/secondaire) avec paramètres « largeur ou étroitesse d'esprit », et « égocentrisme ou allocentrisme ».

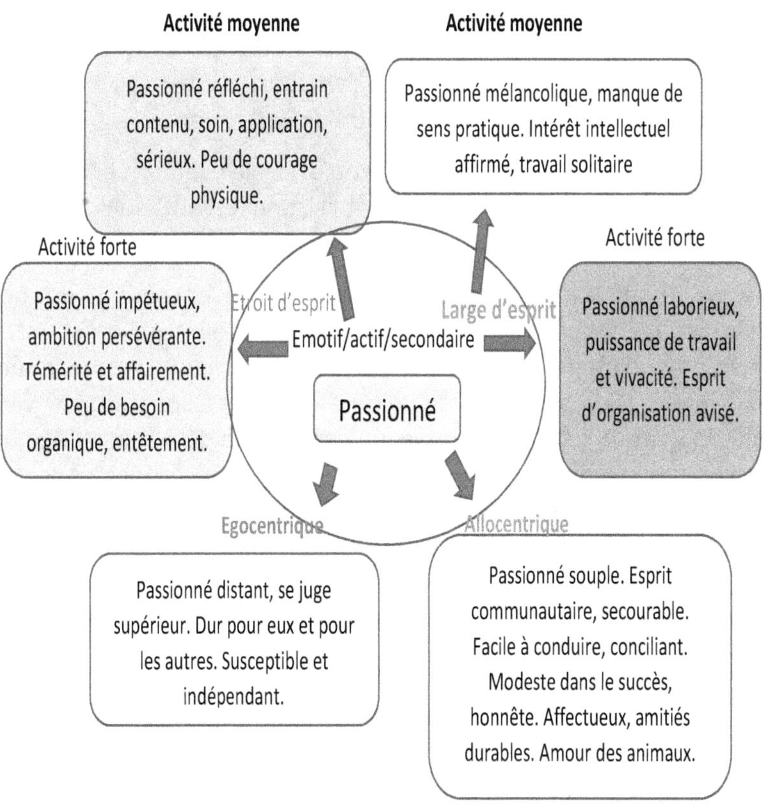

L'enfance et l'adolescence du passionné

Ni les types physiques ni les caractères n'apparaissent dans la petite enfance. Ce n'est que vers l'âge de 3 ans que commencent à se dessiner certains traits mais c'est à partir de 8 à 10 ans que l'allure physique du passionné se distingue clairement (rétractation de face et yeux parfois un peu globuleux). Enfant, vous mangiez, viviez et dormiez normalement. Mais déjà, votre émotivité se distinguait par une sensibilité physique au froid, à la chaleur, à la trop vive lumière, et vous réagissiez à la présence ou non de votre mère.

Vos premiers pas sont prudents, votre parole est tardive, mais elle viendra d'un coup et sera rapidement raisonnée. Vous sollicitiez très tôt des explications, des détails, des définitions.

Vous jouiez beaucoup mais calmement et souvent seul. Vous étiez observateur, curieux, attentif. La précocité intellectuelle est assez variable : quelquefois très grande, d'autres fois dans une moyenne convenable. Déjà, quelques signes d'entêtement apparaissent vers l'âge de 2 ans. Il est possible que vous ayez déjà décidé à cet âge de ne plus vouloir porter de couches ou d'aller sur le pot : pourquoi n'iriez pas vous aussi sur les toilettes comme les grands ? C'est vous qui décidez d'imposer la propreté aux parents et non le contraire. Certains se donnent corps et âme à la tâche scolaire, travaillent avec un entrain constant et une forme de persévérance, et commencent à chercher dans les jeux des divertissements compliqués (Legos, par exemple).

Pour ceux dont le champ de conscience est très large, on peut percevoir une certaine forme d'extraversion qui vous pousse vers les autres et vous rend agréable, ouvert et conciliant. Mais vous sélectionnez les choses, les personnes, les évènements, et vous en êtes attirés que par les problèmes qui vous sont posés et par le rôle que vous pouvez tenir. Vous dévorez les livres de classe : Histoire, Géographie, Français, Sciences...

En quelques semaines, vous avez tout lu et vous êtes passionné par bien des passages. Vous êtes situé généralement parmi les bons élèves, souvent parmi les meilleurs de la classe. Votre intelligence est solide, votre mémoire est bonne ; souvent, c'est aussi un don de l'observation qui vous sert.

Quand le champ de conscience est fertile, associé à une intelligence généralisante élevée, alors il y a une corrélation forte pour que vous rentriez dans la catégorie des « hauts potentiels », qui prend bien souvent racine dans le caractère passionné. Nous reviendrons sur ce point plus tard.

Vous êtes à l'aise dans toutes les matières, à cela près que le sport et le dessin ne sont pas forcément vos points les plus forts. Vous êtes discret dans vos réussites, et vous aidez volontiers vos camarades de classes qui semblent dans l'embarras. Vous restez concentré sur vos cours, vous travaillez seul, et tenez la tâche scolaire pour une sorte de jeu sérieux dans lequel à la fois le côté ludique et l'enrichissement vous séduisent. Lors d'un travail en équipe, vous vous imposerez naturellement. Au niveau des fréquentations, vous opérez une sorte de sélection. Vous êtes peu influençable, et il n'est pas question de traîner avec n'importe qui.

La pratique du sport ne vous est jamais venue naturellement dans le sens ou ce n'est pas un besoin vital pour vous, comme pour certains colériques, sanguins ou même nerveux qui ont véritablement besoin de dépenser de l'énergie, comme s'ils en avaient en trop. Mais si on parvient à vous démontrer l'intérêt que peut vous apporter l'activité sportive pour votre santé, votre bien-être et les bienfaits qu'il représente pour votre vie personnelle, alors vous vous laisserez convaincre par la pratique de sport individuel comme la natation, les salles de sport, l'escalade, les promenades, le vélo. Les randonnées vous satisferont par l'effort qu'elles demandent et les sensations procurées.

Le sport aidera à stimuler votre psychisme et à développer votre cage thoracique qui peut parfois présenter quelques retards de croissance. Enfin, la pratique du sport aura des effets bénéfiques sur le plan de l'extraversion et de l'abstraction. Elle vous ramène au concret et vous confronte au monde réel en fréquentant d'autres personnes.

Vous vous battez contre les injustices en classe : vous êtes prêt à dénoncer le coupable si ce dernier doit faire punir un innocent. Vous êtes attachant et vous montrez la force de votre sensibilité par votre amour envers les animaux. Si quelqu'un leur fait du mal, vous ne lui pardonnerez pas. Parfois, vous manquez de courage physique en raison de la secondarité qui va avoir tendance à le dissoudre. Avec l'effet de l'émotivité, c'est une forme d'inquiétude renforcée par les souvenirs qui vous amènent à agir avec précaution.

Un enfant moins émotif sera toujours doué pour un courage physique véritable. Par ailleurs, la primarité le renforce, ce qui n'est donc pas le cas du passionné. On peut noter aussi que le passionné pur n'a pas d'aptitude particulière au dessin ni à la musique, pour la simple raison que la contemplation est un retour en arrière ou un arrêt sur le temps (déchiffrage ou analyse d'une œuvre). Parfois, vous êtes trop empressé d'aller de l'avant pour prendre le temps de vous arrêter sur le présent. Cela ne veut toutefois pas dire que vous ne serez pas tenté de vous diriger vers l'art ou la musique et d'y réussir, mais il y a des caractères qui y sont intrinsèquement plus disposés.

Vous êtes de nature consciencieuse, honnête dans vos actes et vos paroles, et digne de confiance. Sur ce point, les ressemblances sont flagrantes avec le sentimental et aussi le flegmatique que nous verrons plus loin. C'est une constance chez les secondaires, hormis pour le type apathique que nous décrirons aussi un peu plus tard. Sur le plan de la ferveur religieuse ou mystique, il faut souligner que le rôle des parents sera prépondérant. En général respectueux de l'éducation qui vous est donnée, vous ne contredirez pas par principe cet enseignement. Toutefois, vous y serez fidèle tant que les idées présentent une grandeur suffisante à vos yeux, qu'elles autorisent une vie intérieure riche et une chaleur émotive perceptible ; ce point sera détaillé prochainement.

Vers 13-14 ans, vous êtes presque déjà installé dans la maturité. La puberté est en général marquée par une croissance physique assez importante. La plupart du temps, vous ne posez pas de problèmes particuliers ni à vos parents ni à votre entourage. L'émotivité est forte, elle va donc renforcer la poussée sexuelle. Pour autant ce ne sera pas du tout votre préoccupation majeure ; vous avez bien mieux à faire. Vous vous délivrez des poussées émotives ou sensuelles en les exorcisant par un jugement clair qui vous permet de les accepter ou de les refouler définitivement.

La puberté terminée, votre personnalité est d'ores et déjà fixée, précocement, à l'instar de votre caractère mature. Votre action est tournée vers l'extérieur, l'extraversion et l'introversion se complètent d'une certaine façon car pour méditer l'action comme pour déterminer votre pensée, elle se référera à elle-même.

Vous aimez votre famille, si cette dernière a su vous le rendre. Mais vous pouvez donner l'impression de vous être détaché de vos parents, ce qui peut par moment susciter une inquiétude de leur part. En effet vous êtes déjà engagé dans vos projets, vos études, vous avez donné un sens à votre vie et de ce fait vous avez déjà intellectualisé vos sentiments familiaux. Votre émotivité est très sensible aux injustices et aux erreurs de vos parents, de vos frères et sœurs. Vous tiendrez tête si vous jugez que la cause est juste. Vous auriez souhaité que vos parents soient parfaits. Dans de rares cas, si votre émotivité est supérieure au reste et pour peu que vous ayez une certaine propension à la domination, vous avez pu porter quelques difficultés éducatives à vos parents.

Il est important de préciser que c'est bien l'hyperémotivité qui peut faire varier le caractère passionné jusqu'au point de le rendre plus impulsif, plus impatient, plus susceptible, moins tolérant, et de ce fait moins facile à éduquer.

Vous êtes déterminé dans le choix de vos actes. Vous prenez des décisions raisonnées et pesées. Le choix de votre conjoint se fait tôt. Vous avez rapidement des envies de fonder un foyer. Bien souvent, vous surprendrez par le choix de votre partenaire qui pourra être éloigné de votre milieu ou de votre personnalité. Son âge importe peu, vous êtes peu touché par les attraits classiques de la séduction et, dans certains cas, l'amour platonique vous conviendra : vous avez de toute manière mûrement réfléchi votre décision et ce choix vous appartient. La règle et la raison sont des principes premiers.

Le rôle des parents dans l'éducation des jeunes passionnés devra notamment être celui qui limitera le développement de manies, de marottes, de TOC. Il faut savoir distinguer le respect de l'ordre et de la morale aux limites à ne pas dépasser en matière de « rigidité » : raisonner les abus possibles de la focalisation sur les rangements, les collections, les fiches et autres classements. A défaut, l'enfant passionné pourrait devenir ce conjoint autoritaire et abusif qui semble vouloir tout contrôler dans le couple, des décisions de voyage, d'autorisation de sortie de son conjoint ou du choix de la couleur du pot de la première plante d'intérieur.

Vous êtes avant tout secondaire

La secondarité qui vous caractérise c'est d'abord la conservation du passé et la préoccupation de l'avenir : il en résulte que l'action est appuyée par plus de moyens et a des perspectives plus lointaines et plus hautes. C'est ensuite la systématisation de la pensée qui intervient : non seulement l'action est plus riche car tous les moyens sont donnés pour arriver à vos fins et il y a des chances que ces moyens et ces fins se concentrent dans la poursuite de projets qui en deviennent encore plus puissants grâce à l'inhibition : tout ce qui ne convient pas est inhibé, refoulé, discrédité.

Quand vous avez atteint votre objectif, votre projet à peine achevé sera remplacé par un nouveau qui sera mené de la même manière avec la passion la plus forte qui est l'âme de votre vie. Ce n'est pas pour obéir ou suivre les autres que vous vous y êtes engagé. C'est vous qui en êtes à l'initiative, qui en êtes le moteur. Les autres ont peine à vous suivre car ils ne détiennent qu'à un moindre taux les énergies qui vous animent. Ils vont admirer votre suprême puissance.

Et si quelqu'un veut vous subordonner, vous reprendrez le pouvoir qu'on vous a refusé, sans même avoir la conscience de votre égoïsme propre, simplement parce qu'il vous paraît évident que vous êtes le seul à pouvoir servir efficacement l'idéal de tous. Vous êtes le caractère avec la plus haute tension, la plus haute intensité. L'action est ramenée vers l'expérience. Elle ne se sublime pas, comme chez les inactifs, dans le rêve ou l'aspiration. Elle ne se dissipe pas non plus, comme chez les actifs froids, dans la pensée abstraite. Vous voulez avoir à la fois l'idéal et le réel ; mais comme vous ne pouvez y parvenir qu'en forçant le réel pour l'élever à la hauteur de l'idéal, et en contraignant l'idéal à s'adapter au réel, il en résulte que, à la fois idéaliste et réaliste, vous cherchez à transformer le monde en l'adaptant à vos ambitions. Vous vous identifiez à sa cause et vous vous attribuez les forces de la société pour votre propre volonté et vos ambitions personnelles.

L'idée étant de satisfaire dans la mesure du possible vos ambitions sociales par les moyens que la société met à disposition, vous acceptez de lourdes responsabilités familiales, vous vous efforcez à vous élever à des postes importants, et ne manquez pas de moyens pour faire acte d'autorité sur des métiers à responsabilité. Ce n'est pas dans un but anarchiste d'indépendance individuelle que vous allez agir, mais pour réaliser une mission ou remplir un devoir. Il y a une harmonie entre les principes auxquels vous vous dévouez et votre exigence propre d'action et d'influence. Vous ne réclamez pas la direction, vous la prenez, légalement ou en forçant les choses à votre avantage, parce que vous savez que vous êtes fait pour cela et que celui qui sert le mieux est aussi celui qui assume l'autorité. Vous êtes naturellement un meneur.

L'ambition réalisatrice ou aller jusqu'au bout de ses projets et de ses rêves

Lorsque nous avons abordé le caractère sentimental, nous avons eu l'occasion de marquer l'importance du groupement émotivité/secondarité dans l'ambition. L'émotivité fait désirer et la secondarité fait que ce que l'on souhaite devienne l'unité de beaucoup d'idées et de sentiments. Mais cette ambition de l'émotivité secondaire condamne le sentimental, inactif, à rester à l'état de rêve et d'aspiration.

Chez le passionné, elle reçoit au contraire l'effet de l'activité : ce qu'elle rêve elle essaie de le réaliser. L'ambition aspiratrice devient ambition réalisatrice. On comprend que cette ambition doive se nuancer différemment suivant l'importance relative des trois facteurs qui la composent. Si vous êtes passionné et particulièrement actif, vous avez la capacité de l'improvisation rapide, l'exécution accélérée et d'une puissance dans l'improvisation, dans l'exécution, par l'effet de la contraction du passé dans l'action, la concentration très rapide de beaucoup de jugements, la mobilisation intelligente de beaucoup de forces et de moyens, est à proprement parler l'intuition pratique en ce qu'elle a de plus élevée.

Si vous êtes particulièrement émotif : l'ambition va perdre de son réalisme. Vos ambitions pourraient alors servir de médiation à la contagion d'une affectivité. Vous serez, dès lors, plus amené à raisonner avec votre cœur que par une ambition de devoir. Si enfin la secondarité subordonne nettement l'activité et l'émotivité, votre ambition se fait philosophique, dans un souci social ou pour vous consacrer à des causes qui vous semblent légitimes et primordiales.

De l'ambition à l'autorité

C'est à cause de cette essence d'autorité que le caractère du passionné donne souvent l'impression d'un fond de dureté. Quelqu'un de conciliant s'attend à ce qu'on lui cède à l'occasion, mais il est lui-même prêt à céder. La personne autoritaire attend et exige de l'autre qu'il lui cède toujours. Aussi, lorsqu'on vous parle, on éprouve la résistance de votre refus intime de concéder quoi que ce soit. Plus vous sentez qu'on recherche votre complaisance, plus vous allez refuser de la donner. Cette dureté est malgré tout compatible avec beaucoup de bonté, même de tendresse à l'égard de ceux que vous aimez. Mais cette exception est soumise à des conditions : votre respect et votre affection se méritent.

Vous aimez votre famille, plus que tout : les gens que vous protégez sont votre conjoint, vos parents, vos enfants, quelques amis bien choisis, un environnement riche en relations. Mais vous attendez d'eux qu'ils accordent leurs conduites avec vos intentions. Il est clair que votre bonté n'est pas de votre part une faiblesse, mais bien une décision choisie qui manifeste à l'occasion votre magnanimité. Beaucoup d'entre vous, ont de la grandeur d'esprit. Votre générosité en est un élément, et vous en êtes conscient.

On peut décomposer l'ambition de réalisation en deux parties : La première se reconnaît dans une forme d'impatience qui est le signe de l'intensité de votre caractère. Elle se retrouve chez tous les chefs d'entreprise, entrepreneurs, dirigeants, délégués, actionnaires. Dès que le pouvoir est entre vos mains, vous transportez ce caractère passionné dans l'activité économique pour gagner de l'argent, pour réussir, pour atteindre vos objectifs, entraîné par une hâte qui vous précipite d'une entreprise vers une autre. Même si vous êtes engagé dans une multiplicité d'affaires, vos soucis restent dans l'ordre du pratique car vous les évacuez rapidement, ils n'ont pas le temps de vous imprégner et de vous envahir en prenant la forme de rumination : vous réglez les problèmes au fur et à mesure qu'ils arrivent sur votre route.

Le deuxième volet de l'ambition de réalisation est la vigueur de la réaction sur l'obstacle : c'est au contact des obstacles que vous prenez pleinement conscience de ce que vous êtes et de vos capacités à les surmonter. A ce moment-là, vous déployez toute la puissance des éléments de votre personnalité. Vous ne pouvez pas perdre et c'est ce qui vous pousse à mobiliser l'ensemble de vos ressources. Il n'y a pas d'obstacle qui tienne, ou bien il sera de suite surmonté, quitte à devoir employer la manière forte. Non seulement c'est une nécessité pour vous de diriger, mais vous tolérez aussi les ordres et le commandement qui sont exercés envers vous. Vous obéissez alors strictement comme vous voulez être obéi ; mais bien sûr cette condition d'obéissance pèse à votre initiative et vous cherchez alors à vous élever pour reprendre l'ascendant.

Les autres pourront être sensibles à votre dureté d'autant plus que par moments, vous les utilisez comme des moyens de votre action. Vos collaborateurs deviennent des effectifs et bientôt du matériel humain, vos employés se transforment en main-d'œuvre. Les êtres humains sont assimilés dans l'anonymat d'un ensemble statistique.

En dehors de ces moments où l'impatience de réussir rétrécit votre conscience pour la braquer avec une puissance inégalée vers son but, vous redevenez une personne affectueuse et grandement attentionnée, quelqu'un de charmant, aimable, fidèle en amitié. Mais ces moments sont rares, car ce qui vous préoccupe est votre carrière, le succès dans vos affaires, et l'ambition de réalisation vous amène vite à d'autres projets. Vous ne disposez au final que de peu de temps pour les autres. Vous êtes esclave d'une imagination insatiable qui finit parfois en usure psychique ou en burn-out.

Une grande puissance de travail qui mène à la réussite

La manifestation quotidienne de l'ambition est le travail. De tous les caractères, le passionné est celui qui se livre le plus profondément et le plus durablement au travail. Beaucoup d'entre vous, particulièrement investis dans leur travail, supportent difficilement l'idée d'un mi-temps, qui limiterait à trop peu d'heures la poursuite de vos objectifs. Les projets que vous avez commencés doivent être poursuivis jusqu'au bout et les choses ne peuvent être faites à moitié.

C'est aussi pour cette raison que le fait de se retrouver sans emploi peut-être pour vous, plus que pour toute autre personnalité, une grande souffrance, par le sentiment d'être arraché à vos passions ou à votre raison d'être et parce que l'ennui et l'inactivité sont vos pires ennemis. Cette disposition au travail résulte d'un trait de ce caractère que les plus grands des passionnés manifestent au maximum, et que LE SENNE nommera : « *la concentration de l'esprit dans sa fin* ».

Un grand actif brûle les étapes, mange rapidement et en désordre (fruit-plat-entrée). Concentré sur votre projet, votre travail, vous en oubliez la présence de l'autre et perdez la perception du monde extérieur. Votre puissance de travail se manifeste par l'importance des résultats obtenus et la masse de choses que vous pouvez réaliser.

Chez la plupart des autres caractères, le besoin de travail naît de la pratique du travail. Le travail, indépendamment de ses résultats, donne la satisfaction à des besoins profonds d'activité, de lutte contre les difficultés, du besoin de s'accomplir : le travail donne au moi le sentiment de son pouvoir créateur. Mais pour vous, le risque est que ce désir de se sentir vivre et de réussir cherche à s'intensifier dans une lutte qui ne soit plus seulement contre les choses, mais contre les hommes. C'est ce qui se passe lorsque votre émotivité a rallié la puissance du négatif, il faut alors risquer sa vie contre l'autre pour y trouver le sentiment d'exister.

La secondarité corrige la succession capricieuse des émotions du moment par la persistance d'un axe. Quand elle est unie à l'activité qui empêche de se détourner de sa voie devant les obstacles, elle engendre la persévérance. L'émotivité, quant à elle, renforce l'intensité de cette persévérance, et agit sur les obstacles avec plus de puissance.

Intérêt pour le passé, passions et qualités du passionné

A toute ambition, à tout travail, il faut des objectifs, et cette fin se détermine d'après l'intérêt que vous lui portez. Vous vous intéressez aux personnes avant de vous intéresser aux choses, ce qui est un atout pour sympathiser avec autrui. Votre premier grand intérêt est le côté « social » des relations humaines. Votre second intérêt est l'universalité. A la rencontre de ces deux facteurs, l'universalité sociale devient le groupe dans lequel vous êtes intégré. Votre mode de vie sera calqué sur celui du groupe social auquel vous appartenez. Tout groupe est une communauté que l'on aime et une loi à laquelle on se conforme. Compte tenu de vos intérêts, vous êtes le caractère qui est le plus attaché à la famille, à votre patrie, à votre pays, à vos traditions et à vos croyances. L'influence de la secondarité, renforcée par l'émotivité vous donne toute prédisposition à être honorable, ponctuel, et vérace, tout au moins avec le groupe social auquel vous appartenez.

Les passionnés sont au premier rang de ceux qui font l'Histoire ou qui marquent la société par leurs réalisations. Il y a parallélisme entre l'allure de la vie et celle de la pensée ; car il est naturel que l'on cherche par la pensée la satisfaction des mêmes intérêts que par la vie : « *Celui qui aime une vie pathétique doit aimer le théâtre, celui qui aime vivre dans l'histoire doit chercher à s'y remettre par la pensée* » disait R Le Senne.

Si l'on devait comparer le sentimental au passionné dans son rapport avec l'Histoire, on trouverait le sentimental attaché à son intimité mais peu à cheval sur la trame objective des événements ; ce qui l'intéresse ce sont les sentiments ayant un rapport avec sa subjectivité alors que le passionné se présente à lui-même comme un sujet parmi les autres, dans l'espace et le temps de la nature, c'est-à-dire comme un sujet devenu objet. L'intérêt pour l'Histoire n'est qu'un aspect de l'intérêt pour le passé par lequel vous vous confondez avec le sentimental, par la vertu du groupement émotivité/secondarité. Mais il existe là encore une nuance : si le sentimental renouvelle le passé, l'aménage à ses sentiments, c'est pour le prolonger affectivement, alors que le passionné ne s'y intéresse que pour le prolonger activement. Le *moi* trouve dans le souvenir du passé une sorte de protection contre la mort. La mélancolie est, pour vous, sous-jacente à la vie, mais vous la dépasserez par la force de votre action car votre pessimisme sera vaincu par l'énergie d'entreprendre. C'est donc tout ce qui est en rapport avec le passé qui vous touche ; l'Histoire, la généalogie, les traditions, les coutumes, mais toujours accessoirement, parce que pour vous l'Histoire est une continuité.

La recherche de spiritualité

De tous les caractères, vous êtes le plus à même de vous élever vers toute forme de spiritualité. Le sentiment religieux trouve sa source dans le groupement émotivité/activité/secondarité, notamment quand l'émotivité est dominante. La secondarité est favorable à la spiritualité dans la mesure où celle-ci résulte d'un effort pour dominer le temps au lieu de s'y insérer. La largeur du champ de conscience favorise aussi le sentiment spirituel ou religieux car il crée un mouvement de la conscience vers une autre conscience plus abstraite. Si la secondarité augmente, le rapport avec le spirituel sera de l'ordre de la systématisation conceptuelle et la conscience spirituelle sera plus profonde. Si vous êtes plus émotif que secondaire, vos emballements pour la spiritualité seront plus passagers ou parfois que ponctuels. Vous ressentirez par exemple le besoin de prier ponctuellement lorsque les moments de la vie seront compliqués : vous solliciterez alors la bienveillance d'un Dieu de manière plus opportune. La largeur du champ de conscience favorisera l'intelligence émotionnelle et permettra un rapport avec le spirituel plus « esthétique » et « contemplatif » que « traditionaliste » ou « intégriste ». L'intérêt que vous rencontrez souvent pour la spiritualité et, dans un sens plus large, pour la recherche de la « grandeur sociale » est corrélé à une absence de satisfaction de vos besoins organiques primaires (plaisir de la table, sexualité...). Comme le sentimental, cet ascétisme augmente au fur et à mesure que croît la secondarité. Par l'union de l'autorité et de l'ascétisme, vous êtes prédisposés à une forme de sévérité, à la fois contre vous-mêmes et contre les autres.

Familles de passionnés

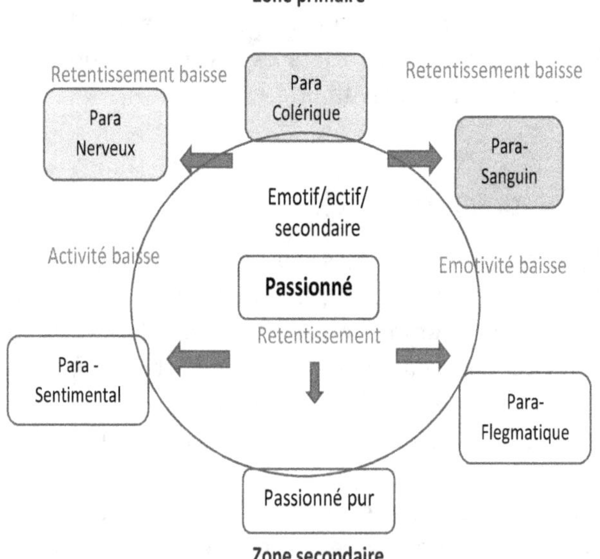

Passionnés (EAS)

Émotivité :

> Souvent impatient, réagit toujours avec force aux excitations
> Prend facilement les choses à cœur
> Use d'un langage superlatif, manque généralement de courage

Activité :

> Toujours appliqué au travail, s'occupe même pendant les loisirs
(ressent au plus haut point le besoin d'agir)
> Ajourne volontiers certaines actions (celles qui ne vont pas dans le
sens de sa préoccupation présente)
> Se donne tout entier à ce qu'il veut réaliser (vaincre est son objectif,
activité non seulement intense mais efficace), fournit un rendement
considérable, généralement pratique et « débrouillard »
> Se précipite d'une entreprise dans une autre sans transition
> Aime assez peu les exercices physiques (éducation physique, sports)

Secondarité :

> Garde longtemps le souvenir de gros chagrins ou de malheurs
> Attaché aux anciens souvenirs (camarades de l'école maternelle, de
vacances ; parle souvent de ses impressions d'autrefois ; réfléchit sur
son passé) , pense à l'avenir (avenir proche ou même éloigné, comme
choisir un métier)
> Assez souvent anxieux et inquiet
> Fait preuve d'une grande persévérance dans la poursuite de ses
objectifs, généralement ponctuel, aime collectionner

Égocentrisme. Allocentrisme :

> Assez peu soucieux de sa réputation (ne se préoccupe guère de son apparence extérieure, se montre tel qu'il est, pour ses qualités comme pour ses défauts)
> A une grande puissance de sympathie. Bienveillant envers les autres (prête ou même donne ses affaires, compatissant et serviable)
> Poli, mais sans excès, causeur (charme de sa conversation, se fait écouter de tous, sait raconter adroitement ce qu'il a à dire)
> Admet assez difficilement la discussion avec des camarades d'avis contraire. Obéit docilement comme il veut être obéi
> Insupportable si on flatte ses tendances, enclin à transformer les autres en moyens d'action

Intelligence et moralité

> A la conception rapide, assimile bien ce qu'il sait
> Retient et reproduit précisément et en ordre ce qu'il a vu ou lu
> A une bonne mémoire et sait utiliser ses connaissances, sait adapter sa conduite aux caractères des autres (des camarades ou du maître)
> A un don certain pour les sciences, généralement passionné d'histoire, généralement doué pour l'observation
> Agit en général honorablement pour obtenir ce qu'il désire
> Le plus souvent digne de foi, ignore la vanité (discret et modeste jusque dans ses succès), assidu et très consciencieux, généralement ambitieux

Autres traits :

> Capable de manifester une grande agressivité (très ardent à écarter ce qui le gêne ou ceux qui s'opposent à lui ; se rebelle à l'occasion s'il se juge mésestimé ou brimé, mais sans être pour autant aigri car joue son jeu loyalement)
> Exact dans l'exécution de son travail, aime beaucoup lire, donne sa préférence aux jeux « intellectuels » (jeux scientifiques, lego...), tient à l'ordre et à la propreté
> Aime particulièrement les animaux, assez peu sensible à la beauté plastique

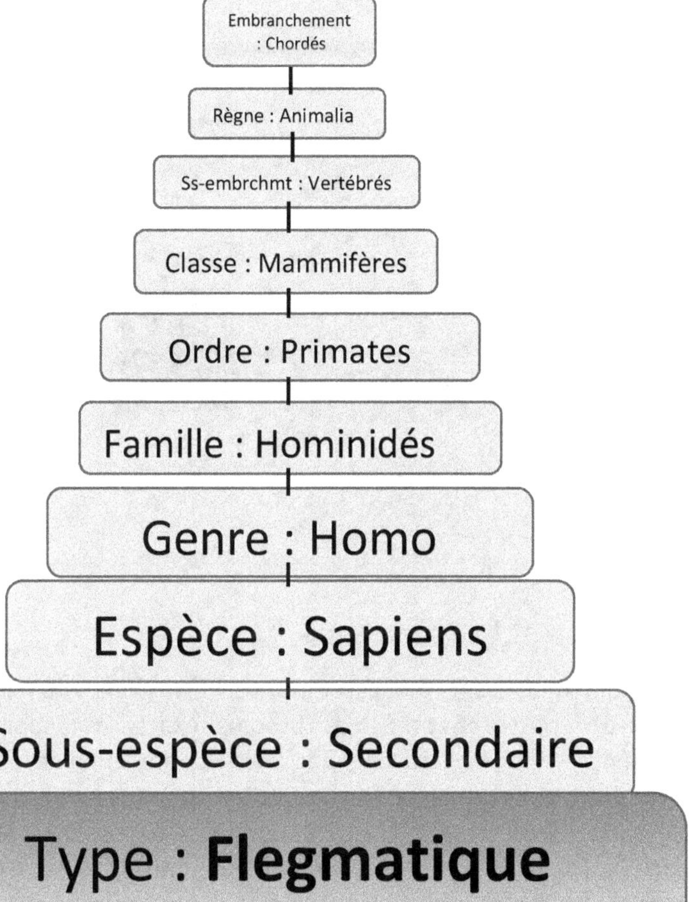

Embranchement : Chordés
Règne : Animalia
Ss-embrchmt : Vertébrés
Classe : Mammifères
Ordre : Primates
Famille : Hominidés
Genre : Homo
Espèce : Sapiens
Sous-espèce : Secondaire
Type : Flegmatique
Non-Emotif/actif/secondaire

Le flegmatique (Non-Emotif/actif/secondaire)

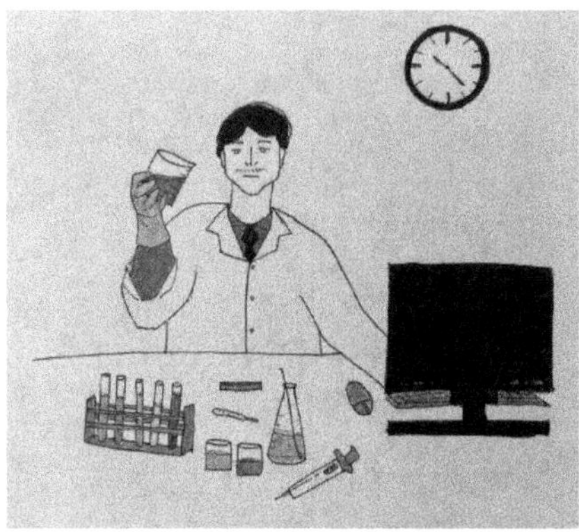

L'enfance et l'adolescence

Enfant menu, souvent assez mince et aux lèvres pincées, vous mesurez votre appétit à vos besoins exacts qui sont souvent modestes. Votre regard est, dès votre petite enfance, curieux et attentif à tout ce qui se passe autour de vous. Vous êtes calme et posé et souriez discrètement. Le stade « oral » se déroule sans encombre et à 3 ans vous parlez déjà convenablement mais sans être bavard et sans poser trop de questions. Vous êtes entêté mais sans être tenace. Vous vous interrogez sur tout et vous vous intéressez à votre environnement.

A l'école vous êtes actif, soigneux et habile au raisonnement. Vous faites vos devoirs consciencieusement et avec précision et avancerez doucement et régulièrement vers votre carrière et parfois votre succès. Le soir et le week-end vous serez toujours occupé mais souvent à des jeux solitaires.

Votre chambre est rangée, vos affaires sont soignées, par souci d'habitude et par respect des règles données par vos parents.

Vous semblez être un enfant assez fragile, dont l'équilibre est lent et le sommeil assez irrégulier. Votre poids est en-dessous de la moyenne. La puberté se déroule sans difficulté majeure. Il n'y a pas de brutalité en vous, pas de dureté particulière. Vous êtes dans la maîtrise de vous-même et les heurts familiaux sont rares. Vous aimez vos parents et votre famille, mais cette affection se teinte d'une légère indifférence. C'est le sentiment du devoir que vous avez pour eux qui prime sur le sentiment affectif.

Même si votre environnement familial est complexe ou violent, vous surmonterez chaque épreuve sans pour autant que les conséquences psychiques liées aux blessures de l'enfance soient trop lourdes plus tard.

Vous êtes peu bavard, tout au moins vous limitez vos conversations à l'essentiel et avec des personnes choisies, aussi calmes que vous de préférence. Vous êtes cependant ouvert et respectueux, mais vous ne consentez à l'échange que dans la mesure où vous gardez votre liberté vis-à-vis de l'autre. Vous êtes pondéré dans vos propos, tolérant et adaptable, réfléchi et sans émoi particulier. Vous éviterez de vous retrouver au milieu des disputes des « primaires » sur la cour de récréation. Jamais vous ne chercherez à lancer quelque conflit que ce soit.

Vous ne trouvez pas de bénéfices intellectuels au travail en équipe. Vous préférez travailler seul pour suivre vos propres règles et être sûr de la qualité du travail accompli. Si toutefois on vous attribue une fonction de délégué ou de chef de groupe, vous remplirez cette tâche avec le plus grand sérieux.

L'éducation sportive n'est à priori pas spécialement ce que vous préférez, non pas que vous n'ayez pas de prédispositions physiques, car du reste votre activité est bien là, mais parce que le sport fait appel à l'avidité de surpasser l'autre, la règle morale y est donc défaillante et ce n'est pas l'esprit de gagner qui vous stimule. Toutefois si l'activité est plus forte que la secondarité alors le sport pourra être un exutoire et vous pourrez y exceller.

L'intelligence du flegmatique, de l'enfant à l'adulte

Il y a des flegmatiques intelligents et d'autres moins, comme dans tous les caractères, mais ce que nous allons analyser est l'aptitude distincte de l'intelligence froide flegmatique qui dépend des autres tendances et notamment des propriétés constitutives du caractère. On peut être intelligent au sens où l'on cherche et où l'on réussit à satisfaire ses tendances par l'intelligence ; mais, si ces tendances perdent de leur intensité, ce seront vos aptitudes intellectuelles elles-mêmes qui seront mises au centre du mécanisme de la personnalité et, dans ce cas, l'intelligence pourra investir le caractère.

Certains d'entre vous vivent complètement de façon « cérébrale ». On voit très précisément dans ce cas combien une disposition peut être favorisée par l'affaiblissement des autres ; la baisse de l'émotivité met en avant une forme d'intelligence pure chez le flegmatique, comme d'ailleurs chez le Sanguin.

Il en résulte une certaine aptitude à dégager l'essentiel, à distinguer les notions et à différencier les concepts ou encore à systématiser. Vous êtes les plus disposés à la systématisation abstraite nécessaire aux sciences, aux mathématiques ou à la métaphysique. Votre analyse porte sur des faits déjà objectivement définis donc rationnels, du fait de votre nature extravertie. C'est l'inverse des sentimentaux qui se replient sur leur propre affectivité.

En raison de votre froideur, vous êtes souvent positivistes, enfermés dans les formes de l'expérience déjà existantes. Vous avez du mal à tolérer l'enthousiasme et parfois le fanatisme des personnes émotives. Vous prônez plus « l'utilitarisme ». C'est en cela que votre forme de pensée s'écarte vraiment de celle des passionnés. Votre émotivité, plus ou moins affaiblie, n'est que de l'énergie tirée de l'objectivité, alors que chez le passionné dont l'activité est multipliée par l'émotivité, c'est l'objectivité qui devient l'instrument de l'ambition. Enfant, votre intelligence est « scolaire » ; « *elle s'adonnera avec un calme entrain et un sens vif du devoir aux obligations de l'esprit de l'école* » souligne André LE GALL. Vous prenez plaisir à accomplir ce que le devoir vous demande. Vous ne contestez jamais l'autorité. Vous acceptez les règles dans la mesure où elles sont universelles.

Intelligence large ou étroite

Il faut distinguer, eu égard au mécanisme de l'intelligence du flegmatique, l'étroitesse et la largeur d'esprit. Notons que selon l'enquête d'Heymans, 67% des flegmatiques auraient l'esprit large. Si vous avez le champ de conscience large, votre curiosité est grande ouverte. Enfant, vous enregistrez toutes les informations et tous les savoirs nouveaux. Vous n'aurez pas de préférence marquée pour l'orthographe ou pour les maths, mais vous êtes soucieux d'ordonner, de classer, de rassembler tout ce que vous apprenez. Curieux de tout, vous vous attardez vers ce qui peut s'accorder avec une notion déjà acquise. Vous comprenez très vite quel est l'essentiel à retenir.

Admettons qu'à l'école, en classe de chimie, votre prof soit en train de faire une expérience ; vous suivez cette expérience autant avec les yeux qu'avec l'esprit et vous donnez autant d'attention aux commentaires qui l'expliquent qu'aux évènements qui la constituent.

Votre intelligence dispose en quelque sorte d'une « *zone centrale systématisante* », et une zone plus large dans laquelle vous enregistrez toutes les intuitions que vous percevez. Si votre conscience est large, vous disposez d'un esprit remarquable, solide et ouvert. En fin de compte, si votre conscience est large, tout se passe comme si la systématisation était refoulée dans la subconscience : votre intuition intellectuelle est alors une intuition globale d'analyse et de synthèse.

Plus la conscience est étroite, plus vous serez entraîné à conceptualiser ce que l'expérience vous présente, puis, pour retrouver autant que possible la réalité, à systématiser les termes logiques, issus de cette formalisation, par des rapports abstraits. L'intuition diminue alors au profit de la seule « zone centrale » qui reste éclairée, alors que toutes les autres suggestions que vous devriez percevoir restent dans l'obscurité. Votre curiosité est moins disponible, sauf si elle est l'objet de ce qui vous préoccupe sur le moment. C'est ainsi que pour arriver à une démonstration en mathématiques, vous ne comprenez pas que l'on soit obligé de prendre tel chemin plutôt qu'un autre, vous ne comprenez pas qu'on présente l'énoncé d'un théorème comme la conclusion de la démonstration. Il faut que les choses soient claires et carrées. Les matières littéraires ne sont pas faites pour vous car elles ne rentrent pas dans un « système » suffisamment rigide. L'intelligence est circulaire, c'est-à-dire qu'elle « tourne en boucle ».

Tout ce qui est nouveau vous déroute parce que cela perturbe vos idées déjà soudées et immobiles. Vous essayez d'appliquer des idées générales que vous connaissez sur des nouvelles et cela ne fonctionne pas car vous cherchez à les plaquer sans réfléchir pour que cela rentre dans le même cadre et vous vous dites « je ne comprends pas, cela fonctionnait la semaine dernière et aujourd'hui ça ne marche plus ». Ce qui s'écarte de la règle est pour vous une aberration et vous avez besoin que tout vous soit expliqué : la diversité des êtres et la complexité des choses.

Dans la mesure où le nombre des puissances caractérologiques se réduit dans un caractère, c'est-à-dire l'émotivité principalement pour le flegmatique, l'importance des propriétés supplémentaires augmente. C'est pour cette raison que l'ampleur du champ de conscience est un élément indispensable qu'il faut prendre en compte pour l'étude de votre caractère.

Flegmatique large ou étroit d'esprit, vous avez toutefois en commun une certaine lenteur d'esprit qui vous différencie de la vivacité de certains primaires.

Vous avez besoin qu'on vous répète ou de vous répéter à vous-même. Lorsque vous apprenez quelque chose de nouveau, vous devez intégrer cette nouvelle notion dans un ensemble, lui donner une place dans une synthèse plus large déjà établie dans l'esprit. Cette lenteur d'esprit n'est finalement qu'apparente : elle cache un système de pensée secondaire.

La méthode de lecture globale présentera pour vous un maximum d'efficacité parce que vous êtes capable de faire un effort d'analyse supplémentaire, alors que pour d'autres enfants elle laissera des lacunes sérieuses et de grosses déficiences en orthographe.

L'accroissement des intérêts intellectuels chez vous n'est finalement que la contrepartie de la diminution des intérêts sensibles et affectifs. Votre sobriété ordinaire et le peu d'intérêt pour la recherche de votre plaisir personnel sont les conditions de votre intellectualité dans laquelle l'intelligence devient sa propre fin, au lieu de se mettre au service de la recherche des plaisirs, de la richesse et du pouvoir.

Les grands traits du flegmatique

Le nom « flegmatique » laisse facilement deviner à qui nous avons à faire ; vous êtes le plus calme et le plus simple de tous les caractères. Vous semblez presque indifférent aux événements extérieurs et vous aimez le silence : autant de raisons pour que les autres vous jugent souvent insensible, méprisant ou lointain. En perdant l'émotivité du passionné, vous perdez cette puissance exubérante d'action qui force les autres à reconnaître la grandeur de celui-ci.

Votre principale propriété est le sens de la loi. Cela s'explique premièrement par votre froideur émotionnelle et par votre calme qui vous fait accepter les évènements avec sérénité.

Vous savez faire preuve de beaucoup de patience, d'ailleurs vous aimez les jeux de patience (puzzle ou jeux de société qui durent longtemps), les travaux manuels minutieux, les exercices de recherche, les réflexions profondes.

Votre inémotivité vous amène à parler assez peu, du moins jamais pour ne rien dire. Votre élocution est lente et uniformément coulante. Vous parlez en fait d'une manière objective, vous racontez les choses telles qu'elles sont, sans ajouter quoique ce soit de superflu et sans y apporter d'appréciation personnelle. Vous riez rarement, mais aimez l'humour, humour pincé, décalé, l'humour anglais au « troisième degré ». Vous pouvez être « pince sans rire ». Vous vous contentez des distractions qui s'offrent à vous sans en rechercher d'autres parce que vous n'êtes pas à la recherche de la satisfaction à tout prix de votre plaisir personnel. Vous savez être courageux devant une situation difficile et devant un danger.

La persévérance, qui enveloppe la double condition de l'activité associée à la secondarité, manifeste la soumission de l'action à un principe qui en devient l'axe : vous êtes toujours occupé et ne différez pas les travaux qui vous sont imposés. Vous n'avez même pas l'idée de faire autre chose que ce qu'on vous demande de faire.

Votre conscience morale est bonne et votre conscience professionnelle est ainsi renforcée. Vous êtes donc toujours appliqué au travail mais vous aimez toutefois les obligations bien définies ; il faut que les choses soient claires. Vous agissez toujours avec une certaine pondération. L'équilibre des tendances et des idées c'est-à-dire la pondération ne peut être que favorable à la fidélité à la loi.

Votre secondarité vous permet de réfléchir avant d'agir mais vous savez vous montrer opiniâtre dans la réalisation de vos actions. Cette secondarité vous amène à projeter des travaux, des objectifs sur du long terme ; un résultat éloigné vous laisse en effet plus de chances d'approfondir le sujet. Vous êtes difficile à convaincre et vous avez des habitudes tenaces. Votre activité est en effet la plus soumise aux principes, ou à des habitudes. Ce qui manifeste directement la disposition au respect de la loi est la conformité des actes et des paroles : vous tenez vos engagements. Votre secondarité vous rend tolérant, précis, ponctuel et ordonné.

Votre sens de la loi exclut l'indiscipline de certaines tendances. Cela vous apporte à la fois une certaine sobriété et une continence sur le plan de la sexualité. Sobriété et tempérance font aussi partie de vos qualités morales. La simplicité de la conduite manifeste la régularité qu'entraîne le sens de la loi : Vous n'êtes pas à cheval sur l'image que vous véhiculez et le souci de l'apparence. Vous savez être économe, parfois un peu trop car dans certains cas c'est aussi une tendance au « radinisme » qui vous guette. Vous avez le sens du devoir et n'aimez pas mentir.

Flegmatiques et nerveux en totale opposition sur bien des aspects

Les nerveux sont sensibles, violents, susceptibles, tandis que vous, vous l'êtes au minimum. La contradiction entre la conduite et les déclarations est fréquente chez les nerveux, chez vous elle est extrêmement rare ; vous tenez paroles et promesses.

Les nerveux sont des travailleurs du soir ; vous, vous préférez le matin. Les superlatifs, le goût pour les symboles, la suggestion par les images, la superstition, les imaginations horribles... autant de traits communs à beaucoup de nerveux qui vous sont complètement étrangers.

Vous recherchez la stabilité, vous avez vos petites habitudes, alors que l'émotif primaire est incapable de se stabiliser et de s'installer durablement. Vous êtes vérace, honnête et ponctuel, ce qui ne sont pas, une fois de plus, les principales vertus des nerveux. Alors que ces derniers sont plus sensibles au sentiment de la nature ou aux émotions mystiques voire religieuses, vous n'avez qu'un faible intérêt pour les beautés naturelles, la nature et les paysages, et êtes plus éthique que mystique. Les problèmes théoriques tels que les questions mathématiques, métaphysiques, logiques vous interpellent, tandis que les nerveux s'en désintéressent. Les nerveux et en général les émotifs sont prédisposés aux maladies mentales, aux troubles de la personnalité ou encore aux blessures de l'enfance : au contraire les flegmatiques y échappent presque entièrement.

Ressemblance avec les sentimentaux

Vous êtes posé, vous parlez posément, et votre voix est égale sans grande intonation particulière. Votre démarche est ordinaire, sans hâte. Votre égalité d'humeur rend les contacts faciles avec l'autre. Votre bienveillance se rapproche de la cordialité, tout au moins si votre champ de conscience est large.

En quelque sorte, votre activité compense l'émotivité qui vous manque, alors que le sentimental agit par son émotivité. Mais dans les faits, dans les attitudes, cela induit une certaine ressemblance. Du fait de cette compensation, sentimentaux et flegmatiques ont tendance à se côtoyer et à s'apprécier car ce qui vous unis est la secondarité que vous avez en commun, et donc un intérêt pour l'histoire, les souvenirs d'enfance ou encore la fidélité en amitié.

Vous vous ressemblez par les propriétés générées par cette secondarité, comme la dignité, qui reste toutefois légèrement plus orgueilleuse chez le sentimental, du fait de sa susceptibilité, alors qu'elle sera plus « sociale et professionnelle » chez vous, comme le souligne R LE SENNE. Ce qui vous rapproche du sentimental est aussi la moralité, principale vertu dont vous considérerez qu'elle différencie l'être humain comme une « espèce à part », vous distinguant ainsi des primaires pour lesquels vous estimez qu'il leur manque bien souvent cette qualité.

Sobriété organique et impassibilité

Certains d'entre vous préfèrent le célibat et s'abstiennent du mariage ou de toute vie à deux qui viendrait enfreindre une liberté de penser et de vivre. Certains se restreignent par désintérêt envers tout ce qui les aurait détournés de leurs pensées mais aussi parce que la recherche de satisfaction de vos plaisirs personnels (sexualité, plaisirs de la table ou loisirs…) passe au second plan.

Ce trait de personnalité est assez caractéristique de votre nature qui amène une forme d'insensibilité à toute excitation organique. Votre froideur, associée à votre secondarité, donne une apparence de quelqu'un d'assez indifférent aux plaisirs en général : vous savez vous contenir, vous raisonner et agissez par devoir plutôt que par avidité.

Action, persévérance et ténacité

Comme le passionné, vous êtes toujours occupé à faire quelque chose, souvent utile en général. Votre activité se manifeste immédiatement dans la continuité de vos occupations. Vous êtes toujours entraîné par des obligations professionnelles. Ménagère très active et exacte dans l'accomplissement de vos obligations de maîtresse de maison si vous êtes une femme flegmatique : vous vous

levez tôt, et réussissez à concilier toutes les obligations de la journée (travail, ménage, enfants...).
Soucieuse de propreté et d'ordre, ce qui pourrait vous menacer est votre « emprisonnement » dans des habitudes, des manies, de la routine, car la régularité de vos journées n'est pas troublée par quelque émotivité que ce soit.

Vous êtes non seulement occupé mais aussi, par l'effet d'un esprit pratique qui n'a pas besoin d'être soutenu par un désir ardent, absolument pas porté à négliger de faire les choses importantes, les contraintes ou les travaux imposés.

C'est notamment ce qui vous distingue des sentimentaux qui vont, eux, être voués à souvent repousser toujours au lendemain ce qu'ils pourraient faire le jour même. Vous savez être persévérant sans être pour autant excessivement obstiné. La persévérance comporte tout ce qu'il faut pour entretenir votre activité, ainsi la difficulté à se décourager, la persistance, et même ce qu'il faut d'obstination vous caractérisent.

Du fait de votre relative froideur, il vous est plus facile que d'autres de tenir dans des conditions hostiles et difficiles ; vous continuez vos activités même s'il neige, ou qu'il fait très froid. Votre imagination n'aggrave pas le mal que vous pouvez endurer, et l'inactivité n'intervient pas pour vous inciter à lâcher votre objectif. L'enveloppe de cette persévérance est la patience. Elle s'affirme entre autres choses face à la maladie et vous amène à une certaine forme de stoïcisme. Vous êtes capable d'endurer les souffrances car vous n'êtes pas fatigué ni troublé par les émotions que vous n'éprouvez pas ou peu, et vous n'êtes pas sollicité par ce côté « primaire » à réagir plus ou moins impulsivement aux événements successifs. Votre activité vous permet de surmonter les causes d'impatience qui décourageraient les inactifs. Habitudes et principes créent en vous le souci de l'avenir lointain, au même titre que le retentissement du passé que vous ressentez, puisque ce ne peut être que grâce à des expériences passées que l'on peut anticiper la suite des évènements.

Les grandes vertus des flegmatiques

La première de vos vertus est la véracité. Ce qui protège un caractère du mensonge c'est avant tout la secondarité des représentations. La première condition pour que vous soyez écarté de la tentation de mentir, c'est qu'un jugement antérieur survive en vous, que votre mémoire secondaire en ait conservé l'impression et en permette la remémoration et l'influence présente.

Vous reproduisez vos jugements comme vous les percevez, vous parlez comme vous devez parler, votre pensée est véridique.

Chez un émotif secondaire (passionné ou sentimental), la pensée secondaire peut être troublée par toutes les influences perçues comme la peur, le désir ou la cupidité. Toutes ces émotions, toutes ces passions peuvent générer un intérêt qui pousse au mensonge. La tentation de mentir par passion ou intérêt ne cesse jamais de se présenter à aucun individu comme un obstacle à vaincre pour être vérace ; au même titre que l'inactif va sans cesse lutter contre sa paresse, l'être humain, quel qu'il soit, est tenté à un moment ou un autre par le mensonge. C'est là que l'activité se présente en quelque sorte comme le « fusible » nécessaire entre la secondarité conditionnant la conformité de la représentation et de son expression verbale et l'émotivité qui menace d'amener au mensonge. Elle remplit ici sa fonction de pouvoir surmonter les obstacles.

Pour autant certains flegmatiques parmi vous sont faillibles même s'il vous est plus difficile qu'à tout autre caractère de mentir pour les raisons que l'on vient d'évoquer. Dans ce cas vous aurez une conscience assez nette de votre « immoralité » qui, du reste, entraînera le cas échéant quelques remords. Vous êtes également digne de confiance en matière de finance : l'argent, ou d'ailleurs toute chose que l'on vous prête, sera rendu par souci de légalité morale et de vérité.

Au même titre que vous êtes honnête vis-à-vis des autres, vous êtes aussi ponctuel. La ponctualité est aussi une forme de respect quand il s'agit de ne pas faire attendre votre interlocuteur, votre client ou votre fournisseur. Il y a une connexion forte entre la véracité et la ponctualité. Être capable de délimiter son activité dans le temps et assurer la concordance de chacun de ses actes avec la contrainte du temps est une faculté donnée à ceux qui ont en permanence à l'esprit le souci d'être honnête et vérace. Ajoutons à cela que l'étroitesse du champ de conscience est corrélée au rapport avec la ponctualité.

Si vous êtes plutôt étroit d'esprit vous rechercherez une ponctualité stricte, à la minute près, alors qu'un champ de conscience plus large vous donnera une ponctualité plus intuitive, moins rigide mais aussi moins précise.

L'objectivité

En langage courant, l'objectivité est la « *qualité de ce qui est conforme à la réalité, d'un jugement qui décrit les faits avec exactitude* ». L'objectivité d'un objet représente ce en quoi consiste la réalité de cet objet.

Sur un plan métaphysique, l'objectivité s'oppose soit à ce qui n'est qu'apparence, illusion, fiction, soit à ce qui n'est que mental ou spirituel, contrairement à ce qui est physique ou matériel. C'est en cela qu'Emmanuel Kant définissait l'objectivité comme ce qui est valable universellement, c'est-à-dire pour tous les esprits, indépendamment de l'époque et du lieu, et, par opposition, à ce qui ne vaut que pour un seul ou pour un groupe. L'objectivité se trouve ainsi opposée au relativisme. Vous êtes objectif dans le sens où vous reconnaissez la réalité d'un fait dès lors qu'elle a été démontrée au préalable. Relativiser serait remettre en question la démonstration de la réalité d'un fait avéré.

C'est pour cela que vous considérez les sciences comme des faits établis et dont la réalité ne peut être remise en question. Elles fournissent le modèle de la connaissance formelle, si formelle qu'elle peut ne paraître à certains qu'un langage. Votre froideur est favorable à l'intuition pure des rapports rationnels et à l'exactitude de l'observation objective. Cette même froideur favorise la rationalité de la pensée et l'exactitude de l'observation. Elle est donc propice à la concision et à l'objectivité du discours.

L'humour

C'est un trait similaire à celui des sanguins qui s'explique par votre opposition commune à la forte émotivité des autres êtres humains.

L'humour est un moyen pour quelqu'un de froid de paraître plus chaleureux qu'il ne l'est en réalité. C'est une sorte de défense contre l'émotivité d'autrui. L'ironie est en fait une arme contre ce qui paraît être un abus de l'autre. L'humour consiste à transférer sur le plan de l'intelligence ce qui devrait être sur le plan de l'émotivité. Il présente cet événement comme un élément de l'ordre du monde. La méthode que vous utilisez est « l'optimisme à contre-sens », mais toujours à froid. Votre humour pourrait ressembler parfois au cynisme en ce qu'il remplace la référence au sentiment par le recours à l'objectivité ; mais le cynisme vise à discréditer une valeur reconnue, tandis que l'humour prétend la reconnaître.

Votre humour tourne tout entier autour de l'objectivité. Il faut donc, pour que l'humour se déploie, que votre émotivité ne soit pas trop forte et que la secondarité l'emporte sur cette dernière afin de conditionner la possibilité pour le moi de s'élever au-dessus de l'instant dans lequel il serait submergé par l'émotion.

Rappelons enfin que la largeur du champ de conscience est, dans les esprits froids, le meilleur substitut de l'émotivité. Même si elle n'est pas équivalente par son intensité elle conditionne la sympathie avec autrui.

Familles de flegmatiques

Comparatif variance du caractère « Flegmatique » (Non-émotif, actif, secondaire) avec paramètres « largeur ou étroitesse d'esprit », et « égocentrisme ou allocentrisme ».

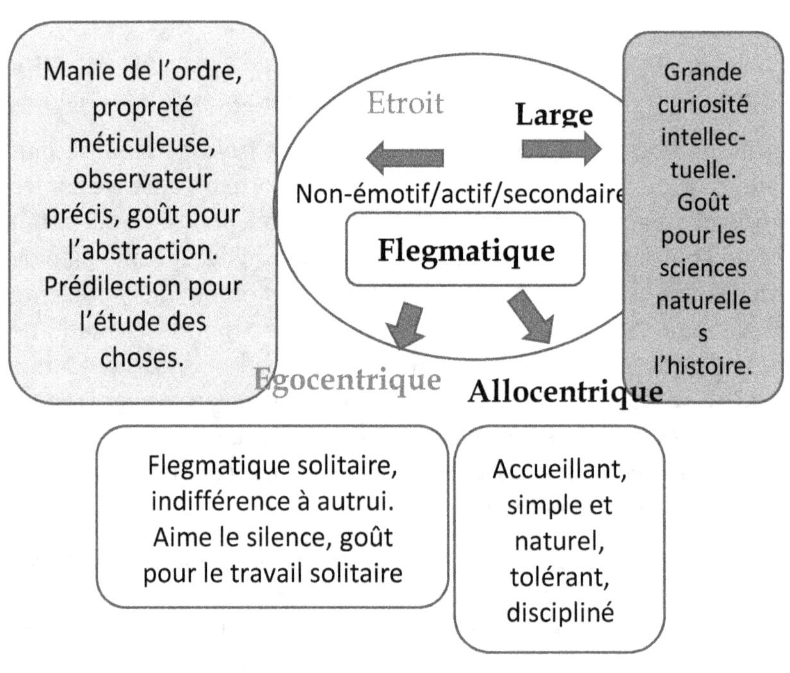

Fiche signalétique du flegmatique (Non-Em/Actif/Secondaire)

Égocentrisme. Allocentrisme :

> Ignore l'affectation, la vanité, le souci des apparences
> Reste volontiers effacé derrière les autres, facile à mener et à dominer
> Laisse à chacun sa liberté, fréquente indifféremment des gens de tous caractères et de tous milieux.
> Porté à la bienfaisance et à la bienveillance
> Silencieux et renfermé mais estimé des autres
> Peu porté à complimenter ; d'une politesse juste suffisante
> Aime s'isoler de temps en temps (fuit le tumulte, joue seul)

Intelligence et moralité :

> Intelligent, mais d'une intelligence posée, gout pour les sciences, va à l'essentiel dans ses explications ou dans ce qu'il raconte, retient et reproduit précisément les choses)
> Compréhension intuitive maximum et doué pour l'observation
> D'une intelligence large (ne s'attachant pas à des détails, des formes extérieures ; accessible à toutes les formes de raisonnement)
> Excellent connaisseur des autres, pense et réfléchit beaucoup
> A le sens du devoir et est généralement honnête
> Ses paroles et ses actes sont en accord, très ponctuel, n'aime pas mentir, suscite une confiance générale
> Discipliné, aime vivre à l'abri de son calme (n'aime pas qu'on le dérange)

Autres traits :

> Aime beaucoup lire, est d'un naturel optimiste, écriture parfaitement lisible, tient à l'ordre et à la propreté
> Porte un grand intérêt aux choses (passionné de mécanique, de sciences naturelles, de travaux manuels)
> Enfant a une préférence pour les jeux personnels et compliqués (meccano, tours de cartes, mots croisés...), goût pour le sport moyen.

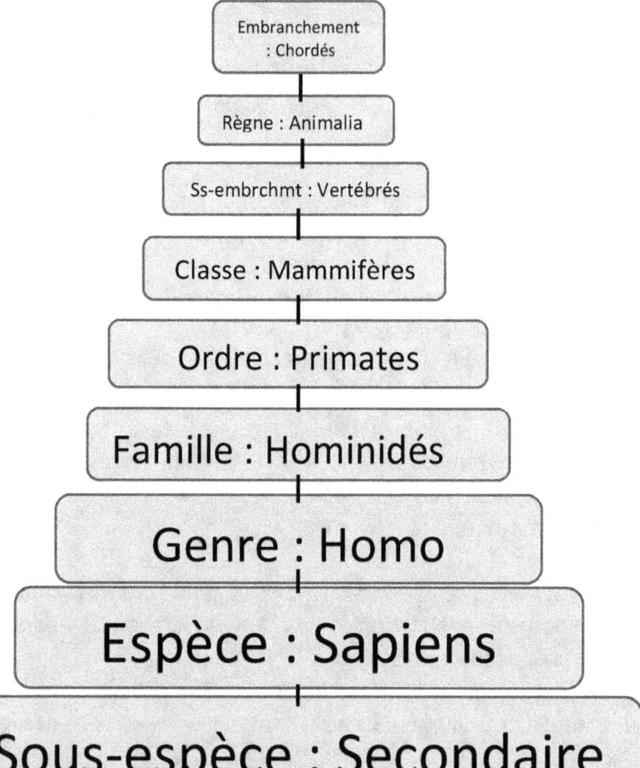

Embranchement : Chordés
Règne : Animalia
Ss-embrchmt : Vertébrés
Classe : Mammifères
Ordre : Primates
Famille : Hominidés
Genre : Homo
Espèce : Sapiens
Sous-espèce : Secondaire
Type : Apathique
Non-Emotif/Non-Actif/Secondaire

L'apathique (Non-Emotif/Non-Actif/Secondaire)

Le caractère apathique est assez rare dans l'enfance. En effet les enfants ont tous cette tendance primaire qui, comme le souligne André LE GALL « *pousse au paroxysme les caractères intrinsèquement primaires, mais aussi détend plus ou moins les caractères secondaires eux-mêmes* ». Cette personnalité se dessine après plusieurs années et pourrait être en quelque sorte la conjonction du caractère sentimental auquel on a retiré l'émotivité et du caractère flegmatique dénué de son activité. En enlevant l'une et l'autre de ces caractéristiques cela entraîne une diminution des facultés caractérielles. Il y a aussi un lien avec l'amorphe qui manque d'énergie vitale, ce dont souffre également ce type de caractère ; c'est ce que nous verrons au long de ce descriptif. Ainsi, nous ne ferons qu'une étude assez brève de ce type de personnalité, du fait qu'elle est assez peu répandue dans la population globale.

L'enfance de l'apathique

Votre enfance n'a pas été facile. Vous étiez privé de force et de tension. Boudeur, irréconciliable et entêté, vous manquez de force psychologique. Certains caractérologues ont observé que votre nature doit résulter d'accidents de l'enfance, héréditaires ou personnels, qui vous ont malmené : consanguinité, classe sociale défavorisée, maladies graves de la petite enfance, longues immobilités thérapeutiques qui allongent un corps affaibli, ou encore *« une éducation trop rigoureuse et maladroite qui a fini par décourager un instinct d'expansion appauvri »* souligne André LE GALL. Entendez par là aussi des possibles maltraitances pendant l'enfance.

Les conséquences sur votre développement seront d'ordre physique et psychique. Vous manquez de résistance, le moindre rhume devient une bronchite, le moindre petit bobo peut s'infecter. Vous avez pu souffrir de rhume des foins, d'allergies, d'eczéma ou d'urticaire. Vous vous êtes enfermé dans votre « pauvreté » et avez souvent été l'objet de moqueries et de brimades de toutes sortes. Cette faible force psychique donne les particularités de votre inactivité.

A l'école, vous êtes sans entrain et sans vigueur : vous apprenez sans comprendre et retenez sans réfléchir. Ce manque de « relief » va entraîner une puberté particulièrement difficile avec de grandes difficultés d'insertion sociale : mensonges, fugues, puis parfois vol ou délinquance pourront ponctuer votre adolescence à l'équilibre toujours très instable, surtout si l'autorité parentale n'est pas là pour vous donner les codes de bonne conduite et la direction vers la morale à suivre.

Les relations avec vos camarades de classe sont compliquées : vous ne vous intéressez pas aux jeux, vous n'y participez que si l'on vient vous chercher, vous passez d'un groupe à l'autre sans pouvoir vous y insérer vraiment. A la fin de la récré, vous suivez le troupeau de la classe de manière nonchalante.

C'est en cela que votre caractère se distingue de celui de l'amorphe. Autant ce dernier adore jouer, autant vous, vous ne vous amusez pas du tout et préférez rester seul et dans l'inactivité la plus totale. En réalité, vous n'aimez pas les autres, ils ne vous disent rien, ils n'éveillent rien en vous. Autant le sentimental aime rester seul mais ses pensées l'accompagneront, autant votre solitude est vide. Votre âme se reflète dans votre regard perdu.

Si vous êtes de temps en temps capable de faire des efforts, ils seront faits machinalement et vous aurez du mal à adhérer vraiment à ce que vous faites. Il n'y a aucune matière qui vous intéresse vraiment. L'école est vécue comme une contrainte qui vient perturber votre paresse. La plupart du temps, votre secondarité conduit vos ruminations dans le vide de l'inémotivité et vous met face à la faiblesse de votre « moi ». Vous ne vous intéressez ni aux autres, ni à vous-même, vous vivez passivement, retenu par un sentiment de dépréciation que vous étendez de vous-même vers les autres. Comme vous pensez n'avoir rien à dire et rien à recevoir, vous restez muet dans votre silence cérébral. L'enquête d'Heymans relève que 84,7% des apathiques sont les moins bavards de tous les caractères.

De ce fait, on peut dire de vous que vous avez une certaine égalité d'humeur ; elle n'est en fait que le résultat d'une absence d'affectivité et une relative pauvreté de la pensée. Même si cette attitude n'est pas le résultat d'une maîtrise de vous-même, vous donnez l'impression d'être introverti, secret et tourné vers votre « moi ». C'est aussi pour cela que vous n'aurez pas plus peur que cela du danger et bénéficiez d'un courage supérieur à la moyenne. Solitaire et totalement détourné du monde qui vous entoure, c'est malgré vous que vous ressentirez cette non-attirance pour les autres car la solitude est un esclavage, elle vous a été imposée par votre nature.

L'éducation déterminante

Dans la mesure où votre secondarité créé des habitudes et des routines, tout ce que vous apprendrez de vos parents viendra s'ancrer lentement dans votre personnalité. Si une bonne influence du milieu familial se maintient, alors vous avez pu devenir une personne se comportant honorablement, devenant vérace et intègre. A défaut, votre prédisposition à la paresse intellectuelle, au laisser-aller et parfois à la malhonnêteté sera perceptible. Sans autre soutien qu'un retentissement qui consiste surtout en un schéma d'habitudes, vous prendrez le pli du niveau de moralité que votre milieu aura pu vous apporter et des valeurs qui vous auront été inculquées.

Sur un plan éducatif, comme le souligne André LE GALL, les remèdes sont rares. Il est frustrant pour les instituteurs et professeurs de constater que vos progrès sont lents, voire inexistants. Vous avez été malheureusement toujours en difficulté en classe car vous ne disposez d'aucune énergie disponible en plus de celle consommée pour le peu de choses que vous apprenez.

Ce qui a été rapporté par les médecins au travers des caractérologues qui ont étudié ce caractère, est la nécessité d'avoir recours à un régime alimentaire parfois strict, une éducation « respiratoire » pour envisager le sport et en même temps axer l'éducation sur la stimulation perpétuelle afin de déclencher une envie de faire les choses, de se lever le matin, de voir du monde et d'avoir le courage d'apprendre et de se surpasser.

Il a fallu que vous appreniez à faire des efforts, que vous vous forciez à marcher, à courir, à nager ou à faire du vélo. Rien n'est acquis lorsque la faible motivation s'associe à une paresse naturelle. Il est donc bien difficile de métamorphoser votre caractère de base, mais si votre intelligence est suffisante, elle réussira à vous mobiliser utilement.

Il faut travailler sur l'habitude de faire régulièrement les efforts qu'on ne ferait pas naturellement.

« *L'habitude est la manière économique de vivre, de sentir et de penser* ». Mais André LE GALL met aussi en garde : « *il y a des habitudes de misère absolue et des habitudes de conquête relative* ». Une habitude est un schéma pour la pensée ou pour l'action et la mise en place de ces schémas ne nécessite pas de déployer une énergie aussi considérable que lorsqu'on fait quelque chose de nouveau. L'activité nécessaire arrive à se former par le simple effet de la répétition et de l'exercice tout comme cela s'est produit lorsque vous avez appris à lire et à écrire ; les premières leçons furent périlleuses puis la tension s'est enrichie, votre potentiel intellectuel s'est développé petit à petit et, en devenant un automatisme, la lecture est enfin devenue un marchepied pour les nouvelles acquisitions.

Les habitudes que vous avez prises vous laissent quelque temps une façade de régularité et de dignité, mais elle s'atténue à cause de votre insensibilité. Si le milieu familial n'est pas là, encore une fois, pour soutenir un rythme coutumier et vous permettre de réaliser des choses, alors vous sombrez dans ce laisser-aller.

.

Persistance des impressions et ruminations

Vous êtes, avec les sentimentaux, le caractère le plus prédisposé à la mélancolie. Cette mélancolie doit être une mélancolie d'attitude plutôt que de sentiment ; elle est subie plutôt que ressentie. C'est un vide uniforme, dont les nuances émotives créant parfois cette arborescence de pensées négatives ont disparu. Elle n'est en rien une source de méditation ni de réflexion morale et existentielle. Vous êtes fermé au maximum et capable des heures entières de ne pas ouvrir la bouche, même lors d'une cérémonie, d'une soirée ou d'une réunion, à moins que vous ne soyez interpellé. Votre rumination est froide en cela que l'affectivité n'est pas présente. C'est encore une fois l'habitude qui peut se substituer à la réflexion intérieure mais, lorsque celle-ci est appuyée par une secondarité trop forte, elle vous transforme en une personne irréconciliable et aigrie.

L'inactivité provoque une inertie de la pensée et des tendances. C'est pour cela que vos impressions restent longtemps imprégnées et vous empêchent de changer d'idée dès lors que celle-ci sera ancrée dans votre esprit. Vous devenez entêté comme aucun autre caractère ne peut l'être, pris dans des principes auxquels vous ne pourrez vous détacher. Ce rétrécissement de l'esprit tend à automatiser votre secondarité, au lieu de la nourrir par un accroissement continu des connaissances que vous devriez engranger et de l'exercice renouvelé de la pensée.

Notons enfin quelques traits supplémentaires qui vous caractérisent : vous êtes économe et aussi assez conservateur. Mais cela s'explique par une sorte de servitude à l'égard du passé et, contrairement aux esprits conservateurs qui perpétuent une tradition, celle-ci s'exprime en vous par une contrainte routinière eu égard à des habitudes que vous avez prises. Mais comme dirait R LE SENNE, « *il faut de la sensibilité pour s'en prendre à l'insensibilité* ». Vous ne vous plaignez pas de votre état comme le sentimental qui a parfois conscience de son empathie. Vous, elle est une pesanteur dont vous vous satisfaites.

La diminution des aptitudes par rapport aux caractères voisins, entraine une prédisposition à « l'indiscipline sexuelle », à la recherche de plaisir purement personnel, et à un égoïsme et un repli sur soi qui peut souvent ressembler à un mécanisme schizoïde. Toutefois, il est important de noter que, pour certains d'entre vous, la forte secondarité entraînera une forme d'honorabilité, notamment sur le plan de la véracité, de l'ordre ou de la ponctualité.

Enfin, précisons que de tous les non-émotifs, vous êtes le caractère le plus prédisposé aux troubles mentaux. En effet, l'enquête d'Heymans révélait que 17% des apathiques en souffraient.

Fiche synthétique de l'apathique (non-émotif/non-actif/secondaire)

Inémotivité :

> Toujours posé et calme
> D'humeur égale, ne manifestant ni ses joies ni ses peines
> Parle fort peu et ne rit jamais
> Impossible à mettre en colère

Inactivité :

> Reste longtemps et souvent inoccupé, aime le laisser-aller
> Souvent indécis, impossible à entraîner quand il ne veut pas
> A horreur des efforts physiques, a peu d'esprit pratique
> Délaisse même les actes faciles
> Quand il travaille, le fait sans goût, sans y adhérer

Secondarité :

> Nullement tenté par les nouveautés
> Difficile à réconcilier (volontiers boudeur notamment)
> Difficile à convaincre, fait preuve d'entêtement (dans la discussion comme dans l'action)
> Ignore l'impulsivité et constant dans ses affections
> Calculateur et prudent à l'occasion (notamment pour tout ce qui concourt à assurer sa tranquillité et à économiser ses forces)
> Se laisse aller aux habitudes défaillantes (ancien élève honnête et travailleur qui s'avilit peu à peu dans la paresse et l'indifférence)
> Disposé à la mélancolie mais plutôt en attitude qu'en sentiment

Égocentrisme. Allocentrisme :

> Silencieux et renfermé
> N'offre aucune prise à l'influence d'autrui
> Indifférent à la considération des autres
> Indifférent à autrui (nullement enclin à porter aide)
> Se plie volontiers à la discipline

Fiche synthétique de l'apathique (non-émotif/non-actif/secondaire)

> Vit volontiers à l'écart des autres (ne s'intéresse guère aux jeux d'autrui, recherche la tranquillité et le calme)
> Grognon et brusque, parfois cruel
> Ne porte pas d'intérêt aux animaux

Intelligence :

> Peut laisser sans emploi une certaine intelligence
> Apprend souvent sans comprendre et retient sans réfléchir
> N'a que peu ou pas d'intérêts pour les choses
> A une mémoire confuse et défaillante
> Mauvais observateur
> A une intelligence plutôt étroite (vétilleux) et une incohérence de pensée
> Ne réussit pas en français

Moralité :

> N'a aucun sens de la responsabilité sociale
> A tendance à déchoir graduellement
> Ment pour des motifs bas
> Éprouve sa pauvreté
> Fait preuve d'un certain pessimisme (envers lui et envers le monde)
> Facilement envieux (notamment des ressources des autres et de leurs succès)

Autres traits :

> Dénué de toute ambition
> Aime prendre ses aises
> Peut faire preuve d'une grande force d'inertie
> Éprouve le besoin de posséder (surveille jalousement ce qui lui appartient, se laisse parfois aller à de petits larcins)
> Peu de goût pour les collections
> Physiquement peu doué

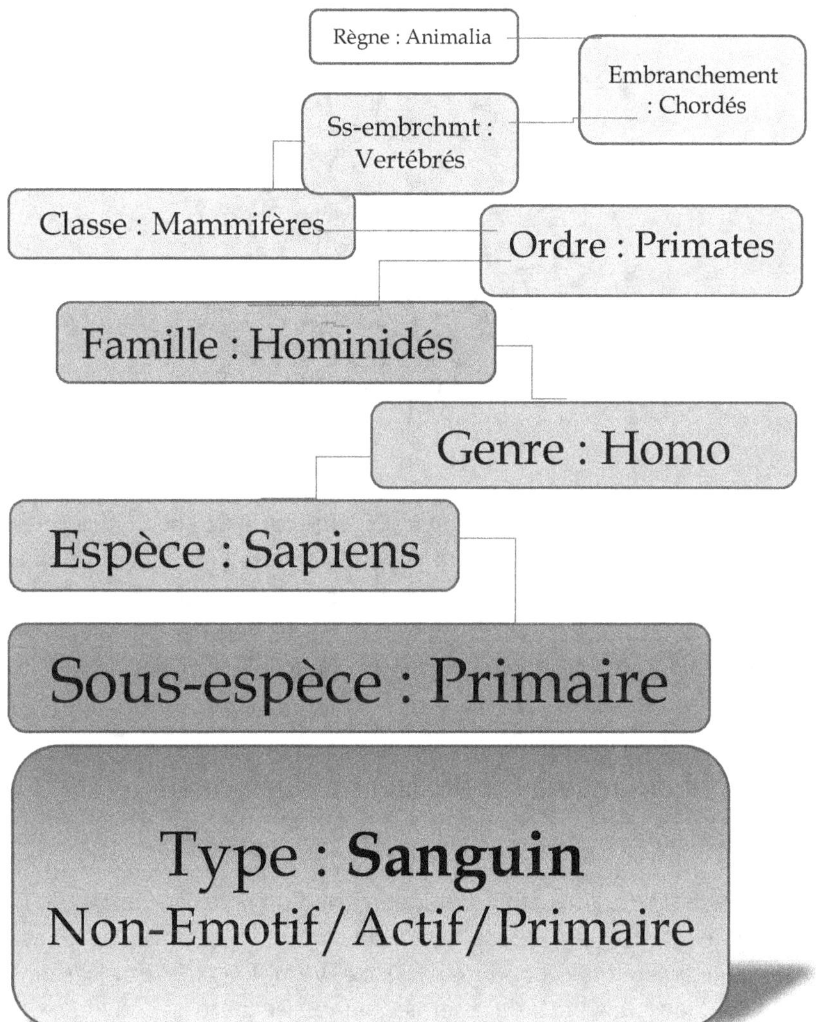

Règne : Animalia
Embranchement : Chordés
Ss-embrchmt : Vertébrés
Classe : Mammifères
Ordre : Primates
Famille : Hominidés
Genre : Homo
Espèce : Sapiens
Sous-espèce : Primaire
Type : Sanguin
Non-Emotif/Actif/Primaire

Le sanguin (Non-Emotif/Actif/Primaire)

Le terme de sanguin fait écho à une catégorie des plus anciennes classifications mais il est, reconnaissons-le, assez inadéquat et peu explicite. Nous garderons toutefois ce terme « sanguin » pour qualifier le non-émotif/actif/primaire, qui est le plus extraverti de tous les caractères, et donc l'opposé du caractère sentimental.

De votre enfance à la construction de votre personnalité

A la naissance, vous étiez généralement d'un poids au-dessus de la moyenne et manifestiez de suite de l'appétit. La croissance est normale, sans difficulté. Souriant, facile, vous vous laissez aisément prendre dans les bras du premier venu. De nature active, mais toutefois relativement calme, vous êtes satisfait de ce que vous avez à portée de main. Vous dormez paisiblement et longtemps.

A l'école, vous êtes dans votre élément, vous jouez dès les premiers jours avec de nouveaux camarades. Vous apprenez facilement, en obéissant. Vous êtes parmi les bons, voire parfois les très bons élèves. Vos qualités intellectuelles sont doublées par le goût du positif et de l'objectif. Vous réussissez dans les sciences, les mathématiques, les travaux pratiques et manuels, ou encore le sport. Vous maitrisez le français, et l'orthographe est bonne, assise sur la logique et non sur l'habitude. Vous réussissez plus dans les dissertations explicatives ou critiques que dans les devoirs créatifs car vous avez tendance à analyser, à disséquer les données, tout en étant par contre moins aptes à comprendre l'émotion de l'auteur. Tout vous intéresse, et vous n'avez pas d'a priori sur certaines matières qui vous démotiveraient. Mais, lorsque les difficultés surgissent, du fait de votre volonté assez moyenne, votre intérêt risque de s'estomper.

La puberté ne provoque pas de difficulté particulière. La « crise » de l'adolescence sera normale. Bien adapté et syntone, vous n'éprouvez pas le besoin de vous opposer à ce monde dans lequel vous avez trouvé votre place. Vous êtes vif et d'une curiosité discrète. La croissance est vite terminée et votre personnalité se dévoile à ce stade. Jusque-là, vous avez eu une attitude assez conformiste. En sortie, vous vous donnez l'air d'être original en tentant de vous donner un style et de soutenir des théories à contre-courant. Mais ce n'est pas vraiment votre nature. Vos démonstrations manquent d'émotions sincères. Vous préparez vos examens en y mettant de l'énergie mais pas forcément du cœur. Votre sens du travail fait que vous privilégiez vos révisions à vos sorties. Vous voulez atteindre le résultat que vous vous êtes fixé mais, pour autant, vous avez besoin qu'on vous motive et exprimez la nécessité d'être contraint à une certaine pression pour ne pas abandonner trop rapidement. Primaire, vous avez du mal à vous projeter et êtes tenté par une filière plus courte, moins théorique et plus spécialisée. Vous voulez tout de suite assurer votre situation, et, sans stimulation extérieure, vous irez vers le meilleur rapport temps passé/réussite sociale, guidé par votre zèle à satisfaire un objectif concret et rapide.

Les rencontres que vous ferez seront, dans ce sens, déterminantes. Si vous rencontrez des personnes à qui vous avez envie de ressembler par leur grandeur d'âme, leur bonté et le sens qu'ils ont donné à leur vie, vous serez éclairé sur vous-même et découvrirez vos vraies possibilités. A défaut vous gaspillerez vos aptitudes.

L'intelligence est généralement assez claire, logique et objective. Toutefois, celle-ci n'est vraiment sollicitée que par sa tendance primaire, dans un but de résultat immédiat aussi divers et incohérent que les occasions qui passent. Le retentissement n'est pas là pour effectuer suffisamment la synthèse des évènements vécus qui apporterait un profit à une intelligence globale. Ce point sera développé dans le détail. Un des paradoxes de ce caractère est le vide intérieur malgré le côté « extraverti » autour duquel se construit la personnalité. Certains ont une extraversion chaude, comme les nerveux que nous étudierons après. En tant que sanguin, malgré les apparences sociales, votre froideur (inémotivité), vous sépare en quelque sorte du monde. L'autre est pourtant essentiel car, seul, vous pourriez souffrir de votre vide intérieur et être tenté par le scepticisme.

C'est donc pour contrer ce vide que vous recherchez ce besoin d'évasion et succombez parfois aux tentations qui s'offrent à vous. Cette recherche de sensation vient peut-être combler une forme d'indifférence qui vous caractérise. Comme le soulignait déjà André LE GALL dès les années 60 : « *Notre humanité toute entière ne descend-elle pas rapidement les marches qui mènent à l'insensibilité ? Chacun assure sa subsistance, vaque à ses affaires, et s'enfonce dans l'indifférence à autrui et au monde : les jeunes sanguins sont facilement, spécialement, attirés par cette inattention* ».

Nous avons vu que les sentimentaux étaient comme chargés d'une masse intérieure de sentiment, d'une lourdeur cœnesthésique, qui, par moment, tourne le dos à la perception. Ce qui au contraire vous caractérise, c'est un allégement de votre intimité dont il arrive qu'elle soit toute proche de s'exténuer au point de disparaître, et ce, quelles que soient les circonstances extérieures.

Le SENNE considère même : « *On pourrait dire que chez le sentimental nous avons affaire à la limite à une âme sans esprit, chez le sanguin à un esprit sans âme. Il doit en résulter un demi-tour de l'attention : il faut au sanguin un appui, il le trouve dans l'extraversion, dans la perception et l'analyse du monde extérieur* ».

Mais cette analyse doit être complétée par celle de JUNG dans *Psychologische Typen* qui a cherché à reconnaître les divers aspects de l'extraversion et de l'introversion en rapport avec la pensée, l'affectivité, la perception et l'intuition. Il pense que « *l'extraversion impose au sanguin la soumission, voire l'esclavage envers l'objet, dans lequel il est menacé de se perdre. Par ce rôle compensatoire de l'inconscient il arrive qu'un égocentrisme vienne faire contrepoids à l'extraversion, un égocentrisme dominé par des préoccupations d'enfance* ».

Extraverti, vous saisissez l'objet absolument nu, c'est-à-dire que la perception que vous avez de l'objet n'est pas altérée par de l'affectivité. On parle donc « d'extraversion froide ».

Présentation générale

Vous êtes au cœur de la société, car vous l'aimez : Employés, vendeurs, commerçants, commerciaux, ingénieurs, garagistes, plombiers, électriciens, fonctionnaires... Métiers de contact et métiers demandant de la technicité, faisant appel à un sens pratique plus que théorique. Vous êtes dans les clubs de sport, délégués de parents d'élève, dans les restaurants, les bars, les fêtes populaires, les discothèques, les casinos...

Vous participez activement à la vie de votre commune, vous êtes parfois maire ou conseiller municipal. Vous êtes actif d'une façon générale dans la vie courante. Vous aimez partager un repas, une soirée ou un match entre amis.

Votre émotivité est faible, vous êtes intérieurement muet. Vers quoi pourrait se tourner cette primarité et cette activité sinon vers le monde extérieur ? Vous demandez aux évènements et aux autres de meubler votre vide, de donner des prises à votre besoin d'activité. On sent ce vide ouvert car il ne résulte pas d'une forte secondarité qui masque ou affaiblit les réactions immédiates. Ce vide est en effet sensible aux impressions actuelles : vous êtes mêlé au monde, posé, tranquille, ce calme tranche par rapport à l'agitation des émotifs ou des autres primaires qui vous entourent.

Très fréquemment, on sent dans vos attitudes une certaine défense contre la contagion de l'agitation des autres. Votre froideur supprime presque votre primarité en l'intellectualisant. Cela donne à votre calme un air de « manifeste silencieux » : vous observez placidement l'agitation des autres en gardant subtilement un sourire fin du coin de la bouche, très légèrement ironique. Votre voix reste d'ordinaire calme et posée comme toute votre attitude ; vos émotions, assez légères, ne sont perceptibles que par des différences de jugements, et vous direz : « oui cela me fait plaisir » et « cela est désagréable « pratiquement sur le même ton.

Face à un accident léger ou même grave, vos mouvements peuvent s'accélérer sans que votre cœur ne batte plus vite. Vous recherchez avant toute chose à régler le problème en y trouvant au plus vite une solution pérenne, plutôt qu'à vous apitoyer sur votre sort. Vous faites preuve de sang-froid et vous n'avez aucune appréhension à affronter le danger. Votre présence active en société et votre sens pratique vous font faire assez vite de la politesse une règle essentielle de vie.

Pour s'intégrer en société, il convient de s'habiller avec goût, mais, sans émotivité excessive, vous serez soigné, classe, élégant avec mesure.

Il vous faut suivre la mode car il n'est pas envisageable de vous situer à l'écart.

Vous êtes plus progressiste que traditionnaliste : votre morale est d'ordre sociale, vous croyez au progrès et revendiquez le bien-être et la liberté. Vous serez plus laïc, ou à la rigueur déiste, que pratiquant. Le silence de votre émotivité, ne privilégiant presque aucune idée plus qu'une autre, les rend toutes homogènes et acceptables socialement.

Sens pratique, intelligence et réussite sociale

Le trait le plus caractéristique de votre caractère est le sens pratique. Vous êtes inventif et avec un sens pratique acéré ; vous êtes de loin le caractère ayant les meilleures prédispositions à l'esprit pratique, tout en sachant qu'à l'extrémité nous retrouvons tous les inactifs. Vous êtes guidé par l'expérience et l'observation plutôt que par la théorie et êtes au plus près de la réalité des choses. Avoir le sens pratique est un atout de réussite sociale quand, de surcroit, la diplomatie vous aide à tisser des liens sociaux fructueux. C'est l'art de trouver rapidement et intelligemment une solution à des problèmes qui viendraient s'immiscer au cours de votre vie.

L'esprit pratique est de courte portée, au résultat immédiat, car il ne consiste pas à concevoir et poursuivre un résultat lointain, il se propose seulement de créer les conditions quotidiennement nécessaires à prospérer. La primarité est la condition de l'adaptation au présent, elle assure la clarté de la perception et l'exactitude de l'observation, l'intérêt pour ce qui se passe et la promptitude de la réaction. Si l'émotivité était là, elle transformerait cette promptitude en impulsivité, car la force des émotions fausserait la netteté de la connaissance. L'esprit pratique est pour vous favorisé par la rapidité à se mettre en train, par le fait de pouvoir affronter les obstacles, et par votre persévérance.

Le manque de retentissement est aussi un atout, tout au moins pour ce qui est du sens pratique ; la secondarité vous engagerait dans des actions à haute portée mais avec des effets plus lointains. Il y a un parallélisme entre le sens pratique et le raccourcissement de la pensée, dans le sens où la systématisation secondaire n'intervient plus pour en étendre la portée, ce qui vous permet de vous adapter aux évènements et, comme le souligne R LE SENNE : « *c'est ici que se précise une différence entre les sanguins et les passionnés ; le moi et son utilité sont subordonnés par le passionné à l'objet de sa visée ambitieuse par l'effet de sa haute tension intérieure, le sens pratique n'est pour lui qu'un moyen parmi d'autres pour des fins qui le dépassent ; au contraire il est pris pour fin chez le sanguin qui cherche moins la domination ou le sacrifice que l'utilité* ».

Sur la dextérité manuelle qui est une des dispositions du sens pratique, vous êtes aussi un des caractères les plus avantagés, notamment pour le dessin, dont les facultés se situent entre l'habileté intellectuelle et l'habileté physique, ainsi que pour le sport ; le sanguin est le caractère qui aime le plus pratiquer une activité sportive, et nous y retrouvons beaucoup de sportifs professionnels (vélo, tennis, football, natation, entre autres).

Y a-t-il un lien entre intelligence et sens pratique ?

L'affaiblissement de l'émotivité fait des actifs/non émotifs des personnes à l'esprit clair ; l'intellectualité domine votre vie et vous agissez d'après ce que vous pensez. Mais le retentissement en moins expliquera la différence de type d'intelligence entre l'actif primaire et l'actif secondaire. Vous êtes à réaction rapide sans que, à cause de l'affaiblissement de l'émotivité, vous soyez impulsif, mais votre secondarité est faible, votre pensée doit donc rester dans le présent. C'est-à-dire que vous devez avoir, indépendamment de votre coefficient intellectuel propre, l'esprit rapide et la conception claire.

Au contraire, pour les flegmatiques qui sont des secondaires, la rapidité de la conception laisse place à la réflexion, causée par l'inhibition due à la secondarité ; leur intelligence comporte ainsi les avantages, mais aussi les inconvénients de la systématisation.

C'est pourquoi vous préférerez l'aspect pratique et concret, notamment dans les domaines scientifiques. Vous serez dans ce domaine plus apte à être ingénieur ou agent de maîtrise opérant sur le terrain, que chercheur par exemple.

Votre intelligence n'est pas théorique ni virtuelle mais une intelligence qu'on peut qualifier de réelle, comprise entre les possibilités intrinsèques d'un esprit et l'usage qui en est fait. En quelque sorte, vous utilisez plus que tout autre caractère vos aptitudes intellectuelles car elles sont immédiatement disponibles.

On mesure souvent l'intelligence à sa capacité séparative et à son aptitude à la distinction et à l'analyse. Vous, vous passerez assez rapidement sur les séparations pour en venir plus vite aux synthèses et aux identifications. Nous parlerons alors d'esprit cartésien. Votre intelligence est large, dans le sens où vous n'allez pas creuser en profondeur une question et multiplier les approfondissements et les recoupements. En réalité, c'est votre inémotivité qui redouble encore la diversité de vos intérêts, même si cela pourrait être vu comme un paradoxe. Mais, comme le souligne en effet André LE GALL, dans la mesure où vous ne privilégiez aucune idée en particulier, votre intelligence les rend « *toutes homogènes et sociables* ». Ainsi, vous aurez de grandes aptitudes pour les vues « *panoramiques* ».

L'intérêt pour les déterminations face au vide intérieur

L'analyse claire des choses permet les déterminations. Celles-ci sont favorisées par l'extraversion qui vous caractérise. Votre esprit étant totalement libre de toute affectivité, votre but se tourne alors vers des objectifs que vous percevez comme facilement atteignables et clairement définis.

Vous avez le goût pour gagner de l'argent et la méthode pour l'acquérir.

Les concepts et les idées sont aussi clairement définis dans votre esprit. Votre vision dans l'espace, votre sens de l'orientation sont des atouts, notamment pour la conduite automobile. La science expérimentale vous intéresse : vous êtes souvent bon et parfois même talentueux en mathématique.

Par défaut de systématicité (nous reviendrons après sur ce point), vous préférez dans la pensée la multiplicité de ses aspects que l'unité de ses principes. Vos déterminations sont objectives. Ce sont les produits de votre extraversion. L'intérêt que vous avez pour plein de choses est d'abord en connexion immédiate avec les qualités de bon observateur qui vous sont reconnues.

Votre détermination est en réalité la contrepartie de votre vide intérieur. Il faut donc pour meubler votre expérience que vous soyez tourné vers le dehors : « *il a besoin de s'appuyer sur les choses, sur les signes ou les qualités, de se faire soutenir par l'objet, comme un enfant se met à la fenêtre pour éviter l'ennui* » précise R LE SENNE.

Ce vide intérieur est un de vos traits de caractère, situé à l'opposé du caractère sentimental. Le sentimental possède une cœnesthésie puissante qui lui remplit sa vie intérieure en l'entraînant vers l'introversion. Cette énergie supérieure à la moyenne, même si elle est à l'origine de beaucoup de troubles, suffit à « meubler » de longues années de solitude.

Vous allez, pour ainsi dire, « tomber » dans ce vide intérieur comme si vous étiez rejeté vers vous-même, vous entrainant parfois dans des moments de solitude et de désespoir, ce qui peut paraitre surprenant pour ceux à qui vous donnez fréquemment le sentiment que rien ne pourrait vous arriver. C'est ce vide intérieur qui vous amène au scepticisme.

Manque de systématicité et tendance au progressisme

Cette disposition à ne pas systématiser vous conduit fréquemment au scepticisme dans tous les domaines. Nous avons déjà parlé des doutes que vous pouviez avoir sur l'existence d'un dieu, doutes appuyés par votre absence d'introversion et d'émotivité, entrainant un manque d'intimité spirituelle. Systématiser fait référence à l'existence d'un système de relations, dans lequel la capacité de comprendre certains éléments est intrinsèquement liée à la capacité de comprendre d'autres éléments connexes. C'est donc bien cette incapacité de relier en système de pensée ce que vous voyez et entendez, qui vous amène au scepticisme ; il se manifeste avec vivacité chez les sceptiques les plus primaires et les plus étroits, alors qu'il sera moins appuyé si vous êtes un peu plus secondaire et large d'esprit.

Ainsi, les primaires les plus accentués seront tournés vers le pluralisme, et les secondaires les plus secondaires vers la systématisation. « *Chacun remplit sa tâche dans le développement intellectuel de l'humanité en rappelant que l'esprit est à la fois au-dessous, en avant et au-dessus de l'unité abstraite et de la multiplicité sensible* » rappelle R LE SENNE.

Pour vous, la relativité des choses devient alors négative puisqu'elle sert à critiquer. Mais cette critique servira à aller dans le sens des vertus que vous voulez défendre. Vous défendrez par exemple la science par rapport à la religion, le « big-bang » plutôt que la création. Mais défendre ce type de théorie sans avoir la capacité de systématiser laissera votre argumentation inductive et morcelée. C'est très certainement pour cette raison que vos leitmotivs seront plus progressistes que traditionalistes dans le sens où il est plus facile de créer des concepts que d'intégrer l'existant dans des systèmes.

Vous serez plus à même de défendre la science que de la développer. Vous vous dirigerez vers le progrès mais ne « régresserez » pas vers le passé. Le progrès est nécessairement matériel à défaut d'être spirituel. Selon vous, les traditions doivent laisser la place au modernisme. Du reste, l'absence d'émotivité et de secondarité qui vous caractérise ne favorise pas votre esprit créatif. En compensation, c'est un esprit critique qui prendra le dessus, sous la forme d'analyse des faits, comme s'il était en quelque sorte « désintégré » d'un système.

Attitude à l'égard de la spiritualité et faiblesse de la vie morale

Si vous venez d'une famille croyante et pratiquante, il est vraisemblable que, par esprit de conciliation, vous ayez une pratique religieuse de circonstance, sans y adhérer vraiment en profondeur. Vos parents n'auront pas eu à constater de votre part la moindre rébellion mais, sous ce conformisme social, il n'y aura pas vraiment de réelle adhésion. Votre sensibilité reste inerte devant l'aspect affectif de la spiritualité. Votre pensée est plus concentrée sur l'aspect matériel du présent que sur les questions éternelles et votre Salut. De plus, vous avez besoin de clarté, de concret. Ce qui reste un mystère n'est pas palpable.

Pourquoi tant de sanguins ont-ils à l'égard de la religion une attitude critique et même négative ? La question du scepticisme se pose à propos de la métaphysique. Vous êtes de nature optimiste depuis votre plus jeune âge, et vous pensez que les choses finissent toujours par s'arranger. Lorsque vous passez un examen, vous croyez en vous plus qu'à la chance. Vous misez sur la confiance en soi. Or la religion telle que l'Occident la connaît est une réponse donnée à la question métaphysique suivante : y a-t-il un principe de l'univers, même un univers ? Ce principe est-il de nature à exiger et mériter notre adoration et notre amour envers un dieu ?

Cette réponse doit donc impliquer, comme le souligne R LE SENNE, « *l'aptitude à remonter du multiple à l'un, c'est-à-dire encore la systématisation, comme le fait la métaphysique qui est la structure intellectuelle de la religion ; mais elle suppose en outre une émotivité assez forte* ». Comment cette réponse vous intéresserait-elle ? Votre réflexion se disperse entre des vérités séparées car le retentissement n'est pas là pour les unifier ; Vous passez de l'une à l'autre suivant les hasards de l'expérience ; de plus vous n'avez aucune inquiétude par rapport à la peur de la mort, ni la douleur de la mort des autres parce que vous ne connaissez la mort que comme un fait. Devant la réflexion autour de la religion, vous vous sentez étranger, et bien souvent aussi devant les expressions de superstitions et autres croyances populaires (astrologie, cartomancie, ésotérisme...).

Vos réactions par rapport à tout ce qui n'a pas trait au réel sont souvent empruntes d'ironie, lorsqu'elles ne sont pas la plupart du temps juste l'expression d'une certaine indifférence. La réaction ironique est celle que provoque en vous tous les signes d'un épanchement d'émotivité irrationnelle. S'il n'entraîne aucun danger pour personne, vous en riez. L'ironie est l'arme principale dont vous disposez contre l'émotivité : mais l'animosité la remplacera quand la religion vous apparaît comme la source de l'intégrisme et du fana-tisme, quand votre sens de la liberté ne pourra alors plus la tolérer.

La religion est pourtant bien présente autour de vous ; elle est pour des millions de personnes dans le monde l'objet d'une adhésion intime et puissante. Vous êtes cependant tenté de vous justifier, alors que vous ne pouvez méconnaître l'ampleur d'un phénomène qui vous reste étranger. L'effet initial de votre étonnement est la curiosité. En général « *il est toujours intéressant de noter l'intérêt spécial donné par des sanguins aux manifestations de la vie religieuse au moment même où ils entreprennent de la railler* » souligne R LE SENNE.

Vous en arrivez à comprendre la religion comme une institution sociale par laquelle des maîtres réussissent à diriger le peuple esclave d'une affectivité irrationnelle. Votre attitude envers le spirituel n'est en réalité qu'un des aspects de votre attitude envers l'affectivité. Un esprit froid, tourné par nature vers le dehors ne peut pas rencontrer les hommes les plus émotifs sans s'interroger sur eux, pressentir la force que l'émotivité confère à ceux qu'elle favorise et, par suite, se préoccuper de la conduite qu'il convient de prendre à leur égard. Il vous est donc impossible de replacer les idées dans le courant d'une affectivité tournée vers le surnaturel.

Si l'on fait référence à la pauvreté de la vie spirituelle, nous pouvons y établir un lien avec la pauvreté de la vie morale. Il n'est pas surprenant de voir se manifester en vous qu'une faible vie morale. C'est peut-être la préoccupation qu'ont eu vos parents ou que vous aurez face à vos enfants de caractère non émotif-primaire : la tâche qui consiste à stimuler la vie intérieure et spirituelle de ce type de caractère est compliquée. L'enfant ne possède pas les vives réactions émotives qui pourraient l'écarter de certains actes fâcheux, et ne dispose pas non plus des délais et de l'étalement dans les temps propices à la réflexion qu'offre la secondarité. Entre la tentation et vous aucun obstacle ne vient s'opposer. Il est donc tentant de commettre quelques écarts, de mentir avec aplomb ou plus habilement par omission. Un trait caractéristique est l'absence totale de franchise lorsqu'il s'agit de se tirer d'une situation où vous êtes pris en faute ; à ce moment-là vous vous en sortirez en avouant avec un calme surprenant et une insensibilité déconcertante.

Sur la véracité, vous êtes bien en dessous des caractères secondaires. Sur le plan de l'avidité, par rapport à l'argent, vous êtes, de loin, les plus désireux de s'enrichir, et ce, quelques soient les moyens, faisant de vous « *Le plus malhonnête des caractères* ». C'est que révélait l'enquête de Gerardus Heymans (1857-1930), psychologue néerlandais dont se sont inspirés LE SENNE et BERGER dans leurs études.

Diplomatie, cynisme ou manipulation ?

Votre intelligence perçante et indemne de toute contagion affective vous prédispose à formuler crûment ce que vous voyez et ce que vous pensez. Parfois même vous arrivera-t-il de dire clairement ce que vous pensez des autres avec un manque de tact certain. On vous trouvera souvent cynique, parce que vos émotions se réduisent parfois à une réflexion froide, analytique. L'abaissement de l'émotivité fait émerger la clarté de la pensée abstraite, ce qui vous fait chercher à user d'un pouvoir dont vous vous sentez le détenteur privilégié.

Une des manières dont l'atteinte d'un objectif peut être la plus tentante pour vous est l'action sur les autres pour les amener à prendre une décision clairement conçue par eux : ce que R LE SENNE, dans les années 50 appelait volontiers « la diplomatie », considérant cela comme une aptitude des sanguins, pourrait aussi s'appeler « manipulation » ou dans des termes plus valorisants « programmation neurolinguistique » ? D'ailleurs il précisait : *« C'est ce qu'illustrent immédiatement les noms de Machiavel, de Mazarin et de Talleyrand. Aucun ne manifeste une disposition aux scrupules. (…) La souplesse avec laquelle le diplomate enregistre immédiatement les faits et s'adapte à l'état de choses nouvelles qui peut en être résulté se retrouve chez tous les sanguins : leur esprit ne connaît pas de traîne affective ».*

La grande différence qui marque l'opposition entre quelqu'un d'émotif et votre froideur intellectuelle est que vous allez tourner assez facilement les évènements à votre avantage alors que l'émotif acceptera plus volontiers la confrontation et le combat. Vous y trouvez, en outre, la satisfaction indéfiniment renouvelée de votre infatigable curiosité intellectuelle.

Les conséquences du manque de puissance affective

Le manque d'énergie affective a tendance à affaiblir l'esprit. C'est ce que nous venons de voir à l'instant. Mais il a des effets également sur la tolérance. Le manque de tolérance s'exprime par rapport à la méfiance que vous pouvez avoir face à certaines personnes émotives. Face à la force des sentiments des uns, vous opposez toujours l'objectivité. Vous redoutez ou condamnez chez les autres la violence parfois irrationnelle des actes que trop d'émotivité peut leur inspirer.

A cette première composante s'ajoute l'indifférence. L'insensibilité de fond, plus ou moins complète, favorise l'intellectualisation de toutes les expériences dans lesquelles un émotif serait potentiellement saisi par l'affectivité d'autrui. Vous, au lieu d'épouser les sentiments de l'autre, vous les pensez seulement. De cette façon vous dépersonnalisez en quelque sorte les paroles et les actes des autres. Vous en faites des objets en fonction desquels vous définissez ensuite votre conduite, mais ils ne provoquent chez vous aucun sentiment. Vous êtes protégé contre les amours passionnées et aussi contre les haines violentes. Vous aimez la société et recherchez constamment la présence humaine. Les rencontres avec les autres, fussent-elles compliquées ou pénibles, ne vous atteignent pas.

Votre sens pratique permet de réussir et vous trouvez les ressources d'aider les autres ce qui est tout à votre honneur. Votre tolérance se teint donc souvent de bienveillance, amour atténué, qui ne s'attache pas comme l'amour ardent à une personne, mais adoucit les rapports sociaux et créé des rencontres amicales et fréquentes. Il ne faut pourtant pas exagérer la place de la bonté dans la vie des non-émotifs/actifs/primaires car, en matière de compassion et de serviabilité, beaucoup d'autres caractères sont en meilleure place si nous devions faire un classement (les colériques et les passionnés, par exemple).

En outre, selon si vous avez un champ de conscience large ou étroit, la bonté par rapport aux autres ne sera plus la même. Le rétrécissement de la conscience ne favorise pas la sympathie ; a contrario, la largeur de la conscience permet de se mettre plus facilement à la place d'autrui.

Sentiment patriotique et conformisme social

Il y a un parallélisme entre le sentiment patriotique et le sentiment religieux : en plus de l'activité, la secondarité et l'émotivité sont indispensables pour élever le sentiment spirituel et le sentiment patriotique à leur plus haut point. La réflexion intérieure de l'esprit vous fait défaut : spiritualité et patriotisme ne sont donc pas vos points forts. Vous oscillez entre l'individualisme et même l'égoïsme, qui vous détourne de la sympathie envers les sentiments spirituels collectifs, et « *l'humanitarisme, qui condamne le patriotisme en le débordant* ». *Comme le précise R LE SENNE.*

Le besoin de calme et d'harmonie vous rend facile à vivre ; vous craignez tout ce qui pourrait vous amener à rentrer en conflit avec les autres. Vous êtes trop tourné vers le monde extérieur pour prendre le risque de vous y mettre à l'écart ; il en résulte une sorte d'opportunisme, de versatilité. Vous sacrifierez donc volontiers votre personnalité un peu incertaine à la nécessité d'être intégré dans la société, d'être soutenu par le milieu et les circonstances. Vous préférerez être porté par le flot que d'aller à contre-courant. Ceci explique votre besoin d'être pleinement en phase avec les mouvements de société, les tendances de la mode, la pensée dominante. Vous acceptez, et vous vous faites une raison.

Votre tentation de suivre les grandes tendances n'est pas liée à un désir de changement comme le serait la motivation d'un nerveux émotif-primaire. Pour vous, il s'agit là d'une perméabilité totale aux influences collectives. Il vous faut absolument être intégré au groupe, à la masse « bienpensante » et « décidante ».

Sentiments et tendresse affective

C'est encore la baisse de l'émotivité qui transforme ce qui devrait être l'amour passion en amour sensuel ou tendre, mais il n'en résulte pas que l'amour soit sans importance pour vous. D'une part la sexualité comporte des conditions physiologiques indépendantes du reste du caractère, et d'autre part, en raison de l'importance et de la clarté de votre vie intellectuelle, vous aimez les gens, les sorties, les rencontres.

Assez cyniques pour ne pas être timides, la spiritualisation de l'amour s'efface au profit d'une sensualité plus sèche où la sexualité n'est pas enrobée dans l'émotivité et dans laquelle ce qu'il y a de plus élevé doit être le sentiment de la beauté. L'amour est pour vous *« comme une camaraderie entre les sexes qui y échangent des plaisirs aussi longtemps qu'il leur plaît »* affirme R LE SENNE. Les rapports amoureux sont rendus à la fois instables par la primarité, et froids par le défaut d'émotivité, sans considération du respect dû aux intérêts profonds des femmes pour les hommes sanguins, et réciproquement, avec une sensualité parfois manquant de chaleur en ce qui concerne les femmes de ce caractère.

En tout cas, la sexualité tient pour vous une place importante et l'on peut dire qu'aucun autre caractère n'accorde à la sexualité pure une place plus importante. Pour certains d'entre vous, par la chute de l'émotivité, « l'amour » est au mieux cette sexualité pure. Mais la composante par laquelle vous rendez possiblement l'amour plus « spirituel » est encore la sensation vécue.

En ce sens on peut établir un lien entre le plaisir sexuel et le plaisir de la table : la recherche de la satisfaction des besoins « primaires » est bien une réaction primaire dans le sens caractérologique du terme. Mis à part les amorphes et les nerveux que nous verrons plus loin, vous êtes le caractère le plus avide d'aller vers ce qui vous fait plaisir, et cela concerne notamment la bonne chère.

Familles de sanguins

Comparatif variance du caractère non-émotif/actif/primaire avec paramètre largeur ou étroitesse d'esprit, égocentrisme ou allocentrisme

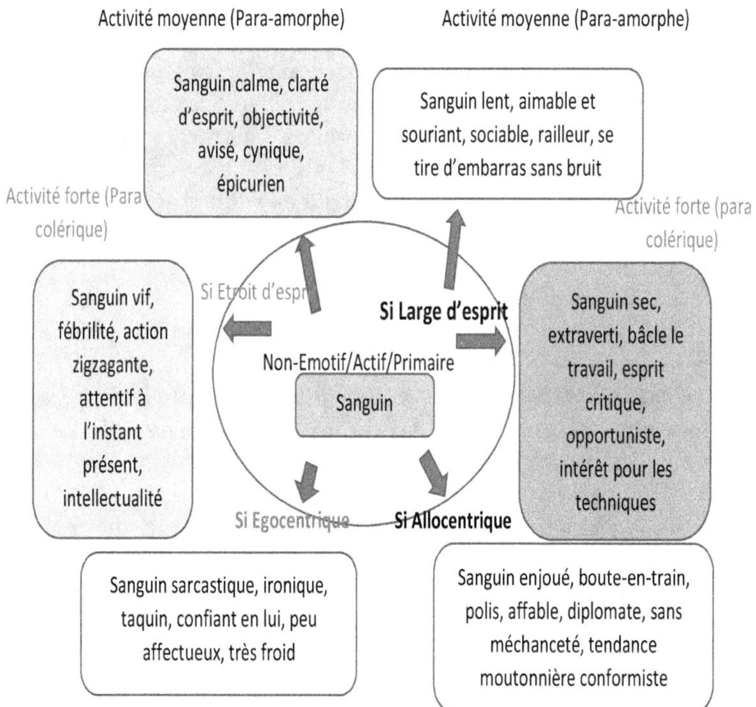

Sanguins (non-émotif/actif/primaire)

Inémotivité :

> Généralement calme et froid
> Difficile à vexer, assez courageux devant le danger
> Gai et vif (respire la joie de vivre, peu ébranlé par les impressions
pénibles)

Activité :

> Fait preuve de décision devant une difficulté, pratique et débrouillard
au maximum. Très amateur d'exercices physiques (éducation physique,
jeux sportifs, courses, jeux violents de préférence aux jeux calmes)
> Accepte volontiers les travaux imposés, sans rechigner
> Généralement appliqué au travail et poursuit avec une certaine
opiniâtreté ce qu'il veut faite (par goût de l'effort)

Primarité :

> Esprit toujours présent (vit exclusivement dans l'instant présent, ne
pense qu'aux résultats immédiats, réagit aussitôt)
> Généralement insouciant (aucune inquiétude pour l'avenir, ne songe
même pas à la conséquence d'une mauvaise note, ne s'énerve pas
avant une composition)
> Se réconcilie très vite après un accès de colère
> Grand amateur de changements (aime varier les intérêts, manque
d'esprit de suite, menacé d'éparpillement dans son travail et ses
intérêts)
> Possède une grande souplesse d'adaptation, sait faire preuve
d'initiative

Égocentrisme. Allocentrisme :

> Content de soi au maximum
> Tendance très nette à l'égoïsme
> Aime critiquer ou dénigrer les autres (mais sans mauvaise intention)

Sanguins (non-émotif/actif/primaire)

Égocentrisme. Allocentrisme :

> N'aime pas passer inaperçu
> Plutôt méfiant envers les autres
> Ignore la méchanceté, sans être réellement bon
> Généralement poli
> Habile dans tous les rapports sociaux (« diplomate », sait manier les autres)
> Peu ami des animaux

Intelligence :

> A la conception rapide
> Bon observateur par son goût du positif et de l'objectif (aimant les leçons d'observation)
> Parle avec netteté pour exposer ce qu'il sait (esprit clair)
> Curieux dans des domaines très divers (n'a pas de répugnances a priori, tout peut l'intéresser)
> Généralement doué pour l'orthographe

Moralité :

> Ment par calcul (mensonge utilitaire)
> Très indulgent pour ses fautes, fait preuve d'une grande confiance en soi, facilement copieur, opportuniste et assez versatile

Autres traits :

> Manifeste un extrême allégement de l'intimité
> Bâcle son travail (non pas par paresse, mais pour entreprendre une nouvelle tâche)
> A réponse à tout, voit les choses avec un certain cynisme (ramène tout à la considération de rapports objectifs)
>Doué pour les exercices manuels (notamment le dessin)
>Prend soin de ses affaires en général

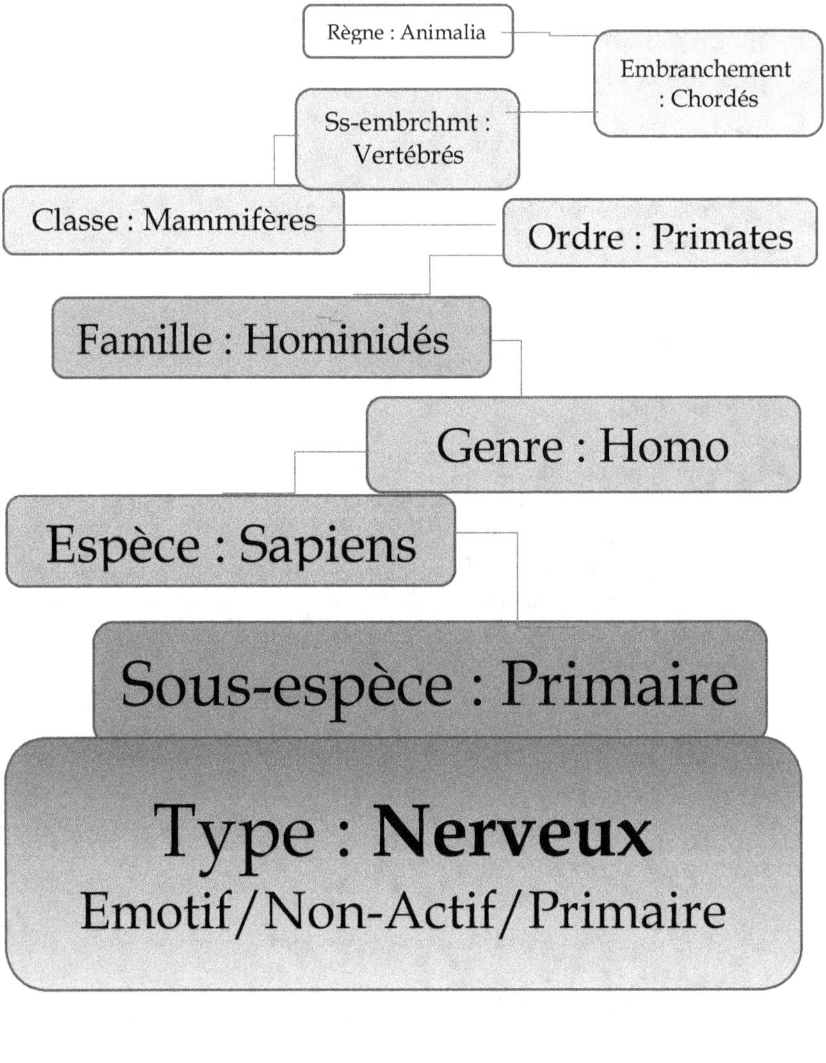

Règne : Animalia
Embranchement : Chordés
Ss-embrchmt : Vertébrés
Classe : Mammifères
Ordre : Primates
Famille : Hominidés
Genre : Homo
Espèce : Sapiens
Sous-espèce : Primaire
Type : **Nerveux**
Emotif/Non-Actif/Primaire

Le nerveux (Emotif/Non-Actif/Primaire)

Le nerveux est un « asthénique ». Il veut dépenser plus d'énergie qu'il n'en a en réserve. Comme le précise S FOUCHE (Hommes qui êtes-vous ? Paris, édit. Revue des Jeunes 1945) : « *Lorsque l'hérédité, les apports extérieurs et la facilité d'assimilation permettent que les réserves excèdent les dépenses, il y a l'épanouissement des formes corporelles et du visage. Dès que la dépense excède les réserves, soit par défaut d'apport, soit par difficulté d'assimilation, il y a amenuisement des formes* ». Le corps est peu musclé, le poids n'est pas en rapport avec la taille. Le visage est mince à l'étage inférieur (menton, mâchoire inférieure, bouche) mais les yeux et le nez sont proéminents.

L'enfance du nerveux

Enfant, vous êtes enjoué mais d'humeur variable, vous voulez attirer l'attention des autres sur vous. Indifférent à l'objectivité, vous avez besoin d'embellir la réalité, en alternant entre mensonge et fiction. Vous avez une tendance à tourner les choses négativement.

Vous travaillez assez irrégulièrement et seulement les matières qui vous plaisent, sur le moment.

Vous avez besoin de stimuli forts pour vous intéresser aux cours. Inconstant dans vos affections, vous êtes vite séduit, vite déçu, vite consolé. Ce qui vous motive est le divertissement et le changement.

A la récré, ce sont les jeux un peu casse-cou que vous préférez, il vous faut de la compétition ou de la démonstration de force ; le sport c'est votre truc : foot, ping-pong… Les jeux de hasard comme les cartes vont satisfaire votre goût du risque et, lorsque vous gagnez, ils vous permettront d'affirmer votre supériorité. Vous n'aimez pas perdre, alors vous n'hésitez pas à tricher si cela est nécessaire ; vous êtes mauvais joueur, vous pouvez changer les règles quand cela vous arrange. Le plus simple est de prendre des adversaires plus faibles, vous aurez plus de chance... Vous aimez la rédaction, la poésie, le dessin, mais aussi l'histoire si le chapitre vous intéresse et vous permet de vous identifier au héros que vous jouerez à la prochaine récréation. Les maths et les sciences d'une façon générale, ne sont pas vos meilleures aptitudes.

Vous pourriez faire partie des bons élèves, mais la plupart du temps sur la moyenne générale vous êtes dépassé par tous les élèves de caractère plus actif. Vous serez souvent bon dans ce que vous aimez, et mauvais dans ce qui ne vous intéresse pas. En fait, vous ne pouvez travailler que si le désir s'accorde avec l'occasion, c'est-à-dire de temps en temps.

Votre humeur et votre sympathie à l'égard des autres sont dans la même dépendance. Vous ne vous attachez que dans la mesure où une certaine harmonie est en rapport avec votre désir présent. Il vous est difficile de prolonger vos impressions, vous n'êtes donc pas en mesure de les analyser ou de les méditer. Pour cette raison il est fréquent que vous ayez, enfant, du mal à maîtriser votre violence et votre susceptibilité. C'est à ce titre que vous avez tendance à passer pour quelqu'un d'énervant.

Votre puissance émotive vient s'ajouter à votre instantanéité pour vous lancer à la quête d'émotions profondes et fréquemment renouvelées.

A la maison, vous entrez facilement en conflit avec vos parents et frères et sœurs. Vous cherchez la « petite bête ». Vous êtes souvent puni par vos parents, excédés par votre tempérament un zeste provocateur. Vous ne tenez pas en place et allez voir les copains pour jouer au foot ou faire du vélo. Vous cherchez à être au maximum entouré. Il y a bien souvent peu de logique dans votre conduite ; entre ce que vous pensez, vous affirmez et ce que vous réalisez tout est bien souvent contradictoire. Aussi, pour vous donner une certaine image de vous-même vous serez prédisposé au mensonge ; ce sont des petits mensonges qui vous arrangent dans bien des circonstances et, de temps à autre, des mensonges pour embellir votre existence ou redorer votre image. Du reste, rien ne prouve que les autres n'en font pas de même. En réalité, et ceci est valable pour tout le monde, on a toujours l'impression que les autres fonctionnent de la même façon que soi-même. C'est ce qui fait que vous avez le sentiment que votre attitude est normale. Vous ne vous remettez pas en question. Votre émotivité est un moteur qui sans cesse vous amène à de nouvelles ambitions, des envies qu'il faut absolument assouvir, aussi puissantes qu'inconstantes. Vous êtes attentif au paraître. Il vous faut suivre la mode, vous coiffer selon la tendance. C'est un moyen pour vous de vous affirmer. Il est hors de question d'aller au collège avec un vêtement déjà porté par votre frère ou votre sœur aînés. Pas question de passer pour un « bolos ». En classe, vous avez mille façons de vous faire remarquer : faire du bruit, chahuter, parler même si c'est pour dire n'importe quoi. Incapable de vous imposer par des actes positifs, faute de manque d'activité, vous misez tout sur votre répartie pour être toujours au premier plan de la scène ; protestation ou revendication. Avant l'adolescence, tant que vous n'aurez pas réussi à faire le discernement de vos émotions, il y a peu de chances que les autres puissent exercer une influence sur votre caractère sensible et très susceptible. Toutes les remarques vous touchent directement et sont des attaques. Aucun autre enfant n'est plus sensible. L'adolescence exige la plus grande attention. De deux choses l'une, soit vous avez été stimulé intellectuellement, soutenu et surveillé attentivement dans vos dérives d'émotivité extrême, auquel cas vous serez ramené par cette éducation à une forme d'apaisement raisonnable, soit vous avez été « lâché dans la nature », et vous succomberez à toutes les tentations qui s'offriront à vous, et vous continuerez à y succomber plus tard.

La part des nerveux (émotifs/non actifs/primaires) dans la population.

Ce que révèle André LE GALL (Caractérologie des Enfants et adolescents/ Presse universitaire de France) est fort intéressant : « *Le caractère nerveux est presque une spécialité citadine. La vie urbaine ne crée pas le caractère nerveux, mais par l'accumulation héréditaire elle le souligne* ». Ce dernier fait état d'une enquête menée en 1944 dans un département du Centre de la France auprès des instituteurs de 200 classes qui révèle qu'il y a 27% de nerveux dans les classes de zone urbaine (13,1% de garçon et 39.8 % de filles). Dans les classes de zone rurale ce sont 10% (3.4% de garçons et 17% de filles). **La moyenne serait donc environ de 18.5% de la population à l'époque.**

A la campagne les enfants étaient sollicités assez jeunes pour aider aux travaux des champs, on leur apprenait la notion de travailler durement pour gagner leur vie. En ville les enfants étaient (et sont toujours) beaucoup plus sollicités par la tentation d'aller jouer avec les copains et faire deux ou trois bêtises au passage. Ils sont moins au contact de leurs parents qu'ils voient juste partir le matin pour revenir le soir, donc moins surveillés et moins stimulés au niveau de leur activité. Un fils ou une fille d'agriculteur voit ses parents du matin au soir en train de travailler, il est dès lors plus sollicité par le travail que par la flânerie. L'étude de Roger GAILLAT en 1952 (analyse caractérielle des élèves d'une classe par leur maître/ Presse Universitaire de France) nous donne sensiblement les mêmes résultats avec l'analyse caractérologique d'une classe de primaire (21.5%). Les nerveux représenteraient donc une personne sur cinq en France à cette époque, avec vraisemblablement une légère progression aujourd'hui, en raison de l'arrivée de nouvelles populations urbaines et étrangères d'ethno type à prédominance émotive et primaire. Mais il n'existe à ce jour pas de statistiques précises à ce sujet.

Les grands traits du comportement nerveux

Impressionnable, impulsif, d'humeur changeante, de sensibilité instable, difficile à comprendre parfois, capricieux, séducteur, vous cherchez à plaire et à attirer l'attention, vous vivez le moment présent uniquement en recherchant vos satisfactions personnelles. Beaucoup de spontanéité et d'irréflexion viennent enrichir votre élan « passionné ». Votre mémoire, votre imagination, votre jugement sont sous la dépendance presque exclusive des émotions du moment. Ce qui ne vous séduit pas ne vous intéresse pas. Vous oubliez vite, presque jusqu'à l'inconscience, ou êtes dans le déni du problème à gérer. Vous avez une intelligence intuitive assez vive et assez souple, d'autant plus que votre esprit est large ; mais peu d'ordre dans les idées, de mesure et de tact, de fermeté ni de stabilité. Vous ne disposez que de peu d'activité spontanée, mais vous êtes capable de faire la fête toute une nuit, de faire du sport à longueur de journée, vous riez beaucoup et faites preuve de bonne humeur. Vous vous faites remarquer par une voix forte, une grande mobilité, et de grands gestes. Vous ne faites que ce qui vous plaît, et en allant vite à l'excès. Vous êtes impulsif, parfois violent, assez tenace, mais sans volonté réfléchie ni de persévérance, pas de suite dans la conduite, pas d'esprit d'ordre, ni pour l'ensemble, ni pour le détail. Vous êtes facilement découragé. Vous abandonnez tout d'un coup, vous quittez votre travail sans raison : vous avez des volte-face soudains, des coups de tête, parce que la direction, la maîtrise de soi vous font complètement défaut, et parce que vous vous laisserez toujours emporté par votre cœur ou votre tempérament et ne vous soumettrez jamais à des principes arrêtés et immuables. Peu ponctuel, vous avez du mal à respecter vos engagements. La primarité, c'est-à-dire la servitude à l'égard du présent, est le trait dominant de votre caractère ; la primarité y est bien entendu amplifiée par l'émotivité, qui rend raison de la violence des mouvements successifs de la sensibilité, de l'intelligence et de la volonté.

A cela, l'inactivité, qui se manifeste éventuellement par un mélange de mollesse et d'insouciance, vous livre à la contradiction de vos emballements qui ne sont en réalité que des esquisses d'activité.

Vous avez tendance à complimenter pour attendre quelque chose en retour, mais vous ne le faites que s'il y a un intérêt réel. Quand le désir vous pousse au travail, vous y trouvez la motivation jusqu'à ce qu'une autre excitation intervienne, dans un mécanisme impulsif. A cause de ces variations, votre humeur ne peut être égale et vos intérêts ne peuvent être constants. Vos souvenirs, que la secondarité n'a pas relié dans un système de pensées, se renouvellent par les usages que vous en faites mais avec peu de retentissement sur du long terme.

C'est un principe important pour tous que nous commençons par faire ce que notre nature nous destine à faire, l'idéal de notre vie ; vous vivez pour l'émotivité et son renouvellement, donc le besoin d'émotions vous est primordial, vous cherchez le changement, les divertissements, sortir, fuir la solitude. Les grands projets encouragent votre imagination, mais comme leur exécution comporte toujours des péripéties compliquées, vous vous en désintéressez assez vite et la persévérance vous manque pour continuer et bien souvent pour atteindre votre but. Vous cherchez l'admiration, les honneurs qui vous mettent en évidence, vous mentez pour embellir, vous embellissez les autres en les complimentant.

Dès que l'ennui vous envahit, vous éprouvez le besoin de renouveler vos impressions, qui auront d'autant plus de charme qu'elles seront plus fraîches, qu'elles n'ont pas encore été entachées par la répétition et l'accoutumance. Si votre champ de conscience est large vous serez d'autant plus amené à rechercher en permanence la nouveauté. L'émotivité accentue tous les évènements affectifs de votre vie. Votre mobilité affective est en permanence enclenchée et vous passerez facilement du rire aux larmes.

Des sentiments exacerbés

Cette mobilité est d'autant plus flagrante qu'elle est alimentée par une plus forte émotivité. On remarque aisément les personnes très émotives en les observant : les réactions sont intenses, la poignée de main est ferme, ce sont des embrassades ou des accolades. Les mains accompagnent la parole comme ces peuples latins qui font de grands gestes pour appuyer leurs propos et pour, au final, ne pas dire grand-chose. Vous employez des mots forts, des superlatifs qui donnent de l'ampleur à vos actions, comme si vous vouliez grossir en quelque sorte ce qui vous est arrivé pour lui donner du corps, de l'intérêt. Cela prouve aussi que vous réagissez trop pour de faibles excitations ; « *c'est incroyable, c'est énorme, trop bien, c'est horrible* ». Pour vous le monde est trop tempéré, et certaines personnes vous effraient par leur froideur émotionnelle, leur distance ou leur introversion, alors que vous recherchez en permanence ce besoin d'émotions qui vous fait vibrer.

Il est important de ne pas confondre le besoin d'émotions et le besoin d'action. Le sanguin ou le colérique cherchent aussi une vie variée, mais c'est pour y trouver des raisons de bouger, de réaliser quelque chose et ils s'engagent dans l'action nécessaire pour réussir, alors que vous, vous abandonnerez ce que vous entreprenez pour la simple représentation imaginative, si possible artistique, de l'action.

Vous souffrez de cette inertie qui vous affaiblit face aux autres et rend plus difficile la satisfaction de vos besoins, de vos objectifs et de vos désirs. En réalité, il n'y a qu'un seul moyen pour vous de vous pousser à l'action c'est d'éveiller en vous des émotions dont vous éprouvez d'autant plus fortement l'influence motrice, libératrice de votre inertie. Elles réussissent à vous stimuler. Enfant, vous comprenez assez tôt que vous réussissez à doubler votre émotivité par le besoin d'émotivité et que vous arriverez à vous mettre dans l'action si et seulement si l'émotion s'est substituée à elle. En somme, lorsque l'on veut définir l'émotivité, c'est avec le caractère nerveux qu'elle trouve tout son sens.

Le goût pour l'art, la création artistique ou la musique

On vous voit dans les festivals, les concerts, les raves parties, peintre de rue ou de galerie, magiciens et encore dans les spectacles de rue. Vous êtes écrivain, compositeur, chanteur, interprète, conteur ou poète. Aucun autre caractère ne compte plus d'artistes que le caractère nerveux.

L'imagination est l'expression spontanée de l'émotivité. Evidement le caractère ne prédispose pas en soi d'aptitudes particulières car il faut plus que l'envie pour pouvoir composer une œuvre ou peindre une toile. Il faut aussi certains dons techniques pour y réussir et les conditions sont à la fois organiques et culturelles comme la sensibilité et la finesse dans la perception. La réussite dans le métier sera liée à l'ambition de chacun, la persévérance ou encore la résilience.

En tout état de cause, vous revendiquerez une prédisposition particulière à l'art et un intérêt de réaliser une œuvre par vous-même, parce que vous avez le sentiment d'être fait pour cela. En effet, l'émotivité vous amène à une forme de réflexion d'autant plus que votre inactivité vous laisse le temps d'y réfléchir, de faire en quelque sorte un « arrêt sur image », temps nécessaire pour contempler, esquisser ou écrire. Vous êtes parmi ceux qui sont capables d'écrire et de lire beaucoup, voire de dévorer les livres.

Vous êtes aussi parmi ceux qui affirment que l'art, la culture et la musique vous intéressent vivement. Vous exprimez régulièrement ces valeurs d'attachement à ce qui est beau, vrai et pur, même si cela ne fait pas de vous systématiquement un artiste. Votre besoin d'étonner et de scandaliser peut expliquer que vous trouviez dans l'art l'occasion de satisfaire votre Salut.

D'autres caractères y sont prédisposés, mais on constate souvent qu'il existe toujours une convergence soit vers l'émotivité, soit vers la primarité. H. et W. Pannenborg ont réalisé une étude assez poussée sur le talent musical, dont les conclusions ont été rapportées dans *Résultats et avenir de* la *psychologie spéciale* de Heymans ; 59 % de l'ensemble des individus aimant la musique étaient émotifs et 60% de ces émotifs avaient un fort talent musical. La proportion d'émotifs parmi les compositeurs était de 95%. L'étude montrait par ailleurs que la corrélation avec la secondarité était faible.

Mozart, Schubert ou Chopin « *trouvaient dans leur mobilité affective une condition favorable de leur génie* » comme le souligne R LE SENNE qui, du reste, conclue sur le côté artistique des nerveux en disant : « *Un art est d'autant plus accessible et plus familier aux nerveux que les obstacles qui leur sont opposés par la matière ou l'exigence de systématisation sont plus réduits : (...) la poésie leur est plus facile que le théâtre, la musique mélodique, plus que la symphonie, la peinture impressionniste, plus que le dessin et la peinture composée, la description littéraire, plus que la sculpture ou l'architecture* ».

Sublimer la réalité

Freud définit la « sublimation » pour la première fois en 1905 dans Trois essais sur la théorie sexuelle, pour rendre compte de certaines activités humaines comme la création littéraire, artistique et intellectuelle. La sublimation tire sa force de la pulsion sexuelle et se déplace vers un but non sexuel en investissant des objets socialement valorisés, notamment les activités artistiques.

Le but de la pulsion est dévié : tendant à déplacer l'angoisse et la culpabilité au cœur du syndrome névrotique, elle est associée à une recherche de satisfaction esthétique, intellectuelle et sociale. Freud a évoqué ce procédé au travers d'œuvres artistiques comme Hamlet ou le Moïse de Michel-Ange.

À l'acte de création s'ajoute un bénéfice narcissique ; toute sublimation est pour l'amour du moi mais cela n'exclut pas qu'elle puisse être simultanément pour l'amour d'un autre. La substitution du besoin d'émotions au besoin d'action entraîne le remplacement de fins perceptives par des fins imaginatives. Vous remplacez par exemple une chose contraignante à faire par la simple image de cette chose, ce qui vous soulage car vous considérez vous en être en quelque sorte débarrassé. Voilà ce que, plus simplement exprimé, Freud entendait par sublimation. *

*Mais, comme le souligne R LE SENNE ; « il *convient de distinguer deux degrés de sublimation, la sublimation fugitive, comme la substitution d'une image, d'une intention, d'un projet facile à former et vite passé et la sublimation consolidée, celle qui réalise une œuvre, une création d'art qui, pour rester fictive, n'en demande pas moins la réunion de très nombreux éléments, un travail qui peut être long, la victoire sur des difficultés* ».

La recherche d'émotions et la mode

La mode va et vient, elle disparaît aussi vite qu'elle est arrivée, et pourtant nous sommes en permanence sous l'emprise d'un effet de mode et son côté cyclique justifie pourquoi on écrit ce mot au singulier. Cet éternel retour de la mode est assujetti à un mécanisme social. C'est une sorte de conformisme exacerbé : le mimétisme social. Pourtant, paradoxalement, une mode naît de la contradiction avec la mode précédente. Une mode est d'abord minoritaire puisqu'elle prend sa source avec un mouvement naissant et s'oppose à une mode majoritaire conformiste qui est celle qui a réussi à perdurer.

Ce sont donc bien des modes qui vont se confronter comme une multitude de phénomènes sociaux. Vous êtes sensible à la mode, et cela résulte de votre besoin d'émotions et de renouvellement. Si vous êtes attiré par les nouveautés artistiques ou politiques, ce sera plus par leur côté révolutionnaire et d'opposition au système, votre besoin d'insurrection par rapport au milieu social.

Cela peut être sous la forme d'une provocation au départ ou d'un jeu, pour qu'ensuite vous deveniez convaincu que ce sera l'occasion de montrer votre différence, et bien souvent votre originalité.

La mode n'est qu'une satisfaction donnée au besoin de changement, même si d'autres désirs, comme celui de manifester sa supériorité sociale, s'y ajoutent pour l'utiliser à d'autres fins. C'est ce qui peut parfois vous tenter notamment en ce qui concerne le choix de marques qui vous donnent la sensation d'avoir quelque chose de supérieur aux autres : beaux vêtements, chaussures de marques, ou dernier smartphone. Le survêtement de l'équipe de France de foot ou la chemise Lacoste sont même devenus dans certaines cités des codes vestimentaires.

C'est un moyen d'afficher votre réussite sociale, en ayant pour autant rien réalisé d'extraordinaire. C'est une façon efficace de s'affirmer sans avoir à dépenser trop d'énergie ce qui est bien tentant pour un non-actif. La mode est une habitude collective qui se démarque par sa courte durée ; soit elle ne montre que son apparence superficielle, soit elle est constitutive d'une dimension originale de la vie sociale et son caractère furtif devient alors le signe qu'elle fuit en quelque sorte le conformisme. Jean-Luc François, styliste de Pantin, a étudié les effets de mode dans le département 93. Aurélie Lebelle a rapporté cette étude dans les colonnes du Parisien le 6 juillet 2016 : « *Les femmes n'ont pas le monopole du style* » affirme Jean-Luc François. *Peut-être encore moins en Seine-Saint-Denis, où ces messieurs imposent leur look à chaque coin de rue. Dans le Bas-Montreuil on marque son territoire avec des sapes griffées, un style capillaire marqué et des accessoires codés. Les hommes, entre 18 et 30 ans, font parfois encore plus attention que les femmes du même âge aux vêtements qu'ils choisissent. Quel que soit leur budget, ils apportent beaucoup d'attention à leur apparence vestimentaire.* »

Il considère que la génération des compagnes qui achetaient les boxers et les pulls de leur moitié fait partie du passé. La mode n'est pas seulement un moyen d'émancipation, elle permet aussi la reconnaissance de la personne au sein même d'une communauté. En donnant un ensemble de règles communes, la mode donne un cadre d'intégration et de reconnaissance au sein duquel l'individu est reconnu en tant que tel par l'usage personnel qu'il fait des règles. La mode permet donc à la fois de lier une communauté (un quartier par exemple) et de reconnaître les individus comme personnes singulières. Aurélie Lebelle poursuit : » *En Seine-Saint-Denis, l'habit fait le moine. Et chaque ville, parfois même chaque quartier, a son look* ». Jean-Luc François, observateur consciencieux de la mode dans le département, l'affirme : « *On décrypte facilement des styles en fonction du secteur de Seine-Saint-Denis. Et puis parfois, il y a plusieurs modes, celle du centre-ville et celle du quartier nord par exemple.* »

Jean-Luc François précise : *les baskets hautes, l'indémodable jogging et le boxer qui dépasse. « Le look est très « blingbling ». Plus ça brille, plus c'est gros et mieux c'est !».* La mode est irrationnelle : elle ne se justifie pas. Pourquoi les cheveux sont plus longs une année, plus courts l'année suivante, pourquoi les pantalons sont passés de la « pat d'eph » au slim en un rien de temps ? Dans les quartiers bobos, les villes-dortoirs, mais aussi dans les cités, le look sportswear est devenue la marque de fabrique des citadins avec le fameux « jean - tee-shirt » que l'on peut voir partout en France, de la Baule à Menton. *Le sportif est aussi moins « blingbling »* souligne Jean-Luc François. « Il joue dans sa propre équipe : chaussures et maillot de basketteur, blouson à l'effigie des grandes équipes internationales, jogging ou pantacourt de pros ».

La mode obéit à un mécanisme de changement périodique ; si une différenciation se fait à chaque retour du cycle, c'est de façon automatique, et non de manière rationnelle. Elle est donc soumise aux lois du marché « capitaliste » qui a besoin d'une consommation constante : elle ne peut pas tolérer que les consommateurs se contentent de ce qu'ils ont et se détournent de la consommation.

La mode pousse à consommer des produits inutiles pour alimenter le marché. Les nerveux en sont la cible, d'autant plus que leur champ de conscience se rétrécit. Mais en réalité d'autres caractères sont eux aussi très dépendants de la fluctuation des effets de mode ; le non émotif actif primaire (sanguin) ou encore le colérique, actif et primaire que nous verrons après, sont eux aussi à l'affût de tout ce qui peut leur permettre de s'émanciper par la mode. Cette position souligne l'aliénation dont la mode est l'expression. Mais ce qu'on ne voit pas forcément au premier abord, c'est que toute mode n'est pas un comportement de consommation et que la mode a malgré tout une certaine rationalité ; elle est toujours d'une certaine manière en lutte, pour des raisons variées, contre le conformisme qu'elle instaure.

Certains caractères dont une partie des nerveux s'inspirent de la mode en tant que celle-ci s'écarte de l'effet de masse. C'est le cas de beaucoup de sentimentaux, de passionnés, de flegmatiques qui, soit par rejet des gros mouvements conformistes, soit par souci d'originalité, ou soit par désintérêt total, refusent la mode telle qu'on veut bien nous la servir dans notre inconscient. C'est aussi le cas de certains nerveux, à champ de conscience large notamment, qui préfèrent préserver une image originale d'eux-mêmes et suivent des modes en décalage, quitte à être les premiers à faire partie d'un nouveau mouvement. L'exemple des communautés de Roots ou de rastas en est l'illustration, même si elles ne représentent qu'un microcosme, elles ont quelque part le mérite d'avoir su s'affirmer d'emblée, par le rejet de la société de consommation.

La mode peut donc être révolutionnaire et émancipatrice, mais elle devient conformiste et aliénante si elle perdure et altère la liberté de penser. Certains d'entre vous se reconnaitront dans cette vision de faire partie du mouvement de la société non aliénable. À partir de là on comprend pourquoi il est vital que la mode se renouvelle sans-cesse pour empêcher que la société se fige dans le conformisme. Il en est de même pour la musique : un style de musique n'est pas séparable du contexte historique d'où il émerge. Prenons par exemple le blues ; ce n'est pas qu'un simple mouvement de la musique américaine, il exprime aussi les souffrances du peuple noir des années 1900, et émane au départ d'une émancipation collective contre une minorité ethnique.

Tatouages et piercing

Le tatouage est devenu une tendance dans le courant des années 2000. En 2010, une enquête de l'Ifop indiquait qu'un Français sur dix était tatoué, et un sur cinq chez les 25-34 ans. Depuis, le phénomène a encore gagné du terrain puisqu'en 2016, une nouvelle enquête Ifop révèle que ¼ de la population des 18-34 ans est désormais tatouée. Jérôme Fourquet précise dans L'Archipel Français (Ed Seuil) que *« la bascule sociologique a eu lieu au cœur de cette génération dans les années 1990. Alors que jusqu'aux années 1980 et 1990, cette pratique était en France quasiment inexistante »*.

Le tatouage a même fait son entrée sur le marché de l'art. La maison d'enchères new-yorkaise Guernsey's a proposé près de 1500 reproductions (peintures, dessins) de tatouages réalisés par des spécialistes de tous les pays. Le phénomène toucherait toutes les classes sociales, ainsi que toutes les catégories sociaux-professionnelles. Le Premier ministre canadien, Justin Trudeau porte un grand corbeau sur le biceps. Staline et Churchill étaient tatoués ou encore George V et Edouard VII et Arnaud Lagardère.

Dans les sociétés traditionnelles, le tatouage renvoyait à des mythologies collectives, et l'ensemble de la communauté portait les mêmes marques corporelles. Jérôme Fourquet ajoute que « *le tatouage était autrefois « l'apanage de milieux très typés et restreints (artistes, gens du voyage, repris de justice, marins...) »*, ce qui n'est plus le cas aujourd'hui. Une étude menée en Allemagne note toutefois que 10% des tatoués regrettent leur passage à l'acte. Il existe donc aussi une nouvelle tendance, celle du « dé-tatouage ».

Se faire tatouer est une démarche primaire dans bien des cas, dans le sens où c'est un acte du présent fait de manière impulsive selon l'humeur du moment, sans se projeter sur le fait que dans 10, 20 ou 30 ans il sera toujours au même endroit mais dans un corps qui ne sera plus du tout le même. Evidemment, un modeste tatouage au creux des reins n'a pas le même impact visuel qu'un tatouage en pleine figure ou sur les parties apparentes du corps. Le tatouage en lui-même peut révéler l'état d'esprit de la personne qui le porte. Souvent, ce sont des appels à l'aide. David Le Breton (*L'adieu au corps*, Paris, Métailié, 1999) est persuadé que « *L'investissement sur le corps propre répond à la désagrégation du lien social, et donc à l'éloignement de l'autre, à la dislocation des anciens liens communautaires* ». La société individualiste dans laquelle nous sommes aurait donc accéléré la tendance ?

Nous avons vu précédemment que la caractéristique principale de l'émotif/non-actif/primaire était de chercher à plaire et à attirer l'attention, de vivre le moment présent uniquement en recherchant des satisfactions personnelles.

Pour vous détacher de l'indifférence, il est nécessaire de vous rendre visible et cela passera, comme nous avons pu le voir, par l'originalité de vos vêtements, l'excentricité de votre coiffure, et l'attitude provocatrice d'une manière générale. Ce sont des moyens de mettre en avant votre corps et d'affirmer votre présence pour vous et pour les autres. Ce sont des signes que vous envoyez pour vous donner le sentiment d'exister aux yeux des autres.

Porter un tatouage devient comme une marque, ou l'idée est de mettre son apparence en avant par une reconnaissance corporelle. Votre souci est alors de ne surtout pas passer inaperçu tout en maintenant insidieusement vos distances avec les autres. L'objectif est de s'illustrer dans une société individualiste où il est important de sortir du lot pour se sentir exister.

David Le Breton confirme ce postulat : « *Le monde contemporain témoigne du déracinement des anciennes matrices de sens. Fin des grands récits (marxisme, socialisme, etc.), éparpillement des références de la vie quotidienne, fragmentation des valeurs. Dans ce contexte de désorientation l'individu trace lui-même ses limites pour le meilleur ou pour le pire, il érige de manière mouvante et délibérée ses propres frontières d'identité, la trame de sens qui oriente son chemin et lui permet de se reconnaître comme sujet* ».

Les jeux de hasard, les sorties, les soirées, les voyages

Le jeu est un des moyens accessibles de se donner des émotions. Ceux qui deviennent dépendants aux jeux sont plus souvent impulsifs que calculateurs. La vie sans le jeu est, pour celui qui en a pris l'habitude, maussade et incolore. Ce sont vos désirs et vos fantasmes qui vous inspirent un besoin d'argent, sans que votre caractère ne vous ait donné l'activité et la persévérance ordinairement nécessaires pour le gagner.

Cette certitude de gagner proviendrait d'un mélange de surestime de soi et d'impulsivité qui empêche le contrôle de soi. La psychologie considère le jeu pathologique comme une addiction comportementale. De nombreux aspects des jeux de hasard influencent les pensées du joueur : par exemple, une série de victoires successives sur plusieurs tirages vous donnera une illusion de contrôle et de compétence, et à l'inverse, une série de défaite vous persuadera que le hasard va rééquilibrer les choses.

Plus vous avancez dans le jeu, plus vous pensez que c'est maintenant que le bon numéro va sortir. Vous irez même jusqu'à penser que vos actions ou vos qualités personnelles seront susceptibles d'influencer le résultat. A cause de cela, quand vous sentez que vous êtes arrivé près du but, vous appliquerez certains rituels afin d'augmenter votre contrôle du hasard.

Fiodor Dostoïevski (*Le Joueur*) décrit les mécanismes dans l'addiction au jeu. Il considère qu'il s'agit d'une « *illusion de contrôle* ». Le jeu est un divertissement, pour s'amuser uniquement, et le joueur ne s'intéresse pas du tout au fait même de gagner. Il joue pour son propre plaisir.

Vos croyances erronées consistent à surestimer la probabilité de gagner ce qui vous fait prendre des décisions risquées. Les erreurs de logique du joueur impulsif provoquent l'émergence de comportements et d'émotions inadaptés. Dostoïevski explique que les joueurs ont l'illusion de prendre le contrôle et de prédire le résultat. Cette illusion est la conséquence d'un narcissisme qui a renforcé l'estime de soi. Le fait que vous vous sentiez surévalué rétrécie votre champ de conscience sur le jeu d'une part, et vous donne la certitude de gagner d'autre part. Dostoïevski décrit l'élan passionné du joueur : « *j'étais moi-même au plus haut degré possédé par le désir de gagner* ». Le gout du risque, le narcissisme exacerbé, l'absence de peur mais aussi parfois l'avidité, entraineront une telle attitude face au jeu.

Notons que le jeu et les sorties sont souvent associés à l'alcool et aux stupéfiants, et ce toujours dans le but de rechercher des sensations nouvelles. Ce besoin de changement permanent vous amène à sortir d'un bar à un autre, d'une soirée à une autre discothèque, au même titre que vous passerez d'une sensation à une autre ou d'une amitié à une autre, assez facilement.

Le voyage, les déménagements, la fugue, la fuite vers d'autres régions ou d'autres pays dont vous avez rêvés seront des vues fréquentes. Parfois, par paresse ou par manque de moyens, vous foulerez la terre de ces pays exotiques lointains où vous auriez aimé vivre, que dans vos rêves les plus profonds.

Le besoin de vagabonder se vérifie dans les populations nomades comme les Roots ou les Rastas fréquemment composées de nerveux. Ce sont aussi les « *Hoboes* » qui, dans les États-Unis du Nord, allaient faire la moisson d'État en État. Parmi eux, se comptent beaucoup de musiciens populaires, qui doivent être des nerveux ayant des difficultés à s'adapter à la régularité de la civilisation industrielle. Ce sont les cueilleurs de pommes ou les vendangeurs à l'automne, les saisonniers des stations de sport d'hiver ou des villes balnéaires en été. On trouve fréquemment dans les populations de nerveux, l'union d'une assez vive intelligence avec une désorganisation de la vie dans laquelle l'extrême inactivité primaire entraîne l'incapacité d'aucune activité continue. C'est aussi Rimbaud qui a fait tous les métiers : il était « *débardeur à Marseille, carliste, racoleur en Allemagne, soldat hollandais à Java, puis déserteur, employé de cirque en Suède, surveillant de carrière à Chypre* ». Le nerveux goûte à chaque profession la jeunesse de l'expérience qu'il en fait, mais il la déserte dès que l'habitude en a amorti la nouveauté et que la persévérance y exige l'effort.

L'impulsivité

Vous êtes le caractère le plus impulsif, dépassant même les hyperactifs-colériques. C'est une impulsivité réactive entrainant une réponse immédiate et de manière peu réfléchie. Cela veut dire qu'elle est incontrôlable et que vous n'êtes pas capable de tenir compte des évènements passés pour prendre une décision réfléchie. L'élaboration de la réaction est la plus courte possible, comme une sorte de réflexe. Née dans le présent, cette impulsivité disparait généralement avec le présent : elle ne laissera que peu de traces et vous oublierez le lendemain l'évènement qui l'a déclenchée.

Puis il y a l'impulsivité éruptive, qui elle est explosive car c'est pour vous une occasion qui en provoque la manifestation : elle apparaît souvent comme inattendue, sans rapport avec l'événement qui en provoque l'éruption. C'est une impulsivité que vous aviez en vous et qui se manifeste sous l'influence de la secondarité, si minime soit-elle, car n'oublions pas que vous êtes primaire ; c'est en cela qu'elle présuppose aussi l'émotivité, indispensable pour lui donner sa toute-puissance.

Bien évidemment, chez un secondaire comme un passionné ou un sentimental, c'est la rumination et l'adversité, parfois rancunière, qui sera bien souvent la raison de l'impulsivité. Quand la nature de la réaction révèle l'importance prédominante du passé, l'impulsivité est éruptive. Quand, au contraire, le mode de la réaction intéresse moins sa nature que son actualité même, l'impulsivité est réactive, ce qui est plus souvent votre cas.

Dans le mécanisme nerveux, c'est bien l'émotivité qui la grossit et votre inactivité qui vous livre à cette impulsion.

Contradictions de la pensée et de la vie et mensonge

Un enfant va mentir pour plusieurs raisons, comme éviter la punition à l'école, la menace ou la pression qu'on exerce sur lui. Il va mentir à des fins de compensation, pour se rendre intéressant en exagérant une histoire banale qu'il veut par-là enjoliver ; il exprimera alors son besoin d'être valorisé. Ce sont là des petits mensonges. L'enfant en tirera des bénéfices comme une forme de reconnaissance, et l'affirmation de soi. Les mensonges agressifs ou à volonté destructrice comportent une forme de rivalité ou un mal-être sous-jacent qui en sont la cause. Si les mensonges se répètent, alors il faut s'en inquiéter. L'intensité et la fréquence des mensonges sont les repères que les parents doivent apprendre à observer.

Yves-Hiram Levy Haesevoets (dans « *Enfances & Psy* » et dans « *Traumatismes de l'Enfance et de l'adolescence* » Ed de Boeck) souligne que « *le mensonge est non pathologique lorsqu'il correspond à une falsification consciente du réel. Ce comportement est consciemment désiré par le sujet lui-même, en opposition à une vérité établie...Il naît du désir de tromper de manière efficace, suivant un objectif déterminé. Le mensonge est alors soigneusement préparé et réfléchi. Le menteur est conscient de son mensonge et sait pertinemment à qui il s'adresse. Il met à profit des stratégies pour être cru et ne pas être pris* ». Il considère que le mensonge varie selon l'âge et la maturité de l'enfant. Jusqu'à environ six ans, il ne dispose pas des capacités logiques permettant le mensonge conscient. Un enfant qui fabule n'a pas l'intention de tromper. Il peut vouloir exprimer un désir ou un fantasme qu'il prend pour réel. S'il est moins intelligent, il va inventer une histoire ou des faits pour compenser son manque de maturité ou son retard mental. Puis vers l'âge de 7 ans, période de la pensée logique et de la socialisation, la conscience morale s'éveille. Il peut toutefois continuer à mentir pour se valoriser auprès de ses copains.

Une personne, enfant ou adulte, qui est soucieuse par la simple vertu de son caractère, d'accorder ce qu'il voit, ce qu'il dit et ce qu'il fait, évite naturellement le mensonge. Chez les non-émotifs/actifs/secondaires (flegmatiques), le double effet de l'activité et de la secondarité et la baisse de l'émotivité, entrainent une forme certaine d'objectivité dans les propos et s'accordent avec une bonne moralité.

Chez le nerveux, qui dispose des propriétés inverses, la véracité des paroles et des actes tombe au plus bas. L'étude menée par R LE SENNE (« *Le Mensonge et le caractère* », Paris, 1930) précise ces données et montre en effet que *la croissance de la secondarité est plus favorable à la véracité que la décroissance de l'émotivité, qui l'est plus que la croissance de l'activité.* Les trois facteurs jouent dans le même ordre contre le nerveux ».

Par ailleurs, Yves-Hiram Levy Haesevoets le confirme : « *Inventer et raconter une histoire plausible, c'est construire un récit qui tient la route et résiste à la confrontation des questions d'adultes. Mentir ou travestir la réalité exige ainsi de la part de l'enfant une certaine richesse intellectuelle, de l'imagination, des capacités créatrices et une bonne maîtrise du langage* ». De là, nous pouvons en déduire ce qui suit :

Parmi tous les primaires, le mensonge des nerveux doit manifester au plus haut degré l'influence de l'émotivité pure puisque l'activité intervient moins pour l'infléchir vers l'action délibérée. La plupart du temps, on peut parler d'un mensonge par embellissement : vous êtes amené à rendre le réel plus significatif, donc plus expressif qu'il ne l'est vraiment pour l'intelligence objective. En fait, vous avez juste besoin que votre vie soit plus remplie qu'elle ne l'est en réalité. Si votre activité augmente, et si l'émotivité diminue c'est-à-dire si l'on se dirige vers le caractère sanguin (moins émotif et plus actif), le mensonge devient purement intellectuel et calculateur, donc plus vicieux, puisque vous êtes conscient que vous mentez sciemment pour obtenir quelque chose.

Enfin, si vous mentez malgré votre froideur, votre activité et votre secondarité élevée, c'est-à-dire malgré toutes les conditions qui devraient vous détourner du mensonge, celui-ci est totalement coupable et répréhensible puisqu'il manifeste une intention décidée de manquer à la véracité spontanée telle que votre caractère la détermine.

La mythomanie, pour laquelle André LE GALL voit une forte corrélation avec le caractère nerveux, désigne un mensonge récitatif auquel adhère l'enfant. La mythomanie se manifeste surtout à l'adolescence. Elle est favorisée par le système éducatif, ou par certains troubles du caractère. Des déficiences de la structure psychique peuvent également induire ce que l'on nomme le « mensonge pathologique » présent dans les cas suivants : la débilité intellectuelle, la psychopathie, les perversions ou les troubles narcissiques.

Le manque d'objectivité, le poids de l'inactivité, l'échec au travail

Une personne s'exprime de façon objective quand son discours contient plus de choses, de faits ou de données que d'impressions, d'hypothèses ou de sentiments.

Vous êtes le caractère le moins objectif, dans le sens où votre intérêt s'oriente avant tout sur les personnes plus que sur les choses, et entraîne en conséquence des critiques. En effet, votre centre d'intérêt est la vie subjective. Elle se manifeste par les émotions qu'elle vous inspire. Vous la cherchez dans les autres, par cette aptitude à comprendre leurs sentiments. Vous donnez beaucoup d'importance au « moi » à défaut de privilégier les données abstraites.

Vous manquez d'impartialité et de justice, dans la pensée et la vie, qui est souvent liée à votre conception unilatérale et aux sympathies ou aux antipathies. L'inactivité vous prive de régularité dans votre conduite. Elle est d'abord responsable de l'irrégularité dans votre travail, mais aussi, puisqu'elle est associée à votre forte émotivité, elle vous rend impuissant à persévérer et à réussir ce que vous entreprenez : vous vous engagez dans une entreprise qui sollicite en vous un intérêt affectif mais, lorsque les obstacles se présentent, ce sera bien souvent le découragement qui vous fera sombrer. Au cours de ces vicissitudes, l'inactivité continue d'exercer son action sur l'émotivité : celle-ci la sublime en vous donnant, comme pour vous consoler, une conscience alternativement joyeuse ou triste, mais « *toujours colorée de l'existence* » comme le précise R LE SENNE.

Relations, sexualité et sentiments moraux

L'exigence sexuelle d'une personne dépend de conditions organiques juxtaposées aux propriétés constitutives du caractère. En théorie, elle devrait être constante d'un caractère à un autre. En réalité cette exigence varie selon plusieurs facteurs, éducatifs, familiaux ou psychologiques. Mais, selon le caractère dans lequel il se trouve, le besoin de sexualité subit les influences de la personnalité, soit en le masquant soit en le valorisant.

Si on tient compte du fait que l'inactivité entraîne un relâchement des servitudes et l'émotivité intervient comme un amplificateur de besoin de sensations, alors la constitution de votre caractère vous prédispose à une vie sexuelle riche et ambitieuse. Les caractérologues confirment que les nerveux et les amorphes détiennent les maximas en matière d'indiscipline sexuelle. Le besoin irrémédiable que vous avez de satisfaire vos désirs primaires, et la recherche d'excitation qui est une tentation permanente à la recherche du plaisir, vous entraîneront plutôt dans la recherche de nouvelles aventures plus que vers un besoin d'amour intense et fidèle.

Au même titre que vous aimez fréquemment changer de métier ou de lieux de résidence, vous vous liez rapidement d'amitié et aurez le contact facile pour trouver régulièrement de nouveaux partenaires. Vous savez vous faire aimer rapidement du fait de votre capacité à séduire, qui, parfois, pourrait être purement intéressée. Pour être fidèle en amour ou en amitié, il vous manque cette secondarité. Mais bien souvent, selon le dicton : « tout ce qui se ressemble s'assemble », vous fréquenterez des personnes « caractérologiquement » assez proches. De ce fait, il ira de soi pour l'un et l'autre que la rencontre furtive ne sera qu'éphémère. Si cette notion est réciproque dans le couple, alors la séparation par la suite pourrait avoir lieu sans heurt.

C'est évidemment dans ce sens que, pour certains caractères plus secondaires, la conduite de beaucoup de nerveux est qualifiée d'immorale. En réalité, cette immoralité ne manifeste que la grandeur du rapport dont le numérateur est la force de la tentation subie par la personne primaire et, le dénominateur, la faiblesse de la secondarité.

Les jugements qui condamnent les nerveux sont souvent les expressions de personnes à forte secondarité qui sont sensibles aux effets du désordre auquel le caractère nerveux est souvent lié. Mais la notion de moralité est subjective, et chacun perçoit sa propre définition de la moralité. Aussi, il est improbable pour une personne qui ne conçoit pas que la notion de sexualité puisse être corrélée à la fidélité, que la moralité puisse avoir pour elle un lien avec l'idée qu'elle a de la sexualité.

Vanité contre manque de confiance en soi ?

Vous êtes très sensible à tout ce qui lèse votre individualité du fait d'un renforcement du « moi », ou, pourrions-nous dire, du « moi je ». Cela explique vos réactions disproportionnées quand il s'agit de répondre à ce que vous percevez comme des attaques provenant de votre entourage.

Gaston Berger souligne que l'enquête statistique qui avait été réalisée par Heymans sur 2159 questionnaires concluait que 54% des nerveux étaient vaniteux ce qui est de loin la proportion la plus forte de tous les caractères. D'ailleurs, sur une moyenne globale, la moitié des primaires le sont aussi, alors que la vanité ne touche plus qu'un petit tiers des secondaires.

La vanité est effectivement un trait de caractère qui consiste à avoir une croyance excessive en ses propres capacités et en son attractivité. Elle a une connotation narcissique et, sur un plan philosophique, renvoie à un sens plus large de l'égoïsme et de l'orgueil que la religion chrétienne désigne comme un des sept péchés capitaux, au même titre que la luxure, la gloutonnerie, l'envie, la paresse, l'avarice ou la colère.

La vanité est ce qui peut vous amener à rentrer dans des relations de force avec votre famille et, le plus souvent, sans raison fondée, parce que vous vous sentirez aliéné et blessé par le côté parfois trop autoritaire de l'être humain. Il y a ainsi fréquemment chez vous une tentation gratuite de faire injure aux autres, comme pour vous nuire à titre personnel. Votre attitude prend le trait d'une susceptibilité d'un « moi » trop sensible, entrainant une révolte qui n'est pas incompatible avec la vanité. Vous recherchez désespérément, dans le regard, l'attitude ou les paroles d'autrui, des témoignages de son estime.

Le « moi » devient le corrélatif du « toi » puisqu'il ne peut se sentir isolé de l'autre, et capable d'exister sans lui qu'à la condition de se sentir aussi solidaire de lui. Vous avez besoin de vous prouver votre réalité des choses et de rechercher votre propre importance en découvrant une valeur de vous, extérieure à vous-même. Vous devenez alors orgueilleux dès lors que vous obtenez la réalité du pouvoir sur les autres, et vaniteux quand vous gagnez d'autrui la reconnaissance à demi fictive de votre valeur.

Ce jeu alterné de la révolte sans aucune raison objective, à la vanité, est lié au complexe d'infériorité fortement accentué par l'effet de l'inactivité. Quand la vanité vient se confondre avec votre personnalité insurrectionnelle, elle se transforme en insolence.

La vantardise prendra le dessus lorsque vous ressentirez la satisfaction d'avoir su prouver votre supériorité, et vous la réitérerez afin que les autres ressentent de l'admiration ou de l'envie. C'est ainsi que vous construirez une image de vous-même, une sorte d'identité factice en agissant conformément à cette image. Mais votre capacité à percevoir comment vos efforts « d'auto-impression » influenceront votre acceptation et votre amabilité au regard des autres est très limitée. Si la vanité avait une seule vertu, ce serait de vous permettre de vous élever à un niveau d'acceptation de vous-même supérieur à celui auquel vous vous sentiriez sans lui, c'est-à-dire rejeté.

Désireux d'honneurs et de reconnaissance, vous y trouvez le moyen de votre relèvement intérieur, qui devient un « biais cognitif » pour échapper au doute ou au mépris de vous-même.

Comme un narcisse qui se mire devant sa glace pour y trouver la confirmation de sa beauté, vous regardez dans l'esprit des autres pour y retrouver la preuve de votre valeur. Et si l'autre y met un peu de complaisance, vous en tirerez au moins la satisfaction de croire que vous êtes quelqu'un d'extraordinaire. Hegel affirmait « *qu'une conscience ne peut être consciente de soi qu'à la condition d'avoir risqué son existence contre autrui, ce qui doit faire du combat la source même du sentiment d'existence* ». Et R LE SENNE de rétorquer que « *Naître à soi par l'orgueil de la violence victorieuse constitue-t-il une meilleure manière d'atteindre à la conscience de soi que l'humble vanité, si du moins on ne peut y arriver que par l'amour partagé ? *».

Conscience vs perversion

La cause principale des difficultés de la vie que vous rencontrez n'est pas l'émotivité en elle-même, car elle peut être fréquemment une force, un moteur pour avancer ; elle sert d'énergie à l'action. La primarité n'est pas non plus le frein vous empêchant de vous réaliser. D'ailleurs, l'émotivité primaire des caractères colériques est une force.

C'est donc bien l'inactivité qui est la cause profonde de vos difficultés et contre laquelle vous devez lutter. Elle vous livre en effet à l'impulsivité qui vous empêche d'intellectualiser et d'adapter les fluctuations de vos émotions. Vous constatez votre impuissance à « vouloir », et succombez aux frustrations de vos tentations ; Or, aucune force extrinsèque ne peut agir durablement ou fortement sur une personne sans la complicité d'une force s'exerçant de l'intérieur et à défaut de volonté, vous agirez par sentiment.

La représentation du négatif, par la répulsion qu'elle provoque, vous donnera donc l'élan que vous ne pouvez recevoir par ailleurs. Ces sentiments négatifs deviennent, avec cet effet de renversement, le substitue de votre manque d'activité dont le sadisme et le masochisme sont, entre autres, les conséquences parmi tant d'autres. Nous détaillerons dans un prochain chapitre tous les effets que cela représente sur le plan de la perversion.

Mais, pour conclure sur le caractère nerveux, il est important de préciser que ce mécanisme « pervers » qui consiste à se servir du mal comme substitue à la vertu de l'activité manquante, se déclenche chez tous les émotifs qui cherchent par là à augmenter la puissance de leur activité. Le mal stimulant est une destruction, l'amour du mal stimulant la volonté de détruire. L'impuissance propre à l'inactif se convertit par contre indirectement en puissance perverse, essentiellement stimulante. C'est par exemple, le plaisir de scandaliser, la vanité d'être supérieur, la manipulation, ainsi que tous les procédés de harcèlement qui en découlent.

C'est aussi la « faculté » de déprécier l'autre et de cette manière de s'élever en l'abaissant.

Mais en réalité, la négativité est corrélative de la positivité car, comme le rappelle très justement R LE SENNE ; « le *vrai appelle le faux, le beau requiert le laid, le bien renvoie au mal, l'amour se renverse en haine* ». La dépréciation n'est donc pas un acte de « combat » mais une forme de sublimation très tentante pour un inactif.

Familles de nerveux

Comparatif variances du caractère émotif/non-actif/primaire avec paramètre largeur ou étroitesse d'esprit, égocentrisme ou allocentrisme, activité ou non-activité

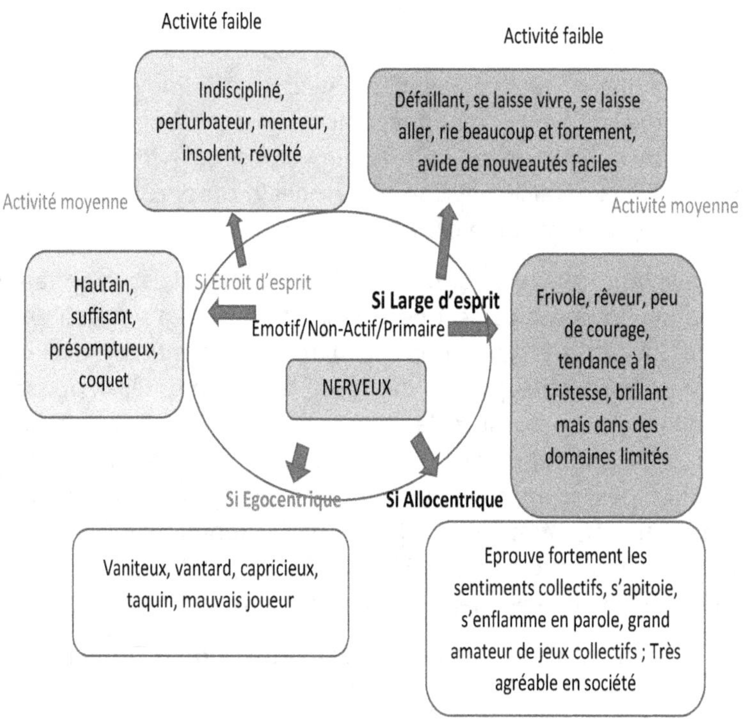

Fiche synthétique du Nerveux (Emotif/non-actif/primaire)

Émotivité :

> Très susceptible, se sent blessé pour un rien, emploie volontiers l'injure et le superlatif
> Vie imaginative d'une grande richesse
> Fait preuve d'une très grande mobilité affective par contraste
> Parle avec sentiment et chaleur, prend facilement peur
> Sensible et complaisant à tout ce qui concerne sa vie organique
> Aime les exercices physiques violents (tempérament de casse-cou)
> Sujet à de violentes et brèves colères

Inactivité :

> Tendance très forte à négliger les travaux qui lui sont imposés
> Très grande facilité à se décourager
> Ajourne très facilement tout ce qui n'est pas en harmonie avec ses préoccupations du moment
> Volontiers indécis avant l'action, inapte pour tous les efforts prolongés, travaille par à-coups, gesticule et s'agite plutôt qu'il n'agit
> A peu près dépourvu de sens pratique
> Sujet à des éruptions de bavardage après une longue période de silence imposé, décidé en paroles plutôt qu'en actes

Primarité :

> Seuls les résultats immédiats l'intéressent (particulièrement inapte à envisager des intérêts indirects et lointains), se débarrasse vite des impressions pénibles
> Très inconstant dans ses sympathies et amitiés, facile à convaincre
> Échafaude de grands projets qui n'aboutissent jamais à exécution
> Recherche tout ce qui est changement et nouveauté
> Agit ou se décide sous l'impulsion du moment
> Souvent bavard, toujours prêt à confier ses impressions du moment

Fiche synthétique du Nerveux (Emotif/non-actif/primaire)

Égocentrisme. Allocentrisme :

> Sentiment vif de sa supériorité, aime beaucoup parler de lui-même
> Parfois vaniteux et coquet, facilement content de soi
> Facilement jaloux et envieux des camarades, se fait remarquer
> Défend ses opinions avec énergie, prompt à protester et à s'insurger
(se juge victime, « on lui en veut »)
> Facile à dominer et à diriger si on sait le prendre
> Volontiers taquin et dur envers les faibles (aime faire souffrir et
humilier, caricatures, moqueries, taquineries systématiques)

Intelligence et moralité :

> Difficulté d'exposer clairement ce qu'il sait
> Confond fréquemment le perçu et l'imaginé
> Conserve de façon confuse le souvenir de ses lectures
> Très mauvais observateur (sauf pour ce qui excite son intérêt affectif :
intelligence passionnelle)
> Très mauvais connaisseur d'autrui (incapable de prévoir les réactions
ou les sentiments des autres ; maladroit dans le maniement d'autrui...)
> Catégorique dans ses affirmations, même s'il sait avoir tort
> Grande propension aux mensonges, surtout aux mensonges par
exagération
> Complimente, flatte, promet pour arriver à ses fins
> Met ses mensonges au service de ses vices (gourmandise, petits
larcins)
> Incapable de garder un secret
> Moralité déconcertante, tour à tour généreuse et capricieuse

Autres traits :

> Souvent impulsif, éprouve un besoin constant de divertissement
> Rit à ses propres plaisanteries, manque d'esprit de suite
> Très irrégulier dans son travail (parfois brillant et parfois décevant),
étourdi au maximum, sujet aux caprices et aux coups de tête, goût du
défendu, assez grande puissance de séduction

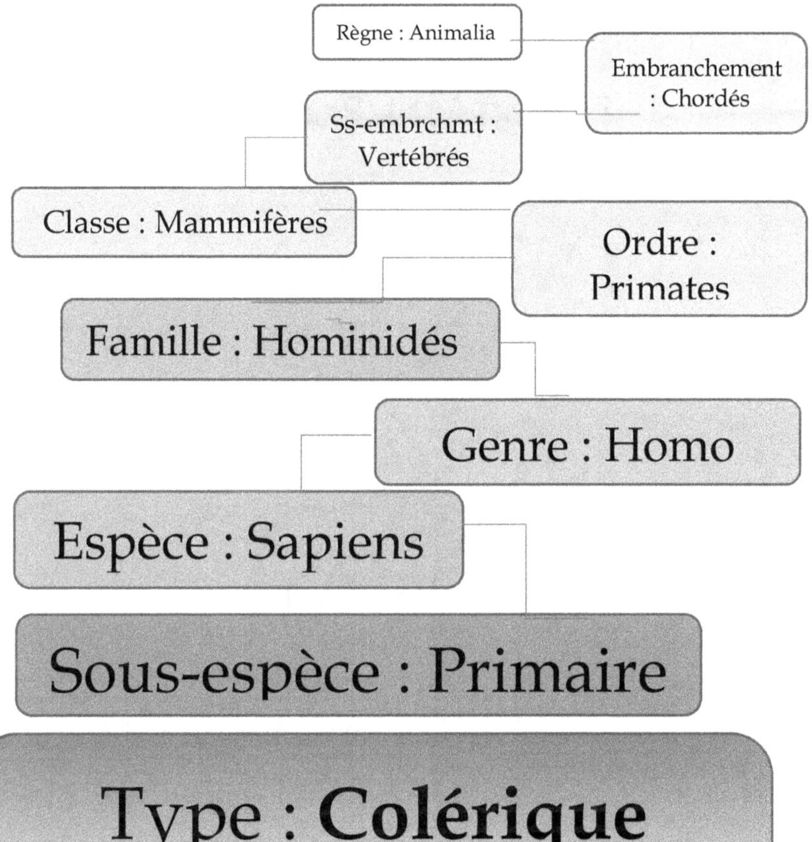

Règne : Animalia
Embranchement : Chordés
Ss-embrchmt : Vertébrés
Classe : Mammifères
Ordre : Primates
Famille : Hominidés
Genre : Homo
Espèce : Sapiens
Sous-espèce : Primaire
Type : Colérique
Emotif/actif/primaire

L'actif exubérant ou colérique
(Emotif/Actif/Primaire)

De l'enfance à l'adolescence

De croissance irrégulière, c'est surtout vers 8 à 12 ans que vous grandissez. Enfant de silhouette allongée et de taille assez haute, la croissance pubertaire est très rapide. Le thorax est long, les épaules sont larges et l'ossature et la musculature sont fortes. C'est après la puberté que vous prendrez votre type physique définitif ; jusqu'à 11 ans environ le visage était encore arrondi et joufflu, il devient alors plus allongé et efflanqué ; le nez, la bouche, les arcades sourcilières s'accusent nettement, le thorax s'élargit considérablement.

Vous étiez un bébé agité ou très animé. Vous vous êtes tenu debout et avez marché tôt, parfois entre 10 mois et un an. Sûr de vous et très actif, vous franchissez les obstacles qui vous gênent avec facilité. A 3 ans, vous courez, sautez dans les tous les sens sans avoir aucune notion du danger. A l'école, vous pouvez être instable et agité, mais aussi franc, direct, et attentif à tout ; vous êtes le chef des jeux et des bandes, vous devenez rapidement « populaire ». Vous savez vous sortir de situations auprès des profs par une franchise désarmante et charmante. Vous êtes libre de vos mouvements et de vos propos et montrez une audace sans égale. Comme d'autres extravertis, vous recherchez l'ambiance et surtout l'accréditation des autres au sein même du milieu dans lequel vous vous situez. La famille et l'école doivent faire en sorte de vous intégrer à ces deux environnements car, si on vous a privé de votre insertion à la vie scolaire en n'encourageant pas tous les points positifs qui ont fait votre succès, vous risquez de ne pas pouvoir vous accrocher à l'école et d'y subir un échec scolaire.

A une certaine époque et dans certains établissements scolaires, on « classait » les élèves selon leurs performances et leurs moyennes. Quoi de plus démotivant et accablant que d'être relégué au fond de la classe en raison de ses notes du trimestre précédent ! Chaque enfant mérite d'être valorisé dans ses progrès sans qu'il n'y ait de comparaison entre les autres élèves. Ce qu'appelait André LE GALL « *l'émulation-combat* », c'est-à-dire le fait de se situer sur le tableau du déshonneur était une manière regrettable de comparer entre eux les élèves. Le colérique a juste besoin qu'on lui montre son cheminement vers le mieux pour réussir. L'abaisser devant ses camarades de classe ne lui donne qu'une seule envie : abandonner et fuir !

Si vous êtes colérique, vous êtes à l'aise en communauté, vous saurez vous impliquer pour réaliser une tâche commune et vous y prendrez part avec plaisir. Vous faites avec élan ce que vous avez contribué à décider. André LE GALL considère que « *la camaraderie est une prédilection de l'actif exubérant* » ; vous êtes toujours disponible pour les autres, vous vous intégrez rapidement dans un nouveau groupe de copains et devenez vite le boute-en-train ou le « chef ». Vous êtes extrêmement sociable et aimez rendre toutes sortes de services.

Vous aimez séduire et chercherez très tôt à flirter ; votre sexualité est exigeante. Adolescent, vous serez tenté de sortir, d'avoir un maximum d'occupations, de voir du monde, de draguer, vous avez besoin d'exister et de vivre. Vous deviendrez assez rebelle avec vos parents et parfois offensifs : il n'est pas rare qu'il y ait des « clashs » assez forts. Vous êtes par ailleurs potentiellement bagarreur (surtout si vous êtes un garçon). Il est absolument impossible de vous imposer une vie plate et insipide et de vous faire subir toute forme d'enfermement. Vous avez besoin de bouger ; le sport vous est indispensable et devient le meilleur des remèdes pour vous faire dépenser l'énergie abondante que vous avez à revendre !

Vous êtes souvent robuste, souvent naturellement musclé, avec une ossature forte. Par ailleurs, vous n'êtes pas frileux et peu sensible aux variations du temps malgré votre forte émotivité. C'est la résistance qui vous caractérise le plus ; vous êtes capables de vous entrainer, qu'il pleuve ou qu'il vente. Beaucoup de grands sportifs sont des actifs exubérants, puissants et athlétiques, comme les rugbymen, certains footballeurs, les catcheurs, les boxeurs, et beaucoup de joueurs en sport collectif d'une manière générale.

La force de votre caractère est dans votre extraordinaire vitalité, mais sa faiblesse se situe dans la dispersion et le gaspillage d'énergie. Votre côté primaire porte à la fois tous les dangers mais aussi toutes les qualités de votre caractère.

Vous êtes dans l'action, et même au cœur de l'action, ce qui vous rend parfois offensif. Mais si l'éducation que vous avez reçue vous a proposé des buts successifs et rapprochés, et vous a permis de comprendre comment vous fonctionniez en vous révélant à vous-même, alors vous avez appris à ne pas être esclave de l'instant, à être un peu plus patient, à accepter que pour être cohérent il faut savoir prendre le temps de se poser de temps en temps.

A défaut, l'impossibilité de savoir canaliser votre énergie, et parfois l'hyperactivité, associés à une éducation défaillante, auront pu vous entraîner dans des aventures malsaines, de la délinquance ou encore dans toutes formes de tentations parfois « perverses ».

Portrait de l'actif exubérant

Toujours en action, toujours occupé, impulsif, tels sont les premiers traits qui vous rendent facilement détectable. L'impulsivité est, comme la violence, une propriété commune à tous les primaires émotifs. Ce qui vous différencie principalement des nerveux est votre capacité à être toujours actif, que ce soit au travail ou dans la vie en général. Vous êtes également persévérant, ce qui vous rapproche des sanguins et des passionnés qui le sont eux aussi du fait de leur activité. Vous êtes susceptible, en raison de votre émotivité, mais avec une absence de rancune dans la mesure où vous ne restez pas longtemps sous l'effet d'impressions. D'ailleurs vous êtes avide de nouveautés et aspirez aux changements et aux résultats immédiats.

Gai, cordial et toujours de bonne humeur, il est à noter que, même si vous êtes vite réconcilié après un conflit, vous mettrez du temps à être consolé.

Cette joie de vivre vous tourne vers le dehors, vers la société, en vous détournant de l'introversion. Lorsque vous mentez, il s'agit d'un mensonge d'exagération. Cette tendance, qui apparaît alors comme une activité un peu trop poussée, doit se reconnaître dans les autres expressions de votre caractère : vous êtes bavard et démonstratif, il convient donc que vous ayez un maximum d'atouts pour vous faire remarquer ; le mensonge en fait partie.

La cordialité enveloppe souvent la vitalité, et celle-ci entraîne la force des satisfactions données aux besoins vitaux (plaisirs de la table et besoin de divertissement). Le côté hédoniste des colériques poussé à l'extrême donne aux plus gourmands d'entre vous cette forte tendance rabelaisienne à goûter toutes formes de plaisir, ce qui peut dessiner chez certains l'embonpoint qui va avec. Vous êtes de bons vivants et avez, en général, un corps solide et trapu.

Le sens pratique est aussi une de vos principales caractéristiques. Il se joint à la présence d'esprit et à votre côté inventif qui font de vous le plus adroit de tous les caractères, notamment pour les travaux manuels.

Vous êtes ambitieux, bien sûr selon votre milieu, votre éducation et d'autres facteurs sociaux, cette ambition sera plus ou moins visible et puissante. Cette ambition vous pousse à prendre la tête des autres, parfois par goût du pouvoir. C'est aussi la recherche des honneurs qui donnera satisfaction à votre sociabilité. Le faible retentissement vous laisse dans le présent, et l'émotivité n'est pas la raison d'un ébranlement qui secoue une inertie, c'est une occasion attendue et saisie d'une mobilisation de vos forces intérieures prêtes à se précipiter dans tout type d'action.

Vous êtes né pour agir et vous agissez ; bien des gens vous envient d'ailleurs : Ils convoitent votre allégresse et votre joie de vivre. Votre force est de vite oublier pour passer à autre chose ; vous oubliez les offenses qu'on vous a faites, vous vous remettez assez vite des deuils ou des séparations, cela vous permet, comme dirait R Le Senne, une certaine « *pitié active* » où l'émotivité s'adjoignant à l'activité vous tourne vers la générosité ; « *La secondarité n'intervient pas pour empêcher le premier mouvement, qui est cette fois le bon, et le changer en une action plus systématisée, mais qui peut être aussi une réaction plus égoïste* ».

Le goût du changement, la recherche des impressions nouvelles, le besoin de divertissements, en bref la primarité, pourra vous faire changer d'attachements, de partenaires et d'entreprises fréquemment ; mais si cela réduit votre bonté, cela ne la supprime pas, et tend même à la transformer en une large bienveillance. Tout au plus la primarité a cet inconvénient de vous livrer un peu trop au présent. Votre intégration à l'environnement est immédiate, et les échanges affectifs avec votre entourage sont rapides, contrairement aux secondaires. Vous vous attachez aux personnes plus qu'aux institutions. Témoin d'un accident, vous êtes le premier sur les lieux à secourir, rassurer ou appeler les secours. Vous êtes dévoué à vos voisins, à vos amis, et votre ardeur pour aider les autres devient de suite le ressort affectif d'un mouvement commun de vous vers l'autre. Vous êtes immédiatement syntone au groupe, à la foule, aux kermesses ou aux fêtes populaires. En discothèque ou en soirée, vous êtes parmi les premiers sur la piste à danser.

Société et politique

Le jour où une manifestation se déclenche vous êtes dans la rue avec pancartes et banderoles. Vous êtes confiant dans la nature et vous combattrez ceux qui vous semblent être en opposition avec vos idées. Vos préoccupations sont tournées vers les questions morales et politiques. Vous revendiquerez vos droits, sans ménager vos forces.

Si votre activité domine sur les autres propriétés, alors votre besoin d'action prendra le dessus sur tout autre intérêt. Suivant votre niveau de retentissement, l'action donne satisfaction davantage au besoin d'action ou davantage à la cause qui en constitue le contenu : cela facilite ou défavorise l'aisance avec laquelle vous changerez d'objectif.

Laurent Berger, Raquel Garrido, Jean-Luc Mélanchon (para-passionné), Aléxis Corbière ou encore Mathilde Panot, sont des caractères colériques de type « orateur politique » ; ce sont les nouveaux Mirabeau, Gambetta, Jaurès ou encore Danton qui eurent comme point commun une prédisposition aux auditoires populaires. Leur primarité les font se jeter dans les mouvements sociaux et leur donne une certaine capacité à s'adapter aux changements, mais toujours dans un style revendicatif. Tous ont le corps large et fort, une endurance relativement vigoureuse et la capacité d'enflammer de larges auditoires. De ces colériques *meneurs* se dégage une puissance contagieuse, ils savent communiquer leur élan aux autres. Ils ont la voix qui porte, et sont autoritaires. Mais ils sont aussi bien souvent cordiaux et aimés par leurs proches.

Certains sont capables d'être assez critiques et plus combatifs que positifs. Ce fonctionnement peut être lié parfois à l'effet momentané de conditions hostiles mais aussi souvent corrélé à un champ de conscience étroit, quand il est uni à une forte émotivité ou à une forte activité, ce qui aboutit souvent à la négativité des réactions. L'intérêt pour le combat politique aboutit alors au goût pour la polémique et ils se jettent alors dans le combat pour leur idéologie et contre le système, par principe.

Cela correspond à l'état d'esprit de Jean-Luc Mélenchon, dont ses qualités d'entraineur se joignent à ses réflexions théoriques, conditionnées par son exigence intellectuelle et morale qui font de lui un réformateur. Il s'intéresse moins à la conception morale qu'il préconise qu'à l'action doctrinale qui l'anime. Mathieu Bock Côté, essayiste de droite, se situe par contre dans le « camp » des moralistes en ce sens qu'il remonte à la morale d'où naissent les réformes. Du reste, il n'est pas homme politique mais journaliste. Sa thèse est une forme de prédilection pour les problèmes géopolitiques et sociaux. Son approche métaphysique montre que son caractère très actif tend très certainement vers celui des passionnés-para colériques, avec, du reste, une efficience intellectuelle vraisemblablement élevée.

Un de vos traits les plus caractéristiques est l'habileté immédiate avec laquelle vous saisissez le moindre événement survenant dans votre vie pour le rendre utile. Votre primarité vous enlève tout scrupule à réaliser les choses les plus incroyables, et agit comme un effet désinhibant sur votre vie. Autant le nerveux vibre dans son inaction, autant votre émotion, loin de gêner votre activité, la renouvelle et vous pousse à agir. Vous réagissez à une action improvisée, soumise à une intention d'assez courte portée mais menée efficacement. C'est ce qui donne votre performance au travail : vous ne négligez jamais les travaux imposés et effectuez de suite toutes les tâches que vous avez à mener.

En classe, vous preniez la parole facilement et étiez en mesure de débattre longuement avec vos professeurs, notamment dans les cours qui vous intéressaient. Cette prédisposition à tenir un auditoire se poursuit adulte, et c'est avec facilité que vous prendrez la parole, sans aucune peur ni crainte. Être bon orateur signifie être en capacité de précipiter la tension affective de vos auditeurs, tension que vous aurez vous-même contribué à faire grossir. Cela tient d'une part à l'aisance à sympathiser avec votre auditoire et, de l'autre, à un pouvoir d'irradiation affective qui rend vos sentiments contagieux et vous donne l'inspiration qu'il faut pour les faire ressentir aux autres.

Votre sympathie est souple et vous pouvez suivre toutes les variations de la sensibilité de ceux qui vous écoutent de manière à vous y adapter. Votre éloquence est entraînante alors si vous réussissez à dominer votre affectivité vous vous emparerez de l'affectivité de l'autre. Votre côté cordial vous rend par ailleurs rapidement aimable ce qui vous donne une carte en plus dans votre aptitude à conquérir l'auditoire.

Le besoin permanent d'activité

Votre sens de la démonstration vous montre les actions à faire et chacun des mouvements qui la constituent est un moteur.

C'est dans votre style oratoire que l'on s'aperçoit que les impératifs, les exclamations, les images ou les métaphores que vous utilisez font partie intégrante de votre façon d'être. La vivacité des émotions signifie chez vous de vives impulsions à l'action.

Ce qui vient s'ajouter à votre besoin d'action est l'impatience que vous avez qui se fond dans ce besoin d'action. On constate chez vous une sorte de précipitation à passer d'une action à la suivante, comme si la première était impuissante à satisfaire votre besoin d'action. C'est ainsi qu'à peine êtes-vous levé et habillé que de suite tout s'enchainera rapidement comme si le besoin d'activité vous intéressait plus que la fin même pour laquelle vous agissez.

Vous agissez pour agir, sans même vous préoccuper de savoir en vue de quoi vous agissez et si cela en vaut la peine. Vous faites partie de ces personnes dont on dit parfois « qu'elles agissent avant de réfléchir » ou « qu'elles parlent avant de réfléchir ».

Correspondance de votre physique avec votre vitalité

Corps robuste, épaules larges, ossature forte, poitrine ample, ventre puissant, tels sont les grands traits physiques classiques du colérique. Ce portrait s'accorde à la puissance de votre caractère. On retrouve ces traits également chez les autres caractères voisins qui tendent à s'en rapprocher ; les passionnés para -colériques par exemple où il semble y avoir une forme de solidarité entre la puissance de l'organisme et l'épanouissement du caractère. Le physique et le mental ne semblent faire chez vous qu'un seul et même individu.

Votre visage est coloré et vif, les yeux souvent assez grands et quelquefois saillants, votre voix est forte, souvent joyeuse, pleine de tonalités et d'intensité montante d'autant plus lorsque vous serez ému. Cette force physique n'est pas tyrannique, elle est souvent serviable et toujours bienveillante.

Vous savez vous faire aimer au point d'entrainer avec vous tous les autres caractères même les plus timides. Avec cette richesse naturelle vous ne pouvez pas ne pas ressentir les exigences de votre corps et désirer la satisfaction de ses besoins. Vous avez de l'appétit et aimez manger pour le plaisir de manger.

Parmi vous se trouvent les plus grands gastronomes, les restaurateurs de renom, les chefs cuisiniers, les bouchers ou les charcutiers, les traiteurs ; la majorité de ces gastronomes dépassant le « quintal » et « qui unissent à leur puissance physique le goût raffiné des plaisirs de la table » comme le souligne R Le Senne : « *Ils aiment et savent boire ; et les plus purs de ces colériques typiques n'ont pas besoin de se forcer pour devenir rabelaisiens, car la truculence n'est que le mode verbal d'expression de leur expansivité naturelle* ».

Vous portez la même vigueur dans votre vie sexuelle dans laquelle vous vous jetez toujours avec ardeur. Vous n'arriverez à vous attacher à l'autre qu'à proportion de votre secondarité, qui, la plupart du temps n'est pas la prédisposition qui vous caractérise le plus.

Vie en société et sociabilité

Le groupement de l'émotivité avec l'activité vous rend aimable et bienveillant. D'une façon générale, les primaires sont tous portés vers autrui, la primarité agissant pour la multiplication des rapports avec les gens qui vous entourent. L'émotivité en soi ne créé pas la sympathie avec les autres ; en effet, les sentimentaux, bien qu'émotifs, sont de loin les plus solitaires. Par ailleurs, un sanguin, primaire et actif, appréciera le monde mais la sincérité des relations est perturbée par sa non-émotivité, donc sa froideur. Ce n'est pas le cas de l'actif exubérant car son émotivité ajoute de la chaleur à sa sociabilité, ce qui favorise l'élargissement des relations sociales. Enfin, en comparaison avec le caractère passionné, qui lui aussi vit à travers la société et apprécie grandement les relations humaines, le colérique sera moins autoritaire.

Votre affectuosité est d'autant plus grande que la largeur de votre champ de conscience atténuera l'impétuosité de votre action et vous rendra plus rapidement sensible à l'environnement. Souvent la « sauvagerie » des sentimentaux, le côté « coincé » des flegmatiques ou l'égoïsme des nerveux auront du mal à s'accorder avec votre bienveillance et votre extraversion. Mais cela est aussi réciproque ; les introvertis vous reprocheront votre côté trop bavard et envahissant ; le sentimental ne supportera pas toujours votre « grande gueule » et la quantité d'air que vous êtes capable de brasser, quand pour le même résultat parfois il consommera deux fois moins d'énergie ! Pour vous la société est une nécessité et vous êtes le plus sociable de tous les êtres humains. Vous êtes un fin improvisateur c'est-à-dire capable d'être à l'initiative de tout un tas de chose. L'impatience de découvrir des nouveautés est lié à votre primarité qui entretient le besoin de renouvellement sans lequel vous vous ennuieriez. C'est cette impatience du changement qui aboutit à ce besoin de révolution permanente et, en même temps, peut créer une vision négative du passé, parce que vous pensez toujours que l'avenir peut être meilleur. Dans cette perspective vous êtes capable de mobiliser toutes vos forces au profit de l'action. Cette mobilisation est rapide et efficace.

Sur un plan créatif, si votre efficience s'associe à l'action alors vous êtes capable de réaliser de grandes choses. C'est aussi ce qui favorisera votre sens pratique et votre côté « débrouillard » et la souplesse avec laquelle vous saurez vous adapter aux circonstances. Toutefois, votre quête de nouveauté sera l'ennemie de la persistance avec laquelle vous mènerez vos projets. Le manque de méthode peut aussi être un frein à l'aboutissement de vos objectifs.

Vous êtes un entraineur né

Une de vos forces est d'être capable d'entrainer les autres vers l'action. Lorsque vous êtes dans un groupe, vous en devenez rapidement le moteur.

Vous recherchez souvent la popularité mais celle-ci s'acquiert en servant d'exemple, en se faisant suivre par les autres. Le danger est finalement que vous finissiez par chercher cette popularité pour vous-même. Vous savez passer facilement du stade d'hyperactif au travail au mode détente d'une relation privée. Vous savez jouer plusieurs rôles, selon les fonctions que vous exercez ; moniteur, entraîneur, chef de groupe, politique ou bénévole associatif. Dès que, quelque part, vous avez l'occasion de vous impliquer dans une action commune, vous apportez toute l'énergie nécessaire pour faire avancer le groupe. Les idées en elles-mêmes vous intéressent moins que l'action en tant que telle. Ainsi vous ne cherchez pas à approfondir vos spécialités mais à les relier avec les autres activités humaines dans le sens que vous dicte votre morale.

Si un colérique fait partie de votre entreprise et se trouve subordonné à votre responsabilité, il s'agit juste de lui montrer comment agir. Il n'est pas nécessaire de lui démontrer le « pourquoi » mais le « comment ». Le colérique dispose de plus de souplesse que n'importe quel autre caractère et sait évoluer pour se rétablir dans une situation nouvelle parce qu'il se situe dans le temps présent. Bien souvent, vous manifesterez votre sensibilité aux émotions qui vous entourent et réclamerez ou proclamerez votre indépendance qui est le droit de changer, de bouger et d'agir. Vous pourrez ressentir une sorte d'emballement par exemple au moment des examens où vous ressentez une sorte de force en vous qui vous donne une énergie considérable nécessaire pour vaincre toute situation.

Cette faculté à dépasser les évènements est à l'origine de votre optimisme à toute épreuve. De tous les caractères, vous êtes le plus à même de vaincre les obstacles. Puisque vous n'attendez rien des autres, en dehors de la faveur d'un instant, vous êtes capable d'idéaliser tous les moments de votre existence.

Le sens pratique est enfin un de vos atouts considérables, corrélé bien entendu à votre forte activité ; il vous permettra de réussir dans la vie, tout en sachant que, si vous échouez, c'est souvent par manque de patience et de réflexion, plus que de motivation et d'énergie.

Fiche synthétique du Colérique (Emotif/actif/primaire)

Émotivité :

> Très démonstratif, gai et vif (heureux de vivre, toujours souriant)
> Assez facilement excitable
> Vite emballé (s'échauffe, jure, est insolent à l'occasion)
> Aime inventer des histoires sous le feu de l'imagination

Activité :

> Dépense beaucoup d'activité et d'énergie (gesticuler, courir, sauter, travailler avec ardeur, mobile et affairé)
> peu indécis, audacieux et entreprenant
> Toujours au travail (mais varie les occupations)
> S'occupe même pendant les moments de détente
> S'acquitte sur-le-champ d'une tâche qu'on lui demande
> L'obstacle devient une raison de persévérance
> Précipitation à passer d'une action à la suivante (avec tendance à expédier la première besogne)
> Sa variabilité d'humeur se condense vite en actions

Primarité :

> Se libère aussitôt d'impressions pénibles
> Amateur de tous les changements
> Supériorité dans l'improvisation, mais infériorité dans l'organisation
> Bien que reconnaissant volontiers ses fautes, ignore le remord
> Insouciant et optimiste (persuadé que tout s'arrangera au mieux, confiant dans son aptitude à vaincre l'obstacle), facile à convaincre
> Est sujet à des mouvements d'opposition, alternant avec des phases de docilité ou d'attendrissement

Égocentrisme. Allocentrisme :

> S'efforce de se faire remarquer, se rengorge quand on parle de lui, facilement content de soi

Fiche synthétique du Colérique (Emotif/actif/primaire)

> Autoritaire (meneur, entraîneur, mais sans dureté) mais volontiers compatissant et secourable (mais son action est peu efficace et peu puissante généralement)
> Très grande confiance dans les autres
> Se laisse facilement tromper (prête à des amis qui ne rendent pas, croit ce qu'on lui promet, même s'il a déjà été dupé)
> Échanges affectifs rapides avec l'entourage

Intelligence :

> Comprend sans peine les idées nouvelles, intelligence rapide (volubilité, sens de la répartie) mais superficielle (verbosité, incohérences), use peu d'esprit critique
> Talents certains pour l'imitation des autres (mimer une scène, parler comme un personnage, réciter un poème avec expression, comprendre les sentiments des personnages dans une lecture), souvent ingénieux
> Met avant tout son intelligence au service de son action, mais sans calcul. Manque de vues d'ensemble, d'où ses opinions contradictoires

Moralité :

> Tendance au mensonge par exagération (bluff)
> Use parfois du compliment ou de la flatterie pour parvenir à ses fins (mensonge savant), tient difficilement ses promesses

Autres traits :

> Allégresse à vivre, fait preuve de beaucoup de présence d'esprit
> Forte agressivité contre les choses comme contre les êtres (bouscule ou renverse l'obstacle plutôt qu'il ne le tourne, violent parfois)
> Tendance à tout idéaliser
> Généralement assez indiscipliné (tient difficilement en place), parle avec une voix forte, très extraverti
> Doué pour l'expression verbale, généralement adroit dans les travaux manuels, tendance à la gourmandise et même à la gloutonnerie

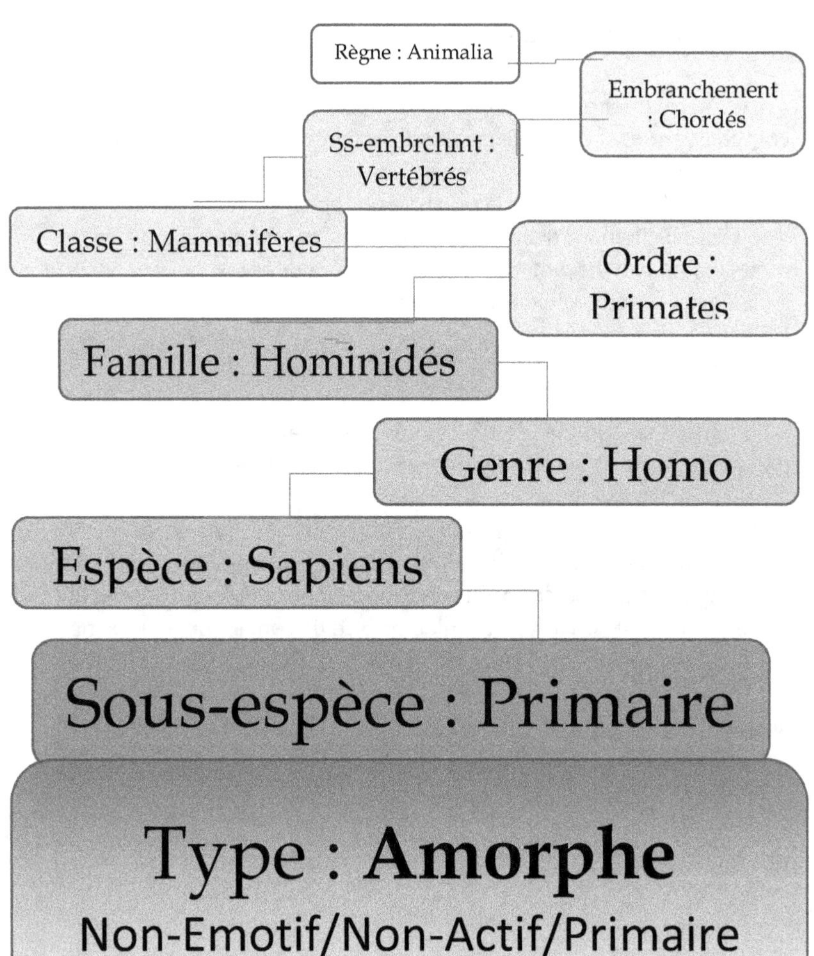

Règne : Animalia
Embranchement : Chordés
Ss-embrchmt : Vertébrés
Classe : Mammifères
Ordre : Primates
Famille : Hominidés
Genre : Homo
Espèce : Sapiens
Sous-espèce : Primaire
Type : Amorphe
Non-Emotif/Non-Actif/Primaire

L'amorphe (Non-émotif/ non-actif/primaire)

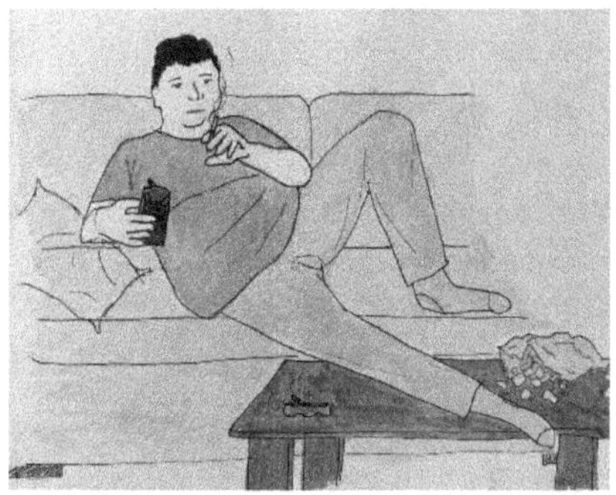

Le seul signe distinctif qui ne trompe pas est votre paresse. Vous êtes partisan de l'éternel statu quo. Elle domine l'ensemble de vos traits caractériels et leur donne cette composante essentielle. Votre paresse ne dispose d'aucun masque contrairement au nerveux dont l'émotivité « habille » en quelque sorte son manque d'activité.

Nous ferons un point assez bref du caractère « amorphe », tout au moins en ce qui concerne les vertus de ce caractère. Nous allons l'étudier parce qu'il représente toutefois une partie de la population et il est intéressant, si vous êtes parents, que vous soyez en mesure de comprendre l'éducation que vous devriez donner à un enfant qui rentrerait dans ces caractéristiques. Mais il est vrai que ce caractère a été fort peu étudié par les caractérologues du 20ème siècle, dont nous sommes pourtant obligés de nous inspirer, à défaut de disposer d'autres sources actuelles en caractérologie.

Tout d'abord il convient de distinguer ceux d'entre vous qui disposent d'un peu plus d'émotivité que les autres, qui sont les amorphes para-nerveux, de ceux dont le moteur est plus en rapport avec l'activité même, qui sont les amorphes para-sanguins.

Sur l'aspect « morphologique », il est important de noter qu'il n'y a aucun rapport physique avec le caractère apathique, bien que la seule différence qui vous oppose soit sur le plan du retentissement. Le visage est plutôt rond et bien rempli, de type « dilaté ». Une certaine « gaîté placide et une satisfaction béate », souligne André LE GALL. Autant le visage de l'apathique se ferme aux effluves du monde, autant celui de l'amorphe se distingue par tous ses sens largement « *ouverts et gourmands* », lui donnant l'impression d'accorder son être « *au rythme de l'ambiance, et de vivre avec une large illusion de plénitude* ».

Enfance, scolarité et éducation

Enfant, vos caractéristiques physiques sont à peu près ce que l'on décrivait à l'époque du « lymphatique » ; une croissance régulière et assez « molle », sans ressort et sans bruit, mais pour lequel il faut noter quelques problèmes de santés précoces. Les maladies de l'enfance peuvent laisser « *quelques séquelles assez sérieuses* », souligne André LE GALL.

Si vous êtes de type « para-nerveux », votre croissance et vos traits principaux ressembleront peu ou prou à ceux du caractère nerveux. Si au contraire vous êtes un peu plus actif qu'émotif, alors c'est une plus grande ressemblance avec le caractère sanguin dont vous bénéficierez ; une croissance assez régulière, mais qui glisse rapidement vers une prédisposition au surpoids. Votre propreté sera assez lente à établir et vos premiers pas et vos premiers mots seront assez tardifs. Vous avez cherché plus facilement la douceur des bras maternels, et l'envie de sucer votre pouce a été forte, comme une première tendance à la dépendance à une sexualité indisciplinée qui vous rend dépendant. Votre croissance et votre puberté se sont faites sans encombre avec toutefois, de manière assez constante, une forte prise de poids liée à une inactivité assez « pénalisante » pour votre corps.

La paresse correspond à une faiblesse plus ou moins accusée de la tension psychologique. Si vous êtes un peu moins actif et plus émotif, votre paresse est prédominante : vos profs auront entendu des « *ça ne me dit rien* » ou encore des « *j'en ai marre* » de votre part ; toutes les activités à l'école ont été réduites par une incapacité à fournir un effort et un manque de conscience au travail. Si vous êtes plus proche du sanguin, alors vos paresses ont été plus inégales, en fonction des matières qui vous plaisaient ou non ; vous avez pu vous acquitter docilement du travail imposé à condition qu'il ait été demandé par une autorité solide. Par contre le fait de vous cultiver ou de vous informer de l'actualité est resté sans effet ; quel est le nom du premier ministre ? où se trouve le Mozambique ? Quelle est la capitale de la Mongolie ? Vous n'en n'aviez absolument aucune idée. Vous vous contentiez juste d'apprendre éventuellement la leçon du jour, sans faire vraiment le rapprochement entre la leçon d'hier et celle d'aujourd'hui, votre mémoire ne fonctionnant qu'au jour le jour. Mais si le système est ainsi fait, d'interrogations et de révisions, c'est peut-être parce que les classes sont peuplées d'élèves qui ne trouvent que peu d'intérêt à l'apprentissage de la culture générale ?

C'est ce que soulève en tout cas André LE GALL qui souligne par ailleurs la très forte propension à « *remettre au lendemain ce que l'on peut faire le jour même* » qui concernerait presque la totalité des élèves « amorphes » : les devoirs donnés il y a plusieurs semaines sont toujours faits la veille et remis à la dernière heure, ce qui permet notamment de pouvoir « emprunter » le travail de ceux qui l'auront fait ou de se faire aider par les parents, après avoir prétexté être complètement « débordé » par les devoirs à la maison.

Un enfant amorphe peut avoir des résultats satisfaisants en français et en langues et pourra réussir en travaux pratiques. Il n'est pas perturbé par son émotivité et saura participer en classe de temps à autre. Les matières plus « complexes » comme les sciences seront par contre mises de côté.

Quelle méthode adopter pour que l'enfant « non-actif » de type amorphe puisse suivre à l'école ?

Tout d'abord, il est essentiel de proscrire toute autorité rigide, mais du reste ceci est valable pour tout type de caractère. Il faut chercher à stimuler l'activité de l'enfant en lui faisant réaliser par lui-même un maximum de choses. Signaler à l'enfant son goût pour l'inaction et la négligence qu'il met à faire son travail et sa tendance à retarder l'échéance est le premier point. Le deuxième consiste à intégrer l'enfant, car de lui-même il sera incapable de trouver des occasions d'efforts. Il ne faut pas oublier que l'enfant amorphe dispose d'une certaine énergie qu'il aura tendance à mettre à profit dans les jeux. Or, le jeu est collectif ; aussi cette prédisposition à l'extraversion doit être le levier qu'il faut actionner pour l'orienter vers le travail collectif. L'enfant amorphe n'est jamais à l'initiative des jeux mais est toujours suiveur : c'est donc ainsi qu'il faut envisager le travail scolaire en le stimulant dans des activités de groupe. Cet enfant inactif pourrait alors devenir actif parce que le collectif l'aura soulevé au-dessus de lui-même. Au lieu de s'entendre dire à longueur de journée « *tu es vraiment mauvais ou bon à rien* », l'enfant trouvera sa place dans le groupe et ne voudra pas faire déchoir ses camarades ; il se prouvera à lui-même que s'il veut il peut et que si on l'encourage il est capable de faire aussi bien que les autres.

Pour ce type de caractère, il conviendrait d'abandonner les leçons abstraites au profit du concret et du vivant : travaux pratiques, travail en groupe et sport collectif, puis stages en entreprise et alternance, formation plus technique et concrète que théorique et abstraite, afin d'en faire une personne apte à aborder plus tard la vie active avec un maximum d'atouts dans son sac.

Mais il est probable que cette forme (ou réforme) du système scolaire conviendrait aussi à d'autres types de caractères.

Les grands traits du caractère amorphe

Ce qu'indique R Le Senne à propos de votre caractère, est que votre paresse freine la réalisation de toute action, même si votre intelligence est supérieure. C'est pour cette principale raison que vous resterez en dessous des situations que votre intelligence vous aurait permis d'atteindre. « *La difficulté d'agir est la cause qui les maintient dans les régions les moins élevées de la société s'ils ne se trouvent avoir reçu de leur famille les moyens d'une existence plus large* ». L'environnement familial sera soit un moteur, soit une spirale qui vous entrainera vers le bas. La deuxième tendance la plus forte est « *la dépendance aux intérêts organiques et égoïstes* ». Ce qui soulève en temps normal l'individu au-dessus de ses possibilités sont les puissances de son caractère : l'émotivité éveille le désir, l'activité fait chercher les moyens de satisfaire ses désirs, et la secondarité fait passer des déterminations isolées aux systèmes abstraits ou concrets. Toutes ces puissances vous manquent : vous êtes donc « attiré » plus bas et vous devez vous soumettre à cette inertie qui empêche votre « moi » de se maintenir et de se développer. *

*C'est pour cela que vos intérêts égoïstes et votre attirance pour une sexualité « facile » sont élevés ; c'est ce que les caractérologues appellent « intérêts organiques ». L'appétit en fait partie, et d'ailleurs la nuance que fait André LE GALL est significative ; autant les sanguins prennent un plaisir positif et vivace à manger, autant les amorphes « *s'emplissent l'estomac* ». Les sanguins, actifs, songent à l'apport que représente leur nourriture dans un objectif de dépense d'énergie imminent alors que les amorphes n'auront pour seul souci que de digérer ce qu'ils ont ingurgité car, même rassasiés, ils absorbent encore. LE GALL ajoute aussi la forte et précoce dépendance aux boissons ou à la cigarette, pour assouvir « *un plaisir nu et sensuel* » aux prédispositions que vous avez de répondre à vos besoins primaires.

Ajoutons aussi cette tendance au conformisme qui s'explique très simplement par une tendance « versatile » à suivre le courant comme il vient. L'extraversion agit comme un levier à se laisser influencer par les pensées dominantes en cherchant à tout prix à faire comme les autres. Ce n'est pas une propriété exclusive des amorphes mais plus globalement des caractères primaires extravertis.

Cette prédisposition au conformisme social touche les jeunes, et ce, bien avant l'adolescence. Il n'y a, à ces âges, que peu d'enfants capables d'oser sortir des effets de mode contraignants et clivants ; nous reviendrons plus tard dans une étude plus longue sur le conformisme caractérologique et ses impacts.

Le manque de sens pratique est bien ce qui va distinguer l'amorphe pur du sanguin ou de l'amorphe para-sanguin. La primarité vous soumet à l'excitation du moment mais l'inactivité, déchargée de toute émotivité, vous livre à l'indécision qui ne peut pas être contrecarrée par l'intensité émotive ou par l'activité. Ce manque d'activité associé au manque de sens pratique vous pousse au gaspillage et à une certaine négligence dans vos dépenses du quotidien. Si vous êtes un « amorphe » un peu plus actif que la moyenne, alors un de vos traits dominants sera de disposer d'une bonne maîtrise de vous-même, en apparaissant comme quelqu'un de posé et de calme. Cela vous donnera l'avantage d'être moins facilement découragé, d'être tolérant (tolérance liée à votre indifférence) mais aussi moins facile à convaincre. La ponctualité est loin d'être votre préoccupation majeure, tout comme votre sentiment d'appartenance à un système social, votre fièvre patriotique ou vos croyances.

Notons pour finir sur une note positive que votre émotivité faible vous procure une certaine impunité par rapport au danger et un don certain pour la musique et le théâtre. En effet grâce à la diminution des puissances de votre caractère vous êtes relativement souple à l'égard de toute suggestion. Les signes d'une portée sont lus aisément (la composition d'un morceau requiert par contre une émotivité qui vous fait défaut) et votre malléabilité renforce votre sens de l'esthétisme, aptitude indispensable à tout comédien. C'est votre défaut de spontanéité qui devient ici une vertu.

Fiche synthétique de l'amorphe (non-émotif/non-actif/primaire)

Inémotivité :

> Insensible aux stimulants affectifs, assez peu bavard
> Peu démonstratif, froid et objectif
> Généralement courageux devant le danger (parce que ne le « sent » pas)
> Affiche une gaîté placide, peu de blessures affectives

Inactivité :

> Tendance très nette à la paresse (aime le laisser-aller, n'essaie pas de donner le change sur son inactivité, ne travaille que sous la contrainte)
> Porté à ajourner certaines actions
> Souvent indécis (manque de courage et de volonté pour vaincre son inertie, cherche la solution la plus économique)
> Manque de sens pratique
> Volontiers amateur de sports ou de jeux sportifs collectifs (seule apparente contradiction dans tout son comportement paresseux)

Primarité :

> Ne pense qu'au présent et aux résultats immédiats (insouciant, ignore la rumination mentale), épris d'impressions nouvelles
> Attitude passive envers l'instant présent et peu persévérant

Égocentrisme. Allocentrisme :

> Foncièrement égoïste, peu soucieux de sa réputation, ne se préoccupe nullement des opinions et des croyances des autres (indifférence à la souffrance des autres)
> Aucune aptitude pour le compliment, ignore la serviabilité
> Ne cherche nullement à dominer (se laisse entraîner, avec son inertie chronique ; accepte les jeux sans les organiser lui-même)
> Silencieux et renfermé, mais aime suivre les entraînements collectifs (chahuts, nouveaux jeux « à succès », modes)

Fiche synthétique de l'amorphe (non-émotif/non-actif/primaire)

Intelligence :

> A des aptitudes intellectuelles capables de varier (peut bien réussir parfois dans une spécialité, parfois dans une autre)
> Intelligence faible (idées sans ordre, peu de clarté dans ce qu'il explique). Ne lit pas, n'observe rien, n'interroge pas les autres
> Aucun effort, dans quelque domaine que ce soit, pour meubler son esprit
> A une forme d'intelligence étroite (vétilleux), et est mauvais observateur
> Faiblesse chronique en mathématiques et en français (inapte à l'abstraction)
> Manque d'exactitude verbale (économie de paroles, phrases inarticulées, emploi abusif de mots passe-partout)
> S'intéresse seulement aux opérations pratiques et utilitaires

Moralité :

> Assez peu ponctuel, sujet au mensonge intéressé et à l'hypocrisie (ment calmement, pour des motifs médiocres)
> Très peu honorable
> Fait preuve d'un optimisme béat

Autres traits :

> Tout à fait entêté (par inintelligence ou par répugnance à s'avouer battu, fait preuve d'un entêtement passif)
> Désordonné au maximum (emprunte facilement des objets à autrui)
> A des aptitudes pour l'art et la musique (réciter une poésie, mimer une scène, interpréter un morceau de musique)
> Peu d'aptitude pour le dessin (gestes gauches et maladroits)
> Assez peu soucieux de sa propreté
> Volontiers gaspilleur, se tient mal (affalé ou vautré)
> Asservi aux besoins organiques (notamment lent et gros mangeur)

Naissance et substructure des hauts potentiels intellectuels

Beaucoup de sources sont disponibles sur le sujet des hauts potentiels, HPI, HPE, surdoués, zèbres ou encore sur-efficients intellectuels par le biais de livres, ou de vidéo sur les réseaux sociaux… Initialement, les surdoués étaient qualifiés de la sorte lorsque l'on tenait compte de leurs QI, supérieur à la moyenne. Les avis divergent encore à ce sujet à tel point que certains spécialistes donnent leurs propres définitions pour qualifier quelqu'un disposant d'une intelligence supérieure. Mais nous reviendrons sur la façon de qualifier un « surdoué ».

Par extrapolation, certaines personnes de nature hypersensible peuvent se retrouver dans la description du surdoué : en effet certains points communs sont incontestablement flagrants et bien présents comme l'intelligence dite « émotionnelle » ou « sociale » ou la forte sensibilité. Des nuances existent par ailleurs entre les hauts potentiels à forte sensibilité et ceux qui fonctionneraient plus sur un mode « cérébral » ; on parle là respectivement de HPE et de HPI, mais le tronc commun reste unanimement reconnu.

Le haut potentiel, le zèbre, le surdoué a une forme d'intelligence à part et des particularités exceptionnelles dans le sens où elles se détachent des formats standards et des moyennes constatées chez les « normaux-pensants ».

Fonctionnement et comportement de l'enfant « haut potentiel »

Le premier signe est la facilité avec laquelle, enfant, vous étiez capable de traiter l'information ; vitesse de compréhension et raisonnement élevé. Vous comprenez rapidement et facilement les nouvelles idées et les concepts. Vous n'aimez pas les tâches répétitives ni la routine.

Le langage est élaboré et l'apprentissage de la lecture est généralement facile ou spontané. Vous avez une grande capacité à soutenir l'effort intellectuel. Vous n'êtes pas intimidé par le volume d'un livre et le lisez jusqu'au bout sans problèmes. Mais comme vous avez l'habitude que tout soit simple, l'effort intellectuel peut vous rebuter si la tâche ne vous plaît pas. Votre curiosité est forte et vous pousse à perpétuellement vouloir apprendre de nouvelles choses, en creusant bien au-delà des cours dispensés à l'école. Vous posez beaucoup de questions d'ordre existentielle ou métaphysique. Vous puisez dans la bibliothèque de vos parents pour en soustraire encyclopédies et dictionnaires afin d'y découvrir la mythologie, la préhistoire, les climats et les secrets du corps humain. Vous voulez tout faire et réussir tout seul. Vous devez approfondir vos réflexions et avez besoin de tout comprendre. Il faut que tout ait un sens. Vous aimez la complexité, les jeux de stratégie, les jeux de société, les histoires abracadabrantesques.

Votre mémoire à long terme est très performante, grâce à une récupération facile et rapide de l'information. Cette mémoire fonctionne de manière particulièrement efficace lorsque vous êtes motivé et intéressé par le sujet. Enfant, vous mémorisiez par associations d'idées et vous étiez particulièrement sensible au contexte émotionnel notamment celui donné par votre instituteur.

La plupart du temps vos perceptions sensorielles sont amplifiées et intensifiées ; votre odorat est possiblement développé, vous distinguez plusieurs sons en même temps, la lumière est trop vive dans les magasins, l'étiquette de votre pull vous gratte ou la laine vous irrite la peau. Cette acuité sensorielle permet un ressenti fin et subtil de votre environnement.

A l'école, vous pensez rapidement et les idées s'enchainent. On a parfois du mal à vous suivre. Votre capacité d'abstraction est forte vous permettant de faire des généralisations et des associations d'idée vous conduisant à procéder par analogie et à employer des métaphores facilement. Votre intelligence intuitive vous amène à trouver des solutions sans pouvoir parfois démontrer vos résultats. Vous avez bien souvent du mal à organiser vos idées et vous vous perdez dans de longues explications parfois hors sujet. Votre vision décalée de la logique commune vous amène à trouver facilement des solutions alternatives auxquelles personne n'a pensé. Vous faites preuve de créativité et d'un sens de l'imagination parfois hors pair.

Vous pouvez donner l'impression d'être assez lent dans certains domaines. Tout travail nécessitant un raisonnement vous amène à envisager moult possibilités entrainant des aller-retours que vous faites d'une idée à l'autre ; c'est la raison pour laquelle vous pouvez avoir de la difficulté à faire des choix. Ce n'est pas de l'indécision, mais de la réflexion. Vous êtes souvent capable de faire plusieurs choses en même temps. Parfois même, la simultanéité des taches vous aide à focaliser votre concentration sur chaque chose et vous permet d'éviter la routine et la répétition. Il vous faut varier les plaisirs et quoi de plus désagréable que de devoir répéter les choses, n'est-ce-pas ?

L'enfant haut potentiel peut percevoir de façon très intense une grande quantité d'informations au même moment : tout est perçu de manière amplifiée. Cette acuité intellectuelle et sensorielle peut entrainer une intensité émotionnelle et affective qui marquera à jamais votre personnalité.

Dès lors, pourront se développer en vous une forte lucidité sur votre environnement et une grande empathie. En contrepartie, vous avez pu mettre en place un mécanisme de défense, ou un « faux-self » qui laisse transparaître une forme d'insensibilité en apparence, et parfois de l'irritabilité, une hypervigilance, des émotions constantes que, par moments, vous ne saurez extérioriser. Des préoccupations anxieuses et des troubles du sommeil viendront perturber votre quotidien. Nous détaillerons dans un chapitre suivant les différentes réactions défensives que l'enfant surdoué peut potentiellement mettre en place, notamment quand l'environnement familial n'est pas à la hauteur pour élever cet enfant : le développement de différentes réactions défensives telles que les troubles du comportement, les troubles de la personnalité, les tics et les tocs, le bégaiement, les conduites d'évitement, le perfectionnisme excessif se mettront alors en place.

Les principales caractéristiques du haut potentiel adulte

Le mécanisme du sur-efficient intellectuel définit une intelligence qui permet plus rapidement de faire des liens entre les choses, les évènements, les pensées, grâce à une connexion rapide. Les pensées font l'objet de transmission de liens dits en « arborescence », une idée entraînant d'autres idées qui elles-mêmes ouvrent l'esprit à encore d'autres réflexions, alors que le mode de pensée chez la plupart des personnes est de type linéaire (on l'estimerait à plus de 80 %).

Cela implique que les idées s'enchaînent les unes après les autres, c'est-à-dire sans que le champ de conscience ne soit totalement envahi par une multitude d'objets, ou, plus précisément, le champ de conscience est investi par les pensées mais ces dernières restent « fertiles ».

Précisons que le haut potentiel n'est pas synonyme de supériorité mais bien de différences quantitatives et qualitatives du fonctionnement cognitif, affectif et parfois sensoriel. Mais il s'agit ici d'une différence « en dehors de la norme ». C'est-à-dire en dehors de la moyenne, de la majorité de la population. Alors que les neurotypiques sont la norme, les neuro-atypiques de type hauts potentiels se situent au-delà des moyennes sur bien des aspects.

Un QI performant

Le Qi du haut potentiel intellectuel est généralement plus élevé que la norme, c'est-à-dire que la moyenne calculée de l'ensemble de la population de référence. Il se situerait aux alentours de 130. Certains spécialistes considèrent qu'à partir de 120-125 de QI nous pouvons parler de haute potentialité, tout en sachant que l'intelligence globale ne peut être quantifiée par un seul test de QI. Toutefois il est important de préciser que, fut un temps, la seule mesure était bien le test de QI, évalué sur un plan psychotechnique. Mais il s'agit d'un fonctionnement qui dépasse les tests d'intelligence. Aussi, le QI ne serait pas toujours plus élevé chez le surdoué que chez certains « normo-pensants » intelligents, mais nous reviendrons sur ce point essentiel.

Les résultats aux tests pourront souvent être hétérogènes. Cela veut dire que le surdoué répondra correctement à certains tests quand il échouera par ailleurs à d'autres évaluations. C'est ainsi que certains différencient ce qu'ils appellent le « haut potentiel intellectuel » où le QI serait supérieur à la moyenne (HPI), et se situerait vers 130 alors que l'on parle de « haut potentiel émotionnel » (HPE) lorsque le QI est dit supérieur à la norme sans qu'il y ait « officiellement » de minimum absolu requis, à cela près que l'intelligence calculée doit être largement supérieure à la moyenne de la population de référence. Cette analyse fait par ailleurs débat.

L'intuition forte du surdoué

La grande particularité des personnes ayant un fonctionnement de type « surdoué » est d'avoir le sentiment de ne pas être comme les autres, d'être différent, voir même en décalage avec la société. Si vous êtes surdoué vous percevez que vous n'êtes pas en phase avec le monde qui vous entoure et, en retour, le monde vous renvoie ce même message. Les impressions multiples que vous recevez vous donnent un sens critique de ce que vous percevez. Votre capacité de synthèse vous amène directement à des « raccourcis » de manière intuitive : Aristote disait : « *Le syllogisme est un raisonnement où, certaines choses étant prouvées, une chose autre que celles qui ont été accordées se déduit nécessairement des choses qui ont été accordées* ». Vous avez la capacité de synthétiser plusieurs informations en une conclusion logique intuitive, sans nécessairement pouvoir reproduire la démonstration du cheminement de votre pensée globale.

Le mode intuitif est inconscient. C'est la faculté de ressentir sensoriellement et émotionnellement les choses, les êtres, les sentiments. L'intuition vous permet d'accéder à une compréhension intellectuelle du monde et des interactions entre les objets. L'inconscient ne passe pas par le raisonnement mais par des canaux sensoriels et émotionnels : il suffira souvent d'une image, d'un son, d'une sensation, pour percevoir la situation entière et trouver instantanément la réponse adaptée ou la réaction à avoir face à un évènement. Ainsi, le mode intuitif ne fonctionne pas quand on lui demande de tout détailler. L'intuition prend le dessus sur le conscient parce qu'elle est libre de toute pensée consciente. Nous verrons plus loin pourquoi l'ampleur du champ de conscience est la source de la pensée intuitive.

L'hyper-perception vous permet de ressentir comment les autres vont agir ou se comporter. C'est « *une certitude limpide sur la vie, sur l'avenir, de celui qui est en face de lui, produite à la fois par l'analyse fulgurante et instantanée de multiples paramètres, condensés en un éclair, une déduction intuitive* », comme le souligne Jeanne Siaud-Facchin » dans son livre « *Trop intelligent pour être heureux ?* » (Ed Odile Jacob).

Ce mode de réflexion intuitif est un mode global de pensée. Vous savez que vous avez la réponse, mais vous ne savez pas forcément expliquer le cheminement de votre pensée. Vous avez d'ailleurs la réponse avant les autres grâce à l'analyse globale des données, la compréhension des choses, et la synthèse que vous avez pu obtenir en recoupant tous les éléments de votre réflexion. Ce mode intuitif procure une forme de lucidité hors du commun. Votre intelligence permet d'analyser les données et, associée à l'hyper-réceptivité émotionnelle qui absorbe toutes les émotions ambiantes, elle vous procure une lucidité sur le monde et sur les autres qui devient tellement puissante qu'elle peut être difficile à accepter voire douloureuse. Douloureuse, car vous percevez chez les autres ce que vous ne devriez pas toujours voir.

Le sentiment de décalage

Vous exprimez un sentiment d'incompréhension de la société telle qu'elle est ou telle qu'elle est devenue. Vous êtes différent des autres qui sont, souvent, les principaux éléments perturbateurs de votre quotidien. Ce fossé qui vous sépare du reste du monde peut engendrer des problèmes d'adaptation comportementale et relationnelle, un enfermement et, in fine, une altération de l'estime de soi. La plupart du temps vous ne savez pas que vous êtes surdoué et toute votre vie vous vous demanderez pourquoi les autres sont si froids, si peu à l'écoute, si méchants, si pervers, si égoïstes, et pourquoi vous avez le sentiment que tout repose sur vos épaules, que l'autre ne vous comprend pas et que vous ne le comprendrez jamais non plus.

Enfant, vous demandiez « pourquoi ? ». Pourquoi je dois aller à l'école alors que je sais déjà ma leçon ? Pourquoi dois-je boire alors que je n'ai pas soif ? Le sentiment de décalage, c'est ne pas être dans le « bon » tempo comme le souligne Jeanne Siaud-Facchin ; « *En avance, il va souvent beaucoup, beaucoup plus vite. Pour percevoir, pour analyser, pour comprendre, pour synthétiser* ». Votre perception large de l'environnement vous fait voir les détails d'une situation sur lesquels vous allez fixer toute votre attention, détails que vous seul allez percevoir quand les autres auront déjà continué leur chemin. Vous savez avant que l'autre n'ait commencé à parler quelle sera la fin de sa phrase : cela s'avère perturbant pour les autres et pénible parfois de se sentir devancé. Alors, vous agacez parfois votre interlocuteur, l'autre ne comprend pas bien votre façon de penser et les décisions que vous prenez.

Tous vos sens sont en éveil et c'est ainsi que vous allez parfois prendre le temps de contempler un paysage, observer votre voisin de table ou décrypter le monde qui vous entoure. Les surdoués scrutent le monde avec leurs yeux grand ouvert, ce qui peut être parfois perturbant pour les autres. Ce décalage temporel est bien souvent à l'origine de la difficulté que vous avez de communiquer avec votre entourage, avec le monde environnant.

La Secondarité et l'émotivité du haut potentiel

Selon *R Le Senne, les Corrélations principales de la secondarité* sont le prolongement des impressions, la systématisation de la vie mentale, et la puissance d'inhibition. La longueur du retentissement apparaît dans tous les sentiments qui manifestent notre dépendance à l'égard du passé.

Ainsi, la secondarité du surdoué le laissera longtemps sous une impression, lui provoquera des rancunes persistantes, fera de lui quelqu'un de constant dans ses affections, attaché à ses amis d'enfances, à ses impressions du passé, et aux vieux souvenirs qu'il sera seul à se remémorer.

Lorsque vous développez ce qu'on appelle un « faux self », vous mettez en place un mode de défense pour répondre aux attentes de l'environnement, de la société, des gens que vous côtoyez, parfois au prix de vous rendre vous-même invisible et de vous fondre dans la masse ! Ainsi, lorsque le fonctionnement en faux-self devient omniprésent, car vital pour votre survie, il risque d'étouffer votre vraie personnalité.

Ce faux self est une réaction secondaire à de multiples questions sur votre capacité à vous adapter à l'environnement qui vous entoure ; à votre famille d'abord ; en classe à vos camarades ; en entreprise à vos collaborateurs. Ce processus s'opère lentement après que vous ayez essuyé quelques échecs d'adaptation, et ayez été sous l'emprise des pires ruminations. L'entourage vous fait remarquer que vous êtes « trop » et vous n'avez de cesse de vous demander ce qui « cloche ». Comme l'autre ne vous comprend pas, il pourrait vous juger comme indésirable. L'autre, le « normo-pensant », n'a ni les codes qui vous caractérisent, ni l'empathie parfois nécessaire à la compréhension de vos besoins et de votre façon d'être et de faire.

Vous êtes une minorité, or la norme doit être la majorité. Vous rentrez alors dans un processus secondaire d'adaptation à la norme. Pour éviter de passer pour quelqu'un en décalage, et afin de vous conformer à la norme, vous vous efforcez d'atténuer, tant que faire se peut, l'écart avec l'autre jusqu'à en réduire inconsciemment (pour certains) vos facultés cognitives.

Parfois, ce vécu de décalage peut engendrer le sentiment de ne pas être légitime, de ne pas avoir sa place et c'est alors le sentiment d'identité, parfois même le sentiment d'existence, qui peut être atteint : solitude, angoisse, vide absolu peuvent s'installer et deviennent propices à un état d'effondrement dépressif et de rumination mentale, amplifié par une pensée envahissante et sans repos.

Ce sentiment d'effondrement est largement augmenté par les effets de l'émotivité. Sans elle, le surdoué ne serait amené qu'à réfléchir sur son état et à ne considérer son décalage comme étant juste factuellement constaté. L'émotivité vous fait rentrer dans une démarche d'introversion, un mécanisme « sentimental ». Ce sont bien les effets de l'émotivité qui amplifient le retentissement du sentiment de décalage, au point de le faire chavirer dans les méandres de la rumination mentale.

Donner un sens à sa vie, tel est le leitmotiv du haut potentiel qui part en quête de recherche de sens et de vérité. Il a besoin de tout comprendre : le monde, l'univers, le fonctionnement des choses et des êtres vivants. Vous êtes guidé par vos sens en éveil, exacerbés par une émotivité forte qui vous éveille à la nature, les arbres, les plantes et tout ce qui compose votre monde ou tout au moins votre « univers ». Vos intérêts prennent la forme d'engouements passionnels pour des sujets aussi variés qu'il existe potentiellement d'objets dans votre environnement.

On peut parler d'hyperémotivité passionnelle et aussi « d'hyper-stimulabilité émotionnelle ». Les émotions ont tendance à être ressenties plus intensément que la moyenne. Aussi, vous avez tendance à passer d'une émotion à une autre, parfois brutalement. Une joie profonde sera vite perturbée par une pensée soudaine négative qui va alors alimenter votre rumination et gâcher le moment présent, avec un sentiment de vide et de morosité parfois intense.

Comme le précise R Le Senne : « *l'émotivité, source commune des sentiments, est une énergie susceptible, suivant qu'elle est associée à l'activité ou à l'inactivité, de se déployer en tendance ou en émotion. Mais qu'elle devienne l'une ou l'autre, elle enveloppe toujours la libération d'une certaine quantité d'énergie organique. C'est donc son dynamisme, éventuellement sa tension qui est au cœur de l'émotivité* ». Selon la nature de l'être humain, il faut une excitation plus ou moins grande pour déclencher l'émotion.

On comprend donc très vite que le haut potentiel est intrinsèquement émotif. Toutefois ces engouements passionnels et ces sauts émotionnels, permettant de passer d'un état à un autre, sont le fruit du double effet retentissement-émotivité. D'ailleurs R Le Senne précise que : « *L'émotivité est une propriété générale : elle est comme telle antérieure à ses spécifications. En fait l'émotivité d'un homme devient telle ou telle par ses tendances c'est à dire par ses intérêts* ».

L'émotivité de la maman pour ses enfants est relative au bien et au mal lié à ces derniers. Une personne gourmande aura envie de se mettre à table si le repas servi correspond à ses goûts tout comme sa déception sera forte si on lui sert des grillades alors qu'elle est végétarienne. Rappelons ici le principe de R Le Senne sur l'émotivité : « *Il faudra donc ne pas s'étonner si un émotif est froid pour ce qui ne l'intéresse pas, de sorte que le diagnostic de l'émotivité suppose toujours qu'on ait reconnu les intérêts du sujet considéré* ». *Même pour les intérêts universels, comme l'attachement à la vie, les degrés et les modes de leur importance pour telle personne sont susceptibles de grandes variations... »*

Or les intérêts du surdoué sont nombreux et variés, sa curiosité éveille son intérêt poussé pour de multiples objets. Il en résulte donc que les occasions sont nombreuses pour « déclencher » son « mécanisme émotif ».

Jeanne Siaud-Facchin souligne encore : « *l'émotion est nécessaire à la pensée. Sans émotion, on prend des décisions, on tire des conclusions, on adopte des comportements débiles ... Sans émotion, le cerveau perd la raison… ».* Si vous êtes surdoué, vous avez souvent des difficultés dans la gestion de vos émotions et la faible protection face aux émotions engendre un vécu d'agression. Vous êtes sujet à des débordements émotionnels qui peuvent être déconcertants pour la famille, vos amis ou votre entourage professionnel.

Mais encore une fois il faut reconnaitre l'effet de la secondarité qui vient interagir dans le déclanchement de l'émotion : on peut ainsi parler des effets masqués et des effets visibles de l'émotivité. Pour le surdoué chez qui l'effet de représentations passées, vient s'ajouter à l'effet actuel d'un événement émouvant, il se peut que cet effet soit dissimulé de manière à échapper à celui qui l'observe. De même, par l'effet de la secondarité, une émotivité puissante, convertie en crise intérieure, peut être sans mouvements extérieurs immédiats, mais se déclencher par la suite avec un stimulus qui sera alors « la goutte d'eau » pour le sur-efficient.

En tant que surdoué, vous êtes en quelque sorte toujours dépendant du contexte affectif, vous ne savez pas fonctionner sans prendre en compte la dimension et la charge émotionnelle présente. Il faut que vous soyez connecté avec vos émotions pour que vous puissiez réellement exprimer ce que vous ressentez. Parfois, vous perdez le fil, vous ne savez plus, parce que vous n'êtes plus connecté avec votre pensée.

Champ de conscience large et pensée en arborescence des sur-efficients intellectuels

La conscience selon Hegel c'est « *avoir conscience de l'objet* ». Que signifie précisément l'objet ?

Un objet, du latin *objectum*, est étymologiquement ce qui est jeté devant vos yeux ou plus généralement devant votre conscience. Il s'agit donc de tout ce que vous pouvez percevoir, penser ou vouloir. En ce sens, tout ce qui existe peut être dit « objet » à partir du moment où vous en prenez conscience. La caractéristique de la conscience c'est d'être prise par l'objet : en effet votre conscience est toujours conscience de « quelque chose », qui l'éveille ou la stimule.

Cette idée fondamentale préfigure le concept d'intentionnalité qui fait de la conscience une "visée" en direction de tel ou tel objet, intérieure ou extérieure, visée destinée à être "remplie", c'est-à-dire satisfaite dans son désir ou dans sa volonté de savoir. La structure de cette conscience de l'objet comporte trois degrés et deux modalités : elles correspondent aux deux façons dont la conscience entre en relation avec son objet. Les trois degrés concernent la formation progressive de la conscience de l'objet. Ce sont **la sensibilité** d'une part qui vous met au contact de la diversité du monde, **la perception** d'autre part, qui vous amène à distinguer toutes les choses qui constituent ce monde et enfin **l'entendement**, qui vous permet d'entendre ce qu'est la chose, c'est-à-dire de connaître un objet selon sa loi ou sa nécessité. Ce sont donc les trois moments de l'expérience par laquelle votre conscience se forme et prend progressivement connaissance du réel.

Il y a déjà longtemps que les psychologues ont été amenés à reconnaître les variations d'ampleur du champ de conscience. Pierre Janet, psychologue et médecin français du début du siècle dernier, a fait jouer un grand rôle au rétrécissement de la conscience dans sa « théorie de l'hystérie ». Pour lui, votre hyperémotivité rétrécie votre champ de conscience ou, en d'autres termes, plus vous percevez d'émotions, plus votre champ de conscience se resserre jusqu'à ce que vous soyez envahi par cet enchevêtrement de puissantes émotions.

Mais les hauts potentiels intellectuels disposent de plusieurs axes de pensée qui se développent de façon presque simultanée, créant une amplification des images, des sensations et des émotions. Les arborescences de la pensée se déploient à l'infini. La densité de la pensée est telle qu'il devient difficile de canaliser toutes les idées qui en émergent et il est improbable d'essayer de les organiser et de les structurer. Mais pour autant votre champ de conscience restera ouvert et disponible à percevoir une multitude de pensées et d'émotions qui s'enchaineront rapidement. Le retentissement dû à la secondarité est tout simplement amplifié du fait de la performance de l'efficience intellectuelle.

Guglielmo Ferrero, historien et essayiste italien, écrivait en 1894 (« *Revue philosophique de la France et de l'étranger* », tome 37, 1894) : « *Tandis que la loi d'inertie est en général censée régler seulement les phénomènes de la matière, elle règle aussi les phénomènes de l'esprit et est susceptible d'application même dans le champ des sciences psychologiques* ».

Ferrero nous explique que les images, les idées et les émotions qui se produisent en nous, sont une illusion engendrée par l'ignorance de la cause qui a éveillé tel ou tel autre état de conscience. Nous prêtons en général très peu d'attention à tout ce qui se passe en nous et, souvent, en voyant seulement l'effet sans avoir perçu la cause, nous croyons que telle ou telle chose n'existe pas. « *La plus grande partie des phénomènes qui se passent ainsi en nous se passent à notre insu ; ce qu'il y a d'important, c'est que ces sensations, ces idées, ces émotions auxquelles nous ne faisons aucune attention, peuvent cependant agir comme excitant sur d'autres centres cérébraux et devenir ainsi le point de départ ignoré de mouvements, d'idées, de déterminations (...)* » ajoute -t'il.

Effectivement, l'hypnose par exemple, nous prouve que si les excitations produites par les sensations viennent à manquer, le cerveau entre dans un état d'inertie totale. Pendant le sommeil hypnotique, il y a un repos absolu de la pensée, tant que des suggestions ne sont pas faites. La personne hypnotisée ne pense plus à rien et rentre dans un état d'inertie ou, plutôt, de repos intellectuel. Une anesthésie générale nous plonge aussi dans un sommeil profond et éteint toute possibilité de vie psychique jusqu'au moment où nous nous réveillons. Lorsqu'il n'est pas ébranlé par les sensations, le cerveau se trouve donc dans un état d'inertie. Lorsque, par contre, on ressent une sensation, l'activité cérébrale augmente. La fonction de la sensation dans le processus psychique ébranle l'inertie mentale et rend possible ou augmente la pensée.

Les sens nous relient à la vie, ils nous permettent de percevoir le monde qui nous entoure, et ils sont au nombre de cinq pour les principaux : l'ouïe, l'odorat, le goût, le toucher et la vue. Ils sont sept si l'on inclue d'abord le système vestibulaire, qui permet la perception du sens de la gravité, et l'ajustement des mouvements corporels et de leur vitesse, et ensuite le système proprioceptif, relatif aux muscles, viscères, nerfs, articulations, pression sanguine, glycémie, perception de la faim et de la soif. Les sens sont les voies de la perception, un lien reliant la conscience et l'organisme au monde extérieur et à ses organes, et qui lui permet de reconnaître, grâce à l'interprétation donnée par la pensée et la connaissance, les informations qui pourraient lui être utiles.

La loi des associations mentales peut à un certain point de vue être ramenée à cette loi plus générale de l'inertie mentale. Une image, une idée, une émotion ne restent pas éternellement dans le champ de la conscience ; une image, très vive lorsque la sensation est encore récente, disparait peu à peu ensuite. Une idée qui, au moment où elle est conçue, occupe toute notre attention, est ensuite oubliée, notamment si le retentissement de la personne est faible.

Une émotion, même si elle est très intense, ne durera pas éternellement et finira par s'éteindre. Combien d'états de conscience disparaissent ainsi chaque jour de votre esprit ?

Mais ce rapprochement entre la loi de l'inertie et la loi des associations mentales est justifié par ce fait que les associations mentales de toute nature ont toujours leur point de départ dans une sensation, c'est-à-dire que les processus associatifs sont toujours déterminés, dans leur première origine, par une sensation. C'est bien le cas de la pensée en arborescence des personnes à haut potentiel intellectuel.

Nos sentiments naissent, se développent, s'éteignent et surtout se réveillent d'une façon capricieuse, sans règle apparente et indépendamment de notre volonté. Or, la cause est que les émotions sont réveillées par les sensations auxquelles elles étaient jadis associées, et qui se représentent accidentellement selon le hasard des probabilités. En effet, il existe un certain nombre de processus psychologiques par lesquels on peut réveiller jusqu'à un certain point les émotions passées et qui consistent tous à provoquer le retour d'une sensation qui, ayant été jadis associée à l'émotion, peut la faire revivre bien qu'en général plus faiblement.

Il est donc normal que le déclanchement des émotions des surdoués, favorisé par l'hypersensibilité, l'hyperesthésie de plusieurs sens, déclenche une arborescence de pensées. L'effet accélérateur étant stimulé par l'émotivité et la secondarité.

Précision sur la construction de l'intelligence du haut-potentiel intellectuel

La répartition des niveaux d'intelligence dans la population suit généralement une Loi Normale (Loi de Gauss). La courbe ressemble à une cloche, avec le plus grand nombre d'individus au milieu, et une symétrie par rapport à la moyenne. Celle courbe se définit par sa moyenne et son écart-type :

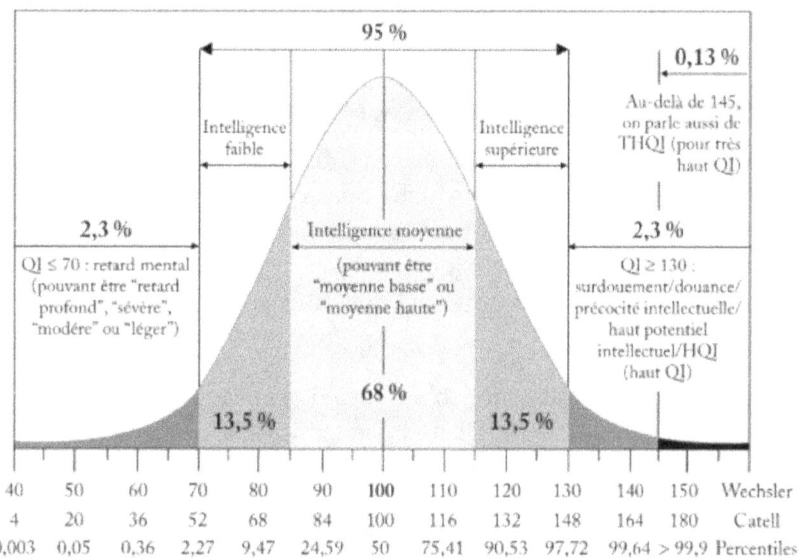

Nous avons vu que la secondarité associée à l'émotivité dans un champs de conscience large étaient le fondement indispensable pour élaborer la substructure du surdoué. Or qu'en est-il de la construction de l'intelligence des non-émotifs et des primaires, ou de ceux qui n'ont aucune empathie ni aucun altruisme ?

Bien entendu, lorsqu'on parle d'un QI pur, les caractéristiques de ce dernier sont exemptes de toute considération se rattachant aux propriétés constitutives du caractère (émotivité, activité, retentissement) ni même des propriétés complémentaires (champ de conscience).

Dans l'absolu, l'intelligence que l'on qualifierait « d'intelligence analytique », c'est-à-dire détachée de toute intuition mais aussi de toute propriété qui viendrait la modifier, est l'intelligence pure. Il va de soi que dans les 2.3% de la population se situant sur l'échelle de Wechsler > 130, nous retrouvons ces intelligences pures sans que puisse être détecté le moindre signe de secondarité et d'émotivité. Nous y retrouvons d'ailleurs parfois certaines personnalités froides, égoïstes, perverses ou narcissiques qui n'ont strictement rien à voir avec le descriptif du haut-potentiel que nous venons de faire, et ce point est primordial.

Par ailleurs, l'intelligence n'est pas l'apanage du champ de conscience large. Celui-ci est juste un amplificateur de connaissance, d'ouverture sur le monde de l'individu qui, dès lors, percevra son entourage avec une multitude d'impressions. Ces impressions multiples favoriseront l'éveil de l'esprit mais en aucun cas n'en sont l'unique facteur. L'intensité de l'intelligence est bien une prédisposition neurologique comme nous l'avons vu dans le chapitre dédié à cette thématique. On appelle quotient intellectuel classique un QI en âge mental. Un « quotient intellectuel standard » est un QI en rang avec un écart-type de 15 (comme le Wechsler), Quand rien d'autre n'est précisé, c'est que l'on parle en QI standard. Le QI cherche à mesurer l'intelligence générale, c'est-à-dire le Facteur g, une caractéristique biologique qui est derrière le traitement de toutes les tâches cognitives. Il ne s'agit pas d'une mesure directe mais en référence à une moyenne.

Quel est alors le réel pourcentage de surdoués dans la population ?

On a tendance à estimer que les surdoués représenteraient peu ou prou 2,3 % de la population, tel que ce chiffre apparaît sur la courbe. Or ce chiffre semble correspondre à la part de la population qui bénéficie d'un QI supérieur à 130.

La détermination du QI est une étape incontournable mais insuffisante. Les spécialistes préfèrent désormais parler d'un indice qui oriente le diagnostic mais en aucun cas il n'est suffisant pour qualifier une personne de « surdouée » puisque qu'un QI pur, dans l'absolue, ne mesure pas l'intelligence émotionnelle par exemple.

Plusieurs cas de figures sont alors possibles :

Soit les données actuelles sont surestimées si on part du principe que toutes les personnes ayant un QI supérieur à 130 (2.3% de la population donc) n'ont pas les critères caractérologiques nécessaires pour prétendre répondre au mécanisme HP. Soit il est nécessaire de puiser dans les « réserves » de la tranche inférieure des 13.59% ayant un QI compris entre 115 et 130 pour arriver à un résultat de 2.3%, partant du principe qu'on élimine certains profils caractérologiques du cadre surdoué.

Cette théorie, non pas du détail du calcul mais du principe général d'appréciation, est évoquée par plusieurs spécialistes, psychologues et psychothérapeutes qui considèrent qu'il y aurait une barrière très nette entre les hauts QI et les Hauts potentiels, à tel point qu'on pourrait parler de Haut potentiel pour les QI se situant en dessous de la barre fatidique des 130. Cette thèse soutenue par plusieurs professionnels paraît tout à fait rationnelle.

Il est vraisemblable, même si aucun test n'a pu être effectué dans ce sens, que les points communs entre une personne ayant un QI de 125, large d'esprit, secondaire et émotif et une personne ayant un QI de 130 avec les mêmes caractéristiques seront bien plus nombreux que si l'on compare cette même personne avec un haut QI, étroit, primaire et froid par exemple.

C'est notamment pour cette raison que des forums « personnes atypiques « existent, dans lesquels cohabitent hypersensibles, zèbres, asperger et autres personnalités « en dehors de la norme » et qui se comprennent, dans le sens où ils partagent des valeurs caractérologiques communes !

Aucune enquête statistique n'a été réalisée sur le rapport intelligence du surdoué / caractère, il est bien difficile de donner des chiffres officiels sur la répartition de la population mais lorsqu'on compare les données que nous avons à disposition nous pouvons en tirer l'analyse que nous allons maintenant développer.

Analyse du caractère des personnalités à haut potentiel

Nous allons reprendre les principales caractéristiques des surdoués, synthèse des nombreuses sources disponibles sur le sujet, en y ajoutant des expériences personnelles, et les comparer avec nos données caractérologiques, en tenant compte de l'étude statistique de Heymans, et ainsi éliminer les profils qui ne correspondent pas aux caractéristiques du HP telles qu'elles sont généralement décrites. Enfin, nous mettrons en avant les profils caractérologiques qui s'en rapprochent par les corrélations les plus évidentes.

Synthèse du fonctionnement et principaux traits comportementaux des adultes à haut potentiel

1) Compréhension rapide et multi potentialité dans plusieurs domaines. Apprentissage avec facilité (intérêt pour la géographie et l'histoire en outre) *

Sur ce point notons que les prédispositions intellectuelles requièrent une intelligence généralisante et un champ de conscience fertile. La compréhension rapide est liée au facteur G des capacités intellectuelles. L'apprentissage, d'une manière générale, est favorisé par un niveau d'activité supérieur qui servira de moteur à l'enfant pour persévérer et réussir. Enfin, l'intérêt pour l'histoire est corrélé par le retentissement. En effet, les meilleurs élèves en histoire sont les secondaires. L'attrait pour la géographie peut, par contre, être lié à un intérêt pour le monde environnant. Les aptitudes en géographie ne nécessitent pas un mécanisme secondaire mais un esprit éveillé et une passion intellectuelle.

*liste non exhaustive.

2) Grande capacité de raisonnement liée à une intuition forte

L'intuition nécessite un champ de conscience large. Le retentissement favorise l'intuition dans la mesure où les données de réflexion seront stockées dans la mémoire, et plus facilement accessibles dans un cerveau de secondaire. L'intuition requiert également une certaine émotivité pour que les évènements soient marquants.

3) Insatisfaction permanente sur vos découvertes, sur vos productions et sur vos créations car persévérance forte

La persévérance est une conséquence directe de l'activité. L'entêtement serait pénalisant dans le but d'atteindre un objectif et, comme nous l'avons vu, est lié à un rétrécissement de l'esprit. La persévérance est dans la cas présent appuyée par une ténacité forte et un sens de la perfection qui vous empêche de clôturer vos réalisations, car vous estimez que vous pourrez encore faire mieux si vous continuez encore. La persévérance est ici reliée à l'introversion, car la remise en question en permanence de votre réalisation est liée au fait que vous l'avez extrêmement intériorisée.

4)   Hypersensibilité à fleur de peau, très réactif à l'environnement du fait de votre empathie développée, forte sensibilité, sentiments forts et changements d'émotions

Cette description du HP implique une forte émotivité, reliée à une perception claire des agissements de l'autre. Seuls les émotifs c'est-à-dire les sentimentaux, les passionnés, les nerveux et les colériques peuvent atteindre ce niveau de sensibilité. Précisons sur ce point, qu'aucune de ces caractéristiques n'impliquent des prédispositions intellectuelles particulières. En effet, les hypersensibles disposent précisément des mêmes atouts au niveau de la sensibilité.

5)   Hyperesthésie avec certains sens exacerbés

Les sens en éveil sont favorisés par l'émotivité et un champ de conscience large. Encore une fois, il n'y a pas de corrélation avec le niveau d'intelligence car la famille des hypersensibles peut disposer également de ces aptitudes.

6)   Hyper-stimulable et énergie intellectuelle. Poussé à agir vers un but, une mission

L'hyper-stimulabilité est en lien avec l'émotivité, alors que l'énergie est en rapport avec l'activité. Les deux associées forment une unité dans la persévérance pour atteindre un objectif donné.

Cela implique qu'au moins une de ces deux propriétés constitutives soit forte et entraine l'autre. En ce qui concerne l'énergie intellectuelle, il s'agit précisément de la passion intellectuelle que Gaston Berger souligne comme étant un facteur de tendance. Le fait de préférer des distractions qui ont caractère intellectuel comme des débats d'idées, ou de privilégier les théories aux récits de faits concrets, ou enfin le fait de saisir le jeu des mécanismes psychologiques ou la valeur d'une idée philosophique, sont totalement corrélés avec l'intelligence généralisante.

7) Imagination débordante dans les idées comme dans les mots. Créativité, capacité à être inventif

La pensée en arborescence n'a pas d'autres liens aussi forts qu'avec la secondarité. Il est à noter aussi que l'introversion augmente la capacité de réflexion sur soi, et amène à des syllogismes plus élevés. Enfin, la largeur du champ de conscience ouvre l'esprit par la curiosité qui en découle. Il est possible d'être imaginatif comme les nerveux qui sont pourtant primaires, mais qui peuvent exprimer leur créativité grâce à l'art, la musique ou l'écriture ; en ce sens, l'imagination n'est pas corrélée à la pensée en arborescence mais constitue le fondement de certaines aptitudes.

8) Grande capacité d'observation et capacité de noter les moindres détails

Cette prédisposition ne requiert pas un niveau d'intelligence spécifique et est aussi bien en rapport avec l'intelligence généralisante que l'intelligence particularisante. Par contre, le champ de conscience large stimule la capacité d'observation. Dès lors que ce dernier est ouvert, il est alors possible d'observer tous les détails de l'objet. Il y a donc un lien fort entre la fertilité du champ de conscience et la capacité d'observation.

9) Capacité à passer d'un sujet à un autre mais difficulté à se fixer sur un seul sujet à la fois

Il s'agit là aussi des effets de la largeur du champ de conscience associée à la pensée en arborescence. L'objet se perd dans les représentations multiples. Il y a toutefois là une corrélation possible avec le mécanisme primaire dans la mesure où la recherche de stimuli entraine l'incapacité à se fixer sur une idée. En réalité, plusieurs mécanismes donnent pour effet des difficultés de concentration.

Toute la question est de savoir si on arrive à ne pas subir ces multitudes d'impressions. Une personne primaire et extravertie sera incapable de faire le lien entre plusieurs sujets, d'autant plus si son esprit est étroit. Elle sera comme noyée dans une multitude d'objets. A l'inverse, une personne secondaire à l'esprit large sera capable de passer d'un sujet à l'autre parce qu'il y aura un lien intuitif entre les deux sujets dont elle ne s'apercevra peut-être pas.

10) Autonomie forte pour l'apprentissage seul, autodidacte

Pouvoir se motiver à apprendre seul nécessite une maturité intellectuelle forte, et en même temps, de l'activité disponible. Un champ de conscience large pourra favoriser l'apprentissage et aussi éveillera la curiosité à s'intéresser à des nouveautés. La notion d'émotivité n'intervient pas, par contre, dans ce procédé autodidacte. Enfin, la corrélation avec l'introversion est forte puisqu'il faut d'abord intérioriser un maximum de données pour ensuite les avoir disponibles à l'esprit. Du reste, cela implique que vous ne soyez pas dépendant des autres pour apprendre ; l'introversion est la seule force qui permette de se détacher de l'autre pour n'avoir confiance qu'en soi-même.

11) Enfant, souvent en décalage avec les enfants de votre âge, et à la recherche de personnes plus matures

L'âge mental d'un enfant haut potentiel est supérieur à celui d'un enfant « normo pensant ». A partir d'un certain niveau de QI, cela se compte en années d'avance. Il est donc totalement logique que l'enfant sur-efficient ait besoin de chercher la présence de personnes de son niveau intellectuel. Ne trouvant pas l'équivalent chez ses pairs, il ira chercher le niveau culturel ou intellectuel qui pourra nourrir son esprit chez l'adulte ou l'enfant plus âgé que lui. Notons qu'il y a une corrélation avec l'allocentrisme. En effet, l'intérêt que l'enfant porte à l'adulte nécessite un niveau d'empathie supérieur à la moyenne car normalement c'est l'adulte qui doit montrer de l'intérêt pour que l'enfant s'intéresse à lui.

12) Pensée indépendante. Vous n'acceptez les décisions des autres que si vous les jugez légitimes

Une fois de plus, la pensée indépendante est liée à l'introversion. Avoir l'esprit critique peut être en rapport avec l'éducation, mais la secondarité associée à l'activité l'accentue. Le fait de ne pas accepter facilement les décisions des autres implique que l'on soit en parfaite maîtrise de soi-même, et pourrait être corrélé à l'intelligence émotionnelle. D'une manière générale les HP sont moins conformistes que la population moyenne. La réflexion intellectuelle vous donne un avis critique sur ce qui vous semble incohérent ou injuste. Le niveau de connaissances, corrélé à l'intelligence, développe par ailleurs l'esprit critique.

13) Nécessité de se sentir vivre, désir d'espace et de devenir vous-même

Le lien avec l'introversion est encore assez fort. Vouloir vivre comme vous le souhaitez implique un besoin de liberté, mais les contraintes sont parfois fortes et il faut par ailleurs être en capacité de vaincre ses névroses pour retrouver une sérénité. Il faut savoir relativiser les choses pour se dire qu'on est heureux de vivre. La capacité d'abstraction reliée à l'intelligence généralisante permet de relativiser le bien du mal, le bonheur etc.. La largeur du champ de conscience a encore une fois un rapport avec le désir de s'émanciper et le besoin de se sentir vivre.

14) Pensée intuitive puissante qui n'est souvent pas observée par les autres

L'intuition permet d'atteindre des solutions de manière directe, sans l'intervention d'un raisonnement logique et analytique. Alors que la pensée analytique procède par étapes, accumulant les arguments pour construire un raisonnement, l'intuition surgit provoquant une grande émotion. Une personne qui n'a pas cette capacité intuitive ne pourra s'imaginer que le raisonnement des surdoués soit fait de syllogismes aussi intuitifs. Parfois vous essuierez des réflexions comme : « Mais d'où tu sors ça ? » ou « où tu as lu ça ? ». Il vous sera souvent bien difficile d'y répondre.

15) Vous êtes souvent qualifié de « trop entier, trop émotif, trop rapide », vous prenez les choses à cœur

Bien évidemment, le facteur émotivité est ici essentiel. Nous commençons à comprendre que l'émotivité fait partie intégrante de la structure mentale du haut potentiel. Il est impossible pour un flegmatique ou un sanguin d'être autant impacté par les évènements.

16) Vous avez besoin de diversité dans vos activités, recherchez de nouvelles stimulations, vous pouvez vous ennuyer rapidement

Il semblerait que cette analyse requiert un mécanisme primaire. Toutefois, c'est bien une fois de plus le profil de type passionné, ou tout au moins « émotif-actif » qui ressort de cette affirmation. Ressentir l'ennui nécessite que l'on ait un besoin profond de vouloir faire des choses. Une personne qui n'a pas d'objectif précis à réaliser ne ressent pas l'ennui : elle acceptera sa condition et se laissera guider par les évènements. Le surdoué ressent l'ennui quand il est contraint de ne pas faire ce qu'il aimerait faire. Au travail, il peut vous arriver que des tâches trop répétitives déclenchent l'ennui. Quand votre condition de vie n'est pas à la hauteur de vos aspirations, alors vous sombrez dans cet état frustrant qu'est l'ennui.

17) Sentiment de décalage au niveau des perceptions et des idées

Comme nous l'avons vu, ce sentiment de décalage est fréquemment lié au fait de mieux comprendre les autres et, plus globalement, la manière dont fonctionne la société, avec parfois ses travers et ses mécanismes pervers... Vous vous opposez donc sciemment à cette façon de penser à laquelle vous n'adhérez pas. Vous êtes souvent en décalage parce que vous êtes plus difficilement conditionnable et, de ce fait, parfois assez critique envers les idées dominantes de la société.

18) Très sensible à l'autre et empathique. Ressent chez
l'autre ses intentions, ses blessures ou sa malveillance

L'empathie dont nous parlons est ce qui vous met en rapport avec les sentiments des gens comme une sorte de « télépathie ». Être capable de comprendre l'autre nécessite avant toute chose d'être en mesure de présumer ce qu'il pense réellement et ce qu'il ressent. Cela explique le fait que vous vous dirigiez fréquemment vers des métiers de santé, des activités dans le social ou dans l'humanitaire, même si cette liste n'est, bien sûr, pas limitative.

19) Lutte contre l'injustice pour vous comme pour les
autres avec un sens de la moralité et la défense des
causes nobles

Empathie, bienveillance et aussi sympathie sont trois vertus indispensables pour s'impliquer dans une recherche de justice et d'équité. Bien évidemment, cela requiert une forme d'allocentrisme. Si ce n'est le cas, alors il s'agit d'opportunisme comme bien souvent cela peut être constaté dans les milieux humanitaires ou les activités sociales que nous citions à l'instant. Nous développerons ce point de la moralité dans une autre partie plus générale.

20) Goût prononcé pour la complexité, l'abstraction, les
études, les livres

Ces thèmes nécessitent que vous ayez une prédisposition intellectuelle que nous qualifierons d'aptitudes intellectuelles. L'intelligence généralisante favorise l'abstraction comme nous avons eu l'occasion déjà de le démontrer. Le champ de conscience large est un atout pour éveiller l'esprit vers les données complexes et abstraites. Les études sont favorisées aussi par le milieu social. C'est pour cette raison que l'environnement familial et social du haut potentiel sera aussi un facteur « d'accélération aux aptitudes intellectuelles ». Pour autant, il est connu que certains enfants issus de milieux très défavorisés auront la possibilité de poursuivre de brillantes études si leur caractère intrinsèque les y prédispose.

Conclusion sur la substructure du surdoué

Le centre de diffusion caractérologique du Haut Potentiel

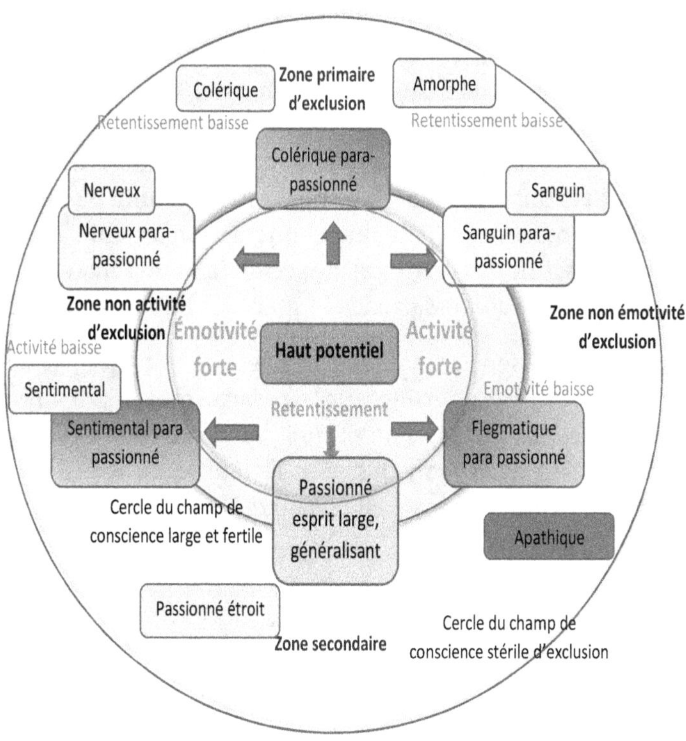

NB : Seuls les caractères entrant dans le cercle intérieur rentrent potentiellement dans la catégorie des hauts potentiels.

A la question que l'on aurait pu légitimement se poser : le surdoué est-il le « neuvième caractère » ? La réponse est définitivement non

Les 20 traits de fonctionnement du Haut Potentiel que nous venons d'analyser sont en général des schémas constatés par tous les spécialistes. Souvent, les surdoués sont considérés comme un groupe unique et homogène et tous les livres sur le sujet ont tendance à généraliser. Mais, encore une fois, il est toujours utile de faire des abstractions pour étudier une personnalité, afin de comprendre les mécanismes psychologiques qui se sont mis en place.

Afin d'être plus précis encore, nous allons intégrer les 5 principaux types de surdoués que les chercheurs américains George Bretts et Maureen Neihart ont théorisé dans les années 1980, à notre analyse caractérologique. La personnalité est le résultat d'expériences de vie, d'éducation et de la constitution génétique du caractère. **Tous les hauts potentiels ont donc, comme tout le monde, une personnalité propre dans la mesure où ils appartiennent chacun à un caractère type**. Ils n'utiliseront pas leur intelligence de la même manière et ne seront pas affectés par leurs capacités spéciales de façon identique.

Toutefois, l'efficience intellectuelle est un facteur qui est suffisamment puissant pour investir le caractère et la personnalité, c'est pour cette raison notamment qu'il peut y avoir des variations importantes entre deux individus avec le même caractère de base mais dont on constate un écart au niveau du QI.

Les types sanguin et flegmatique : moins émotifs et actifs

Si votre personnalité de base est actif et non-émotif, peu importe que vous soyez à tendance primaire ou vraiment secondaire cela ne change rien à votre capacité d'adaptation. Vous faites partie de ceux qui, dès la tendre enfance, seront rapidement identifiés comme étant à haut potentiel du fait de vos performances scolaires et de votre vivacité d'esprit. Notons ici que la rapidité d'élocution est corrélée à une tendance primaire, elle-même liée à une rapidité de l'esprit, d'une part, et à une conscience plus étroite d'autre part. Ceux parmi vous qui parlent très vite, parfois en bégayant ou en machant vos mots, ont en eux ce mécanisme. D'autres parleront plus lentement, en posant leurs mots, ce sont plus fréquemment les secondaires, et d'autant plus si la conscience est plus large.

La réussite à l'école n'est pas entravée par des perturbations émotionnelles, et votre moteur principal est l'activité. Vous êtes arrivé à vous fondre dans le système scolaire. Du reste, comme nous avons pu le voir dans le détail dans le descriptif des caractères sanguin et flegmatique, vous ne présentez pas de grandes difficultés au niveau éducatif. Vous avez su écouter et obéir à vos parents. Vous êtes suffisamment diplomate pour comprendre que chacun fonctionne différemment, et vous savez vous adapter aux situations complexes.

Vous n'avez pas été confronté à des problèmes de comportement dans la mesure où vous êtes impatient d'obtenir l'approbation des enseignants, de vos parents et des autres adultes en général. Vous avez su être autonome, et tout à fait à même de réussir par vous-même.

Comme tous les flegmatiques et tous les sanguins avec un niveau d'intelligence élevée, vous apprenez facilement et intégrez rapidement les nouvelles données. C'est pour cette raison que vous pourrez avoir tendance à vous ennuyer. Votre mémoire est bonne et vous n'avez pas besoin de faire trop d'efforts pour apprendre. Vous aurez tendance à vous investir juste assez pour atteindre l'objectif demandé, et une note correcte.

Précisons que, selon le degré d'émotivité qui vous constitue, bien souvent inférieur à la moyenne, vous n'entrez pas complètement dans le descriptif qui a été fait sur les hauts potentiels, même si votre QI se situe au-dessus de 130. Comme nous l'avons déjà évoqué, l'émotivité fait partie intégrante des HP et c'est pourtant ce qui vous manque. Mais la faible émotivité ne sous-entend pas que toutes les autres dispositions qui constituent la substructure du surdoué soient manquantes. Vous serez juste en dessous de la moyenne sur le plan de l'émotivité. En cela, vos réactions, comme tous les flegmatiques et tous les sanguins, seront modérées. Vous êtes moins susceptible d'avoir une pensée arborescente et des ruminations mentales que les autres HP. Votre caractère tend de toutes manières vers le caractère passionné.

Par contre, l'absence d'émotivité et de secondarité du sanguin pur, et la faible émotivité du flegmatique pur, rend impossible la compatibilité avec le diagnostic HP ainsi qu'il est communément décrit.

Si George Bretts et Maureen Neihart parlent du type « caméléon », c'est pour faire allusion à votre tendance à vous conformer à la situation présente : vous avez su vous adapter à ce que les professeurs attendaient de vous, et avez pu changer de méthode ou de niveaux aussi souvent qu'a pu évoluer le contexte dans lequel vous étiez.

C'est ainsi que vous avez été en capacité de réussir ce que vous avez entrepris. Même si vous n'avez pas réussi à acquérir toutes les compétences nécessaires à l'autonomie, quelque soit la filière dans laquelle vous avez évolué, vous avez fait votre place par votre capacité de travail et d'abstraction. L'estime de vous-même est bonne car vous avez été félicité régulièrement pour vos réalisations.

Vous êtes bien intégré dans la société d'une façon générale et c'est important pour vous. Souvent extraverti, ce qui vous importe le plus est de recevoir une image positive des interactions avec la société, mais c'est en cela que vous serez dépendant du système, et compterez certainement parmi les moins originaux des sur-efficients, autrement dit des moins créatifs, et par conséquent des plus conformistes. Vous aurez du mal à prendre des risques et à sortir du modèle établi.

Il est vraisemblable que la quarantaine passée, vous ressentiez soudainement le besoin de vous épanouir davantage et de réaliser pleinement ce que vous avez l'impression d'avoir mis de côté.

Ernst Kretschmer, grand professeur à la faculté de médecine de Tübingen décrit dans « Les Hommes de Génie » que le facteur « persévérance » chez certains « génies » s'accompagne d'une tournure d'esprit calme, prudente et simple qui produit chez les individus extrêmement doués « *une impression de sérieux et de force tranquille, dans les travaux scientifiques par exemple* ». Il précise en parlant du profil surdoué à structure corporelle « athlétique » que son imagination joue un rôle restreint, mais qu'il bénéficie par contre d'une grande puissance de travail. Contrairement à d'autres types de « génies », ce dernier décrit par Kretschmer serait moins « créatif » que chez le type « pycnique » (plus trapu et plus massif, qui correspondrait donc au profil à tendance « colérique »). Il serait aussi moins émotif et disposerait de moins de subtilité dans sa sensibilité que le type « leptosome » (grand et fin). Il disposerait d'une structure intellectuelle stable et équilibrée, un sang-froid, une absence de susceptibilité et enfin de peu de nervosité. En reprenant les caractéristiques des non -émotifs actifs, nous retrouvons précisément ce descriptif et cela nous permet de faire le lien avec le « type 6 » que George Bretts et Maureen Neihart ont nommé « The Autonomous Learner ». Entendez par là « Le Surdoué Intégré et Autonome » que nous allons maintenant aborder.

Le type passionné émotif-actif, plus ou moins secondaire

En réalité, il n'est pas simple de faire précisément un lien entre le caractère et le type de surdoué. Il est par contre réalisable d'établir des corrélations ou des tendances. Les types passionné et colérique correspondraient à une structure caractérologique assez stable et solide. Mais les caractères sanguin et flegmatique peuvent aussi avoir des similitudes avec ce profil. En réalité, cela dépendra des facteurs structurants comme l'extraversion et des facteurs environnementaux comme l'éducation. Quoi qu'il en soit, le type de surdoué « intégré et autonome » correspond à une personnalité forte et stable.

Vous avez en général réussi à surmonter votre différence et avez acquis une autonomie forte. Votre enfance a pu être assez similaire à celle du type 1 que nous venons de voir, dans le sens où vous n'avez pas forcément toujours donné toutes vos capacités. Cette maturité s'acquiert petit à petit et il est fréquent que, vers l'adolescence, se mette en place un « déclic ». Dans tous les cas, votre détermination, votre activité puissante associée à une secondarité liante et une émotivité persévérante, vous ont appris à évoluer efficacement dans le système scolaire. Contrairement au premier type, vous avez appris à travailler pour vous, et non pas pour faire plaisir à vos parents ou à vos professeurs. De cette nuance, s'en suit tout un mécanisme de penser et d'agir différent ; vous ne travaillez pas pour le système mais vous le faites fonctionner pour vous. L'estime de vous-même est forte car vous avez appris à ne rien attendre des autres. Vos besoins affectifs et sociaux sont donc pleinement satisfaits. Vous réussissez et recevez l'attention et le soutien de la société en retour. Vos aptitudes au commandement vous ont amené à prendre des responsabilités tôt, et vous permettront d'atteindre la plupart de vos objectifs.

Votre esprit créatif, généré par une pensée en arborescence vaste et un champ de conscience très fertile, vous donne une vision très claire et une rapidité de compréhension, vous permettant d'envisager des opportunités que beaucoup ne voient pas. Vous avez pleinement conscience de votre potentiel, et la puissance de votre caractère vous engage à prendre les choses en main avec efficacité dans tous les aspects de la vie quotidienne.

Ce qu'écrit Ernst Kretschmer est véritablement surprenant quand on sait qu'au début du siècle dernier, aucun psychiatre ou psychologue n'avait été capable de distinguer les hauts potentiels autrement qu'en isolant leurs capacités intellectuelles intrinsèques : « pourquoi ses semblables sourient-ils de lui et l'ignorent » écrit-il. « *Pourquoi il est méconnu par ses maîtres, repoussé par ses parents* » ? *Vous êtes-vous demandé pour quelles raisons l'homme de génie se fraie avec autant de difficultés un chemin à travers la vie, comme s'il devait traverser un maquis épineux, pourquoi sa vie se déroule dans les soucis, la colère, l'amertume et la mélancolie* » ? poursuit l'écrivain.

La cause réside là où on l'a toujours cherchée, c'est-à-dire dans le monde environnant. Pour vous HP, le monde ne comprend pas ce qui est extraordinaire du point de vue spirituel. Le monde « normo-pensant » se complaît dans la routine alors que « *l'homme qui sort de l'ordinaire veut la dépasser* ». Mais Ernst K y voit aussi un deuxième aspect : il considère que l'homme sain sait s'adapter, même dans les situations les plus difficiles. Il sait prendre la vie telle qu'elle se présente et « *son instinct le pousse toujours à fréquenter les gens sains* ».

Parmi les surdoués, il existe ceux qui ont un relatif équilibre et qui ont fini par réussir à s'adapter à leur milieu parfois après une jeunesse qui a pu être tourmentée. Mais Ernst K conclut en disant « *celui qui se sent constamment mal à l'aise parmi les hommes sains n'est lui-*

même pas totalement sain… ». Nous allons décrypter cette affirmation dans le profil qui suit.

Le type hypersensible ; émotif-non actif (ou moyennement actif) – tendance primaire

Certains instituteurs ou professeurs ne voient en eux que le bon à rien qui fait l'école buissonnière et non le grand esprit. Si l'aspect parfois « anormal » des enfants se détecte très tôt, le génie par contre ne se révèle que beaucoup plus tard. Ernst K considère que *« les deux dispositions anormales, celle menant au génie et celle aboutissant à la déviation sociale, empruntent souvent une voie commune ».* George Bretts et Maureen Neihart les appellent « The challenging" ou "surdoués révoltés".

La première de vos caractéristiques est la pensée divergente. Vous êtes en totale opposition avec les modèles établis. Si vos professeurs n'étaient pas sensibilisés à la caractérologie, alors vous avez vraisemblablement été étiqueté dès le départ comme étant un élément perturbateur et potentiellement toxique. Vous disposez également de fortes aptitudes créatives. Parfois obstiné, vous pouvez paraître sarcastique et dépourvu d'empathie et de tact. Sans vous remettre en question, vous accuserez vos parents ou l'autorité d'une façon générale et contesterez l'ordre établi sans chercher à comprendre ce qui est réellement problématique. Vous n'êtes pas du tout conformiste, et avez des difficultés à vous sentir impliqué dans un système autre que votre propre mécanisme de pensée que vous ne savez, du reste, pas nécessairement utiliser à votre avantage.

En réalité, le descriptif que nous sommes en train de faire est précisément le fonctionnement du caractère nerveux comme nous l'avons étudié tout à l'heure. **Ce qu'il faut bien comprendre à ce stade est que, quel que soit le niveau d'intelligence, l'hyper-émotivité crée perpétuellement ce type d'attitude chez l'enfant et**

l'adolescent, mais il procède aussi du décalage entre l'émotivité trop forte et l'activité en retrait car beaucoup plus faible.

Par la suite c'est la maitrise de soi et l'éducation qui feront la différence. La santé physique et mentale consiste à être équilibré et à se sentir bien. Une personne saine d'esprit et paisible aura la capacité de s'adapter à son environnement. Le fait de ne pas être maître de ses émotions induit inévitablement des relations compliquées avec autrui. Plus l'équilibre intérieur est perturbé, plus les chocs extérieurs seront violents. Si une situation vous paraît insurmontable, c'est parce qu'au départ vous avez du mal à supporter votre mal être intérieur.

Il y a des millions d'enfants dans le monde qui ont un comportement en apparence de « génie » comme l'explique Ernst K mais qui, la puberté passée, n'auront qu'une existence quelconque en étant tout au plus « *un original farfelu* ».

Mais Ernst K va encore plus loin et constate des rapports particuliers existants entre psychopathologie et dons « géniaux » ; « *tout d'abord la relative fréquence des psychoses et des psychopathies parmi les génies, en particulier dans certains groupes, puis maintes ressemblances dans la courbe de vie, en particulier durant la jeunesse, de beaucoup de génies et de psychopathes ordinaires* ». Alors que Lombroso tirait comme conclusion que « *génie égale folie* », Ernst K affirmait plutôt que le génie représente, du point de vue purement biologique, « *une variante rare et extrême de l'esprit humain* » et ce dernier d'ajouter que « de *telles variantes font fréquemment preuve en biologie d'une faible stabilité de leur structure et d'une forte tendance à la dégénérescence* ».

Si vous n'êtes pas capable de gérer les relations sociales autrement que par le conflit c'est parce que vous sentez une profonde frustration de ne pas avoir reçu les éloges du système scolaire et le soutien de votre environnement social. Mais ceci est pourtant la conséquence de votre attitude caractérielle.

Vous ne pouvez être ou vous sentir inclus dans un groupe social qui suit des règles si vous-même les mettez en doute. Vous ne pouvez être intégré aux activités de groupe si vous donnez l'impression aux autres d'être égocentrique et incapable de travailler en équipe. Ce qui peut paraître regrettable est de voir vos multiples capacités s'évaporer dans la nature. Parfois vous sombrerez dans la délinquance et les addictions.

Votre seule échappatoire est de faire un travail sur vous-même et comprendre que ce n'est pas réellement votre intelligence qui est la cause de votre exclusion mais la structure caractérielle de votre personnalité. C'est d'ailleurs précisément pour cette raison que beaucoup d'hypersensibles s'autodiagnostiquent « HPE », c'est- à-dire « haut potentiel émotionnel » où, à ce titre, seul le terme « émotionnel » leur correspond réellement. Sur certains forums dédiés à cette thématique, des personnes qui abordent leur mal-être, considérant que leur haute intelligence est à l'origine de leurs névroses, sont littéralement allongés sur leur « canapé de psychologue » sans avoir bien souvent connaissance du mal profond qui les perturbe.

Mais il est encore une fois primordial de comprendre l'analyse faite par Ernst K dont nous reprendrons tels quels les termes : « *Il existe des configurations particulières des caractères héréditaires chez des gens doués où l'élément psychopathique n'agit pas uniquement en inhibiteur de la productivité mentale, mais où il représente directement un facteur indispensable dans la structure psychologique générale, et que nous désignerons sous le terme de génialité (...), si nous ôtions de la constitution de l'homme de génie ce facteur héréditaire psychopathologique (...) il ne resterait plus qu'un homme normalement doué* ».

C'est précisément pour cela qu'il est possible d'affirmer que l'intelligence « pure », celle que l'on mesure avec comme simple curseur le facteur G, suffit pour apprendre, pour comprendre et pour réussir dans la vie. D'ailleurs, certaines personnes avec un QI inférieur à 130 s'en sortent extrêmement bien, notamment et sûrement même principalement, quand l'excès d'émotivité ne vient pas perturber le fonctionnement de la personnalité. Mais ces types de hauts potentiels assez « classiques » dans leurs fonctionnements ne seront pas de ceux capables des plus grandes inventions et réalisations artistiques. Alors que, comme l'exprime Ernst K : « *Plus on avance dans l'étude des biographies des génies, plus on est poussé à supposer que cet élément psychopathologique qu'on retrouve sans cesse chez eux n'est pas seulement une regrettable fatalité extérieure du devenir biologique, mais sans doute une composante interne indispensable, un ferment nécessaire, pour tout génie au sens strict du mot* ».

C'est bien lorsqu'elle atteint un certain niveau que l'émotivité investit le caractère et prend le dessus sur le niveau d'efficience, qui aurait pu, dans l'absolu, la canaliser.

Effectivement, lorsqu'on connait les personnalités de Rousseau, Nietzsche, ou encore Van Gogh, il est difficile de ne pas comprendre que la limite de la perversion psychopathique a bien été dépassée : « *En ce qui concerne les génies « psychopathes », nous trouvons d'un côté ceux qui le sont réellement et de l'autre, des individus chez lesquels une certaine composante psychopathique est encastrée dans la structure par ailleurs solide d'une personnalité saine* ». Michel-Ange et Byron, par exemple, étaient de grands génies mais avaient exactement le mécanisme des plus grands psychopathes, aussi bien dans leur incapacité à s'adapter à la vie sociale que dans leur prédisposition aux maladies mentales. Mais il faut noter toutefois que chez ces grands génies, leur « folie » peut avoir des effets très préjudiciables car, comme le souligne Ernst K : « *la dysharmonie de leur structure rompt la construction de l'œuvre et introduit des dissonances perturbatrices, et l'instabilité de leur affectivité et l'inconstance de leur volonté ne leur permettent pas de dépasser le stade des réalisations fragmentaires et finissent souvent par les conduire à l'échec ».*

Le type « sentimental », émotif et très secondaire

George Bretts et Maureen Neihart nomment le surdoué de type 3 « The Underground » signifiant que c'est un surdoué « sous couverture », refusant d'admettre qu'il puisse être différent. Vous cherchez à masquer votre différence par tous les moyens, jusqu'à adapter vos comportements à l'opposé de ce que vous êtes réellement. Ce fonctionnement peut être lié à la fluidité et la complexité de vos pensées. Cela vous plonge parfois dans un sentiment assez proche de l'angoisse et dans des périodes d'anxiété. Les femmes ont plus que les hommes cette tendance à « *transcender le malaise éprouvé et leur sentiment de déroute intellectuelle* » comme le souligne Monique de Kermadec dans son œuvre « *La femme surdouée* » (Albin Michel). L'émotivité chez la femme est accentuée, comme nous avons pu l'étudier précédemment grâce aux analyses faites par GRIEGER. La mise en place d'un « faux self » plus précocement que chez les garçons s'explique, en outre, par l'émotivité plus forte. A votre intelligence, s'ajoute l'humilité et aussi bien souvent la sympathie. Le désir précoce de faire plaisir aux autres implique qu'ils ne soient pas en décalage avec vous. C'est donc vous qui allez devoir vous adapter à l'autre en changeant votre comportement.

Nous avons décrit le fonctionnement du caractère sentimental dans la partie consacrée. Le type 3 procède précisément du même mécanisme. Le sentimental n'est pas sûr de lui, il doutera toute sa vie de ses capacités réelles. Le degré de l'intelligence n'a, une fois de plus, pas vraiment de rapport avec ce que ressent, dans sa plus profonde introversion le caractère sentimental. Le fait de se sentir différent et incompris est une constante chez les émotifs secondaires, qui plus est si le taux d'activité est légèrement inférieur aux autres dispositions caractérielles.

Mais, il faut bien comprendre que le rapport avec l'autre et la vision que l'on a de soi-même vis à vis des autres sera plus complexe à appréhender si le champ de conscience est large et si vous êtes empathique. C'est en cela qu'un sentimental étroit et égoïste, à tendance « schizoïde », n'aura pas la perception de l'autre comme étant un objet de comparaison ; il sera lui tel qu'il est et dans les cas extrêmes ne verra même plus autrui. La largeur du champ de conscience déclenche les ruminations mentales qui par la suite entraineront un rétrécissement de la conscience dans le cas de dépressions ou de névroses d'une manière générale. Ce que Monique de Kermadec décrit dans son œuvre révèle aussi la puissance du « *syndrome de l'imposteur* » chez la femme à haut potentiel : « *Elles éprouvent un fort sentiment d'imposture et tremblent à l'idée d'être démasquées, comme de décevoir ceux qui ont plaqué sur elles leurs propres définitions de la réussite triomphale* ». Douter de ses aptitudes et de ses réalisations ou les dévaloriser sont les signes que vous êtes dans ce syndrome, extrêmement handicapant à tous les niveaux de votre vie sociale. Mais ce frein, encore une fois, n'est pas exclusif aux hauts potentiels. Douter de soi et ne pas avoir confiance en soi a des origines culturelles (dans l'enfance) d'une part, et caractérielles d'autre part.

Le type « sentimental à haut potentiel intellectuel » est particulièrement sensible à l'environnement ; ce sont les professeurs qui donnent envie ou non d'apprendre. Si vous n'avez pas réussi dans une matière, il est fort probable que la raison principale est que personne ne vous a donné envie de l'apprendre. Tout environnement hostile créé un sentiment de rejet chez le sentimental, HP ou non. *

*C'est bien pour cela que George Bretts et Maureen Neihart insistent dans leur étude sur le fait que le type III « *peut changer radicalement du tout-au-tout* ». Il suffit en effet que vous repreniez confiance grâce aux capacités pédagogiques d'un nouveau prof ou à l'altruisme d'un nouveau patron, pour que, soudainement, vous soyez passionné par un nouveau sujet qui deviendra l'objet de toute votre attention.

Le Type IV: « The Dropout » (comprenez : « le surdoué « Ermite Incompris »)

Ce type procède du même mécanisme que le précédent. Vous êtes en colère contre les adultes, contre les gens et contre vous-mêmes parce que le système n'a pas répondu à vos besoins depuis environ l'âge de raison, et vous vous sentez rejeté. Vous exprimez cette colère en vous repliant sur vous-même à la manière de tous les sentimentaux, souvent timides, susceptibles et parfois misanthropes. Vous vous retranchez dans un monde secret, ou vous vous effacez dans un monde virtuel. La réalité de la vie vous impacte grandement et parfois vous amène dans les plus sombres ruminations.

Cette constatation pourrait être faite quel que soit le niveau d'intelligence chez les personnes sentimentales mais il vrai que le fait de bien comprendre le monde dans lequel vous vivez grâce à une intelligence intuitive élevée vous amène à ne plus comprendre les gens qui le constituent. Souvent, lorsque vous étiez encore scolarisé, vos centres d'intérêts se situaient en dehors du domaine des programmes scolaires ordinaires. Par la suite, c'est à tout ce mécanisme de conformisme social auquel la société veut petit à petit vous amener que vous renoncerez. Vous vous désinvestissez des relations sociales au même titre que vous avez abandonné émotionnellement ou intellectuellement l'école, la considérant finalement comme hostile.

Si votre estime de vous-même est faible, c'est aussi parce que vous vous êtes rendu compte trop tard que le problème ne venait pas vous, et vous avez fini par comprendre qu'il n'y a pas à espérer qu'une évolution positive s'opère chez les autres.

Malheureusement, guérir de ses propres blessures est déjà une étape longue et difficile, mais soigner celles des autres tient du miracle et de l'utopie.

Construction

ou déconstruction de

la personnalité

John Pierrakos, psychiatre américain, s'associe en 1953 avec deux autres adeptes de Wilhelm Reich, Alexander Lowen et William Walling. Ils fondent l'Institute for Bioenergetic Analysis (Institut pour l'analyse bioénergétique) en 1956. Auteur de « *Human Energy Systems Theory* » (1976) il dirige aussi l'Institute of Core Energetics, à New York. Il reprend les travaux de Wilhelm Reich sur les blessures existentielles et en définit huit : abandon, rejet, humiliation, trahison, injustice, intrusion, impuissance, insécurité.

Nous allons nous concentrer sur les 5 principales blessures. Nous verrons dans cette partie qu'à chaque stade de l'enfance correspond une ou plusieurs interactions possibles avec vos blessures qui constitueront plus tard une sorte de carapace dont il vous sera parfois difficile de vous défaire. Vous comprendrez qu'il existe une corrélation entre blessure et caractère et des liens en fonction de votre niveau d'émotivité et votre retentissement.

L'intensité de vos blessures, de faible à forte, détermine votre capacité à mener soit une vie normale, soit à être impacté par un schéma de plus en plus rigide et handicapant dans votre vie de tous les jours. C'est ainsi que vous comprendrez le lien entre caractère, blessure et tous les mécanismes tendant vers les possibles troubles de la personnalité.

Chronologie de la naissance des blessures

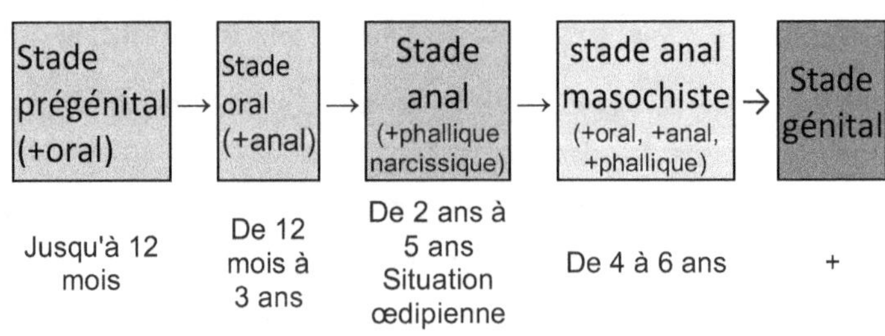

Du stade prégénital au stade oral : première période de l'enfance et premières blessures

Le stade prégénital est la première partie du stade oral. Au tout début de votre existence, vous dépendiez entièrement de vos parents. Votre lien avec eux était fusionnel et de ce fait vous n'aviez pas réellement la perception d'être une personne à part entière. Vous viviez dans une bulle comme si vous étiez encore dans le ventre de votre mère. Ce n'est que vers 8-10 mois, au milieu du stade oral, que vous avez pris conscience que vous étiez un être indépendant. Vous vous séparez petit à petit de vos parents, tout en y restant très attaché.

C'est avec votre mère, qui représentait pour vous la figure d'attachement naturel, que vous étiez encore en symbiose totale. De vos premiers pas, vos premières impressions, vos premiers mots, vous n'avez aujourd'hui plus aucun souvenir. Pourtant, toutes les expériences que vous avez eues bébé resteront à jamais gravées dans votre mémoire implicite. Elles auront une influence fondamentale sur votre développement et ce que vous allez devenir, laissant une empreinte durable sur votre personnalité. C'est à cette période de votre développement qu'ont pu apparaître ce qu'on appelle en psychologie « les angoisses de séparation ».

Pendant cette première phase, vous exprimez le besoin d'être désiré, reconnu et aimé. Le rôle de votre mère est, dès lors, prépondérant. En effet, si vous avez ressenti un rejet de cette dernière, le sentiment d'être non désiré, abandonné ou rejeté, vous aurez perçu votre mère comme hostile ou menaçante. Même si cette forme d'hostilité était en quelque sorte secrète ou invisible, elle représentait une menace pour votre existence. Le schéma que vous avez mis en place dans votre tête fut que toute demande de votre part pouvait entrainer un rejet de sa part et en conséquence votre annihilation.

John Pierrakos met en avant la théorie selon laquelle l'enfant se sent rejeté car il ne répond pas aux critères d'appréciations, si subjectifs soient-ils, des parents ou d'autres groupes sociaux comme ses petits camarades d'école primaire ou son instituteur. Le rejet est la première blessure de l'enfance et la plus destructrice ; durant les 9 mois de la gestation, puis lors des premiers mois de d'existence, l'enfant peut recevoir les émotions de rejet de sa mère en direct et ressentir le fait de ne pas être désiré au plus profond de lui. Des caractéristiques physiques, culturelles, ethniques, linguistiques, religieuses ou intellectuelles, peuvent par la suite entraîner des blessures de rejet profondes. Les personnes souffrant des blessures de rejet ne croient pas à leur droit légitime d'exister et se demandent ce qu'elles font sur cette planète, elles se considèrent nulles et sans valeur. Cette blessure naît donc souvent du rejet de vos parents et bien souvent sans que ces derniers n'aient eu véritablement cette intention.

Face aux premières expériences de rejet, vous avez d'abord commencé à croire à une sorte de mise en scène pour vous protéger de ce sentiment déracinant. Par la suite, les premières réactions de rejet que vous avez pu avoir étaient de fuir et ensuite de vous inventer un véritable monde imaginaire. Une surprotection de vos parents a pu avoir aussi des effets négatifs car, au-delà du côté illusoire de la relation, masqué par l'amour, vous vous sentez rejeté car vous n'avez pas été accepté tel que vous êtes. C'est le cas des enfants dont les parents planifient à l'avance tout ce qu'ils exigent que leur enfant devienne, souvent parce qu'ils comptent accomplir inconsciemment, à travers leur enfant, ce qu'ils regrettent de ne pas avoir fait eux-mêmes dans leur vie. Une partie de notre personnalité se forme à partir des blessures émotionnelles que l'on ressent dans l'enfance. Ainsi, si vous souffrez de rejet vous aurez tendance à vous sous-estimer et aussi à rechercher la perfection à tout prix, vous espèrerez constamment la reconnaissance des autres mais, paradoxalement, en les évitant. En rejetant l'autre, vous risquez aussi d'être rejeté en retour. *

*Les caractères sentimental et nerveux sont les plus disposés à souffrir de cette blessure. Mais nous verrons plus loin que les sentimentaux sont particulièrement prédisposés à d'autres blessures et malheureusement aussi à des troubles de la personnalité plus profonds.

Ce qui peut être constaté à ce moment-là de votre enfance, c'est un manque d'émotions positives, un manque de sécurité et une absence de plaisir. Par ailleurs, ce sont des états de crises de nerfs et de colères qui deviennent fréquents. Ces souvenirs imprégnés à jamais dans votre inconscient marqueront les traits de la blessure de rejet, et auront pour conséquences des possibles périodes dépressives, des sentiments paranoïaques, et possiblement un lien avec les troubles de la personnalité de types schizoïde, schizotypique ou évitant.

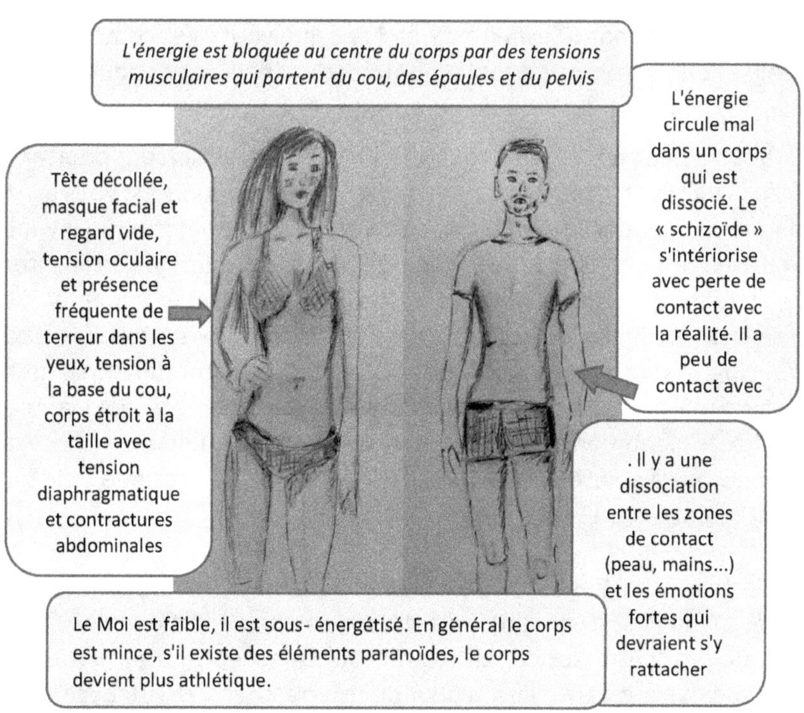

Du stade oral primitif au stade oral tardif : deuxième période de l'enfance et deuxièmes blessures

A quand remontent vos premiers souvenirs ? Ils sont liés à la quantité de paroles qu'on a pu vous adresser, aux interactions que vous avez eues avec votre entourage. Plus vos parents ou votre famille vous ont parlé tôt, plus vous avez tendance à avoir des souvenirs. Les premiers souvenirs précis qui ont émergé de votre conscience remontent à la période comprise entre vos 3 et 4 ans. Ceux que vous avez enregistrés avant 2 ans n'apparaitront que comme des « flashs » succincts et furtifs. L'amnésie de l'enfant s'explique par le fait que plusieurs fonctions cérébrales doivent être connectées entre elles pour former un souvenir. Pour pouvoir emmagasiner de la mémoire qui deviendra plus tard un souvenir il faut être capable de réaliser une forme de récit intérieur et intégrer la notion de temps. C'est entre 2 et 3 ans que vous avez commencé à réaliser que le temps s'écoule, et qu'hier est déjà passé pour laisser la place à aujourd'hui et à demain.

Vous n'avez pas accès à tous vos souvenirs, mais ils sont pourtant bien là dans votre mémoire. De vos premières expériences, vous avez pu mémoriser des impressions, des ressentis, des émotions. Ils vont vous suivre tout au long de votre existence de manière inconsciente. Le conflit que vous exprimez est d'être sécurisé et aimé. Vous montrez que vous avez droit à la satisfaction de vos besoins. Les principaux sont ceux qui concernent votre sentiment de vous sentir sécurisé. Si ce besoin n'est pas honoré par vos parents, vous aurez adulte le sentiment qu'on vous doit toujours quelque chose. Le monde devra assurer votre existence. Vous considérerez que c'est un droit, qu'on vous le doit.

Certaines parties de votre cerveau sont déjà matures : le tronc cérébral ou le système limbique dit le « cerveau émotionnel ». C'est lui qui gère notre survie, et nos réactions de peur. Cette partie du cerveau est très sensible à la peur ou au stress, et aussi au besoin de se sentir sécurisé. Or, le cortex, qui nous aide à analyser les situations et à prendre du recul, est encore immature et faiblement développé. Lorsque vous étiez enfant, vous n'aviez donc pas encore les structures émotionnelles nécessaires pour vous apaiser en cas de conflit. Ce sont vos parents, et en particulier votre mère, qui vont en quelque sorte se substituer au cortex, en attendant que le vôtre se soit développé. Sur un plan neurobiologique, la science s'est aperçue que les schémas physiologiques d'apaisement de l'enfant vont se caler sur ceux de la mère, qui vont lui être transmis à force de répétition.

En conséquence, une mère qui sera dans l'incapacité d'avoir un comportement d'apaisement communiquera son stress à l'enfant. Ces premières empreintes de peur, ou au contraire d'apaisement, ont pu vous laisser une trace très profonde. Le contenu de votre mémoire implicite précoce, jusqu'à 3 ans environ, constitue la toile de fond sur laquelle votre personnalité se construira. On retrouve des éléments communs dans le tempérament des personnes marquées par le stade « schizoïde » et par le stade « oral ». Toutefois le premier est plutôt imprégné par la blessure de « rejet » et le deuxième par la blessure « d'abandon ».

Si vous avez été privé de la figure maternelle rassurante, sécurisante et affective, si votre mère a connu de fortes périodes de dépression, si elle était absente par son travail, malade, ou peut être décédée très jeune, si d'une façon ou d'une autre vous avez eu le sentiment d'avoir été abandonné, y compris d'ailleurs par votre père, votre besoin de sécurité et d'amour n'a pas été assouvi. Vous aurez besoin de puiser votre énergie dans l'univers environnant. Adulte, vous ressentirez un vide intérieur, un vide refoulant une intense nostalgie qui peut s'exprimer par une grande détresse. Dépendant et dans le besoin, vous aurez du mal à percevoir votre agressivité qui restera masquée. Votre humeur sera parfois dépressive ou bien parfois teintée d'exaltation.

Si votre nature est extravertie, vous n'aurez pas la capacité à avoir du recul sur votre comportement et n'y verrez aucune incohérence. Vos peurs seront liées au fait d'être rejeté, d'être seul ou abandonné. Vous pourrez rentrer en dépression si vous perdez le contact avec l'autre ; vous aurez peur de perdre l'autre ou peur du vide. Le risque d'être sous la dépendance de l'alcool ou de stupéfiant est fort, ainsi que les problèmes liés à la nourriture. En extrapolant, les possibles troubles de la personnalité dans lesquels vous pourriez vous situer ou tout au moins avec des mécanismes assez similaires, sont la personnalité dépendante, évitante ou borderline.

Le rôle des parents pour la régulation des émotions pendant le stade oral est important. Si les parents ont eu conscience du fait qu'à un moment donné vous aviez trop de stimulations, qu'il y avait trop de bruit, ou que vous pouviez parfois vous sentir seul ou vous ennuyer, en parents bienveillants, ils vous ont appris à utiliser vos émotions à bon escient. Certains adultes ne pleurent jamais, bien qu'ils soient émotifs de caractère. Cela peut être lié au fait que les parents n'ont pas su répondre à leurs pleurs, c'est-à-dire à leurs détresses ou à leurs souffrances, ce qui n'enlève en rien leur souffrance intérieure, bien au contraire.

Un bébé n'est pas capable de s'apaiser tout seul avant l'âge de 4-6 mois minimum En le laissant pleurer, on lui apprend qu'il n'y a rien à attendre de l'environnement quand il est dans le besoin. Il va finir par s'endormir, en désespoir de cause. Si cette situation est répétée régulièrement elle risque de laisser des traces à l'âge adulte, parfois sous la forme de stress post traumatique. Adulte, l'enfant abandonné va se replier sur lui-même, sans chercher un secours, car il a compris que demander de l'aide ne servait à rien. Enfant, vous avez ressenti et absorbé tout le stress de vos parents, et même si vous ne compreniez pas tout, vous aviez parfaitement conscience de ce qui se passait. Toutes les disputes, les tensions à la maison, ont eu des conséquences sur votre perception émotionnelle et par la suite sur votre personnalité.

Il faut bien comprendre que l'enfant est d'autant plus affecté qu'il ne comprend pas ce qui se passe exactement mais il se fera une représentation implicite de ce qui est bien ou mal, de ce qui est normal ou mauvais, de ce qui est moral ou pervers.

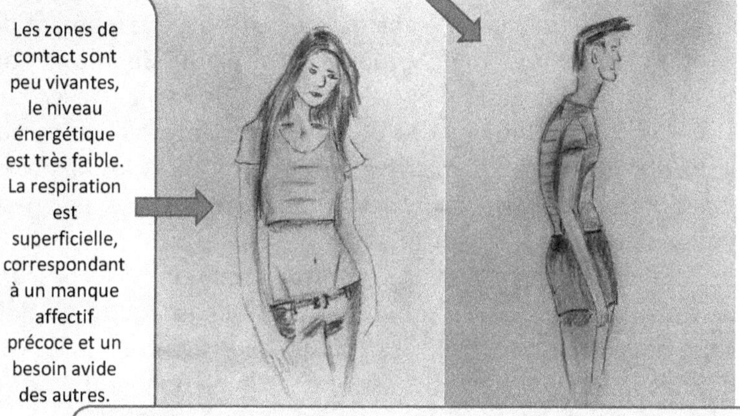

Vers le complexe d'Œdipe : troisième période de l'enfance et troisième blessure

La phase orale à peine achevée, débute alors le stade anal de l'enfant où l'expulsion devient une source potentielle d'angoisse. Jusqu'à 18 mois environ, l'enfant faisait de la sphère buccale et œsophagienne sa zone érogène de prédilection. Le plaisir oral va au-delà de la faim : l'enfant prend du plaisir à sucer, lécher, et porter tout objet à sa bouche.

Vers 18 mois et jusqu'à 3 ans, ses pulsions se concentrent ailleurs, mais les satisfactions orales sont toujours présentes. L'enfant découvre le plaisir lié à la zone anale. Il coïncide avec le moment de l'acquisition de la notion de propreté. Ce plaisir de retenir ou d'expulser se traduit aussi dans les relations de l'enfant avec ses parents. Vers 2 ans, et même dès 18 mois, il devient plus autonome, il marche et comprend qu'il maîtrise certaines choses : c'est la phase d'opposition à travers le "non" et il rentre alors dans la phase phallique. A cet âge, l'enfant teste les adultes et veut exercer son pouvoir. Ses refus d'obéir sont une forme de rétention qui lui procure du plaisir. Il sait qu'il a le choix entre expulser les selles et ainsi satisfaire ses parents, ou bien les retenir pour montrer qu'il peut décider. S'opposer à ses parents est une façon de donner un sens à ses relations avec les autres.

Quand des blocages surviennent à ce stade de votre développement et qu'ils n'ont pas été réglés, les conséquences à l'âge adulte peuvent être des angoisses d'abandon, de séparation ou de perte identitaire qui peuvent perdurer, favorisant une tendance obsessionnelle, de la rigidité, de l'exigence ou du perfectionnisme. Vous voudrez être dans la maîtrise de vous-même et des autres. Dans les cas plus extrêmes, vous pourrez être confronté à des troubles obsessionnels compulsifs avec des soucis permanents de propreté, d'incessantes vérifications, visant à combler votre angoisse profonde.

A partir de 3 ans, le conflit que vous exprimerez est le droit à la satisfaction de vos besoins sans conditions, ni soumission. C'est la recherche de l'Indépendance contre l'intimité. A ce moment-là l'insécurité fondamentale s'installe quand vous ne pouvez pas accéder à votre autonomie et à votre indépendance. Ce droit se perd si le parent du sexe opposé a une attitude séductrice et s'il vous soumet à ses besoins personnels.

Vers 4 à 5 ans, l'éveil des pulsions sexuelles du garçon développe un désir et un attachement sexuel intense vis-à-vis de sa mère. Il la veut pour lui seul, et le père devient son rival. Il développe une hostilité à l'égard de son père, allant jusqu'à vouloir parfois prendre sa place. Selon Freud, tel qu'il le décrit dans son recueil en 1923 (*L'organisation génitale infantile*) ; « *l'élaboration du complexe d'Œdipe représente une étape constitutive du développement psychique des enfants* ». La mère est, d'une part, la « nourricière », et, d'autre part, celle qui procure du plaisir sensuel, via le contact avec le sein et à travers les soins corporels. L'enfant, qu'il soit fille ou garçon, en fait donc le premier objet d'amour qui restera déterminant pour toute la vie amoureuse. Cette relation est ainsi investie de « sexualité ».

Cette période de développement de l'enfant se déploie donc à travers plusieurs phases qui s'enchevêtrent pour constituer un agrégat de pulsions, nommé « complexe » d'Œdipe qui, en théorie, trouve son apogée vers l'âge de 5 ans. Selon Freud, pendant toute la phase du complexe d'Œdipe, le « Moi » subit une profonde modification, de laquelle résulte le Surmoi qui devient l'héritier du complexe d'Œdipe. En effet, la résolution du complexe entraîne l'introjection de l'image du père. L'édification du Surmoi chez une personne dépend ainsi de la façon dont il a résolu son complexe d'Œdipe. Le conflit œdipien constitue un moteur essentiel du jeu des identifications par lesquelles la personnalité va se construire. Si le parent cède à la séduction de l'enfant, il le met ainsi sous son contrôle.

Entre 4 et 6 ans, l'enfant prend conscience des sentiments amoureux qui unissent ses parents. Il découvre en principe qu'il n'est pas le seul objet de leurs préoccupations. Pendant cette période, il est fréquent que l'enfant fasse des cauchemars ou ait du mal à s'endormir. La relation séductrice crée un triangle mettant l'enfant en rivalité avec le parent du même sexe, en renforçant l'identification au parent séducteur. Le jeu imaginaire, qui correspond au fantasme de l'enfant où tout est possible dans sa tête ne doit pas être confondu avec la réalité, pour la construction équilibrée de sa personnalité et de sa sexualité. Il est alors important que les parents montrent bien qu'ils forment un couple afin que les relations soient claires : ainsi, les bisous sur la bouche de l'enfant, ou l'enfant qui dort dans le lit conjugal, doivent être à proscrire. Enfin, si l'un des parents est absent, l'enfant ne doit pas croire qu'il remplace le père auprès de la mère et inversement.

Que peut-il se passer plus tard ?

Les angoisses de destruction et de séparation sont fortes. L'enfant à peur d'échouer, d'être exploité, d'être contrôlé. Si le parent du sexe opposé ne vous a pas satisfait quant à vos besoins d'aide et de contacts affectifs, il y aura eu dans votre enfance un manque et une fixation de type oral. La relation de séduction vous a mis en rivalité avec le parent de même sexe et a augmenté l'identification au parent de sexe opposé. Il y a dès lors deux solutions : ou vous avez décidé de ne pas être objet en utilisant la domination, ou vous êtes rentré dans un mécanisme de manipulation en utilisant la séduction.

Si votre parent vous a soumis à ses besoins personnels, ou s'il a cédé à votre séduction, il vous a mis ainsi sous son contrôle. Vous ressentirez plus tard le besoin de dominer et de contrôler, et serez dans la recherche permanente du pouvoir et de la réussite, en ne pouvant admettre l'éventualité d'un échec. Il faudra que vous sortiez vainqueur de tout conflit, en allant jusqu'à la manipulation ou la domination. La sexualité sera forte dans ce jeu pour le pouvoir. Si les autres ont besoin de vous alors vous ne pourrez pas être mis sous contrôle : vous préfèrerez nier vos besoins pour ne pas être « objet » de l'Autre. Vous pourrez ressentir parfois une sorte de rage contre le sexe opposé, surtout sur le plan de la sexualité.

Des tendances masochistes peuvent apparaître : elles seront le résultat de votre soumission au parent « séducteur ». Ces tendances masochistes peuvent devenir sadiques lorsque l'attachement s'est fait dans la manipulation séductrice. Enfin, une tendance forte à la consommation de stupéfiants et d'alcool peut-être bien souvent liées à la blessure de « trahison ». Les mécanismes de troubles de la personnalité narcissique, antisociale et histrionique, entre autres, ont un lien avec cette période de l'enfance marquée par la blessure de trahison **que W REICH qualifiera de « phase psychopathe »**.

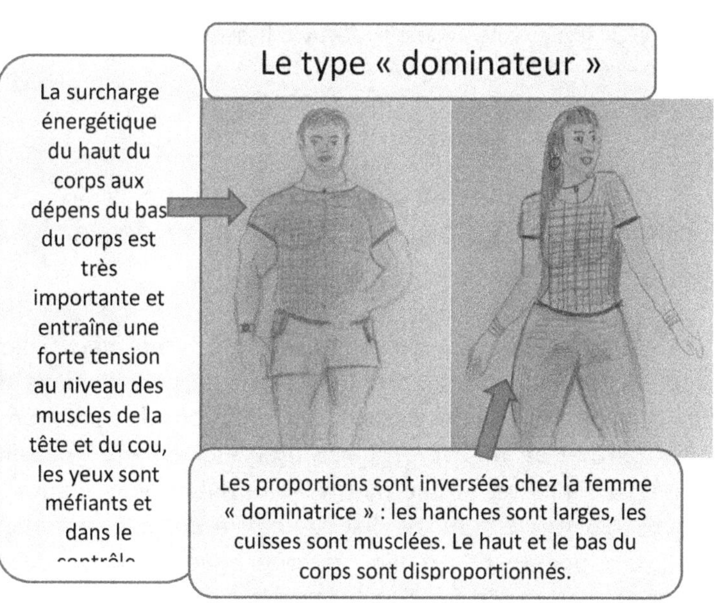

Les proportions sont inversées chez la femme « dominatrice » : les hanches sont larges, les cuisses sont musclées. Le haut et le bas du corps sont disproportionnés.

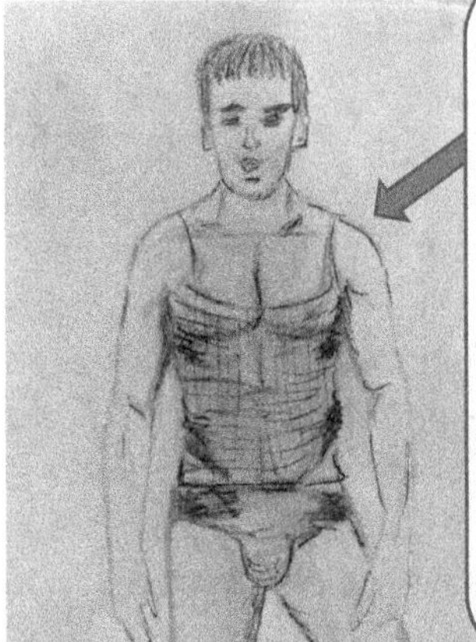

Fin du complexe d'Œdipe : quatrième période de l'enfance et quatrième blessure

Il y a, à cette période de votre enfance, un très net déclin des comportements de séduction au profit d'intérêts plus intellectuels et plus pragmatiques. Le refus des parents aux tentations de séductions œdipiennes permet de mettre en place progressivement l'interdit fondamental de l'inceste, qui permet la socialisation vers d'autres sphères que l'environnement familial confiné. A cet âge, apparaît aussi le développement d'une pensée symbolique. C'est l'apprentissage plus approfondi du langage, de la lecture, de l'écriture, ainsi que l'éveil aux matières scientifiques.

L'énergie de l'enfant est alors redistribuée vers les activités scolaires, sportives et sociales. Son environnement s'élargit, ainsi que son champ de conscience. Cet apaisement fait place au désir de ressembler au parent du même sexe. Ce processus d'identification devient indispensable pour structurer votre personnalité. Mais à cette période vous exprimez votre droit à l'affirmation et à l'indépendance. Ce sont les peurs de l'étouffement et de l'humiliation qui vous obsèdent. Lors de la destruction du complexe d'Œdipe, l'enfant (garçon et fille), est obligé de renoncer à prendre respectivement la mère et le père pour objet libidinal.

Deux éventualités peuvent en fait se produire pour le garçon : ou une identification avec la mère, ou un renforcement de l'identification avec le père. C'est cette éventualité qui permet à l'enfant de conserver, jusqu'à un certain degré, l'attitude de tendresse à l'égard de la mère. De la même façon, la petite fille est amenée pendant la phase de destruction du complexe d'Œdipe à renoncer à l'investissement « libidinal » de son père. Elle peut alors s'identifier à sa maman. Mais si cette identification existait déjà, surtout les premières années de l'enfance, elle s'en trouvera alors renforcée, ce qui aura pour effet l'affermissement du côté féminin de son caractère.

L'identification avec le père ou avec la mère, dans les deux sexes, à la suite de la destruction du complexe d'Œdipe, comporte la force psychique des dispositions sexuelles chez l'un et chez l'autre. L'enfant est en effet inconsciemment bisexuel, son orientation sexuelle se précisera vraiment quelques années plus tard. Ces variations identificatoires peuvent entraîner soit une attitude positive du garçon pour son père (ce que Freud appellera « *le complexe inversé* »), soit une attitude négative qui sera alors considérée comme étant le complexe normal, le tout formant, en théorie, le « complexe d'Œdipe complet ». Ces identifications variées expliquent la diversité des influences sur le caractère et la construction de la personnalité. Elles constituent ce que Freud considère être un « *idéal du moi* » qui détermine la « *morphologie du Surmoi* ». Nous reviendrons plus loin sur ces termes.

Le rôle du parent qui est le plus en charge de l'éducation de l'enfant est à ce stade primordial. Certaines mères surprotectrices, ou d'autres dominatrices, vont laisser entendre qu'elles se sont sacrifiées pour leur enfant : « *Tu te rends compte de ce que tu me fais alors que je t'ai tout donné, je me suis sacrifiée pour toi, et toi, voilà en échange comment tu me remercies... c'est à cause de toi si j'en suis là aujourd'hui...etc.* ». On peut retrouver chez certains parents des attitudes humiliantes pour l'enfant comme des situations incestuelles. Parfois ce sont aussi des demandes comme « *fais caca pour faire plaisir à maman* » qui induiront, aux yeux de l'enfant, une relation de cause à effet « perverse » dans la relation avec autrui, liée à ce chantage fallacieux.

L'alternance de situations où se mélangeaient à la fois l'amour de vos parents et une attitude sévère ou injuste de leur part, dans un climat où, qui plus est, vous avez pu ressentir de l'oppression, de la castration, un empêchement de vous réaliser ou des humiliations sévères, ont pu entrainer une blessure, mettant en place par la suite un mécanisme « masochiste ». L'écrasement fait par une mère castratrice ou dominante a pu laisser votre père souvent passif et soumis aux situations d'humiliation. Notons que cette blessure peut intervenir plus tôt, dès l'âge de 2 à 3 ans.

Quelles conséquences une fois adulte ?

Les principaux traits « masochistes » sont une incapacité à supporter la solitude, qui, pour vous, a une connotation de mort, la perturbation de sa sexualité, et l'importance de la rancœur (toutefois contenue, à l'encontre de vos parents) sont autant de signes qui sont la conséquence de cette période mal vécue de l'enfance. L'attitude soumise dans le comportement face au milieu extérieur masque un ressentiment intérieur tout à fait opposé : sur un plan émotionnel, vous allez ressentir de la rancune et de la négativité, mais aussi un sentiment de supériorité. Votre peur est extrêmement liée à l'image négative que le milieu extérieur vous renvoie. L'attitude qu'ont les autres à votre égard vous incite à vouloir être le plus serviable, gentil, irréprochable possible pour faire contredire ce que vous pensez lire dans le regard d'autrui. Vous adopterez souvent un comportement provocateur qui sera un substitut à votre agressivité sous-jacente. Le fait de provoquer l'autre vous déculpabilise en quelque sorte et vous donne le rôle de la personne qui subit et non celui qui crée le conflit. Cela vous laisse donc la légitimité de réagir violemment. Le moindre échec de votre part sera une opportunité de trouver un coupable à votre état et l'occasion de mépriser autrui.

Ce que W REICH conclue sur le caractère masochiste est que le mécanisme que vous utilisez est une formation névrotique secondaire. **Si vous souhaitez souffrir c'est parce qu'un désir initial de plaisir s'est heurté à une forte frustration. C'est pour cette raison que vous donnez l'impression de désirer une situation de souffrance alors qu'en réalité vous aspirez à un bien-être qui se cache derrière la frustration. Votre souffrance est donc objectivement donnée mais n'est pas désirée.** Vous finissez par accepter ce principe de plaisir/déplaisir même s'il aboutit à votre anéantissement, car cette tension vous est extrêmement douloureuse.

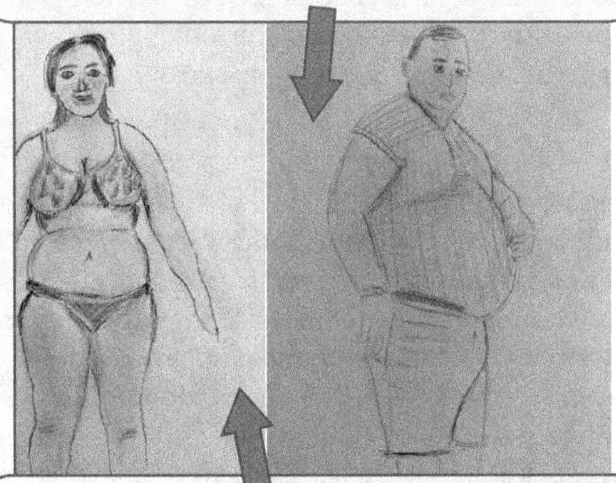

NB : l'incapacité à supporter la solitude, qui est pour le masochiste synonyme de mort, est un trait commun. La perturbation de sa sexualité et l'importance de la rage contenue à l'encontre de ses parents sont flagrants. Un comportement provocateur remplace l'agressivité ; il a pour but d'obtenir de l'autre une réaction énergique assez forte pour permettre au masochiste de réagir violemment. Il peut utiliser ses échecs pour se renforcer dans l'illusion de supériorité et de mépris des autres.

Cinquième période de l'enfance et cinquième blessure

Vers 6-7 ans l'enfant est maintenant plus vif physiquement et intellectuellement. C'est l'âge de l'entrée à l'école primaire. Il court, fait du vélo, il est capable d'organiser des jeux, de jouer au ballon, de marcher, d'attraper, de faire des dessins plus précis. Il peut s'adonner à des activités créatives telles que l'écriture ou le découpage. Le développement affectif prend de l'ampleur ce qui lui permet de mieux contrôler ses émotions. Il s'exprime avec plus de clarté, ce qui évite les frustrations qui, par le passé, se traduisaient souvent par des colères, des pleurs ou des gestes d'énervement. L'enfant reste souvent impatient mais il est capable désormais de s'occuper tout seul. L'enfant de 6 ans a une meilleure confiance en lui, ce qui lui permet de nouer facilement des relations avec ses camarades. Il aime imiter son entourage adulte, notamment ceux du même sexe. Il agit parfois dans le seul but de leur plaire et les satisfaire.

A cet âge, vous recherchiez le droit à l'affirmation de vos désirs et de vos émotions, notamment vos émotions sexuelles. Vous aspiriez à une certaine forme de liberté. La mémoire s'est développée ainsi que le vocabulaire ; vous étiez capable d'attendre votre tour pour prendre la parole. L'empathie s'est intensifiée aussi, comme la possibilité d'adapter les propos, le rythme de la voix et l'intonation selon l'interlocuteur. Vous acceptiez plus facilement les règles sociales et aviez déjà la capacité de présenter des excuses et de dire pardon en trouvant des gestes de réparation après un conflit. Si pendant cette période votre liberté était bafouée, vous avez dû vous soumettre à l'autorité. C'est donc cette crainte de la soumission qui s'est mise en place. Si des traumatismes et de la soumission ont eu lieu, c'est alors un mécanisme compulsif et rigide qui recouvrira plus tard votre personnalité. Pour autant, cette énergie vous donnera le sens de la compétition, de l'obstination et une ambition forte, la passivité étant ressentie comme une vulnérabilité puisqu'elle était synonyme d'altération de votre liberté. Adulte, les relations affectives seront bonnes mais vous resterez quand même sur vos gardes, malgré l'apparence d'intimité dans la relation et dans l'engagement. Vous pourrez être rigide et défensif. Vous pourrez avoir peur de céder car cela signifiera pour vous une forme d'effondrement. La rigidité est une défense contre une tendance masochiste sous-jacente. L'obstination résulte de la fierté. Vous aurez peur de vous laisser aller, donc vous serez sur la retenue. Cela viendra de votre peur car la soumission pourrait entraîner une perte de liberté. Malgré l'apparence de confiance que vous donnerez à votre conjoint, vous ne pourrez vous empêcher de rester sur vos gardes. Le droit à l'affirmation des désirs et des émotions que vous exprimez est en fait une recherche de liberté contre l'amour que vous êtes prêt à donner. Les mécanismes que vous pourrez mettre en place inconsciemment sont des tendances compulsives, allant possiblement vers le trouble de la personnalité obsessionnel-compulsif ou phobique.

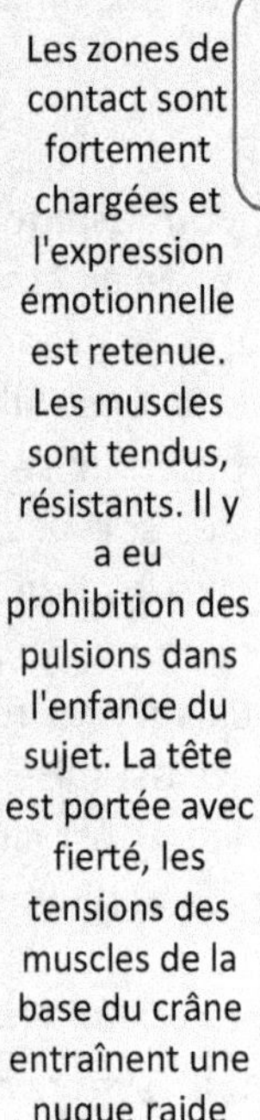

Analyse caractérielle des blessures et des troubles

La généralité peut entrainer de graves erreurs de diagnostics, faute d'avoir différencié les caractères. Nous allons donc réintégrer l'analyse caractérielle dans le descriptif des blessures que nous venons de faire.

Sur la notion de complexe d'Œdipe

Freud et Reich ont décidé de qualifier de « sexuel » tous les incidents psychologiques et tous les drames de la conscience ; tout ce qui se situe donc en dehors des instincts de nutrition et de conservation. Ils voient dans l'intérêt que prend l'enfant à ses sensations organiques le signe d'une sexualité. André LE GALL (*Caractérologie des Enfants et Adolescents à l'usage des parents et éducateurs Ed Presse Universitaire de France*) considère « *qu'il n'est pas exact que les troubles du moi soient tous des troubles d'étiologie sexuelle, il n'est pas exact non plus que la zone sexuelle soit aussi large dans l'espace et dans le temps* ».

En effet, la notion de caractère n'a pas été évaluée dans le complexe d'Œdipe. Pourtant bon nombre de signes liés à des troubles caractériels n'ont aucun rapport avec une étiologie sexuelle. Ce point est donc fondamental dans notre étude. L'enfant, comme nous avons pu le voir tout au long du livre, naît avec un caractère et construit ensuite sa personnalité autour de ce noyau. Partant, il convient de préciser que tous les caractères ne seront pas impactés de la même façon. Certains survoleront même les phases de développement pendant la petite enfance sans qu'elles n'aient aucun impact sur eux, c'est ce que nous allons aborder maintenant.

Notons tout d'abord qu'il est fréquent qu'un enfant et un parent puisse avoir une affinité liée à des identités caractérielles, c'est-à-dire un caractère proche. Un garçon peut aimer sa mère mais s'entendre encore mieux avec son père et inversement, et ce, indépendamment de toute mécanique freudienne. C'est surement le cas de bon nombre d'entre vous. Le complexe d'Œdipe chez la fille a été moins facilement mis en avant par Freud. Ce que pensent certains caractérologues à ce sujet et aussi toute une branche de la psychologie, c'est que la relation fille-père ne peut pas rentrer dans le même schéma car l'enfant est avant tout lié à sa mère, au moins jusqu'à 3 ans et quel que soit son sexe, c'est bien elle qui aura, quoi qu'on en dise, le plus d'impact sur la petite enfance. L'attachement de la fille envers le père impliquera aussi la vigueur, la force ou le rôle social qu'il représente ce qui n'a que peu de rapport avec un conflit d'ordre sexuel.

Notons aussi qu'il est fréquent que les conflits entre parents et enfants soient totalement d'ordre caractériel : imaginons par exemple un père violent qui serait alors peu enclin à gérer l'éducation de son fils ou de sa fille, un père laxiste, une mère trop sévère ou encore une autre inattentive aux cris et aux pleurs de son enfant. Beaucoup de traits de caractères, beaucoup d'attitudes ne favorisent pas un parfait épanouissement de l'enfant, voire laissent des traces indélébiles que nous développerons tout à l'heure. En retour, la réaction de l'enfant sera en fonction de son propre caractère. Certains enfants, dociles et conciliants, seront enclins à endurer l'éducation donnée, d'autres plus émotifs ou de caractères plus « complexes » entreront en conflit avec un ou les deux parents, quel que soit le sexe.

Notons enfin que certains enfants particulièrement difficiles vont déclencher par leur attitude (cris, pleurs, émotions fortes...) la sévérité ou l'impatience des parents, renforçant ainsi le mécanisme de création des blessures, pouvant aller jusqu'au déclenchement de troubles de la personnalité dans les cas les plus complexes ; nous développerons cette partie un peu plus loin.

Un enfant difficile face à un parent conciliant n'aura pas le même développement de sa personnalité que celui dont les parents manqueront de savoir être, de valeur ou de morale. Nous verrons plus tard également que le milieu social et éducatif aura un impact déterminant sur l'enfant eu égard à l'ancrage dans le temps des blessures, des troubles de la personnalité et des névroses. Quel que soit le schéma, la psychanalyse oublie le point fondamental qui est de situer l'enfant dans sa personnalité et son caractère intrinsèque. C Jung a proposé une classification qui fut reprise par la suite par le fameux MBTI (16 personnalités identifiées), mais le fait qu'il pose en premier lieu les catégories freudiennes avant les caractères fausse les données et rend l'analyse trop vague, trop générale et par conséquent peu efficace. C'est bien pour cette raison qu'à quelques semaines d'intervalle, on puisse avoir des résultats au test MBTI différents pour une même personne.

La sensibilité de l'enfant augmenterait donc l'intensité des blessures ?

La question qui se pose en effet, est d'établir une corrélation entre les blessures profondes de l'enfance et le caractère inné de chacun. Peu d'études ont abordé le sujet et donc peu de sources fiables et disponibles laissent transparaitre un lien entre la sensibilité de l'enfant et sa perception du monde environnant. Aussi, nous allons remonter une fois de plus dans les années 50-60 pour retrouver des sources précises et des études très poussées sur l'analyse caractérielle.

André LE GALL considère que certains caractères ne subissent pas les effets de l'évolution des blessures classiques de l'enfance. Les actifs et les inémotifs « *ne laissent aucune place ici pour les complexes* », faisant là allusion à l'impact du complexe d'Œdipe sur l'enfant puis sur l'adulte. Il considère que « *la naissance même des complexes exige un caractère émotif, et leur survie un caractère inactif* ». Il ajoute que, en conséquence : « *ni les sanguins, ni les flegmatiques, ni les amorphes, ni les apathiques d'une part qui sont des inémotifs, ni les colériques, ni les passionnés d'autre part, qui sont des actifs, ne peuvent répondre aux descriptions freudiennes* ».

Partant de ce postulat, nous allons essayer de comprendre pourquoi d'un caractère à un autre les impacts et l'intensité des blessures ne seront pas les mêmes. Il faudra aussi intégrer le fait que l'émotivité sera le facteur déterminant de la sensibilité de l'enfant à son environnement.

Si vous étiez un enfant hypersensible, les yeux grands ouverts sur le monde, sensible à la nuit qui tombe, aux bruits de la maison, aux cris de vos frères et sœurs, aux réflexions de vos parents, vous aviez peut-être, qui plus est, une forme d'hyperesthésie olfactive ou gustative ; ainsi, vos sens développés vous ont mis en alerte sur tous les risques potentiels que représentait votre bulle familiale ou votre école. Il est évident que la moindre remarque de vos parents, le moindre conflit aura eu un retentissement émotionnel fort et d'autant plus fort que votre secondarité entrainait cet écho émotionnel dans les méandres de vos ruminations mentales. Rappelons-nous dans la classe de sixième que nous avons étudiée, ce petit Côme qui n'osait à peine lever le doigt alors qu'il avait la réponse et dont la réponse était brève par soucis de ne pas ennuyer ni la classe, ni l'instituteur. Chez eux, le complexe d'Œdipe est empreint d'une tendresse singulière vis-à-vis de la mère, qui contraste singulièrement avec l'extraversion agitée des enfants « insensibles ».

Imaginez maintenant un père acariâtre, agressif ou trop strict. Quel impact aura-t-il sur l'enfant sensible ? Peu de choses suffiront pour que l'enfant ait suffisamment d'arguments valables pour se réfugier dans les jupons de sa maman. Une éducation sévère ou un père absent ou trop envahissant lorsqu'il est là, incitera l'enfant émotif à revenir vers sa mère mais, si cette dernière se détourne de lui il n'aura plus qu'à tourner son imagination subconsciente vers le temps où il était l'enfant chéri de sa maman. Cela deviendra sa préoccupation majeure. L'enfant rejouera à ses jeux d'enfants ou ressortira son doudou ou sa poupée... Les blessures ne peuvent grandir que si un certain contexte familial vient investir les virtualités du caractère de l'enfant. Ainsi, les sentimentaux et les nerveux, émotifs et inactifs, sont les deux types de caractère les plus susceptibles de subir les effets des blessures et des complexes dans un environnement qu'ils vont considérer comme peu rassurant voire hostile. Le sentimental, sensible et introverti, est prédisposé à trouver un refuge maternel dans la tendresse que lui procure sa mère. Au fur et à mesure qu'il se détache du monde, il s'attache à sa mère. La nuance entre le sentimental (secondaire) et le nerveux (primaire) sera de l'ordre de l'attitude. Le premier se blottira et fusionnera avec sa mère, alors que le second aura des scènes de jalousie et des éclats violents de colère. Les deux auront des phobies et des peurs : du noir, de la nuit, des araignées, des brocolis ou du chou-fleur. Ils feront pipi au lit pour garder plus près d'eux l'amour maternel. Plus tard, l'adulte blessé n'ayant eu d'autres horizons que le sein de sa mère, et, meurtri par les réminiscences du passé, pourra se résigner au célibat ou à rentrer dans les ordres comme ce fut le cas à une certaine époque où « *le couvent fut plus une bouée de sauvetage qu'une réelle vocation* », comme le soulignent plusieurs caractérologues de Groningue. L'enfant intelligent prendra conscience de la situation grâce à sa capacité d'analyse des différentes situations traumatiques vécues et son aptitude à rebondir et à comprendre la situation quand il aura mis des mots sur ses maux. Mais c'est bien son efficience qui peut aussi potentiellement le pénaliser dans la mesure où il comprendra tôt, plus tôt que les autres enfants, qu'il n'est pas normal qu'un adulte agisse ainsi. C'est pour cette raison simple qu'un enfant à haut potentiel intellectuel peut être impacté par des blessures précoces de l'enfance.

Naissance des psychoses et des névroses,

Le « moi » et le « surmoi » se trouvent à la fois dans le conscient et l'inconscient. Le « ça » se situe dans l'inconscient. Le surmoi est le siège de la censure morale et vous dicte la manière dont vos désirs doivent se satisfaire. Ce sont toutes les règles de la société, les interdictions et l'autorité des parents.

Le « ça » est la source des pulsions ; c'est en quelque sorte le « *Je veux ça* » de l'enfant gâté du film « *Le jouet* » qui impose, par caprice, que Pierre Richard devienne son jouet. Les pulsions sont contraintes, sous l'effet d'une force intérieure, de ne pouvoir se réaliser. Cela génère de la frustration et peut provoquer une nouvelle pulsion et ainsi de suite. C'est une riposte à la force intérieure qui est contraignante mais cette riposte n'est pas appropriée. Dès lors vous allez mettre en place un nouveau mécanisme psychique qui consiste à s'identifier à cette force contraignante : c'est le surmoi. Le surmoi devient le centre du processus de rejet des pulsions.

L'acceptation de la situation sera nécessaire pour que l'enfant puisse se ressaisir. Accepter une situation qui s'est produite pendant l'enfance impliquera un travail sur soi conséquent et parfois plusieurs années après que la vie vous ait enseigné la maturité nécessaire pour comprendre une situation noyée dans votre inconscient. L'étape de la reconstruction sera précédée des phases de tristesse, de colère, de marchandage, de déni et d'acceptation qui est le pardon de soi.

Au moment où, enfant, vous avez pris conscience de la réalité, du monde et des choses qui vous entouraient, des contraintes apportées par vos parents et par la société, les règles, les tabous, les injonctions de faire, vous avez mis en place cette stratégie du surmoi pour améliorer vos relations avec le monde et notamment avec vos parents. Le surmoi évite de revivre des situations déplaisantes, c'est une stratégie d'adaptation.

Psychoses et névroses, quelles différences ?

Les névroses sont des pathologies de la personnalité. Ce sont des conflits intrapsychiques qui transforment la relation que vous avez avec votre environnement social. Les symptômes de ces névroses seront en lien avec les manifestations de votre angoisse. C'est en fait le mécanisme qui s'est mis en place pour que vous fassiez face aux difficultés rencontrées dans votre relation avec le monde extérieur. Vous êtes conscient que vous êtes névrosé ; les conséquences sont une perturbation de votre personnalité qui ne vous empêche pas pour autant de vivre comme tout le monde, ou du moins à peu près comme tout le monde. La dépression, les obsessions, les crises d'angoisse, les TOC, les phobies sont des névroses.

Les psychoses sont plus graves car elles vous mettent en rupture avec la réalité. Elles vous enferment dans votre monde en vous mettant en rupture avec votre famille, votre travail ou avec l'ensemble de vos relations sociales. Les psychoses se traduisent par un désinvestissement de la réalité extérieure et un surinvestissement de vous-même. Votre inconscient remonte à la surface et vous fait perdre la réalité des choses en vous faisant sombrer dans des délires ou des hallucinations. La schizophrénie ou la psychose maniaco-dépressive sont des psychoses.

Plus les blessures apparaissent tôt dans l'enfance, plus l'intensité d'une dépression sera forte. Notons aussi que les psychoses sont des conséquences de blessures précoces, causées dans un environnement héréditaire « défavorable », alors que les caractères dits « névrosés » naissent de façon un peu plus tardive, mais cela reste à relativiser.

Freud considère que le complexe d'Œdipe subit un « refoulement rapide », mais il imprègne vite l'inconscient et y exercera une action importante et durable. Il constituera dès lors le complexe central de chaque névrose. Dans un cadre psychopathologique, il parlera de « *complexe nucléaire* » faisant allusion au fait que les conséquences du complexe se propageront du noyau jusqu'à la personnalité de l'enfant devenu adulte. Il conditionnera le développement ultérieur de l'enfant, celui des névroses et, en conséquence, sa personnalité. Néanmoins la névrose ne passe de virtuelle à effective que lorsque l'enfant est incapable de détacher sa « libido » des modèles parentaux. Dès lors il ne peut jouer de rôle social et produit un aménagement de la réalité, c'est à dire une névrose.

La vie d'un couple ne tient qu'à un fil n'est-ce pas ? Si vous ou votre conjoint êtes resté trop lié à vos parents, il est alors impossible de se lier vraiment à l'autre. Les sentiments envers vos parents, les craintes, les peurs, la dépendance vis-à-vis d'eux, vont créer des tensions dans le couple et certainement beaucoup de malentendus. Pour que deux personnes puissent s'attacher l'un à l'autre, il est nécessaire qu'elles aient quitté leur parent, ou leurs parents, physiquement et mentalement. En cherchant à reproduire le modèle de relation que vous aviez avec vos parents, vous enfermerez l'autre dans vos craintes ou vos peurs. La moindre réminiscence du passé vous remettra dans un mécanisme de rancune ou de haine, ou au contraire dans une surprotection ou un étouffement de l'autre. Si vous n'avez pas pu idéaliser vos parents, vous serez sujet à développer des troubles de l'humeur et un état dépressif. Nous développerons ce point tout à l'heure.

Votre vécu douloureux est expliqué par vos conditions d'existence, vos échecs et vos frustrations. Souvent, votre souffrance intérieure est forte mais disproportionnée, eu égard à ce que peut percevoir votre entourage ou le médecin qui vous suit (qui ne va pas forcément considérer votre situation comme inquiétante).

Les crises d'angoisse que vous pouvez avoir se présentent souvent comme une exacerbation de votre anxiété. La dépression prend la forme d'une sensation de tristesse pénible et douloureuse avec une culpabilité ou un sentiment d'infériorité.

L'inhibition est fréquente. Elle s'accompagne d'une fuite des contacts, d'une disparition de la libido. Ces symptômes diminuent provisoirement vos capacités cognitives, mais ne compromettent pas complètement votre adaptation sociale. Il peut s'agir d'une phobie, qui est la peur d'un objet particulier ou d'une situation précise, ou d'une obsession qui est une pensée involontaire qui persiste et s'impose. Pour lutter contre ces dernières, vous mettrez en place toute sorte de rituels. La solitude que vous pourrez ressentir provoque un sentiment pénible, mais elle est supportable. La sublimation, moyen de défense efficace que nous avons étudié pour les caractères nerveux et sentimentaux, est souvent employée. Par ce mécanisme, il y a un abandon ou une transformation de l'investissement initial pour un but socialement utile et moralement acceptable.

Lorsque perdurent vos désirs infantiles puissamment investis dans votre personnalité, il se produit un conflit avec le surmoi qui sera source de difficultés. Le surmoi est bien présent dans une névrose, et comporte des éléments identificatoires issus des parents. Le surmoi se met en place avec toutes les contraintes parentales vécues auxquelles s'ajoutent les interdits sociaux et se forge grâce à la compréhension de l'ordre symbolique qui permet à la loi commune à tous d'être admise.

Du caractère vers les troubles de la personnalité

Les schémas inadaptés de Young

Young a identifié 18 schémas précoces d'inadaptation, qui expliquent l'origine des troubles de la personnalité et décrivent les schémas d'inadaptation que vous pouvez avoir selon l'intensité de vos blessures. Ils ont été traduits et interprétés par Jean Cottraux et Ivy-Marie Blackburn dans " *Thérapies cognitives des troubles de la personnalité* " (Ed Masson). Ces schémas sont regroupés en cinq domaines.

Vous pouvez vous retrouver dans plusieurs de ces schémas à différents degrés. Ils seront plus ou moins rigides et activés facilement. Ces schémas se développent tôt dans l'enfance selon l'expérience que vous avez vécue et ils continueront d'apparaître tout au long de votre vie. **Ce que vous allez comprendre en lisant ces schémas est qu'il existe bien une corrélation forte entre votre caractère, les blessures de votre enfance et les troubles de la personnalité.**

Les schémas sont des croyances profondes sur vous-même, sur votre environnement social et sur le monde d'une façon générale. Ils s'associent, de manière inconsciente aux pensées, à vos souvenirs et à vos émotions. Ces schémas se sont construits au cours de votre enfance ou de votre adolescence, suite à des expériences parfois nocives qui ont été régulièrement répétées. Ce sont toutes les représentations de vous-même et de vos relations aux autres en rapport avec votre environnement d'enfant. Ces schémas se sont enrichis tout au long de votre vie, et ils sont devenus dysfonctionnels, dans le sens où vous les mettez en place dans toutes vos interactions sociales avec des perceptions qui ne sont plus exactes, et la plupart du temps inadaptées aux circonstances. Leurs niveaux d'envahissement et de gravité sont variables. Lorsque vous activez ces schémas, c'est en fait une manière de revivre une expérience émotionnellement semblable à ce que vous avez vécu lors de leurs élaborations, enfant.

Une fois activés, les schémas inadaptés provoquent des émotions souvent intenses qui mènent fréquemment à des problèmes psychologiques tels que les dépressions, l'anxiété, la panique (attaques de panique), la solitude ou le repli sur soi, les relations destructrices (notamment au sein du couple), l'abus d'alcool ou de stupéfiants, les problèmes avec la nourriture (boulimie, anorexie...) ou encore les désordres psychosomatiques. Bien souvent c'est au sujet de l'un de ces dysfonctionnements que vous consulterez.

Les croyances associées à ces schémas vous semblent tellement naturelles qu'en général vous ne les remarquez pas et n'en n'avez pas conscience. Toutefois, ils déterminent l'interprétation des situations que vous vivez, ce sont des pensées automatiques qui sont facilement accessibles à la conscience. C'est ainsi que vous aurez par exemple le sentiment que les gens se désintéressent de vous, que ce que vous dites n'a aucun intérêt, que votre travail est minable, que si vous ne faites pas cette déclaration d'impôts avant mardi vous serez incapable d'être dans les temps, que votre voisin vous veut du mal parce qu'il est noir, ou que votre collègue de travail vous harcèle parce qu'il vous a dit que votre compte-rendu était mal écrit. Ces pensées automatiques manquent évidemment d'objectivité et sont bien souvent inexactes, mais elles vous paraissent pourtant logiques par rapport à vos croyances.

Globalement, ces schémas précoces inadaptés se créent avec la convergence de plusieurs facteurs. Des traumatismes vécus comme des violences physiques ou psychologiques ou de la négligence physique ou affective sont les premiers. Si, au contraire, vos parents ont trop satisfait vos besoins, vous ont trop protégé, vous n'avez pas pu réaliser convenablement vos propres expériences. Si vous avez été trop couvé, et avez ainsi pris l'habitude que l'on fasse tout à votre place, ce sont alors d'autres types de schémas qui vont être mis en œuvre. L'excès d'autonomie et de liberté lorsque vous avez été livré à vous-même a pu avoir aussi des conséquences ; vous n'avez alors pas intégré les limites interpersonnelles qui devaient vous servir de référence.

Nous adoptons tous le modèle parental qui nous sert de base à notre développement cognitif. Inconsciemment nous suivons les aspects comportementaux, et émotionnels des personnes qui nous entourent. Mais, comme nous avons pu le voir précédemment, la sensibilité de chaque enfant va influer sur l'interprétation de ces schémas dont voici la description :

1)Les schémas précoces de séparation et de rejet

Vous avez la certitude que vos besoins de sécurité, de stabilité, d'affection, d'empathie, de compréhension, d'approbation et de respect ne seront pas satisfaits. Cette certitude a une origine familiale particulière : il s'agit de familles où règnent un climat de séparation, avec explosion, changement, rejet ou punitions. Vos parents ont été stricts, froids, ou bien vous avez pu subir un certain nombre de maltraitances.

Le sentiment d'abandon et l'instabilité

Vous ressentez un manque de stabilité ou de fiabilité des personnes qui sont censées vous donner un soutien et vous faire appartenir à un groupe. Pour vous, ces personnes pourtant importantes à vos yeux, ne sont pas en mesure de vous donner l'appui nécessaire et la protection que vous attendez parce qu'elles sont émotionnellement instables et changeantes. Vous remettez en question leur fiabilité ou déplorez leur absence, vous savez qu'elles vont disparaître ou qu'elles vous abandonneront pour quelqu'un de mieux que vous. Parfois vous avez pu ressentir des colères fortes de leurs parts.

La méfiance et l'abus

Vous vous attendez à ce que les autres vous fassent souffrir, qu'ils vous maltraitent ou bien vous humilient. Vous pensez qu'ils mentent, trichent et profitent de vous. En général, la souffrance qui vous est infligée est perçue comme intentionnelle ou résultant d'une négligence extrême et injustifiable. Vous avez fréquemment le sentiment d'être constamment défavorisé par rapport aux autres.

Le manque affectif

Vous avez la certitude que les autres ne donneront pas le soutien affectif dont vous avez besoin. Vous percevez un manque d'apports affectifs : absence d'attention, d'affection, de chaleur, ou l'absence d'une présence amicale. Vous déplorez un manque d'empathie ; l'absence de quelqu'un de compréhensif qui vous écoute ou l'absence de quelqu'un avec qui vous pourriez parler de vous-même. Vous ressentez un manque de protection ; l'absence de quelqu'un de fort qui vous guide et vous conseille.

L'imperfection et la honte

Vous vous jugez imparfait et mauvais, inférieur ou incapable ; montrer vos lacunes entraînerait la perte de l'affection de l'autre. En conséquence, vous déployez une hypersensibilité aux critiques, à l'abandon, aux remarques désobligeantes. Vous pouvez ressentir une gêne lorsque vous êtes comparé aux autres, et un manque de confiance en vous. Vous ressentez de la honte et vous percevez de manière forte vos imperfections ; celles-ci peuvent être internes (par exemple : égoïsme, colère, désirs sexuels inacceptables) ou externes (par exemple : défaut physique, gêne sociale).

L'Isolement et l'aliénation

Vous avez le sentiment d'être isolé et coupé du reste du monde, vous vous sentez différent des autres en ayant le sentiment de ne faire partie d'aucun groupe ni d'aucune communauté.

2) Les schémas précoces de manque d'autonomie et de performance

Les exigences vis-à-vis de vous-même et du monde externe ne correspondent pas à la perception que vous avez de votre capacité à survivre, d'agir indépendamment et d'arriver à une réussite suffisante. Ceci peut être lié à une origine familiale particulière : une famille qualifiée " d'étouffante " où, enfant, vous étiez surprotégé, où la confiance en vous-même a été altérée, et où les relations en dehors de la famille n'ont pas été encouragées. Les conséquences seront une difficulté d'insertion sociale et un déficit d'apprentissage des compétences sociales.

La dépendance et l'incompétence

Vous êtes persuadé d'être dans l'incapacité totale à faire face, seul, aux responsabilités journalières comme prendre soin de soi-même, résoudre les petits tracas du quotidien, faire preuve de bon sens pour la prise de décision de choses très basiques ou aborder de nouvelles tâches. Vous pensez souvent : « je suis incapable... ".

Peur des événements inévitables/incontrôlables

Vous avez une peur exagérée d'une catastrophe que vous ne pourriez pas éviter. Ces craintes concernent la santé (peur d'avoir une maladie, peur de mourir), elles touchent profondément vos émotions. Ce sont aussi des phobies qui peuvent se développer (peur de l'avion, sensation d'étouffement dans les ascenseurs, phobies).

La Surprotection/personnalité atrophiée

Il s'agit d'un attachement émotionnel excessif à une ou plusieurs personnes, souvent vos parents, au détriment d'une adaptation sociale normale. Très souvent, vous avez la certitude qu'au moins l'un des individus ne peut pas survivre à l'autre ou être heureux sans lui. Vous pouvez avoir le sentiment d'être étouffé par les autres, ou douter de vous-même, de votre propre identité. C'est un sentiment permanent de vide. Vous remettez parfois en question votre propre existence. D'une manière générale, il vous manque un but dans votre vie qui serait un moteur pour vous accrocher à la réalité.

L'échec

Vous avez la certitude d'avoir échoué ou que votre vie sera perpétuellement un échec. Vous êtes persuadé que vous êtes incapable de réussir aussi bien que les autres au niveau de vos études, de votre carrière professionnelle, en sport... Vous avez un jugement négatif de vous-même ; vous vous trouvez stupide, sans talent, ignorant ou inférieur aux autres.

3) Les schémas précoces de manque de limites

Il peut s'agir de manque de limites internes, de manque de responsabilité envers les autres, ou de l'incapacité à soutenir des buts à long terme. Ceci peut mener à des problèmes concernant les droits des autres, ou concernant vos propres objectifs. L'origine familiale typique peut être liée à un ou des parents faibles, trop indulgents, qui ne peuvent faire appliquer la discipline. Vous n'avez pas été encouragé, enfant, à prendre des responsabilités, à tolérer un certain manque de confort, ou vous n'avez pas été suffisamment surveillé et guidé.

Droits personnels et dominance

Vous êtes exigeant et ressentez le besoin de faire ou d'obtenir exactement ce que vous voulez, sans considérer ce qu'il en coûte aux autres. Vous avez une tendance excessive à affirmer votre force et votre point de vue, et à contrôler les autres à votre propre avantage sans considérer leur désir d'autonomie. Vous avez des exigences excessives et un manque général d'empathie.

Manque de contrôle de soi et discipline personnelle

Votre problème central est l'incapacité ou le refus de contrôle de vous-même. Vous ne pouvez supporter d'être frustré dans vos désirs et vous êtes incapable de modérer l'expression de vos émotions et impulsions. Vous essayerez à tout prix d'éviter ce qui est pénible tels que les conflits, les confrontations, les responsabilités et l'effort, au détriment d'un sens de la satisfaction personnelle ou de votre intégrité.

4)Les schémas précoces de dépendance aux autres

Ils correspondent globalement à une importance excessive attachée aux besoins, désirs et réactions des autres, aux dépens de vos propres besoins, afin d'obtenir leur affection ou leur approbation, par peur d'être abandonné ou pour éviter les représailles. Fréquemment, il existe une colère refoulée dont vous n'avez pas conscience. L'origine familiale de ce schéma doit être recherchée du côté d'une affection qui relève du conditionnel : pour se sentir aimé de vos parents, pour obtenir leur approbation, vous avez dû réprimer vos besoins et vos tendances naturelles. Les besoins de vos parents (affectifs, sociaux, leur style de vie) sont passés avant vos propres besoins. Vos parents n'ont pas su tenir compte de vos réactions et de vos attentes.

L'assujettissement

Votre comportement, l'expression de vos émotions, vos décisions, sont totalement soumis aux autres parce ce que vous vous sentez forcé d'agir d'une manière particulière, en général pour éviter colères, représailles ou situations d'abandon. Vous avez le sentiment que vos propres désirs, vos opinions et vos sentiments ne comptent pas pour les autres. En général, vous montrez une docilité excessive mais vous pouvez réagir vivement si vous vous sentez pris au piège. Il existe presque toujours une colère refoulée contre ceux à qui vous vous soumettez, provoquant des troubles d'ordre affectifs, des explosions de colère ou des dépendances par rapport aux stupéfiants ou à l'alcool.

L'abnégation

Vous êtes préoccupé par le fait de toujours considérer les autres avant vous-même ; cette considération est volontaire. Les raisons sont en général liées à la peur de faire de la peine aux autres ; pour éviter de vous sentir coupable d'égoïsme, ou pour maintenir un contact perçu comme nécessaire avec les autres. Ces situations mènent souvent à une hypersensibilité aux souffrances d'autrui. Vous pouvez éprouver le sentiment que vos propres besoins ne sont jamais satisfaits d'où ce ressentiment envers les autres.

Le besoin d'approbation

Le problème central est un besoin excessif d'attention, d'estime et d'approbation des autres. Même si cela ne correspond pas à ce que vous désirez, vous agissez en fonction de l'autre. L'estime de soi est formée à partir des réactions des autres et non à partir d'opinions et de valeurs personnelles. Parfois, vous accordez une importance exagérée au style de vie, aux apparences, à l'argent, à la concurrence ou à la réussite ; être le meilleur ou être le plus populaire vous permet d'obtenir cette estime ou cette approbation recherchées. Fréquemment, les choix importants que vous ferez dans la vie seront faits sans rapport avec ce que vous auriez vraiment voulu faire et ne vous apporteront finalement que peu de satisfaction. Vous souffrez d'une hypersensibilité au rejet. Vous enviez ceux qui ont mieux réussi.

5) Les schémas précoces de sur-vigilance et d'inhibition

Le problème principal de ce schéma est le contrôle exagéré des réactions, des sentiments et des choix, pour éviter les erreurs ou pour maintenir des règles personnelles rigides dans sa conduite et dans sa performance. Souvent cet hyper contrôle se fait aux dépens d'autres aspects de la vie : se faire plaisir, se détendre et apprécier les loisirs, ou encore voir et profiter de ses amis. Parfois, toutes les règles que vous vous fixez sont au détriment de votre santé. L'origine familiale typique de ce schéma est une famille stricte, rigide, sans joie, où les notions de travail, de devoir, de perfectionnisme et d'obéissance sont des considérations beaucoup plus importantes que les vertus du bonheur, de la joie et de la détente. Souvent pessimisme et anxiété sont sous-jacent : vous pensez que tout pourrait être anéanti si vous ne vous montrez pas suffisamment vigilant.

La peur d'événements évitables/négativité

Vous ressentez une crainte exagérée que tout va tourner au pire (travail, situation financière, relations interpersonnelles). On retrouve dans ce schéma une prise en considération fréquente et persistante de tous les aspects négatifs de l'existence comme la souffrance, la mort, le conflit, la culpabilité, le ressentiment, les problèmes non-résolus. A cette négativité, s'oppose une sorte de déni des aspects positifs et optimistes de la vie. Souvent, vous ressentez une peur exagérée de commettre des erreurs et la crainte de leurs conséquences, comme le fait d'être humilié ou de vous retrouver dans une situation intolérable. Vous êtes fréquemment anxieux, pessimiste, mécontent, et souvent indécis.

Le surcontrôle

Pour éviter les erreurs et la désapprobation d'autrui, vous mettez en place un contrôle excessif de vos réactions spontanées. Vous modifiez vos actions, vos sentiments, vos paroles, pour limiter au maximum les catastrophes ou par peur de ne pouvoir maîtriser suffisamment vos impulsions. Ce schéma se traduit au quotidien par la répression de la colère et de l'agressivité, par le besoin compulsif d'ordre et de précision, par la répression d'impulsions positives (joie, affection, sexualité, jeux).

L'adhérence excessive à la routine et au rituel devient maladive. Vous avez, d'une façon générale, des difficultés à reconnaître vos propres faiblesses, ou à exprimer facilement vos sentiments ou vos besoins. Souvent, ces attitudes sont appliquées à votre famille, amis ou collègues.

Les idéaux exigeants

Eviter les critiques, c'est avoir la conviction que l'on doit s'efforcer d'atteindre et de maintenir un niveau de perfection dans son comportement dont la recherche de performance est omniprésente. Cette recherche d'un idéal et ce niveau d'exigence, vous amènent à une tension constante. Vous avez du mal à vous arrêter dans vos efforts ; vous détendre devient impossible.

Tantôt, c'est une critique de vous-même, tantôt c'est l'autre qui est visé. Vous souffrez d'un déficit d'estime de soi et êtes incapable de satisfaire vos besoins personnels de manière détachée. Le perfectionnisme vous envahit par l'importance qu'il donne aux détails, tout en sous-estimant vos propres performances. Des règles rigides s'imposent à votre subconscient : l'importance du devoir, de la culture ou de la religion deviennent les fondements de votre moralité. Vous avez une préoccupation constante de temps et d'efficacité : toujours faire plus et mieux.

La punition

Les tendances à se montrer intolérant, très critique, impatient et à punir les autres (et vous-même) s'ils n'atteignent pas le niveau de perfection que vous exigez constituent ce schéma. Il vous est particulièrement difficile de pardonner vos propres erreurs ou vos imperfections, mais aussi celles des autres. Vous ne leur accordez aucune circonstance atténuante. Le manque d'empathie, de flexibilité, ou l'incapacité d'admettre un autre point de vue, sont les principaux aspects d'un schéma rigide.

Des schémas vers les troubles de la personnalité

Si vous avez un trouble de la personnalité, vous avez tendance à avoir des croyances extrêmes, négatives, globales et rigides. Selon le contexte et les événements, un des schémas peut être activé. Il constituera la base à partir de laquelle vous réagirez et interprèterez la réalité que vous vivez. Chaque trouble de la personnalité repose sur un ensemble spécifique de croyances et de comportements qui les accompagnent.

Quels sont les différents troubles de la personnalité ?

Il y aurait entre 10 à 15% de la population qui souffrirait de troubles de la personnalité, et certainement autant (proches, parents, enfants, conjoints etc.) qui en subissent les conséquences. Le DSM-IV (Manuel diagnostique et statistique des troubles mentaux) définit 10 troubles de la personnalité. La plupart d'entre nous pouvons présenter quelques traits de ces personnalités sans toutefois qu'il y ait lieu de diagnostiquer un ou des troubles. Il arrive fréquemment que plusieurs troubles se retrouvent chez une même personne. Un trouble de la personnalité peut habituellement être observé dès l'adolescence ou le début de l'âge adulte et reste relativement stable par la suite, même si certains ont tendance à s'estomper avec l'âge. *

*Selon le DSM-IV ; *« on observe souvent une amélioration chez la personnalité antisociale après la trentaine alors que chez la personnalité borderline, on observe souvent une plus grande stabilité dans les relations et le travail vers 40-50 ans ». La personnalité évitante tendrait à s'estomper avec l'âge. Par contre les personnalités obsessionnelle-compulsive et schizotypique, présentent habituellement moins d'amélioration ».*

Ces schémas inadaptés seront activés dans de nombreuses situations. Passons en revue chaque personnalité :

Une personne « évitante » ressentira un danger ou une menace alors même qu'elle est en présence de gens qu'elle connaît. Si vous avez un trouble de la personnalité « évitante », vous aurez l'impression de ne pas intéresser qui que ce soit, uniquement parce que vous avez l'intime sentiment d'être inintéressant. Vous serez persuadé que vous n'êtes pas digne d'amour ou de considération : vous évitez donc toute les relations où vous seriez confronté à une forme d'intimité, et ce, afin d'éviter un sentiment d'être mal à l'aise, donc pour ne pas déclencher des émotions qui seraient désagréables. En vous enfermant dans ce schéma, vous vous fermez à toute perspective de ressentir une émotion positive. L'interprétation que vous aurez de ces situations entraîneront, entre autres, de l'anxiété et parfois des phobies sociales et de l'agoraphobie. Ce trouble représente 2.4% de la population.

Une personne narcissique peut se conduire de façon compétitive alors qu'elle travaille dans un contexte social totalement sain. Si vous avez un trouble de la personnalité narcissique vous vous dites au fond de vous que vos besoins sont plus importants que ceux des autres, vous vous octroyez le droit de ne pas avoir à attendre votre tour pour être servi, vous vous sentez supérieur aux autres. Vous attendez au fond de vous-même, impatiemment, qu'on vous demande ce que vous avez accompli, car il n'y a que votre avis et vos réalisations qui sont censés avoir de la valeur pour vous. Vous attendez des compliments et de l'admiration sans que vous ayez à en donner en retour. Ce trouble représenterait entre 2 et 6.2% de la population.

Si vous êtes « **histrionique** » vous avez des réponses émotionnelles souvent excessives et une recherche constante d'attention. Vous êtes égocentrique, et vous avez besoin des autres pour dramatiser vos relations. Vous vous dites « seul, je suis incapable d'organiser ma vie » ou encore « si je ne me fais pas remarquer, je ne plairai pas ». Vous vous trouverez irrésistible, charmant ou amusant, vous êtes dans la critique facile et la superficialité. Ce trouble touche 1.84% de la population.

La personne dépendante croit qu'elle est incompétente et incapable de se débrouiller seule. Alors, elle a tendance à surdévelopper des stratégies pour compter sur les autres et éviter les décisions et les défis importants. Si vous êtes une personnalité dépendante, vous êtes perpétuellement dans la peur de l'abandon, vous ferez n'importe quoi pour obtenir le soutien et l'affection des autres. Vos croyances fondamentales sont : « Je suis faible et incapable de me débrouiller seul » ou encore « les autres sont plus forts que moi et peuvent m'aider ». Vous êtes alors en mode contrôle et vos auto injonctions sont de cet ordre : « Ne contrarie personne tu as besoin d'eux » ou encore : « Fais tout ce qu'ils demandent même si c'est difficile ». Ce trouble toucherait entre 0.49 et 0.6% de la population.

La personne obsessionnelle-compulsive croit que son monde peut se désorganiser et met donc beaucoup d'emphase sur les règles, la responsabilité et le contrôle. Elle manque de spontanéité, d'insouciance et de flexibilité. Si vous êtes dans ce schéma « perfectionniste » vous appliquez les règles à la lettre et votre rigidité réduit considérablement votre efficacité. Le travail passe avant toute autre chose, aux dépens d'autres aspects plus légers de la vie. Vous êtes en mode contrôle de vous-même dans vos relations interpersonnelles. Votre croyance fondamentale est que l'autre n'est pas suffisamment fiable. Vous ne supportez pas que les gens ne soient pas ponctuels et ne tiennent pas leurs promesses. Vos pensées automatiques sont : « *Je ne dois pas faire d'erreur* » ou « *je dois faire cela moi-même sinon cela ne sera pas bien fait* » ou encore « *je devrais faire quelque chose d'utile au lieu de lire ce livre* » ! Ce trouble toucherait entre 2.1 et 7.9% de la population.

La personne borderline partage plusieurs croyances rigides et négatives avec d'autres troubles de la personnalité ce qui conduit à des comportements extrêmes. Si vous êtes borderline ce qui vous caractérise est une instabilité de l'humeur, des relations interpersonnelles et de l'image de vous-même. Vous êtes souvent impulsif, susceptible aux émotions négatives, et vous vous sentez très vite frustré. Vos croyances fondamentales sont que vous n'avez pas le contrôle de vous-même et que personne ne vous comprend. Vos schémas conditionnels sont : « Si je ne fais pas ce que les autres veulent ils m'abandonneront. Personne ne voudra de moi s'ils me connaissent vraiment ». Vous pensez que vous serez toujours seul, que la douleur que vous ressentez est intolérable. Vos auto injonctions deviennent : « Fais-toi mal pour ressentir quelque chose », « Ne te fais pas d'amis, ils te feront de la peine » ou encore : « Tu es mauvais punis- toi ». Ce trouble touche entre 1.6 et 5.9% de la population.

La personnalité Schizoïde se sent totalement détachée des autres et souffre d'une inhibition affective. Si vous êtes « schizoïde » votre plus forte crainte est d'être envahie pas les autres. Vous êtes indifférent aux relations sociales. Vous mettez en place un schéma d'évitement, vous êtes froid et recherchez l'isolement. Vos croyances fondamentales sont que vous n'êtes pas comme les autres et les rapports avec les autres n'apportent que des problèmes. Vous pensez : « Si je laisse les gens devenir trop proches ma vie sera insupportable. Puisque je me sens vide les gens ne voudront pas de moi ». Vous ne comprenez pas pourquoi les gens ont l'air d'être si heureux ensemble. Vos auto injonctions deviennent alors : « Fais les choses seul », « garde tes distances ». Ce trouble concerne entre 3.1 et 4.9% de la population.

Si vous êtes une **personnalité schizotypique**, vous avez des difficultés à établir des relations sociales, comme pour le sujet schizoïde. Les distorsions cognitives et les comportements excentriques seront encore plus marqués. La paranoïa est aussi bien présente. Vous avez le sentiment d'avoir certains pouvoirs que les autres n'ont pas, et votre schéma principal de pensée est de vous méfier des gens. Vos auto injonctions seront de l'ordre de : « Fais attention à tous les détails, il peut y avoir des signes importants » ou encore « Evite cette personne elle porte malheur ». Une anxiété dans les rapports sociaux se met en place. Vous êtes 3.9% de la population a avoir été diagnostiqué avec ce trouble.

Personnalité antisociale, votre schéma est de disposer de ce que vous voulez quand vous le voulez. Vous considérez qu'exploiter les gens est une attitude normale. Cela s'illustre au quotidien par un manque de respect des droits des autres et une forte résistance aux règles sociales. Vous êtes impulsif et incapable de mener des projets à long terme. Votre affect est ponctué d'irascibilité et d'indifférence envers autrui. Vous pensez au fond de vous-même : « Ils ne sauront pas que je mens je me moque de ce qu'ils pensent, je vais leur montrer qui est le plus fort ». Vous seriez entre 0.2 et 3.3% de la population à avoir ce trouble.

La personnalité paranoïaque est constituée de méfiance et de suspicion. Vous vous sentez injustement traité et vous vous méfiez des autres qui représentent pour vous une source de danger. Vous avez le sentiment d'être attaqué ou insulté, et de voir un manque de loyauté là où il n'y en a pas. Vos croyances fondamentales sont que vous êtes vulnérable et que vous ne pouvez faire confiance aux autres, si vous ne vous méfiez pas les autres vous exploiteront. Votre auto injonction principale est : « Ne fais confiance à personne », ce qui déclenche colère et anxiété. Vous êtes entre 2.3 et 4.4% à souffrir de ce trouble de la personnalité.

Les processus qui maintiennent la rigidité des schémas

Les trois processus de maintien, d'évitement et de compensation mettent en jeu les systèmes cognitifs affectifs et comportementaux :

Le maintien des schémas par distorsion de l'information

Le processus de maintien de ce schéma de pensées consiste à effectuer une distorsion de l'information pour le maintenir intact. Lorsque vous êtes dans un mécanisme de « distorsion », vous jugez de façon incorrecte les gens et les circonstances d'une manière qui renforce les croyances reliées à votre schéma de pensée. Vous vous dirigez naturellement vers des situations et choisissez des relations qui l'entretiennent. Le rétrécissement du champ de conscience qui s'opère occulte autour de vous tout autre mode de pensée. Par exemple, si vous êtes en couple avec un conjoint manipulateur ou agressif, vous referez le même choix après une rupture, dans une forme d'assujettissement. Diverses distorsions cognitives maintiennent les jugements erronés. L'attention sélective consiste à ne voir que les faits qui confirment le schéma. Par exemple, si vous êtes une personnalité évitante, vous ne vous apercevrez pas que vous seriez beaucoup plus appréciée si vous ne vous mettiez pas en retrait de la société, ou, comme certaines personnalités histrioniques qui peuvent être trop envahissantes, que les gens iraient vers vous plus facilement si vous ne vous imposiez pas aux autres.

Il est fréquent de recréer et de rechercher les contextes familiers dans lesquels nous avons grandi : si vous avez toujours eu le sentiment d'être inintéressant, vous maintiendrez ce schéma d'imperfection, et trouverez naturel de tolérer des gens qui vous en font la réflexion ou vous critiquent, ce qui maintient votre schéma en place.

En réalité, vous allez vous comporter de telle sorte que l'on continue à vous critiquer. Nous reviendrons sur ces points à la fin du livre.

Le maintien des schémas par évitement

Vous faites en sorte de ne pas penser à des questions reliées au schéma et éviterez les situations qui peuvent l'activer et faire vivre des sentiments négatifs de tristesse, de honte, d'anxiété ou de colère. En effet, l'intensité des émotions négatives que vous pouvez ressentir est bien souvent associée au déclanchement de votre schéma. Vous éviterez de penser à certains sujets en vous mettant dans une forme de déni. Inconsciemment, vous allez vider votre esprit. C'est ainsi, par exemple, que certaines personnalités borderline vont faire en sorte de se blesser volontairement pour arriver à ressentir quelque chose.

Si vous avez un sentiment d'imperfection vous fuirez l'intimité. Si vous êtes dans un mécanisme d'exclusion, vous éviterez par exemple les rassemblements et la foule. La personne ayant un sentiment d'échec évitera d'aller travailler, fuira les études et les nouveaux projets. La personne dépendante fuira les situations où elle doit faire preuve d'autonomie. Certains d'entre vous qui avaient toujours eu la sensation d'être « décalés » depuis l'enfance deviendront parfois agoraphobes et pourront développer des attaques de panique, parce que dans la rue les passants auraient pu voir que vous étiez « anormal ».

Le maintien des schémas par compensation

Ce troisième processus est une tentative destinée à surmonter votre schéma dysfonctionnel. Vous allez vous mettre à penser et réagir de façon opposée à votre schéma. Cependant, les comportements sont souvent extrêmes et contribuent à maintenir le schéma de pensée initial.

Une personne avec une blessure d'abandon peut tellement réclamer d'attention qu'elle éloigne les autres et se retrouve encore plus privée d'affection. Une personne peut développer un sentiment de supériorité, qui est à l'opposé du sentiment d'imperfection vécu dans l'enfance.

Lorsque votre tentative de compensation échoue, les conséquences sur un plan affectif sont importantes. Cette stratégie peut notamment entraîner des problèmes interpersonnels ainsi que des comportements antisociaux. Notons enfin que la plupart des personnes souffrant d'un trouble de personnalité ont recours, souvent de manière opportune, à plusieurs de ces stratégies.

Le caractère influence-t-il l'origine des schémas ainsi que ses stratégies adaptatives ?

Les interprétations, parfois fausses, que vous avez de la réalité déterminent les émotions que vous subissez et les comportements que vous utilisez. Par exemple, la personne obsessionnelle-compulsive peut être anxieuse dans une situation où elle craint de ne pas être suffisamment performante. Elle dépassera alors ses limites et dépensera une énergie considérable, tout en négligeant par ailleurs d'autres besoins pour que tout soit parfait dans les moindres détails. Une personne narcissique peut devenir agressive si elle n'obtient pas précisément ce qu'elle veut à un moment donné. Tous ces traits de personnalité résultent de l'interaction de facteurs biologiques et environnementaux. Le caractère prédispose chacun d'entre vous à réagir à votre environnement. C'est l'interaction entre le caractère inné et le milieu de vie qui détermine le développement des traits de personnalité.

Comme nous avons pu le voir, un milieu particulièrement affectueux peut faire d'un enfant naturellement timide un enfant moyennement extraverti alors qu'un environnement éducatif ou familial néfaste peut abattre un enfant peu sensible qui aurait pu paraître invulnérable.

Quoi qu'il en soit il est primordial de préciser que plus l'émotivité de l'enfant est forte, plus il sera prédisposé à des blessures précoces. Nous pouvons ajouter que la secondarité ou la primarité seront corrélées à certains types de blessures et favoriseront certains troubles de la personnalité ou certains schémas.

Les troubles de la personnalité se développent généralement dans un milieu familial où des besoins essentiels de l'enfant ne sont pas comblés sur le plan de la sécurité, de l'affection ou encore de l'éducation. Dans toutes les études on retrouve une prévalence plus élevée chez l'homme jeune, appartenant à une communauté urbaine. De même il existerait « *entre 48 et 65% de troubles de personnalité chez les sujets effectuant une tentative de suicide* ». (Source « Thérapies cognitives des troubles de la personnalité ». J Cottraux et IM Blackburn). Enfin le DSM V précise qu'il existe une plus forte proportion de troubles de la personnalité dans « *les populations immigrés et défavorisés* », notamment en ce qui concerne le groupe B « antisocial » (pervers narcissique/sociopathe/psychopathe). Les enfants d'une même famille, élevés dans le même environnement affectif et le même contexte social, réagissent différemment aux conditions de vie en fonction de leur caractère de base. Un enfant sensible et primaire réagira plus souvent par la contre-attaque, alors qu'un enfant tranquille, non émotif ou très secondaire réagira plus facilement par la soumission ou l'évitement. Enfin, notons que la place dans la fratrie et la distribution des rôles entre frères et sœurs vont avoir une influence très forte sur le vécu et les comportements d'un enfant.

NB : La stabilité à travers les années et dans différentes situations est un critère important pour diagnostiquer un trouble de la personnalité. Les traits de personnalité doivent ainsi être distingués des éléments qui apparaissent pour une période limitée (situations de stress bien spécifiques). Ils doivent aussi être distingués des symptômes et réactions qui sont dus à des états mentaux transitoires (trouble anxieux, épisode de dépression par exemple).

Pour information, **les principaux groupes de troubles mentaux, comprenant chacun plusieurs maladies mentales sont** :

Les troubles de l'humeur (comme le trouble bipolaire marqué par des épisodes maniaques ou hypomaniaques et par des épisodes dépressifs).

Les troubles anxieux (ces troubles sont caractérisés par l'anxiété comme principal symptôme comme c'est le cas en présence du trouble d'anxiété sociale ou du trouble d'anxiété généralisée).

Les troubles de la personnalité (que nous venons de voir).

Les troubles psychotiques (schizophrénie) ou les troubles du spectre de la schizophrénie et autres troubles psychotiques (idées délirantes, hallucinations, discours désorganisé, etc.).

Les troubles de l'alimentation (comme l'anorexie mentale ou la boulimie).

Les troubles sexuels et paraphiliques (vaginisme ou dyspareunie par exemple).

Les troubles liés au traumatisme et au stress (état de stress post-traumatique ou état de stress aigu par exemple).

Les troubles liés à la consommation d'alcool ou des substances (comme les troubles de l'usage de cannabis ou les troubles de l'usage de l'alcool).

L'enquête de Heymans au début du siècle avait établi une correspondance entre caractère et trouble mental, mettant en avant de façon très nette le lien entre l'émotivité et la non-activité et les troubles mentaux. Les caractères les plus prédisposés aux troubles mentaux étant de loin les sentimentaux (émotifs/non-actifs/secondaires) et les nerveux (émotif /non-actifs/primaires) avec respectivement 28.3% et 28.2% de ces caractères touchés par une maladie mentale, soit pratiquement une personne sur trois, de chacun de ces caractères, affectée par un problème mental. Viennent ensuite les caractères passionnés avec 23.5% et les colériques avec 22.6%. Les caractères froids, non émotifs, sont bien moins impactés que les émotifs. En effet les plus sujets aux troubles mentaux sont les apathiques avec 17% qui en souffrent, suivis des amorphes avec 8.2%, les flegmatiques 6.8% et enfin les sanguins avec 4.2%. René Le Senne en concluait que les non-émotifs étaient protégés par leur froideur. *

*Il n'y a pas eu d'étude réalisée spécifiquement sur les troubles de la personnalité mais ceux-ci font partis des troubles mentaux. Il serait intéressant d'actualiser ces données par une nouvelles enquête statistique du fait de l'évolution sociologique de la société. Rappelons que les données de répartition dont nous disposons sont les suivantes :

Nerveux	Sentimn taux	Colé riques	Passion nés	Sanguin	Fleg matique	Amorphe	Apathique
15.8	11.1	10.6	18.7	9.05	20.6	7.2	6.9

Les émotifs représenteraient 55.6 % de la population alors que les non-émotifs sont 44.4%. Les actifs représenteraient 58.95% de la population de référence et les non-actifs représentent 41%. Enfin les secondaires sont 57.4% de la population alors que les primaires représenteraient 42.6% de la population de référence, tout sexe confondu.

L'extrapolation de ce tableau nous permet de faire l'analyse suivante :

80% des personnes ayant des troubles mentaux seraient des émotifs, 20% seraient des non-émotifs. Il y a 11 fois plus de nerveux touchés par les troubles mentaux que de sanguins. Les nerveux représenteraient 24.84% de la population souffrant de troubles mentaux alors que les sanguins 2.2% de la population. Les passionnés, du fait du nombre plus important que les sentimentaux arriveraient en deuxième position des caractères souffrant le plus de troubles mentaux avec 24.51%. Les sentimentaux représenteraient 17.53% de la population souffrant de troubles mentaux.

Comme nous le disions en préambule, les caractères non-émotifs sont peu impactés par les troubles mentaux. Les apathiques représentent 6.53% de la population touchée, les amorphes 3.29 et les flegmatiques 7.81%.

Si vous croisez 10 personnes ayant une maladie mentale il y aurait donc 8 personnes de caractère émotif et deux non-émotifs !

Nous trouvons quelques sources intéressantes chez les caractérologues du 20ème siècle qui nous permettent d'établir des liens très nets entre blessures/troubles et caractères, que nous allons décrire ici*.

Sous toute réserve, dans le sens où cette analyse n'a jamais été approfondie par la suite en dehors du champ de l'étude caractérologique.

Analyse caractérielle corrélative du groupe A « personnalités excentriques et bizarres »

René LE SENNE aborde le problème de la **personnalité schizoïde** pour les caractères sentimentaux et apathiques. Nous avons bien là deux types secondaires pour lesquels il écrit : « *L'envers de l'introversion, l'autre côté de la solitude, est l'incapacité de se syntoniser avec le milieu, ce qui est de notre temps exprimé par les termes de schizothymie, de schizoïdie* ». Bleuler, Kretschmer et Minkowski considéraient eux que ces personnes, totalement reclus sur elles-mêmes et exclues de la société, recevaient à l'époque le diagnostic de « schizophrènes ».

Dans « *La Structure du Corps et le Caractère* » (Ed Payot, 1930), Ernst Kretschmer consacre plusieurs chapitres aux tempéraments schizoïdes et le présente ainsi : « *Brutalité tranchante, insensibilité maussade, ironie, timidité de mollusque se dérobant imperceptiblement ; voilà la surface. Ou bien nous avons devant nous un individu qui se présente comme un point d'interrogation. Nous sentons quelque chose de fade, d'ennuyeux, et cependant de problématique* ».

R LE SENNE décrit le schizoïde comme ayant le plus souvent une forte secondarité, avec ce qu'elle comporte d'inhibition à l'égard des réactions aux excitations mais qui constitue le mur derrière lequel il se passe quelque chose. Mais il ajoute : « *Mais naturellement ce quelque chose est d'autant plus fort que l'émotivité est plus puissante, d'autant plus enfermé dans la conscience qu'elle est plus inactive, de sorte qu'on retrouve vite parmi les schizoïdes les plus caractérisés des sentimentaux* ».

Lorsque Kretschmer définit la schizoïdie comme « *un abri pour une sensibilité trop vulnérable* » il ne fait que retrouver l'essence caractérologique du sentimental : « *Ils cherchent la solitude pour s'entourer du cocon de soie tissé par leur propre âme...* ».

Mais Kretschmer dans son descriptif souligne aussi l'appartenance aux troubles schizoïdes des passionnés ainsi que des flegmatiques très froids ; les uns et les autres sont émotifs, inactifs ou actifs, mais leur dénominateur commun est donc bien la secondarité. Enfin, le DSM V souligne une inhibition forte de l'émotivité que l'on peut en conséquence expliquer par la forte secondarité.

Toujours dans le groupe A, se trouve **la personnalité paranoïaque** de laquelle ressort aussi une émotivité sous-jacente d'après le DSM V qui précise ; « *des manques d'égard mineurs provoquent des réactions hostiles majeures et les sentiments d'hostilité persistent pendant longtemps. Ils sont prompts à la contre-attaque et réagissent avec colère à ce qu'ils ont perçu comme des agressions* », même si les personnalités paranoïaques peuvent se comporter « *de manière méfiante, dissimulée ou paraître assez froides et sans émotions* ».

Le besoin de contrôler leur entourage, le fait d'être rigides et très critiques vis-à-vis d'autrui et incapables de collaborer, tout en ayant de grandes difficultés à accepter eux-mêmes la critique, nous fait penser largement au descriptif du caractère passionné de type étroit. D'ailleurs R LE SENNE souligne que la paranoïa, fréquente chez le passionné, procède d'un rétrécissement de la conscience très net. Nous avons également vu dans le descriptif de ce caractère les ambitions démesurées du passionné étroit, ses fantasmes grandioses et irréalistes et la soif de pouvoir qui l'anime.

Le DSM V rajoute que ces personnalités paraissent souvent « fanatiques » et « forment couramment des groupes fermés ou des sectes avec des personnes qui partagent leur système de croyance paranoïaque ». Il y est aussi mentionné l'hypersensibilité sous-jacente, confirmant ainsi que nous avons bien à faire, en théorie, chez la personnalité paranoïaque à une personne émotive à la base et très certainement secondaire.

Pour finir avec le groupe A, il est précisé sur le DSM V, concernant **la personnalité schizotypique,** *« qu'entre 30 et 50 % des individus qui ont ce trouble ont un diagnostic concomitant de trouble dépressif caractérisé quand ils sont hospitalisés. Le trouble est souvent associé à une personnalité schizoïde, paranoïaque, évitante ou borderline ».*

La personnalité schizotypique peut se manifester initialement pendant l'enfance ou l'adolescence par un côté solitaire, une mauvaise relation avec les pairs, une anxiété sociale, de mauvaises performances scolaires, une hypersensibilité, des pensées et un langage insolites et des fantasmes étranges. Ces enfants peuvent sembler bizarres ou « excentriques » et faire l'objet de moqueries de la part d'autrui. La corrélation est moins évidente mais semble confirmer également le diagnostic d'une personne émotive à la base, qui pourrait être pénalisée par un niveau d'activité assez faible : la racine de ce trouble pourrait donc se situer dans les caractères émotifs/ non-actifs.

L'analyse du Groupe B « personnalités dramatiques et émotionnelles », comprenant la personnalité borderline, histrionique, narcissique et antisociale

L'analyse de ce groupe est largement plus évidente à établir. Concernant la personnalité **de type « borderline »**, le DSM V fait le constat de « l'hypersensibilité aux circonstances de l'environnement ». Ces personnes ressentent une peur intense d'être abandonnées, une colère inappropriée quand elles sont confrontées à une séparation, même compréhensible et limitée dans le temps. Elles ressentent de la panique ou de la rage quand une personne importante à leurs yeux est en retard de quelques minutes. Elles vivent intensément une peur d'être abandonnée du fait de leur intolérance à la solitude. Les efforts effrénés pour éviter l'abandon peuvent aller jusqu'à des actes impulsifs. Les sujets qui ont une personnalité borderline ont un mode de relation instable et intense. Tout ce descriptif est associé au comportement d'une personne très émotive. Lorsque l'on continue l'analyse faite par le DSM V, il est aussi vraisemblable qu'il y ait une corrélation avec la primarité. En effet *« les idées et les projets concernant la carrière, l'identité sexuelle, les valeurs et le type de fréquentations peuvent changer soudainement chez les personnalités borderline. Elles font preuve par ailleurs d'une forte impulsivité, elles peuvent s'adonner aux jeux ou dépenser de manière irresponsable, avoir des crises de boulimie, utiliser des drogues, s'engager dans des pratiques sexuelles dangereuses ou conduire de manière imprudente »*.

Leur humeur est souvent entrecoupée de périodes de colère, de panique ou de désespoir et est plus rarement éclaircie par des périodes de bien-être ou de satisfaction. Ces épisodes peuvent refléter une sensibilité extrême. Elles expriment souvent des rages intenses et inappropriées, ou ont des difficultés à contrôler leur colère. La plupart deviennent plus stables dans leurs relations au cours de la trentaine et de la quarantaine, ce qui laisse supposer que, d'un caractère primaire originel, tel que nerveux ou colérique, elles évoluent, comme certains primaires émotifs, vers des personnalités plus stables en se « secondarisant » avec l'âge.

La caractéristique essentielle de **la personnalité histrionique** est un mode général de comportement fait de réponses émotionnelles et de quête d'attention excessives et envahissantes. Ce mode apparaît au début de l'âge adulte et est présent dans des contextes divers. Avec une présentation animée et théâtrale, ils tendent à attirer l'attention sur eux et peuvent initialement charmer leurs nouvelles connaissances par leur enthousiasme, leur aspect ouvert et « flirteur ».

« L'expression émotionnelle peut être superficielle et labile. Ces individus utilisent régulièrement leur aspect physique pour attirer l'attention sur eux (critère 4). Il est excessivement important pour eux d'impressionner les autres par leur aspect et ils dépensent énormément de temps, d'énergie et d'argent pour leur habillement et leurs soins de beauté. Ils peuvent être en « quête de compliments » sur leur apparence et être trop facilement bouleversés par une remarque critique sur leur aspect ou par une photo d'eux qu'ils ne trouvent pas assez flatteuse ». DSMV

Nous sommes là précisément dans le descriptif du caractère nerveux ou du colérique à tendance nerveux, c'est-à-dire un peu moins actif que le colérique pur.

« Ils peuvent embarrasser leurs amis ou leurs connaissances en faisant un étalage public de leurs émotions, en embrassant des connaissances habituelles avec une ardeur excessive, en sanglotant de manière incontrôlée à propos d'événements sentimentaux mineurs, ou en ayant des accès de colère ».

Les personnalités « histrioniques » sont très suggestibles. Leurs opinions et leurs sentiments sont facilement influencés par les autres ou par les modes. Elles ont tendance à suivre leurs intuitions et à adhérer rapidement à une conviction. Ces personnes considèrent souvent que leurs relations sont plus intimes qu'elles ne le sont en réalité et peuvent parler de chaque connaissance comme d'un « ami très cher ».

« Ils peuvent avoir un besoin intense de nouveauté, de stimulation et d'excitation et ont tendance à être ennuyés par la routine. Ces individus sont souvent intolérants ou frustrés quand la gratification n'est pas immédiate et leurs actions visent souvent à obtenir une satisfaction sans délai. Ils démarrent souvent un travail ou des projets avec beaucoup d'enthousiasme mais leur intérêt fléchit vite. Des relations durables peuvent être négligées au profit de relations dont

la nouveauté est plus excitante ». **Ce dernier descriptif du DSM V confirme l'appartenance de ce trouble à l'émotif primaire ; les caractères nerveux et colériques principalement, avec possiblement des passionnés peu secondaires de type « para-nerveux » ou « para-colériques ».**

Sur les personnalités de **type narcissique**, nous reviendrons en détail sur leur profil. Il est important de distinguer les troubles de la personnalité narcissique du trouble antisocial que nous analyserons dans la partie suivante du livre. « *Les personnalités narcissiques sont souvent préoccupées par des fantasmes de succès sans limite, de puissance, d'éclat, de beauté ou d'amour idéal. Elles peuvent ruminer sur l'admiration et les privilèges qu'elles devraient recevoir depuis longtemps déjà et elles se mettent au même niveau que des gens célèbres ou haut placés* », souligne le DSM V.

La recherche constante d'éloges, souvent avec beaucoup de charme d'ailleurs, et le fait qu'elles aient le sentiment que tout leur est dû est un fonctionnement relativement primaire mais nous pouvons y retrouver aussi les traits du caractère passionné. Nous pouvons écarter les flegmatiques, les sentimentaux larges et les apathiques de ce schéma mais il semblerait que nous soyons là sur un potentiel caractérologique plus vaste que les autres troubles de la personnalité du groupe B.

Toutefois, René Le Senne décrit le caractère nerveux et notamment les plus étroits d'entre eux, précisément comme méprisant et condescendant. Or, c'est précisément ce descriptif qui transparaît du DSM V sur la personnalité narcissique ;

« *Ils ont tendance à commenter leurs propres soucis avec une profusion inadaptée de détails et n'arrivent pas à reconnaître que les autres ont aussi des sentiments et des besoins ; les besoins, désirs ou sentiments d'autrui sont souvent considérés avec mépris comme des marques de faiblesse ou de vulnérabilité. Ceux qui entrent en relation avec des* personnes narcissiques ressentent typiquement *chez leur interlocuteur une froideur émotionnelle et un manque d'intérêt réciproque, Ils peuvent dévaloriser sèchement la contribution des autres, surtout si ces autres personnes ont reçu des distinctions ou des louanges pour leurs réalisations. Les personnes narcissiques sont fréquemment arrogantes et hautaines. Leur attitude est souvent snob, méprisante ou condescendante* ».

Ils peuvent réagir par le dédain, la rage ou par une contre-attaque provocatrice. De telles expériences aboutissent souvent à un repli social et à une apparente humilité qui peut servir de protection et de masque aux sentiments de grandiosité. Les personnalités histrioniques, borderline, antisociales et paranoïaques peuvent aussi être associées à la personnalité narcissique, ce qui amène des corrélations avec les caractères émotifs, comme nous l'avons vu précédemment.

Ce diagnostic est caractérisé par Hans Eysenck, professeur de psychologie à l'Institut de psychiatrie de King's College, qui, fort de son analyse sur l'échelle EPQ (questionnaire de personnalité d'Eysenck) constate qu'un score élevé de neuroticisme (anxieux, émotionnel, humeur changeante, irrationnel) et d'extraversion seraient caractéristiques de « l'hystérie et de la sociopathie ». Entendez par là que le groupe B, et notamment les personnalités narcissiques, antisociales et histrioniques, seraient associées à ces deux facteurs.

Le groupe C ; « les personnalités anxieuses et peureuses » comprend la personnalité évitante, dépendante et obsessionnelle-compulsive

Hans Eysenck parle de score élevé en neuroticisme et introversion pour les maladies dysthymiques, c'est-à-dire l'anxiété, la dépression, l'obsession. Il a démontré que les patients névrosés peuvent être classifiés à la base avec ces critères. Nous retrouvons certains traits d'introversion dans plusieurs caractères mais la corrélation avec la secondarité est ici plus forte. Nous pouvons également exclure les types très extravertis comme beaucoup de sanguins, beaucoup de flegmatiques ainsi que les amorphes.

Concernant la **personnalité évitante**, le DSM V confirme ce diagnostic, à savoir : « *Elles ont tendance à être timides, tranquilles et transparentes, craignant que, si quelqu'un leur prête attention, ce soit pour les humilier ou les rejeter. Elles estiment que ce qu'elles pourraient dire sera forcément jugé comme « faux » par les autres et elles préfèrent donc se taire* ». Ce manque de confiance est typique d'une personne introvertie. Mais l'émotivité semble toutefois rentrer en jeu : « *Elles réagissent fortement à des indices subtils de possible moquerie ou dérision. Malgré leur grande envie de participer à la vie sociale, elles craignent d'exposer leur sort à la merci d'autrui. Les sujets qui ont une personnalité évitante sont inhibés dans les situations interpersonnelles nouvelles parce qu'ils ne se sentent pas à la hauteur et ont une faible estime d'eux-mêmes Leurs doutes concernant leur compétence sociale et leur attirance deviennent évidents quand ils sont confrontés à des inconnus* ».

Le DSM V note aussi une propension à la « résignation présomptive » que R Le Senne caractérisait chez les sentimentaux : *Ils peuvent par exemple annuler un entretien d'embauche par crainte de ne pas savoir s'habiller comme il faut et d'être mal à l'aise* ».

Leur attitude craintive et crispée peut susciter la dérision et la moquerie, ce qui finit par renforcer les doutes qu'ils ont sur eux-mêmes. Ils ont très peur de réagir à la critique en rougissant ou en pleurant. Les autres les trouvent « timides », « inhibés », « solitaires » ou « isolés ». Ce trouble crée surtout des problèmes dans le fonctionnement social et professionnel. La faible estime de soi et la sensibilité excessive au rejet sont associées à une limitation des contacts interpersonnels.

Ainsi la corrélation avec une blessure de rejet est bien présente. Nous avions vu que celle-ci était souvent corrélée à l'émotivité de l'enfant et prenait racine dans les premières années de son existence.

Notons enfin que les autres troubles souvent associés à une **personnalité évitante** sont les troubles dépressifs, les troubles bipolaires et les troubles anxieux, avec l'anxiété sociale souvent présente (phobie sociale). Un diagnostic de personnalité évitante est souvent associé à celui de personnalité dépendante car les personnes qui en souffrent deviennent souvent très liées à leurs rares amis et très dépendants d'eux. Le diagnostic tend aussi à être associé à celui de personnalité borderline ainsi qu'aux personnalités du groupe A (c.-à-d. paranoïaque, schizoïde ou schizotypique) d'après le DSM V.

Toutefois, le souci principal dans la personnalité évitante est d'éviter l'humiliation et le rejet tandis que, dans la **personnalité dépendante**, il est d'être pris en charge. Ces deux personnalités coexistent toutefois souvent. Tout comme la personnalité évitante, les personnalités schizoïdes et schizotypiques sont caractérisées par un isolement social. Ils ont souvent du mal à exprimer leur désaccord, notamment avec la personne dont ils dépendent, en raison de leur crainte de ne plus être soutenus ou acceptés. Ils se sentent tellement incapables de fonctionner seuls qu'ils accepteront des choses qu'ils savent pertinemment être fausses plutôt que de risquer de perdre l'aide de la personne dont ils dépendent. Ils sont donc prêts à se plier à tout type de demande. Leur besoin de maintenir un lien important aboutira à une relation inégale ou déséquilibrée.

Nous parlons là bien entendu d'une forte **blessure d'abandon** caractérisée dans les premières années du développement de l'enfant et impactant encore une fois en priorité les personnes plus sensibles, donc plus émotives que les autres.

Pour finir cette étude sur la corrélation entre trouble de la personnalité et caractère, notons enfin en ce qui concerne le trouble **obsessionnel-compulsif**, qu'il est très associé à une personnalité « rigide », correspondant à la dernière blessure de l'enfance. Pour ainsi dire, les caractères les plus solides au départ, c'est-à-dire les enfants très actifs ou moins émotifs, peuvent toutefois endurer ce type de blessure à défaut d'avoir subi les autres, si l'on peut se permettre cette déduction.

Pour synthétiser, les enfants très émotifs seront impactés plus tôt dans leurs développements alors que les caractères les plus durs et les plus froids le seront plus tardivement. Voici pourquoi nous retrouvons dans les sujets obsessionnels-compulsifs certains flegmatiques, sanguins, ou passionnés (ainsi que potentiellement tous les autres caractères).

Mais la corrélation est forte effectivement avec le descriptif que nous avons connu pour le flegmatique, en ce qui concerne ses habitudes, ses marottes, ses manies. Nous avons aussi vu ce type de comportement chez les sentimentaux les plus secondaires et étroits, ainsi que chez les passionnés. En proportion, il est vraisemblable que ce trouble impacte en priorité ces trois caractères, mais il a été fréquemment vérifié une rigidité forte chez certains sanguins ainsi que chez d'autres caractères primaires. Ainsi le DSM V précise :

« Les personnes souffrant de trouble obsessionnel-compulsif sont souvent trop consciencieuses, scrupuleuses et rigides en matière de moralité, d'éthique ou de valeurs. Ils peuvent se forcer eux-mêmes et forcer les autres à suivre des codes moraux et professionnels très stricts. Ils peuvent aussi être très critiques vis-à-vis de leurs propres erreurs. Ces individus respectent strictement l'autorité et les règles qui doivent être appliquées à la lettre sans pouvoir être adaptées aux circonstances. Ils sont souvent avares et radins et vivent largement en dessous de leurs moyens, avec l'idée que leurs dépenses doivent être étroitement surveillées afin de pouvoir faire face à d'éventuelles

catastrophes. Même quand ils reconnaissent qu'un compromis serait dans leur intérêt, ils peuvent camper avec rigidité sur leurs positions pour des « questions de principe ». Ils peuvent se fâcher mais de manière indirecte. La colère peut se traduire à d'autres occasions après une période de réflexion ». DSM V

Nous sommes bien là dans un schéma secondaire avec un sentiment de moralité très élevé, correspondant aux trois principaux caractères secondaires. *« Ils peuvent beaucoup privilégier la logique et l'intellect et être très intolérants des comportements émotionnels chez autrui. Ils ont souvent du mal à exprimer des sentiments tendres et font rarement des compliments »* détaille le DSM V. La correspondance avec un caractère froid, étroit et rigide, manquant visiblement de sensibilité est donc bien établie.

Notons enfin que cette analyse n'est pas complète. Lorsque nous entrons dans le champ des maladies mentales, nous sortons en quelque sorte du champ de la caractérologie. Il nous a semblé toutefois important d'y émettre des hypothèses et d'établir quelques corrélations qui nous semblent flagrantes. Mais une étude plus poussée de la société actuelle mériterait des analyses plus pointues et des sources plus récentes.

La naissance des perversions

Caractère psychopathique ou perversion narcissique ?

Reprenons tout d'abord l'historique des noms et leurs définitions : Dès 300 avec JC, le philosophe Théophraste, successeur d'Aristote à l'école d'Athènes distingue dans son recueil « Les caractères » l'existence d'une personnalité effrontée, menteuse et manipulatrice au milieu d'une typologie basée sur une trentaine de tempéraments.

Dans les années 1800, le français Philippe Pinel et l'américain Benjamin Rush nous fournissent des expériences de personnalités ayant la capacité de faire souffrir des animaux et pour lesquelles ils dépeignent une absence totale de moralité.

Le nom « psychopathe » est apparu au 19éme siècle, et qualifiait les personnes ayant des comportements impulsifs sans trouble du raisonnement, ce qui caractérisait une catégorie assez large de la population. Puis, au début du 20éme siècle, Karl Birnbaum, neuropsychiatre allemand, a lancé le terme "sociopathe", introduisant alors dans le diagnostic un comportement antisocial qui prenait ses racines dans un environnement social. Il a été généralisé aux Etats-Unis quelques années après, qualifiant les personnes n'ayant pas la possibilité d'adhérer aux normes sociales. Les deux termes étaient synonymes, à une nuance près : un psychopathe aurait une hérédité plus forte le prédisposant à cette personnalité, quand la sociopathie aurait des causes sociales. L'opposition nature/culture en quelque sorte donnerait la nuance. C'est d'ailleurs toujours la seule opposition que certains psychologues contemporains semblent mettre en avant, même si ce n'est pas systématique.

La première édition du DSM 1 (Manuel diagnostique et statistique des troubles mentaux) en 1952 comportait une section sur les « troubles de la personnalité sociopathe », un terme général regroupant en outre des troubles tels que l'alcoolisme. On y faisait mention d'une « réaction antisociale » et d'une « réaction dyssociale », notions qui, dans la troisième édition du DSM seront redéfinies en trouble de la personnalité dyssociale/antisociale. Le groupe travaillant sur le DSM-V a recommandé une révision de la partie concernant la personnalité antisociale qui devait inclure un sous-type « antisocial-psychopathique » ; cependant, cette suggestion n'a pas été retenue dans cette cinquième édition. La psychopathie est donc un trouble de la personnalité, caractérisé fréquemment par un comportement antisocial, un manque de remords, de peur, et de comportement humain « normal ».

Les psychopathes sont rarement atteints de psychoses, Ils sont par contre généralement violents et malveillants et ont recours à la manipulation pour obtenir ce qu'ils désirent. Il y a 66 % de chances qu'une personne psychopathe ait un score de dangerosité plus élevé qu'une personne choisie au hasard dans la population. En général, ce sont des personnes dépourvues d'empathie, ils se soucient peu de ce que les autres ressentent, et les utilisent pour atteindre leur but. Le mensonge pathologique, les violations répétées des normes sociales, la victimisation, la tendance à blâmer les autres, ou l'intolérance à la frustration sont aussi des comportements révélateurs de ce trouble.

Ce qui nous intéresse, c'est de comprendre pourquoi certaines personnes le sont et d'autres ne le sont pas. Il y a-t-il un lien héréditaire ou social ? Nous allons étudier ces questions tout en déterminant les corrélations existantes avec les caractères que nous connaissons.

Depuis 1994, la définition officielle du DSMV est "trouble de la personnalité antisociale ». Mais il est important de souligner que l'étiquette officielle mise à ces personnes est assez rare. Ils ne sont pas perturbés par leur état psychologique, il est donc rare qu'ils aillent consulter, contrairement aux personnes atteintes d'autres troubles qui sont bien souvent « handicapées » dans leur vie quotidienne.

Notons enfin que le terme est en général associé dans la culture populaire à un mode de vie criminel et instable mais c'est une vision extrapolée de la réalité : la plupart des psychopathes sont bien intégrés dans la société. En effet les professions où l'on retrouverait le plus de « psychopathes » sont les métiers de dirigeant d'entreprise, avocat, chirurgien, vendeur, journaliste TV et radio, policier, chef cuisinier ou même curé.

Qu'en est-il du « pervers narcissique » ?

C'est un terme qui a été introduit par Paul-Claude Racamier en 1986 dans son œuvre *"Entre agonie psychique, déni psychotique et perversion narcissique"*. Selon lui, la perversion narcissique est *"une organisation durable caractérisée par la capacité à se mettre à l'abri des conflits internes, et en particulier du deuil, en se faisant valoir au détriment d'un objet manipulé comme un ustensile ou un faire-valoir"*. Il est important de constater que le terme "pervers narcissique" n'est jamais utilisé de façon officielle dans le milieu scientifique, ni dans les domaines juridiques.

En revanche, le terme de « personnalité narcissique » est bien présent dans le DSMV mais ne sous-entend pas qu'il y ait une perversion chez la personne ayant ce trouble.

Le terme « pervers narcissique » ajoute donc à la notion « narcissique », des origines et des mécanismes pervers. En psychopathologie, ce terme n'indique pas un type de personnalité mais une pathologie relationnelle qui consiste en une déstructuration de la personnalité dans laquelle la notion d'altérité n'existe pas. Le « pervers narcissique » n'apparaît donc pas en conséquence dans le DSMV en tant que personnalité.

Racamier précise que lorsqu'il parle de la perversion narcissique il décrit un « mouvement pervers et narcissique » à partir des notions psychanalytiques de perversion et de narcissisme. En 1986, ces notions étaient abordées depuis peu en clinique psychanalytique.

Par la suite, des auteurs comme Marie-France Hirigoyen en 1998 (*Le Harcèlement moral : la violence perverse au quotidien, Éditions La Découverte & Syros*) ont popularisé ce terme, évoquant autour des pervers narcissiques la notion de harcèlement, au travail ou au sein du couple. Puis de nombreux articles, forums et émissions sont nés, articulés autour du thème « pervers narcissique ».

Racamier aborde la notion de « déconstruction psychique » puis de « reconstruction » en ce qui procure du plaisir pour le pervers. Pour cela, il se réfère à la notion freudienne de déni, en précisant notamment que « toute psychose avérée est le fruit d'un déni qui échoue ». Le pervers narcissique nourrit son propre narcissisme aux dépens de celui d'autrui ; Racamier considère que ce n'est donc pas une perversion sexuelle mais une perversité : « *Le pervers assure sa propre immunité « par-devers le conflit et les douleurs de deuil, et se valorise narcissiquement attaquant le moi de l'autre et en jouissant de sa déroute ; cette déroute lui est ensuite imputée, ce qui fait que la jouissance perversive est toujours redoublée* ».

Racamier ne cherche pas à qualifier des individus mais à « *identifier l'origine d'un dysfonctionnement dans les interactions...Il n'y a rien à attendre de la fréquentation des pervers narcissiques, on peut seulement espérer s'en sortir indemne* » affirme -t-il. Si l'on se réfère au mythe de narcisse, le narcissisme est défini sur un plan psychologique comme *« un intérêt excessif pour soi, associant survalorisation de soi et dévalorisation de l'autre, habituel chez l'enfant, courant chez l'adolescent, et compensatoire chez l'adulte »*. Le terme s'est popularisé au travers d'une stigmatisation du « pervers narcissique » et non plus de la notion de perversion narcissique en elle-même. Pour Marcel Sanguet, le concept de pervers narcissique est une invention, comme l'a été l'hystérie au 19ᵉᵐᵉ siècle. Du reste il n'est effectivement pas utilisé dans d'autres pays que la France, même si « the *malignant narcissist* » aux États-Unis pourrait être assez proche de notre concept français. Quant au terme « *narcissistic psychopath* » il pourrait peut-être mettre tout le monde d'accord :

Le pervers narcissique est donc un psychopathe et vice versa. Ils sont tous les deux classés officiellement dans le DSM V dans la catégorie « trouble de la personnalité antisociale ».

L'enfant pervers

Les enfants et adultes psychopathes ont fait l'objet de nombreuses études et les sources sont fiables ; l'enfant pervers est superficiel et loquace, « il donne l'impression d'avoir appris ses lignes » souligne Cyril Malka dans « *Elever un sociopathe* ». « *Il est évident que le sociopathe ne vit pas ce qu'il dit...Il est comme dissocié de ce qu'il dit* ».

Souvenez-vous de notre petit Jonathan en 6ᵉᵐᵉ. Vexé de ne pas avoir marqué un but, il quitte le match. Ainsi, blessé de n'avoir pu satisfaire son égo, il abandonne son équipe en faisant abstraction de toutes les conséquences et au détriment de ses camarades.

Ces enfants n'arrivent pas à distinguer le bien du mal. Ils n'ont pas de morale et ont une vue narcissique et exagérée d'eux-mêmes. Cyril Malka insiste sur ce point : « *ils se voient comme le centre de l'univers, comme des êtres supérieurs qui s'octroient le droit de vivre par leurs propres règles. Ce n'est pas qu'ils ne suivent pas les règles. Ils suivent leurs règles* ».

L'enfant ne connaîtra pas de remords ou de culpabilité, il oubliera très vite le mal qui a été fait, et rejettera totalement sa responsabilité, mettant en place un mécanisme primaire.

Les fondements du caractère originel de l'enfant psychopathe/pervers narcissique

Emotions superficielles, manque de responsabilité et égocentrisme sont des caractéristiques du manque d'empathie de l'enfant psychopathe. Il a toujours une explication rationnelle pour justifier son action, en utilisant mensonges, subterfuges et accusation de l'autre. En réalité, c'est avant toute chose la notion de moralité qui est au centre du problème. « *Cette immoralité ne manifeste que la grandeur du rapport dont le numérateur est la force de la tentation subie par le sujet, le dénominateur la faiblesse de la secondarité* » souligne R Le Senne.

Par-là, on comprend que l'absence de moralité du psychopathe provient de la primarité ; la spontanéité humaine dépassant toujours la pure spontanéité instinctive, l'enfant psychopathe n'acceptera pas de consentir à sa responsabilité car l'évènement est déjà passé.

Kant conçoit et définit la moralité comme elle se présente à notre propre caractère ; le psychopathe a sa propre morale et il n'est pas en mesure de comprendre celle des autres, c'est-à-dire la morale sociale qui permet d'évoluer agréablement dans la société en partageant des valeurs communes. Il n'a en réalité aucune idée de la peine qu'il peut faire aux autres, que ce soit ses amis, ses frères et sœurs ou ses parents parce qu'il n'a aucune possibilité d'imaginer leurs sentiments ou leurs émotions. C'est pour cela que l'enfant n'hésitera pas à tromper ou manipuler sans se préoccuper de la portée que ses actes malveillants auront.

Cet enfant ne connaît pas la peur. Il ne craint donc pas les conséquences de ses actes, ni les punitions ou les reproches de ses parents. Il n'hésitera pas à recommencer, pour le plaisir de scandaliser. Il aime ce qui est interdit, c'est une revanche sur ses principes ; la vanité d'être supérieur à la morale même et la victoire sur la loi. Le mensonge rentre dans ce même cheminement ; il pourra mentir pour des choses totalement bénignes alors que la vérité n'aurait pas été rédhibitoire. C'est juste pour son propre plaisir qu'il ment.

A l'école, vous avez très certainement rencontré des élèves, « camarades » de classe, à tendance perverses narcissiques/psychopathes. Ce sont ceux qui se moquaient des autres, plus faibles, qui critiquaient le physique de l'une ou piquait les affaires de l'autre. C'est l'élève qui vous demandait votre cahier pour recopier pendant la récré votre devoir de maths. C'est encore celui qui trichait pendant les contrôles, qui avait recopié sur sa trousse toute sa leçon, qui était capable de manigancer tout un tas de subterfuges pour récupérer un maximum de points ou l'éloge de ses profs, et ce, avec la plus totale absence de franchise et de moralité, en en faisant le moins possible, et, bien souvent, au détriment des autres ou de vous.

L'enfant psychopathe a une tendance forte à l'impulsivité et à la violence, désinhibé de la peur il n'hésite pas à se battre, parfois cela peut même l'amuser de manière inquiétante. Il s'ennuie et cherche toujours des choses à faire ; il cherche à la fois à satisfaire ses pulsions et à combler son besoin de sensation. C'est en cela qu'il prendra du plaisir à faire souffrir les animaux ; arracher les pattes d'une sauterelle ou les poils du chat.

Même si en apparence la froideur de l'enfant psychopathe ne semble pas toujours correspondre aux descriptifs d'une personne émotive, **Il faut avoir conscience du fait que l'émotion ne se déclenche que lorsque l'enfant est impacté par cette émotion**. Un enfant psychopathe qui se fera gronder par ses parents ne sera pas perturbé car cela ne le touche pas. Il se mettra par contre dans une colère noire, voire dans une crise « d'hystérie » s'il se sent lésé, si cela porte atteinte à ses projets, à son objectif ou à son égo.

R LE SENNE, lorsqu'il décrit le nerveux, parle d'une recherche permanente de stimulant ; « *il peut en demander à tout ce qui dément l'exigence d'unité, le besoin d'ordre, de vérité et d'être. Ce qui rompt la continuité logique, ce qui nie la positivité, ce qui discrédite la candeur de l'esprit devient l'objet privilégié de l'attention. Le paradoxal, l'absurde sont recherchés, non comme des problèmes à résoudre, mais comme des vides à privilégier par un esprit en porte-à-faux, dont l'intentionnalité secrète et parfois avouée est l'identification de l'absolu et du négatif* ». Cyril MALKA, thérapeute et expert dans ce domaine, confirme que les grands traits de l'enfant pervers sont « *le mensonge, une indifférence aux attentes des autres, un conflit constant avec les parents, des tendances à voler, le harcèlement des élèves plus faibles, l'envie d'école buissonnière, la fugue, le besoin de faire souffrir les animaux, une sexualité précoce, et une tendance au vandalisme et à mettre le feu* ».

On comprend dès lors que le psychopathe trouve effectivement sa substructure dans le caractère émotif/non-actif/primaire ; c'est-à-dire le nerveux.

Décryptage de la personnalité psychopathique

En 2001, une équipe de l'université du Kentucky dirigée par Donald LYNAM, a mené une étude sur la personnalité des psychopathes. Le modèle utilisé était le fameux Big Five créé par Lewis Goldberg en 1981 qui met en avant 5 particularités ; l'ouverture à l'expérience, la conscience, l'extraversion, l'agréabilité et le névrosisme. La note va de 1 à 5, le marqueur le plus faible étant 1, et le plus élevé étant 5.

Le Big five a la particularité, en outre, de détecter chacun des 10 troubles de la personnalité. Ils correspondent à un profil unique, mais tous ces profils ont en commun un névrosisme élevé et une faible agréabilité.

Or si le marqueur « agréabilité » est effectivement faible chez le psychopathe (confiance 1.7, franchise 1.1, altruisme 1.3, complaisance 1.3, pudeur 1 et compassion 1.3), sur le marqueur « névrosisme », les experts ont mesuré qu'un psychopathe n'avait pas du tout le mécanisme névrotique des autres troubles de la personnalité. L'anxiété est notée 1.5, la dépression 1.4, la timidité 1.1 et la vulnérabilité 1.5. Le modèle a révélé enfin une extraversion forte (quête du frisson 4.7, arrogance 4.5 et sociabilité 3.7).

Dès lors, certains chercheurs se sont aperçus que les traits de caractères du pervers formaient une structure psychique unique en son genre, un métacaractère. Mais le Big Five n'est-il pas censé détecter les personnalités ? Partant de ce constat, la question suivante pourrait se poser : où est la limite entre une personnalité et un trouble de la personnalité ? « *Les troubles constituent-ils un archipel pathologique à part qui dériverait de manière épidémiologique du continent de la personnalité* » ? comme se questionne Kevin DUTTON dans « La sagesse des psychopathes, Ed Larousse), ou sont-ils les avant-postes du tempérament ?

Tout comme certaines personnes ont des dépressions passagères, d'autres sombreront dans de profondes dépressions. Certains autistes vivent normalement leur vie, sont socialisés et exercent une profession très honorable, alors que d'autres végètent au fond d'un lit d'hôpital. Ce n'est, là aussi, qu'une question de degré. Il en serait de même pour le degré de « psychopathie ».

Nous avons vu dans l'étude des 8 caractères, les degrés d'immoralité ou de perversion qui existent au sein même de chaque famille. Nous avons également vu que les aptitudes, le champ de conscience, l'altruisme ou l'égocentrisme, l'introversion ou l'extraversion étaient indépendants du caractère intrinsèque. Lorsqu'on décrypte la presse populaire et scientifique sur le thème du pervers narcissique, il est fréquent de tomber sur des généralités, dont le descriptif ne peut correspondre précisément à chacun de ces individus.

Au même titre que chacun est unique, il y a des degrés pour diagnostiquer chaque cas. La frontière entre une personne « normale » et une personne hautement perverse est très claire, mais moins facilement détectable pour un degré plus bas de psychopathie. Longtemps, les scientifiques se sont opposés sur la question suivante : faut-il qualifier le trouble par les actes commis par l'individu ou par l'étude de sa personnalité ? Sachant que la majorité des pervers narcissique/psychopathes ne passent pas à l'acte (et fort heureusement), l'étude de la personnalité semblerait être plus révélatrice de l'existence de personnes perverses.

Les degrés de la perversion narcissique

Le PPI (Psychopathic Personality Inventory) a tranché la question. Ce test a été élaboré sur des traits de personnalité courants. C'est une échelle d'auto-évaluation qui a été développée dans des expériences non-cliniques. Il comprend aujourd'hui 154 critères répartis en huit sous-échelles. Les scores des critères sont répertoriés en plusieurs facteurs primordiaux ; Ils révèlent ainsi les principales caractéristiques du psychopathe.

Le premier groupe de facteur est le suivant : Domination sans peur, intrépidité, et immunité au stress, moindre propension à l'anxiété, à la dépression mais aussi à l'empathie, niveau de bien-être élevé, affirmation de soi, narcissisme, et recherche de sensations fortes.

Le deuxième groupe de facteur met en avant des impulsions antisociales, du machiavélisme, de l'égocentrisme, du non-conformisme, de la rébellion, un comportement insouciant associé à un manque de planification, de l'impulsivité, de l'agressivité, des comportements antisociaux ou encore du sang-froid (absence de peur).

Le résultat dévoile en quelque sorte l'ADN structurel du candidat au test. Cela permet de trouver des correspondances à n'importe quelle personne. Le test révèle même que, dans une certaine mesure, des données comme l'extraversion, le charisme ou le don de persuasion sont des atouts pour réussir dans la vie. C'est le cas de nombreux psychopathes à la tête de sociétés, au Barreau de Paris ou même à la Maison Blanche fut un temps. Des scores élevés sur certains items isolés, peuvent représenter des avantages incontestables. Bien entendu, si tous les marqueurs sont au rouge, il est préférable de consulter.

Sur l'aspect neurologique, James blair, spécialiste de la question à l'Institut National de la Santé Mentale à Berthesda, affirme qu'un déficit au niveau de l'amygdale, le noyau des émotions, ainsi qu'aux structures du cerveau reliées à l'amygdale, présenteraient des dysfonctionnements chez les patients atteints de psychopathie. Ces malformations seraient à l'origine d'une grande déficience émotionnelle et d'une attitude asociale.

Mais le docteur Joseph Newman, professeur Emérite au Département de Psychologie à l'Université de Madison a soutenu la thèse que les psychopathes souffriraient d'un déficit du traitement de l'information. Ce n'est pas qu'ils n'éprouveraient aucune émotion mais plutôt qu'ils ne sont pas conscients de leurs ressentis. Le scientifique considère très justement que leur problème est une question de conscience ; avoir conscience des choses. Quand le psychopathe se concentre sur une tâche censée lui procurer une satisfaction immédiate, il efface de son champ de conscience tout ce qui n'est pas lié à ce sujet. Si son envie du moment est de satisfaire un besoin primaire (abuser de vous par exemple) tout le reste devient accessoire, seul l'objectif à atteindre comptera.

Lors d'un entretien avec Kevin Dutton, rapporté dans son livre « La sagesse du Psychopathe » le docteur Newman affirme : « *Les gens croient qu'ils sont insensibles et dénués du sentiment de peur. En vérité, la réalité est bien plus complexe. Nous avons vu que quand leurs émotions sont l'objet principal de leur attention, ils adoptent une réaction émotionnelle normale. A l'inverse, quand ils sont concentrés sur autre chose, ils deviennent totalement imperméables aux ressentis* ».

Le rétrécissement de la conscience est une des caractéristiques du mécanisme pervers, peut-être même l'une des principales.

R LE SENNE dépeint le profil des « nerveux indisciplinés » comme étant très étroits d'esprit et très inactifs ; « *Leur extrême inactivité est révélée par leur recours ordinaire aux moyens de stimulation les plus violents ; alcool, vin, stupéfiants, démon de la perversité. Ils sont inaptes à l'organisation méthodique et utilitaire de leur vie* ». *Ils sont fréquemment en état d'insurrection contre leur milieu. Ils vagabondent, soit à travers le monde, soit à travers la ville* ». N'est-ce pas là la description des perversions du psychopathe ?

Mais ce n'est pas tout : La secondarité manquant au nerveux, Il est donc livré à son inactivité. Il constate vite son impuissance et son incapacité à faire le moindre effort, sa faiblesse devant les tentations multiples. La dualité entre ce qu'il est et ce qu'il voudrait être est pour lui infranchissable. De cette situation, il en résulte que le nerveux a comme préoccupation majeure de bousculer cette inactivité qui ne cesse de faire barrage au cours de sa vie à toutes ses velléités d'action.

Si votre caractère est très inactif, comment trouver la force de s'obliger à faire les choses contraignantes ? Comment réussir à persévérer ? Dans l'effort contre cette inertie, sur quoi s'appuyer ? Contre une résistance il faut une force. C'est un des postulats majeurs de la caractérologie et confirmé par de nombreuses expériences. R Le Senne confirme : « *Aucune force extrinsèque ne peut agir durablement ou fortement sur une âme sans la complicité d'une force s'exerçant de l'intérieur* ».

Et R LE SENNE continue son analyse : « *De l'intimité, il n'y a qu'une puissance à s'offrir à la conscience du nerveux, c'est l'affectivité. C'est donc à elle qu'il doit demander l'énergie indispensable pour, sinon supprimer, du moins soulever, forcer ici ou là son inactivité. A défaut de volonté, il agira par sentiment* ». Agir par sentiment, cela revient à dire qu'en l'absence de volonté, seules les pulsions du pervers vont déclencher l'action. Rappelons-nous quelles sont ces pulsions ; La domination, le narcissisme, la recherche de sensations fortes, les impulsions antisociales, le machiavélisme, l'égocentrisme, l'impulsivité ou encore l'agressivité.

Mais à ce niveau de la recherche de la structure caractérologique du « pervers narcissique », il existe un dernier point fondamental : personne ne peut désirer, se mettre en colère, éprouver du chagrin, aimer ou même haïr, en somme déclencher une émotion juste sur demande. Il y a d'autres conditions que celles déclenchées par le système nerveux central. Ce n'est donc qu'indirectement, en utilisant l'influence indépendante de lui mais puissante, de toutes les représentations de l'extérieur, qu'un émotif-primaire, particulièrement prédisposé à en ressentir l'effet, pourra provoquer en lui un élan susceptible de compenser provisoirement son inactivité, capable au moins de le lancer dans l'action.

Mais quelles seront les représentations extérieures d'un nerveux, très inactif, primaire et étroit d'esprit ? L'efficacité mentale d'une idée, si elle ne vient au-devant d'un désir, demande le concours de l'activité et de la secondarité, toutes deux particulièrement réduites chez le nerveux. **Ce sera la représentation du mal par l'énergie qu'il provoque qui sera un moteur de l'émotion et lui donnera le mouvement qu'il ne peut recevoir d'ailleurs.** Son champ de conscience étant rétrécie à l'extrême, il sera totalement sous la dépendance de l'objet, dans sa plus profonde négativité.

R Le Senne conclue : « *L'horreur, la peur, le dégoût, tous les sentiments négatifs, tous les modes de la souffrance deviennent ainsi, par une sorte de renversement monstrueux, les ressorts d'une propulsion qui est le substitut de l'activité presque absente. Cette petite volonté qui reste à l'homme inactif, cette puissance recélée par les cellules nerveuses du cerveau est employée à utiliser « la puissance du négatif », dont le sadisme et le masochisme ne sont que deux cas parmi une multitude d'autres* ». Ce mécanisme deviendra habituel et constituera l'élément d'une structure acquise, d'un métacaractère dont les propriétés consécutives s'ajouteront aux propriétés fonda-mentales du caractère congénital. C'est le départ des perversions. *

 * R Le Senne affirme : « *Par le démon de la perversité tout ce qui choque, lèse, brutalise la conscience, répugne à son exigence profonde de positivité, de bien, de beauté, de cohérence, devient la cause d'une puissance motrice tournée primitivement vers le mal, mais recevant une finalité nouvelle de la victoire qu'elle permet à l'inactif de remporter sur son inactivité* ».

Les profils délinquants et criminels

Nous allons décrypter les caractères possibles de la population que nous qualifierons, dans un terme assez large, de « délinquants ». Nous venons de voir que les psychopathes/pervers narcissiques ne sont pas nécessairement des délinquants. Ils ont toutes les capacités de s'insérer convenablement dans la société et de passer plus ou moins inaperçus. Quels sont donc les facteurs de risque pour qu'une personne « perverse » devienne délinquante ? Tous les délinquants sont-ils des psychopathes ? De quels caractères émanent les délinquants et les criminels ?

L'étude la plus complète dans ce domaine a été menée par René RESTEN, membre de la société internationale de criminologie, Professeur à l'Institut des Sciences Criminelles à L'Université de Poitiers. Elle a été réalisée en prison sur une population adulte et mineure d'un département de l'ouest de la France, en Val de Loire. L'étude a été publiée dans « Caractérologie du criminel » (Ed Presse Universitaire de France en 1959).

Les patients appartenaient à un milieu rural. 61 adultes ont été examinés, tous délinquants ou criminels sur lesquels ont été pratiqués des examens médico-psychologiques ; 52 hommes et 9 femmes, puis 21 garçons mineurs et 5 filles mineurs.

L'étude montre dans un premier temps que sur cet échantillon il y avait 4 fois plus d'hommes que de femmes. L'âge moyen des hommes était de 36 ans, 41 ans pour les femmes et 15 ans pour les mineurs. Pour les vols commis la moyenne d'âge était de 29 ans, 43 ans pour les coups et blessures et 42 ans pour les attentats aux mœurs. 24% des individus avaient une intelligence normale, 46% avaient une intelligence limite, 27% très inférieure à la moyenne et 3% étaient qualifiés de « débiles mentaux ».

Les criminologistes américains, anglais et hollandais estiment que la population de débiles mentaux est 3 à 4 fois plus élevé chez les délinquants, ce qui corrobore avec l'échantillon de cette prison du Val de Loire.

Nous notons également que aucun des délinquants étudiés, adulte ou adolescent, n'avait une intelligence supérieure à la moyenne. 50% des adolescents étudiés avaient eu un retard psychomoteur dans leur enfance (retard de la parole ou de la marche). Sur les 62 adultes étudiés, 92% buvaient très régulièrement de l'alcool et 16 cas étaient très alcoolisés le jour de leur méfait, notamment les cas de coups et violences volontaires, avec 70% des individus sous l'emprise de l'alcool. Ces proportions correspondent aux données recueillies par S LEDERMANN, ou du centre de triage de Fresne ou encore la maison d'arrêt de Rennes. Parmi les mineurs, 50% avaient une hérédité alcoolique prouvée et 30% très certaine, ce qui représente 80% des jeunes délinquants adolescents.

Notons enfin que 75% des adolescents étudiés provenaient d'un milieu familial « perturbé » (parents séparés, mère ou père seul, carence éducative...). La sexualité de ces mineurs était précoce, le psychologue qui les a interrogés a constaté « qu'ils se laissaient dominer par leurs instincts ».

Sur un plan morpho psychologique il est à noter que l'échantillon de délinquant compte environ 20 à 25% de sujets dont l'envergure dépasse la taille de plus de 10cm (personne trapue), alors que la population de la même région comprend des sujets ayant une envergure s'écartant peu de la taille.

Les travaux de Sylvie BOISSON, experte en Criminologie dans les années 60, confirmaient les résultats suivants : « *Les attentats contre les personnes sont commis à 65% par des leptosomes et 35% par des pycniques et 7% par des dysplasiques. Les attentats contre les biens sont commis par des pycniques en majorité à 41% et des leptosomes à 30%. 2% sont des dysplasiques* ».

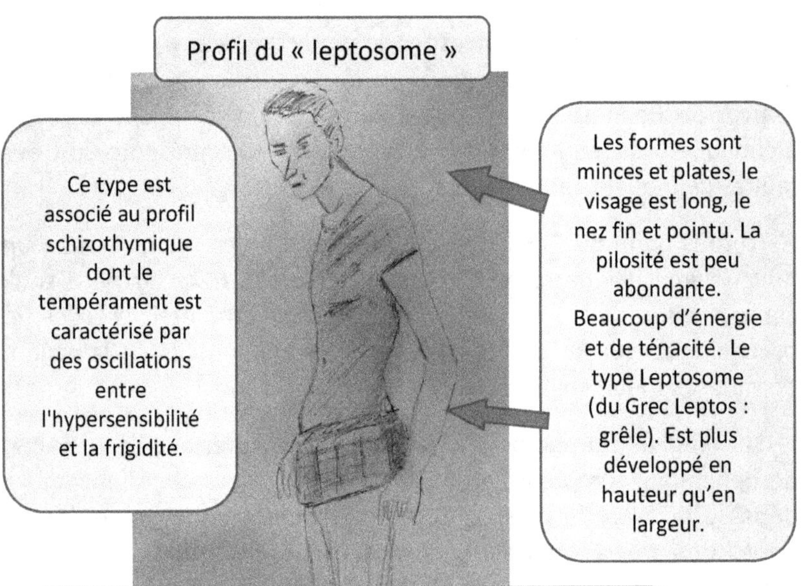

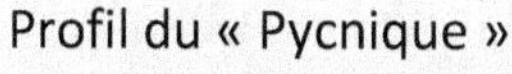

Ce sont les leptosomes et les pycniques qui se partageraient presque 100% des infractions de délinquance et de criminalité. Les dysplasiques sont pour la plupart des délinquants sexuels. Le type athlétique se rapproche du type leptosome avec un développement accentué du squelette et de la musculature. Il est présent également, dans une moindre proportion, dans la population délinquante.

Notons enfin que chercheur Paul-René Bize, spécialisé dans la délinquance des mineurs avait noté que tous les types morphologiques peuvent se rencontrer dans la population délinquante mais il note la plupart du temps certaines dysmorphies ou dysharmonies du visage (facies plat, pommettes saillantes, yeux trop rapprochés ou trop écartés, front trop bas ou trop bombé ou encore menton trop développé par rapport aux moyennes constatées).

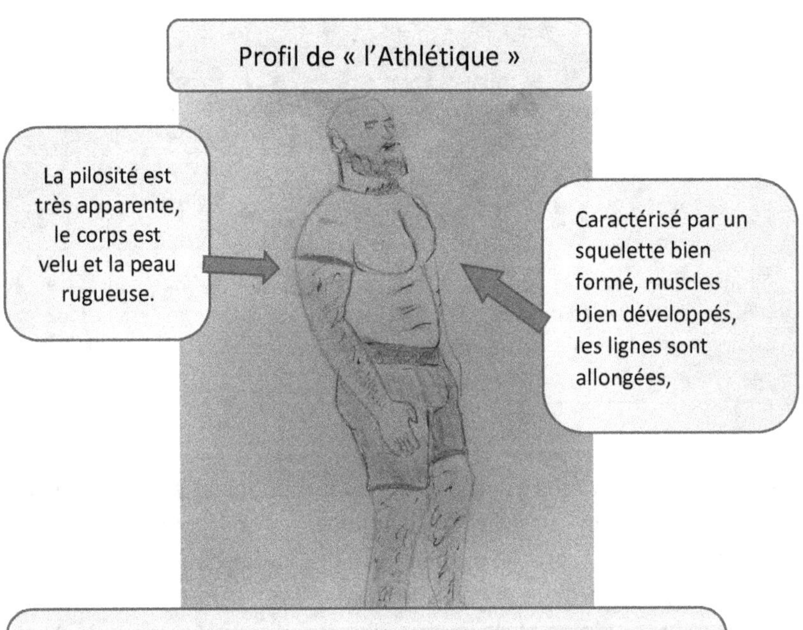

Les principaux facteurs de la prédisposition criminels en général sont des facteurs étiologiques génériques ou spécifiques. Le délinquant criminel moyen en général a moins de 30 ans s'il a commis un vol et autour de 43 ans s'il est poursuivi pour coups et blessures volontaires ou pour attentat aux mœurs. Une fois sur deux le délinquant est pourvu d'un âge mental limite c'est-à-dire qu'il est affecté d'une atrophie intellectuelle manifeste. Dans l'immense majorité des cas, soit 85 %, le délinquant a une scolarité très insuffisante. Dans 50 % des cas le délinquant a eu un développement psychomoteur anormal. Dans pratiquement tous les cas les candidats sont incapables de réussir les tests de performance psychotechniques. Dans 75 % des cas ils ont commis leur délit ou leurs crimes sous l'influence directe de l'alcool. Dans 50 % des cas l'alcoolisme familiale était présent. *

*Etude menée par René RESTEN, membre de la société internationale de criminologie, Professeur à l'Institut des Sciences Criminelles à L'Université de Poitiers. Réalisée en prison sur une population adulte et mineure d'un département de l'ouest de la France ; en Val de Loire. L'étude a été publiée dans « Caractérologie du criminel » (Ed Presse Universitaire de France en 1959).

Névroses ou perversions de caractères ?

Statistiquement on trouve surtout des nerveux parmi les sujets poursuivis pour vol, des colériques parmi ceux qui ont commis des coups et blessures volontaires, des apathiques parmi les criminels sexuels. Le caractère nerveux représentait 31,5 % de l'ensemble des délinquants ou criminels de la prison du Val de Loire. Les apathiques représentent 22,5 %, les colériques et les amorphes 16 %. Enfin tous les délinquants criminels qu'il soient adultes ou mineurs présentent une frusticité morale, c'est-à-dire une absence de moralité très nette associée à une frusticité intellectuelle. L'atrophie de la fonction morale semble en rapport avec l'atrophie de la fonction intellectuelle.

Les différents travaux des criminologues montrent l'influence incontestable de causes très complexes qui conduisent à la délinquance et à la criminalité. Mais tous les enfants nés de familles désunies ne seront pas tous délinquants, et des enfants élevés dans de très bonnes conditions pourraient par contre le devenir. Notons aussi que tous les enfants moyennement intelligents ne sont bien entendu pas tous de futurs criminels ou délinquants. Tous ces facteurs individuels pourront conditionner la délinquance mais ne la détermineront pas d'une façon inéluctable.

La psychanalyse considère que la tendance à la délinquance doit être étudiée en fonction des déviations de la libido, dans le sens « énergie vitale » du terme. Soit cette déviation s'exprime sous la forme de symptômes névrotiques, soit elle prendra la forme d'actes antisociaux et agressifs. Le passage à l'acte trouverait son impulsion dans une déviation de cette énergie vitale. Nous reviendrons sur cette notion. Dès lors, l'individu est incapable de s'adapter à une vie individuelle ou sociale normale. Mais pourquoi cette énergie vitale se manifesterait par des actes anti sociaux et dans d'autres cas par des névroses et des troubles fonctionnels ?

En réalité, nous aurions tous une prédisposition à devenir potentiellement soit « pervers » soit « névrosé ». Suivant nos prédispositions congénitales, en fonction de notre mode de vie de notre environnement et de notre éducation.

La fonction de la moralité dans l'acte pervers du délinquant

Pour Gemelli (« *La tendance gangster* », dans « Actes du Congrès international de criminologie » 3-8 Octobre 1938. Rome, Mantellate Typographie), « *Le crime est une action accomplie par un homme dont la volonté s'est orientée vers la direction d'un intérêt immoral ou antisocial tandis que l'action d'inhibition des raisons individuelles et sociales n'a pas été efficace* ». La capacité morale est la faculté de faire la nuance entre le bien et le mal. Elle accorde la moralité à la façon dont on se conduit en société. Être moral ou non dépendra principalement des deux facteurs suivants : un facteur individuel (biologique et psychologique), et un facteur mésologique (conditions d'existence, qualité de la famille, éducation).

Cette première thèse vient accréditer l'analyse de René RESTEN dans le sens où le manque de moralité serait la condition de la mise en place du passage à l'acte « antisocial ». L'influence de la capacité morale sur la dynamique criminelle a été étudié également par Olof Kinberg (« *Les problèmes fondamentaux de la criminologie* » Revue internationale de droit comparé. 1963). Il considère que la fonction morale n'est pas innée c'est une habitude acquise lentement par des influences ambiantes sur la structure biologique du cerveau. Kinberg insiste particulièrement sur l'indigence ou la misère culturelle qui a pour conséquence de baisser considérablement la capacité morale. Il considère en outre qu'on peut établir un parallélisme entre la fonction morale et l'émotivité puisque la moralité participe à la vie émotionnelle : « Plus *l'émotivité d'un sujet est faible plus restreinte se trouve sa fonction morale* » affirme-t 'il. Ce qui expliquerait, selon René Resten, que les amorphes et les apathiques soient également assez représentés en caractérologie criminelle, étant tous les deux non émotifs. Mais n'oublions pas que leur dénominateur commun est aussi l'absence totale d'activité et en cela ils forment avec les nerveux les moins actifs de tous les caractères.

La fonction morale des délinquants peut présenter des défaillances épisodiques sous l'influence de l'alcool ou des drogues. Mais elle peut également être défaillante chaque fois que la cellule cérébrale de la personne a été touchée soit par un traumatisme soit par une malformation congénitale. René Resten considère que la capacité morale d'un individu n'est pas forcément liée à ces deux facteurs mais qu'il s'agirait « *d'une déviation qui résulte de la déviation générale de l'énergétique psychique* ». Un trop-plein d'énergie pourrait être capable de s'épuiser dans des conduites antisociales ou agressives ne pouvant s'exprimer sous une forme admise par la société et les codes de bonne conduite.

Wilhelm Reich (« The mass Psychologie of facism » Farrar, Straus and Giroux Inc.,1970) reprenant les théories freudiennes sur la puissance libidinale est persuadé que l'énergie psychique est « *le moteur central de la vie de l'âme.* Selon lui, préalables biologiques et conditions sociales se rencontrent donc dans le domaine psychique. Une des grandes découvertes de Freud sur la relation parent-enfant fut de considérer que la sexualité refoulée par l'enfant prend toute son ampleur quand l'enfant craint ou est puni pour des actes et des pensées sexuels (l'angoisse de castration). Ainsi la sexualité se trouve coupée de l'action et effacée de la mémoire. Le refoulement de la sexualité infantile soustrait celle-ci au contrôle de la conscience sans lui enlever son énergie. Au contraire il la renforce et l'infléchit de telle manière qu'elle se manifeste dans plusieurs troubles pathologiques de la vie de l'âme, donc de la conscience morale.

La conscience morale est le résultat de mesures pédagogiques que les parents prennent à l'égard de leurs enfants dès leur petite enfance. Le conflit qui, au début, oppose les désirs de l'enfant aux interdictions des parents, se prolonge par la suite dans le conflit intérieur à la personne entre les pulsions et la morale. En tout état de cause si le conflit reste limité à l'individu il engendrera potentiellement une névrose, mais s'il le dresse contre la société et conditionne une attitude agressive il suppose deux forces en opposition. Mais n'est-ce pas également le cas d'une névrose lorsqu'on doit se battre contre une force extérieure finalement indépendante de notre volonté ?

Wilhelm Reich considère que « *les idéologies réactionnaires sont l'aboutissement de processus psychiques secondaires dont est l'objet le petit enfant grandissant en milieu familial autoritaire* ». Pour lui la concurrence entre enfants et adultes serait lourde de conséquences pour certains enfants, mais plus lourdes encore seraient les conséquences de la concurrence des enfants d'une même famille par rapport à leurs parents.

Elles se manifestent dès l'enfance par des sentiments d'amour et de haine. Effectivement, on peut vérifier cette théorie quand on observe au milieu d'une famille un enfant trop émotif que l'on aurait nommé jadis « caractériel », et qui devient « l'éponge émotionnelle » de la famille. Cela est d'autant plus vrai quand celui-ci se trouve au milieu de la fratrie, toutes les difficultés sont alors là pour qu'il aille chercher, parfois en vain, sa place au milieu de ses frères et sœurs.

Mais comment parvient-on à devenir délinquant ou criminel ?

Nous avons vu qu'un certain nombre de conditions devaient être réunies. La condition principale étant la baisse du mécanisme moral. Il n'existe pas de facteurs isolés ; c'est sous l'effet de plusieurs facteurs que la dynamique du délinquant ou du criminel s'installe.

Tout d'abord le mobile doit être motivé. Pour un homicide par exemple les raisons vont être tantôt passionnelles, tantôt liées à de la vengeance, de la peur ou de l'idéologie raciale. Le vol peut être lié par exemple à des conditions sociales très défavorables. Il faut bien sûr rechercher dans l'inconscient certains motifs criminologiques alors qu'en apparence les motivations pourraient paraître simplistes. La prédisposition caractérologique est le deuxième facteur, tout en sachant que les prédispositions sont liées au caractère intrinsèque ; nous avons vu tout à l'heure quels étaient les caractères concernés et nous allons bientôt revenir sur ce point. Notons que les actes de délinquance peuvent être commis de façon totalement opportune. L'influence de certains chefs de bande de caractère fort (colérique) peut être l'occasion pour d'autres de suivre le mouvement (apathique, nerveux ou amorphe). Plus de la moitié des délinquants de la prison du Val de Loire ont agi en groupe avec d'autres camarades. Comme l'indique René Resten : « Le *schéma se retrouve toujours le même : un chef de bande et des complices passifs soumis à une surveillance inexistante ou très superficielle des parents* ».

À cela vont se rajouter des facteurs comme le fait d'être sous l'emprise de stupéfiants ou d'un taux d'alcoolémie fort ; l'ivresse représente parmi les conditions préparatoires à l'activité criminelle une condition extrêmement importante.

René RESTEN y voit aussi d'autres facteurs ; Les conditions sociologiques pourrait être le principal facteur si nous prenons pour exemple que « pendant *la période d'occupation en France 45000 dossiers de criminalité infantile étaient instruits, contre 15000 en 1956. Les conditions de vie, l'absence du père parti à la guerre, l'incertitude face à l'avenir étant les facteurs sociologiques privilégiés par le criminologue* ». Les conditions sociologiques et économiques de nombreux pays aujourd'hui peuvent être comparables à ce schéma et ont, bien entendu, des conséquences en matière de criminologie sur les populations mineures et adultes.

L'insatisfaction dans le monde du travail entrainerait des actes de délinquance en rapport avec l'esprit de vengeance de certains face à un patron peu scrupuleux ou pervers (vols). Les conditions de travail en elle-même seraient à l'origine de la diminution des possibilités d'inhibition de certaines pulsions anti-sociales ou agressives (produits toxiques, bruit, travail de nuit, horaires irréguliers, lumière artificielle...). Toujours sur le plan du travail, il faut insister sur le fait que les conditions de travail jouent un rôle essentiel dans notre équilibre ; Il est rare aujourd'hui que les conditions permettent le plein épanouissement de notre personnalité. Si vous ne trouvez pas un travail ou la place que vous auriez souhaité occuper dans le monde actif, le risque est de glisser vers une situation psychologique inconfortable, au mieux névrosée (stress, dépression...) et, au pire, criminelle. Il faut ajouter enfin la perte de certaines valeurs sociétales, la violence omniprésente, l'absence de patriotisme, le chômage, l'influence des réseaux sociaux, du cinéma, des causes culturelles aussi diverses que variées qui peuvent expliquer l'origine des actes de délinquance.

L'analyse sous le plan de la caractérologie des mécanismes de délinquance criminels et antisociaux

Le mécanisme nerveux : impulsivité et violence

C'est celui que nous rencontrons le plus souvent dans la population carcérale. Il concerne plus d'un tiers des agressions contre les biens, un tiers des violences volontaires, et un tiers des affaires de mœurs. L'émotivité rend la personne sujette aux influences de l'environnement et augmente l'intensité de ses émotions intérieures.

L'inactivité entraîne l'inhibition de la maîtrise de soi et rend la personne esclave des stimuli internes et externes. La primarité prive la personne de la notion des conséquences éloignées que pourraient avoir ses actes et l'incite à une réponse immédiate à ses sollicitations du moment. Le mécanisme nerveux est donc une source intrinsèque d'un comportement dangereux. Il favorise l'expressivité de certaines tendances comme la sexualité ou les intérêts sensoriels. Il entraîne la recherche du besoin d'émotions, l'instabilité affective, les difficultés d'insertion familiale et sociales ainsi que les difficultés de s'insérer sur un plan professionnel. Nous avons vu aussi que les nerveux étaient les plus prédisposés aux excès d'alcool et de stupéfiants. Enfin, le manque de résistance à l'effort lié à l'inactivité contribue à engendrer une situation dangereuse donnant lieu à des activités antisociales et parfois très agressives.

R Le Senne en est persuadé : « *Dans la vie objective sur laquelle s'exerce l'action c'est-à-dire dans la perception, le mal stimulant est une destruction, l'amour du mal stimulant la volonté de détruire ; L'impuissance propre à l'inactif se convertit indirectement en puissance imaginairement perverse, existentiellement stimulante* ». Selon lui le mécanisme nerveux déclenche le goût de l'horrible, du cruel, les besoins de vengeance et le goût du défendu ; « *La tendance à déprécier les choses et du désir de les traiter familièrement à la manière d'un objet domestique. Abaisser autrui et les choses, c'est une manière de s'élever ; par le démon de la perversité la conscience nerveuse se fait, par impuissance à conquérir l'objectivité, servante de la négativité* ».

Ainsi, Le caractère nerveux est bien le centre de diffusion caractérologique des perversions.

Le mécanisme sentimental : passion et jalousie

En général les sentimentaux sont peu sujets à la délinquance et à la criminalité. La secondarité va inhiber les pulsions agressives. Or, les agressions dirigées contre les biens ou les personnes sont, elles, des réactions impulsives, donc de forme primaire. Elles sont liées à une émotion ou à un désir immédiat. Le sentimental est donc freiné dans l'expressivité de ses émotions grâce à sa secondarité. Elle dresse devant lui les perspectives très éloignées de sa conduite. Il sera donc hésitant, vulnérable, et s'engagera difficilement sur une voie antisociale ou agressive car il en verra tout de suite les conséquences. Par contre, ses émotions pourront être concentrées sur un thème passionnel à base de rancune ou de jalousie ; c'est en cela qu'il pourra avoir des réactions inexplicables et insolites, la plupart du temps dirigées contre des personnes. Après avoir dû supporter un événement pendant des mois ou des années, le sentimental pourrait commettre un attentat sexuel ou un drame familial, puis, éventuellement, se suicider par la suite pour des problèmes de conscience morale.

La résignation présomptive est à l'origine d'un type classé de suicide, celui des personnes qui, non seulement se tuent, mais entraînent leur femme et leurs enfants dans la mort pour éviter et leur éviter la misère ou un péril. Par exemple, l'affaire Dupont de Ligonnès, appelée aussi la « tuerie de Nantes », est un quintuple meurtre non élucidé en France. Cinq membres de la famille Dupont de Ligonnès, la mère et ses quatre enfants sont assassinés entre le 3 et le 6 avril 2011 ; leurs corps sont retrouvés le 21 avril 2011, dans leur maison nantaise. Le père, Xavier de Ligonnès, est suspecté des assassinats des membres de sa famille mais porté disparu. Ce cas pourrait, sous toute réserve, être attribué à un mécanisme sentimental de résignation présomptive morbide.

Pourquoi les sentimentaux seraient-ils plus à même d'être impacté par une forme de résignation présomptive ? R Le Senne l'explique très bien par le fait que les personnes liées à ce caractère ont ce trait commun qu'il a nommé « l'émotivité au second degré ». L'émotivité primaire est à peu près inhibée ; mais elle se développe ultérieurement et à l'intérieur de la personne en une émotion prolongée et profonde. Elle se condense au fond de l'esprit et se détache de l'événement qui l'a provoquée. Il devient alors un autre événement. « *Au bout de quelque temps de cette fièvre cachée, la souffrance accumulée autour de ce centre devient plus pénible que celle que pourrait produire l'événement redouté et le sujet s'en délivre en réalisant l'événement lui-même de manière à mettre fin à son tourment intérieur* ». Ainsi, s'il craint la misère pour lui et les siens, il tue tout le monde, comme si toutes ces vies formaient un tout indivisible.

Le mécanisme colérique : violence et émotion

Les caractères colériques représentaient 16 % de la population de la prison du Val de Loire et 30 % des actes de violence volontaire. L'émotivité associée à la primarité transforme immédiatement une émotion en réaction. Le mécanisme colérique conditionne donc l'initiative, la combativité et l'agressivité. « *Ces traits de comportement risquent facilement d'être dirigés contre des personnes et deviennent ainsi des actes antisociaux* » souligne René RESTEN. Le mécanisme colérique privilégié serait plutôt l'escroquerie que le vol de bien. Le côté extraverti et turbulent de ce profil, et le fait qu'il soit poussé à extérioriser ses émotions et à satisfaire dans l'immédiat ses impulsions, aidé en général par une forte constitution physique, lui donne tous les « atouts » pour réussir ses actes de délinquance, qui plus est lorsque l'intelligence est supérieure à la moyenne.

R Le Senne confirme que la démarche criminelle est à la disposition de tous les émotifs, aussi bien les actifs que les inactifs : « *Les actifs ne s'en font pas faute, car il leur arrive souvent de demander au mal un surcroît d'élan, de tenter la peur et l'horreur pour en accroître la puissance de leur activité. Quand ainsi on veut mouvoir le plus violemment les hommes, on s'avise de les enfermer dans une situation où la menace d'un mal s'ajoute à la promesse d'un bien, celle-là plus efficace que celle-ci : on montre le sucre, mais on y ajoute le fouet, et comme l'activité est provoquée par les difficultés, la méthode a chez les actifs la double efficacité de grossir l'émotivité et de renforcer l'activité* ». Faisant là allusion à de la manipulation ou du harcèlement, R Le Senne met en avant le fait que chez les actifs ce renversement qui fait du mal une fin a, de fait, une gravité morale encore plus forte. C'est le cas des passionnés que nous allons maintenant aborder.

Le mécanisme passionné : paranoïa et émotion

Il y a peu d'acte criminel lié au mécanisme passionné. Mais il pourrait bien être le centre de diffusion caractérologique des crimes dits « passionnels ». L'élément dangereux du mécanisme passionné provient du fait que les émotions se prolongent dans le temps. Elles peuvent être organisées autour d'un thème de haine ou de jalousie. Lorsque la conscience se rétrécit, les émotions pourraient devenir facilement des sources d'homicides. Notons également que la paranoïa naît dans un caractère passionné. Lorsqu'on ajoute un trouble profond de l'affectivité, d'origine inconsciente, à un état paranoïaque, on peut dès lors rentrer dans une dynamique du meurtre affectif. L'hypertrophie congénitale de ce mécanisme constitue un élément de dangerosité intrinsèque. En outre les états paranoïaques sont très souvent rencontrés et orientent facilement le mécanisme passionné vers une conduite antisociale ou agressive.

Le mécanisme sanguin : froideur et immoralité

Les statistiques apportées par René Resten montrent que le mécanisme sanguin conditionne 15 % des affaires sexuelles 10 % des faits de violence et seulement 1 % des vols. « *La froideur du caractère sanguin l'amène à désinsérer la sexualité de tout élément affectif* » : elle devient essentiellement matérielle et rentre dans le cadre de la satisfaction de ses intérêts sensoriels. Lorsqu'elle est associée à un niveau intellectuel faible et une absence de morale elle pourrait s'accompagner de violence. L'activité primaire conditionne des réactions vives et immédiates mais l'impulsivité est moins forte que le mécanisme colérique. Le mécanisme sanguin associé à une efficience intellectuelle moyenne ou supérieure peut faciliter la mise en place d'escroqueries, comme de vastes entreprises frauduleuses ou des affaires politiques véreuses.

Beaucoup d'hommes d'affaires sont des sanguins. N'oublions pas qu'ils ont été qualifiés « d'hommes les plus malhonnêtes » par R Le Senne. Les actes de délinquance ou les actes criminels des sanguins pourraient donc avoir une ampleur à la hauteur de leurs ambitions. C'est ce que Olof Kinberg a observé à Chicago, où la mafia organisée dans les années 50 avait toutes ces caractéristiques.

Le mécanisme Flegmatique : intelligence et froideur

Il y a très peu de cas de délinquance ou de criminalité lié à ce mécanisme. La raison principale est très certainement due aux qualités morales dont bénéficie le caractère flegmatique. Toutefois, si cette dernière devient déficiente, alors une conduite criminelle pourrait se mettre en place et s'organiserait de façon assez rigide et scientifique.

S'il y a des influences antisociales, une forte avidité et une faible capacité morale, c'est le conditionnement que pourraient utiliser par exemple certains comptables dans le détournement de sommes importantes.

Le mécanisme amorphe : indiscipline et paresse

Il conditionne 20 % des faits de violence, 16,5 % des vols et 10 % d'affaires de mœurs. La primarité est encore à l'origine de ce mécanisme. La personne est soumise à l'influence du présent et les conséquences de ses actes sont trop lointaines dans son esprit. La base de l'émotivité vient annihiler le rôle que peut apporter l'affectivité pour lutter contre les pulsions antisociales.

Il faut se rappeler aussi que l'amorphe doit avant tout satisfaire ses tendances fondamentales et répondre à un besoin primaire comme satisfaire sa faim ou sa sexualité. Il est donc incapable de résister à la satisfaction de ses tendances, puisqu'il est intrinsèquement indiscipliné sur le plan de la sexualité. L'amorphe peut être impulsif et souvent paresseux. Lorsqu'il y a une baisse de la capacité intellectuelle et morale et un environnement familial défavorable il pourrait se laisser tenter ou être entraîné dans un gang, ou une bande de malfaiteurs. Il sera en général soumis à l'autorité d'un chef de bande.

Le mécanisme apathique : déchéance et perversion

Ce mécanisme détient le maximum pour les affaires sexuelles avec 35 %, et se situe après le mécanisme nerveux pour les vols, avec 27,5 % des cas de détenus de la prison du Val de Loire. Il faut se rappeler que les apathiques ont de grandes difficultés d'une façon générale pour satisfaire leurs tendances fondamentales ; souvent en retrait de la société, ils peuvent être mal insérés sur un plan professionnel ou personnel. En général, les actes criminels des apathiques sont de petits larcins. « *Lorsque le mécanisme apathique est associé à une faible capacité morale et intellectuelle, il conduit à la délinquance, à l'alcoolisme et provoque une déchéance progressive de l'individu* » comme le souligne Rene Resten. La timidité des apathiques rend compliqué les relations avec les femmes. « *Son immaturité psychologique oriente sa sexualité vers une satisfaction de type infantile, généralement dirigée vers des enfants plus jeunes* » conclue *le scientifique*. Il s'attaquerait aux enfants parce qu'il a du mal à s'approcher des adultes ; la chute de son émotivité transforme l'acte sexuel vers la satisfaction d'un besoin physique.

Les violences et maltraitances dans l'enfance

Des études sociologiques faites aux Etats-Unis et en Nouvelle-Zélande, ont révélé des corrélations fortes entre la maltraitance physique dans l'enfance et un mauvais état de santé général à l'âge adulte, ainsi que diverses maladies spécifiques, telles que l'hypertension artérielle ou l'ulcère gastrique, des problèmes de surpoids, des taux insuffisants de cholestérol, des problèmes de santé mentale, de la dépression ou de l'anxiété. (*Barbara A Springer et al. J Geriatr Phys Ther, 2007*).

Mais c'est surtout dans le domaine des troubles psychologiques et de l'adaptation sociale que les conséquences de la maltraitance ont été souvent étudiées dans la mesure où la fréquence est très forte. L'étude de Malinosky Rummel et Hansen faite en 1993 a identifié des conséquences allant de difficultés scolaires puis professionnelles ou sur un plan relationnel, à des comportements agressifs et violents, criminels, des abus de substances toxiques et des comportements auto-agressifs et suicidaires. Le lien est établi entre ce que l'enfant a subi et les désordres affectifs et sociaux qui le pénaliseront plus tard, ainsi que les déficits au niveau de la mémoire.

L'étude américaine de Currie et Widom, faite en 2010, consistait à suivre pendant une trentaine d'année des personnes ayant été victimes de mauvais traitements dans l'enfance. Elle a permis de constater qu'ils avaient un niveau éducatif plus faible et des salaires moins élevés qu'un groupe de personnes ayant eu une enfance normale.

Un enfant dont les parents sont intransigeants sur ses réactions de tristesse, ses pleurs ou ses cris, mettra en place une forme de « mutisme ». Il apprendra à se taire et à intérioriser sa souffrance et ses émotions. Il ne parviendra toutefois à surmonter cette injustice qu'à la condition de pouvoir se défendre en donnant à sa souffrance et à sa colère une expression structurée.

Bien entendu, un enfant émotif, fragile, et sensible subira plus fortement les violences exercées à son égard. L'enfant n'a pas la possibilité de partager son sentiment de révolte. Il subira les violences par l'impossibilité d'en identifier le caractère anormal et les difficultés à comprendre la situation et à désigner un coupable. Totalement exposé à son environnement familial nocif, il pourra développer des troubles dès ses premiers mois, puis des troubles du comportement dès l'âge de 3 ans, et ils se répercuteront toute sa vie durant, avec les conséquences que nous avons vues précédemment.

L'enfant ne peut grandir et s'épanouir que si ses besoins physiques et affectifs sont satisfaits, et ce, dans un environnement éducatif favorable. La maltraitance n'est pas que la violence ou l'abus sexuel sur l'enfant, c'est aussi une éducation trop stricte, froide et rigide. C'est ce que démontre l'étude de Stewart-Brown en 2005 qui met en avant le fait que la mauvaise qualité des relations affectives aurait des conséquences très négatives sur la santé physique et mentale à l'âge adulte.

Miller décrit dans son œuvre « *C'est pour ton bien* » (2008) une des conséquences de la maltraitance qui est aussi quelque part la cause future des prochains actes de maltraitance : la transmission transgénérationnelle. Certains parents vont reproduire la violence qu'ils ont eux-mêmes subie ou les mauvais traitements qu'ils ont endurés, les rendant peu réceptifs ou insensibles aux souffrances qu'ils vont perpétuer par la suite. C'est ainsi que des générations entières de familles maltraitantes génèrent des enfants perturbés qui, adultes, deviendront à leur tour des bourreaux d'enfants, dans un cercle vicieux infernal. Ces parents devenus impuissants, puisque confrontés à leurs propres souffrances infantiles, ne seront pas en mesure de prendre le recul nécessaire pour s'apercevoir de leurs lacunes éducatives.

Plusieurs condamnations pour des violences sexuelles à l'égard de personnes criminelles ont permis de conclure que ces dernières avaient aussi subi des sévices sexuels ou de la violence pendant leur enfance. Selon l'étude de Silverman réalisée en 1996, les violences physiques dans l'enfance seraient plutôt associées à la délinquance et à la consommation de drogue ultérieure.

Quatrième partie

Caractérologie et société

Les évènements historiques :
l'exemple de l'épidémie de Covid-19

Le 11 janvier 2020, les autorités chinoises annonçaient la mort de la première victime du covid-19 à Wuhan, épicentre mondial de l'épidémie. Il s'agissait d'un homme de 61 ans. Le virus est apparu en Chine en novembre 2019 où la plupart des premiers malades auraient fréquenté un marché aux poissons. Le 13 janvier, l'OMS annonce qu'un premier cas est identifié en Thaïlande, il s'agit d'une chinoise de 61 ans également, provenant aussi de Wuhan.

C'est un véritable branle-bas de combat en Chine qui met immédiatement trois villes sous quarantaine, soit plus de 20 millions de personnes, et interdit le trafic aérien, ferroviaire, fluvial et maritime en direction et en provenance de ces villes ; le port du masque devient obligatoire, puis est déclarée l'interdiction formelle de sortir de chez soi. Tout une partie de la Chine se transforme en un véritable bunker géant, et en quelques jours seulement, deux énormes hôpitaux de plus de 20 000 m2 s'érigent dans les campagnes. Le monde entier à les yeux rivés vers la Chine et la soutient, même si cette démonstration de rigidité extrême a pu laisser songeur, et la solidarité internationale s'installe : la France envoie alors 17 tonnes de masques de protection et autres produits désinfectants à son grand partenaire dans le désarroi.

Puis, le virus se développe en Europe. Le 21 février un important cluster est signalé en Italie et le 13 mars l'OMS annonce que notre continent est devenu l'épicentre de ce qu'on appelle désormais « pandémie ». Les états européens se réunissent et annoncent plusieurs mesures dont un fond de 25 milliards destiné à soutenir le système de santé de chaque état membre.

La Banque centrale vote pour un déblocage de 750 milliards pour le rachat des dettes des pays européens.

Dès lors que se passe-t-il ? On essaye d'établir une stratégie chez certains dirigeants après qu'on ait entendu tout et son contraire sur les risques, l'intérêt du masque ou non (surtout leur disponibilité), les traitements existants ou encore la fameuse et désormais renommée « hydroxychloroquine ». On tente de rattraper le retard de 20 années de restriction budgétaire du poste santé. On érige en héros nos médecins et infirmières, lesquels revendiquaient quelques mois auparavant leurs droits à disposer d'un revenu décent et proportionnel à la dureté de leur métier. Au journal de 20 h, c'est sous les applaudissements du plateau qu'ils se sortent grandis de ce marasme jour après jour. Les médecins se transforment en journalistes et les journalistes en médecins. Chaque citoyen a désormais son mot à dire sur le Coronavirus, puis sur le COVID-19 qui, par la suite, doté d'un hermaphrodisme déconcertant, deviendra LA COVID-19.

Politique de la France et impact sur la population

Certains se confinent d'eux-mêmes, d'autres ne sortent que masqués alors que pour d'autres encore tout cela n'est que supercherie. Les médecins « pro-vaccination » s'enchainent sur les plateaux et prennent l'ascendant médiatique. Le ministre de la santé nous donne rendez-vous tous les soirs pour annoncer le nombre de morts et les discours du président nous alertent sur une « Guerre contre le virus », d'où un nouveau monde renaîtra de ses cendres. Un hôpital militaire voit le jour, d'un écho médiatique tel qu'on en oubliera de penser qu'il y aurait pu avoir aussi, peut-être plus simplement, une solidarité entre l'hôpital public et la clinique privée à moitié désertée dans certaines régions de France...

De nombreux colériques et les nerveux, émotifs, descendent dans la rue. Ces mêmes personnes, primaires d'une façon générale, étaient aussi dans la rue en tant que représentants des « gilets-Jaunes » mais ici la motivation n'est plus la même. Les premiers à manifester se situent dans les extrêmes (gauche et droite) ; par principe ; la société est gouvernée par des capitalistes pour lesquels le vaccin futur représente une manne financière gigantesque. Les discours considérés comme « complotistes » laissent au peuple une échappatoire à son droit fondamental de liberté et de vérité.

Face à eux se tient toute la « bien-pensance » intellectuelle, scientifique, journalistique et politique : ce sont les flegmatiques, les passionnés, les sanguins, les plus rigides et étroits d'entre eux d'une manière générale. Tous ceux qui privilégient la règle politique et le droit ne comprennent pas, ou sont dans le déni de comprendre qu'on ne puisse suivre à la lettre ce qu'on nous dicte de faire tous les jours ; on ne trahit pas son parti, on ne trahit pas l'homme que l'on a choisi pour présider son pays. Toute la ligne centrale de la gauche socialiste à la droite modérée s'aligne sur le discours d'Emmanuel Macron. Cependant, au sein même de la ligne caractérologique secondaire et non-émotive primaire, se situent des « micro-résistances » ; certains esprits larges, efficients, moins conformistes, moins rigides peuvent avoir un discours moins empreint de bienfaisance, ou parfois même critique avec nos élus de la république, qu'ils aient voté pour eux ou non.

Petit à petit les « Anti Covid » perdent du terrain et deviennent les parias de la société ; l'impact des suggestions est trop fort, chacun se retranche dans son camp politique ou dans son environnement social. Au sein même des familles, les débats éclatent sur la vaccination, le passe sanitaire, l'adhésion ou non à la politique gouvernementale. Les personnes favorables au vaccin gagnent du terrain en passant d'un peu plus de 50% au départ pour atteindre plus ou moins 80% à 90% de la population vaccinée à la fin de l'année 2021, selon les sources gouvernementales.

Mais pour cela, il a fallu créer toutes les conditions nécessaires pour « préparer » la population. Comme le dit Gustave LE BON, « *un impôt indirect, même exorbitant sera toujours accepté par la foule, il ne gêne pas les habitudes étant prélevé sur des objets de consommation par fractions de centime. Remplacez-le par un impôt proportionnel sur les salaires, ou autre revenu à payer, fût-il 10 fois moins lourd que l'autre, il soulèvera d'unanimes protestations* ». Les contraintes ont été amenées petit à petit (port du masque, restrictions, fermetures, confinement de toute la population, autorisation de sortie, vaccins puis passe sanitaire), de façon à ce qu'au fur et à mesure elles soient acceptées et entérinées par la foule et que cette dernière s'accapare en conséquence le droit de juger l'autre grâce à la légitimé qu'induit l'opinion commune.

On se fait tester pour aller voir ses parents, pour voyager ou pour sauver sa grand-mère. Fin 2021, à cause d'une reprise de l'épidémie, avec des chiffres gonflés par la généralisation des test PCR, on interdit de manger dans les transports en commun, les cinémas, les théâtres. Puis début 2022, nous n'avons plus le droit de manger debout...

Alors la population se vaccine. D'abord tout le « pont central », les électeurs d'En marche, de LR, de la gauche et du centre, les personnes relativement « conformistes » qui attendaient le vaccin impatiemment ; les flegmatiques, les passionnés, les sanguins puis les sentimentaux les plus étroits. Viennent ensuite les amorphes qui ont tendance à faire comme tout le monde, les apathiques même si certains ne voient jamais personne, les « schizoïdes », les « paranoïaques », les primaires rigides et influençables et ceux qui suivent le mouvement pour pouvoir continuer à vivre, certaines personnalités narcissiques parce qu'elles ne veulent pas mourir et même certains « schizotypiques » en arrivent à se dire que leurs dons exceptionnels ne seront pas suffisants face à la pandémie. Ces personnes représentent environ 60% de la population.

Les caractères étant d'origine ancestrale, ils sont très stables. Mais, ainsi que le souligne Gustave le Bon (« *Psychologie des Foules* », PUF 1963), lorsque sous des influences diverses, des hommes se trouvent rassemblés, l'observation démontre qu'une série de caractères nouveaux viennent s'ajouter à leurs caractères ancestraux. Dans le cas présent, le conformisme qui s'est installé a laissé peu de place à la réflexion personnelle. Le nombre de morts non négligeable dans certains pays ainsi qu'en France, mais surtout l'orchestration qui en fut faite, a fini par créer un climat de peur et d'angoisse.

Les lois et les institutions en réalité n'exercent que peu d'influence sur la nature impulsive de l'homme. Beaucoup de personnes sont incapables d'avoir une opinion en dehors de celle qui leur est suggérée. Seules les impressions qu'une autorité supérieure fait naître dans leur âme peuvent les séduire. Il devient alors incompréhensible pour ceux qui adhèrent à la politique sanitaire franco-européenne que l'on puisse à ce point la contester. Le port du masque devient un signe extérieur d'appartenance. Le masque qui recouvre le visage est la seule façon de sauver les autres : ainsi, si le nez n'est pas couvert, vous êtes dans l'irrespect de la loi, même si c'est aussi votre manière d'afficher votre résignation à ladite loi, alors que le non port du masque en zone « obligatoire » devient le signe d'une défaillance morale certaine et de la rébellion. A contrario, les rebelles non conformistes sont atterrés de constater à quel point la population est docile.

Dans la tranche des 40% réticents au départ, beaucoup se vaccineront pour faire comme tout le monde ou pour pouvoir continuer à sortir, passe sanitaire oblige. Mais cela ne se fera pas sans mal : Comment faire adhérer 100% de la population à une vaccination aléatoire selon certains scientifiques, pour laquelle nous avions peu de recul et, dont le principal laboratoire proposant le vaccin est aussi celui qui a à son actif des procès perdus pour dommages importants ?

Pour cela, il a fallu créer un besoin d'une part et stigmatiser la population réticente d'autre part.

Les premières annonces du gouvernement étaient de réserver le vaccin à la population la plus fragile ; ce qui était la décision la plus logique à prendre puisque les personnes âgées ou à comorbidité représentaient la plus grosse partie des décès. En restreignant la distribution de vaccin au reste de la population est alors née la frustration et le besoin irrémédiable de se faire vacciner fut créé. C'est précisément la théorie de Ricardo sur l'utilité/rareté : ce qui est rare est cher, ce qui est rare est donc ce que je veux obtenir coûte que coûte. Dès lors que les avions remplis de doses de vaccins sont arrivés en Europe, la suggestion était créée, il fallait juste organiser la distribution.

C'est à ce moment que l'adhésion politique devient forte. Les élections présidentielles approchent et certains envisagent de les repousser. « *Le risque sanitaire est trop important* » se réjouissent certains partis, au plus bas dans les sondages. En effet, en créant une forme de « séparatisme sanitaire », le chef d'Etat en place s'en sortira grandi.

Le président a parfaitement conscience qu'il n'est pas envisageable de prendre le moindre risque pour les français, ce qui est un point de vue presque unanime des chefs d'état du monde, et l'on pourra aisément comprendre que leur place n'était pas toujours enviable. Quoi qu'il en soit, la fermeté a toujours fait ses preuves en matière de crédibilité vis à vis du peuple. Dans toutes les foules humaines, « *le meneur joue un rôle considérable. Sa volonté est le noyau autour duquel se forment et s'identifient les opinions. La foule est un troupeau qui ne saurait se passer de maître* » soulignait déjà Gustave LE BON au début du siècle dernier.

L'affirmation est le plus sûr moyen de faire pénétrer une idée dans l'esprit du peuple. Napoléon affirmait déjà en son temps qu'il n'existait qu'une seule figure sérieuse de rhétorique : la répétition. Les campagnes de communication pour lutter contre le virus et appuyées par le point hebdomadaire des ministres et de certains médias à heure fixe ont imprégné la suggestion chez chacun : « *la chose affirmée arrive, par la répétition, à s'établir dans les esprits au point d'être acceptée comme une vérité démontrée* » (Gustave LE BON « *Psychologie des Foules* »). Ainsi, la chose répétée finit par s'incruster dans les régions profondes de l'inconscient où s'élaborent les motifs de nos actions. Au bout d'un moment, oubliant quel fut l'auteur de ces affirmations, nous finissons par y croire, mais uniquement bien entendu si nous n'avons pas accès à des informations contraires qui viendraient les contrecarrer.

Le peuple s'est alors séparé : on devenait soit « pour », soit « contre ». On ne sait plus contre quoi exactement mais, dans l'inconscient collectif, on arrive à se dire qu'on doit être solidaire, qu'on doit suivre le mouvement pour ne pas être montré du doigt.

C'est ainsi que plusieurs caractères peuvent se révéler sous l'influence d'un changement fort. Comme le souligne Gustave LE BON : « *parmi les plus féroces conventionnels se trouvaient d'inoffensifs bourgeois, qui dans des circonstances ordinaires, eussent été de pacifiques notaires ou de vertueux magistrats. L'orage passé, ils reprirent leur caractère normal* ». Par la suite, à l'entrée des restaurants, des vide-greniers, des cinémas, de nombreux bénévoles viennent porter main forte aux autorités, et d'un regard circonspect et néanmoins bienveillant, procèdent au contrôle du passe sanitaire. Il se sentent investis d'une mission très spéciale, à la fois sociale et humanitaire, ils agissent pour le bien de l'humanité et pour la survie de l'espèce. Un des faits les plus frappants est que, quels que soient les individus qui composent ce nouveau mouvement bénévole, le seul fait qu'ils soient investis de cette mission les dotent d'une sorte d'âme collective. Cette âme les fait penser totalement différemment dès lors qu'ils sont soutenus par une légitimité organisée.

Par le seul fait du nombre qui compose leur groupement, ces bénévoles acquièrent un sentiment de puissance invincible, leur permettant de céder à des instincts qu'ils auraient totalement réfrénés, seul. L'âme collective fait disparaître l'individualité de l'homme et ses aptitudes intellectuelles. Ainsi, « *L'hétérogène se noie dans l'homogène et les qualités inconscientes dominent »* souligne Gustave LE BON.

Certains ont été orientés dans la décision « d'adhérer » au passe sanitaire par une suggestion forte. Leur personnalité inconsciente a pris le dessus sur leur conscience. Il s'est opéré une sorte de contagion des idées et des sentiments dans un même sens. Ils ont transformé en acte les idées suggérées. Leur volonté n'était plus guidée par une liberté de penser et d'agir. D'autres qui avaient une personnalité assez forte pour résister à la suggestion étaient en nombre trop faible et le courant les a entraînés.

Le docteur Raoult et le docteur Perronne ont eu l'occasion d'apporter dans le débat des alternatives à la vaccination de masse, notamment en suggérant que les personnes aient le choix de leur avenir et de leur santé. Partant du constat que, d'une part, la chloroquine avaient fait ses preuves maintes fois et que, d'autre part, le vaccin ne garantissait pas une non transmission aux personnes fragiles, il leur apparaissait opportun d'ouvrir un débat sur le bénéfice-risque lié à la vaccination. Mais on peut établir que, la France étant liée par des contrats pharmaceutiques de grande envergure, leur proposition n'a pas été entendue.

Partant du principe que les arguments avancés par Raoult et Perronne étaient fondés sur des preuves scientifiques irréfutables, on peut se demander pourquoi ils n'ont pas davantage été entendus par la communauté scientifique. D'une manière générale, ce n'est pas parce que la justesse d'une idée est démontrée qu'elle produira forcément ses effets, même chez les plus efficients et même chez les esprits cultivés.

C'est pourquoi la démonstration des médecins susnommés a eu peu d'influence sur la majorité des caractères. Les théories les plus alternatives, même argumentées, ont reçu un écho défavorable et ont été d'emblée décriées comme « complotistes ».

Même si certains se sont bien rendus compte de la clarté de la démonstration de ces médecins, ils ont été ramenés par leur inconscient à leur conception primitive du sujet, et tous les anciens arguments sont ressortis, exactement dans les mêmes termes. Comme le précise Gustave LE BON ; la plupart des gens sont restés *« sous l'influence d'idées antérieures devenues des sentiments ; or, celles-là seules agissent sur les mobiles profonds de nos actes et de nos discours »*.

Il était pourtant devenu compliqué pour beaucoup de Français de comprendre pourquoi certaines grandes surfaces devaient fermer, ce qui provoqua mécaniquement un vase communiquant vers celles qui restaient ouvertes. Comment expliquer et faire comprendre aux Français qu'ils ne pouvaient plus aller voir leurs proches, ni enterrer leurs parents ? Pourquoi dans un même magasin n'avions-nous le droit d'acheter que des biens déclamés « essentiels », les livres ne devant désormais s'échanger que sur les plateformes Internet ? Comment dire à un commerçant qui a mis toutes ses économies dans sa petite boutique qu'il n'est pas « essentiel » quand le fondateur d'Amazon voit sa fortune augmenter de plusieurs milliards ? Comment éviter l'émeute des restaurateurs si ce n'est en les abreuvant d'aides ? Comment expliquer à un étudiant en première année qu'un cours en visio enfermé dans son studio de 20m2 vaudra un TD dans un amphithéâtre ? Comment peut-on comprendre que les clubs échangistes ont le droit d'ouvrir quand les discothèques sont fermées ? Comment expliquer que nous devions manger assis mais par contre que les plages restaient « dynamiques » c'est-à-dire debout ? La question était donc entière : comment fait-on lorsqu'on est dans un restaurant de plage ? Force est de constater que les injonctions incohérentes étaient nombreuses. Au gré des discours politiques ponctués d'injonctions paradoxales, la société se radicalise encore plus dans chaque « camp ». L'esprit se resserre aussi bien pour ceux qui adhèrent que pour ceux qui contestent, et on se réfère au discours pré-électoral de son orientation politique. Plus on se rapproche des « extrêmes », plus la contestation est forte.

Les souverainistes de Florian Philippot trouvent une forme d'alliance avec les Dupont-Aignantistes et manifestent sous les fenêtres d'Olivier Véran au côté de la France gauchiste et anarchiste tous les samedi après-midi, attirant des milliers de personnes. Cependant, les médias officiels relayeront peu ou pas ces types de rassemblements.

L'adhésion au passe sanitaire rassemble bien au-delà des clivages droite-gauche. Les Mélanchonistes se retrouvent à la gauche de Marine Le Pen dans l'hémicycle de la sphère « anti-covid », partageant peu ou prou la majorité des thématiques abordées. Cette forme d'empathie est définie comme cette émotion qui naît du partage de l'émotion d'un autre, sans qu'il y ait nécessairement ce phénomène d'identification entre les personnes. Elle s'éprouve principalement vis-à-vis des émotions douloureuses (souffrir de son absence de liberté). Elle peut également s'éveiller au contact d'expressions de plaisir ou de joie (comme ici se dire que manifester va faire renverser le gouvernement pour que s'en suive un avenir meilleur), à l'inverse du sentiment de sympathie. En effet, on ne sympathise pas avec le bonheur d'autrui. Vous pouvez sympathiser avec quelqu'un simplement en étant ému par sa situation objective, vous n'avez pas besoin de connaître son état subjectif.

L'empathie et la sympathie, du reste, ne produisent pas nécessairement des conduites altruistes, lesquelles peuvent s'alimenter à d'autres sources, éthiques ou religieuses notamment. Nous pouvons éprouver toutes sortes d'émotions en apprenant à la télévision ou à la radio une nouvelle particulièrement tragique sans que cela nous conduise à faire quoi que ce soit en faveur des victimes. Il n'y a pas de relation causale stricte entre la sympathie et l'empathie d'une part, et les conduites altruistes (allocentriques) d'autre part, même s'il est vrai que celles-ci sont souvent déclenchées par le spectacle direct d'une souffrance ou d'un malheur. Après un tremblement de terre, les dons afflueront pendant les quelques jours où les images seront diffusées à la télévision. Dès que les images s'arrêtent, les dons diminuent au fur et à mesure que l'émotion s'atténue :

A titre d'exemple, le malheureux bélouga (poisson) prisonnier des eaux polluées de la Seine a largement eu plus de « succès » et de temps médiatique consacré par toutes les chaines d'info que tous les SDF parisiens réunis et dormants sous les ponts du même fleuve.

En réalité, les quelques images fournies sur les malades et les morts du covid n'ont pas généré d'allocentrisme particulier car la peur et le stress, et l'absence de liberté généré par les confinements ont créé un sentiment de repli sur soi. Le champ de conscience s'est resserré sur le sentiment d'injustice vécu par son propre inconscient et non sur la souffrance ressentie par les autres, ceux qui souffraient de la maladie. Il n'y a pas non plus de relation évidente entre l'allocentrisme et la moralité. Celle établie fut faite de prescriptions dictées par l'état, d'impératifs universels et impersonnels, alors que les désirs altruistes mettent en contact des individus entre eux, sans que le ressort qui pousse le spectateur à vouloir du bien aux victimes procède nécessairement d'obligations proprement morales.

La moralité obéit à un principe d'universalité dont ne se réclament pas nécessairement les conduites altruistes. Si chacun peut agir de façon altruiste sans être animé par des motivations directement éthiques, suivre les impératifs moraux n'exige nullement de faire du bien d'autrui la fin dernière de l'action.

Seule l'obéissance par devoir à l'impératif catégorique de la loi est de nature morale. C'est pourquoi les plus « rigides » du covid considéraient comme des immoraux ou des irresponsables ceux qui n'appliquaient pas les règles gouvernementales. Les « bons » citoyens vaccinés et fiers de disposer de leur passe sanitaire sur leur application téléchargée de leur smartphone fabriqué en Chine par des enfants mineurs, brandissaient fièrement leur appartenance au camp de la moralité.

La loi, la morale et la société

En 2018, L'Inde a dépénalisé l'homosexualité. L'article 377 du code pénal indien datant du 19ème siècle, condamnant toute personne ayant un rapport « contre l'ordre de la nature » a été jugé illégal. Désormais les Indiens sont autorisés à avoir des relations homosexuelles sans risquer la prison à perpétuité comme c'est encore le cas aujourd'hui au Soudan, en Iran, en Afghanistan, en Somalie, au Yémen, en Somalie, au Nigéria, en Ouganda, en Tanzanie, en Sierra Léone ou en Mauritanie. Le Figaro International dans son article du 6 septembre 2018 rédigé par Coline Vasquez fait état de 72 pays « *dans lesquels les relations sexuelles entre personnes de même sexe sont sévèrement punies* ». L'Iran a condamné en juillet 2016 un jeune homme gay *: « L'adolescent de 19 ans a été pendu en prison »* affirme le journal.

En Allemagne, l'article 175 du code pénal réprimant l'homosexualité n'a été abrogé qu'en 1994. Des homosexuels allemands ont été condamnés pour leur orientation sexuelle jusque dans les années 1970. Nathalie Versieux du journal « Libération » souligne dans un article publié le 22 mars 2017 que : « *Friedrich Schmehling avait 15 ans lorsqu'il a passé quelques semaines dans une prison pour mineurs à la fin des années 50. C'est l'une de ces nombreuses victimes du paragraphe 175 du code pénal qui a semé pendant des décennies la terreur chez les homosexuels allemands de la jeune RFA* ».

Sous l'Allemagne nazie, les homosexuels risquaient une peine de travaux forcés. 42 000 hommes ont été condamnés pendant cette période. 10 000 à 15 000 d'entre eux ont été envoyés dans les camps de concentration. La moitié y sont morts.

Toujours en Allemagne, le 9 janvier 2022, le milliardaire tchèque Radim Passer a battu le record de vitesse sur route en dépassant les 414 kms/h en toute légalité sur une Autobahn allemande, faisant frémir le ministre des transports Volker Wissing et les fervents défenseurs de l'environnement Die Grünen, qui misaient sur la conscience et le civisme de l'Homme pour sauver la planète. Pour autant, ce qui aurait valu un retrait total du permis de conduire en France et une peine de prison conséquente, n'a eu qu'un léger retentissement médiatique outre Rhin, sans aucune conséquence pénale pour le « chauffard ».

La plupart des pays africains qui pénalisent violemment les homosexuels sont aussi ceux qui présentent les plus hauts chiffres d'excision des femmes. On peut citer par exemple la somalie, le Soudan, L'Egypte, le Mali, la Guinée, le Yémen où plus de la moitié des femmes subissent dès l'âge de 15 ans cette horrible mutilation.

Ainsi, nous pouvons réagir de différentes façons face à ces lois : nous pouvons fermer les yeux et ne pas réprimer ce qu'il serait impossible d'empêcher ; nous pouvons aussi prévoir une répression, sauf à se montrer tolérant dans l'application de la règle qui, en réalité, n'est qu'une question de culture et d'histoire qui a évolué dans un sens différent de la nôtre. Être capable de comprendre pourquoi on en est arrivé là n'est pas simple. Le rôle de chacun ne serait-t 'il pas de dénoncer tous ces scandales ? En pratique, Il ne nous est pas possible de donner satisfaction à tous les besoins de justice morale. Nous devons donc sacrifier les uns au profit des autres et c'est ainsi que nous mettons des œillères sur les injustices en sacrifiant au nom du droit, la morale.

Fermer son robinet d'eau pour « sauver » la planète est plus simple à réaliser que de s'engager à sauver les 25 000 êtres humains qui meurent de faim tous les jours dans le monde et c'est bien le calcul « bénéfice conscience morale/ risque encouru à s'engager », que la majorité des êtres humains adopte.

Pour autant, lorsque nous avons parlé tout au long de ce livre de perversion ou d'immoralité, il faut bien comprendre que cette appréciation n'est valable que dans un contexte donné. En effet peut-on juger objectivement le gouvernement somalien de pervers quand la loi l'autorise effectivement à pratiquer l'homophobie ou l'excision des femmes ?

En réalité, nous sommes en permanence sous l'emprise du droit et de la loi, même lorsque nous n'en avons pas conscience. Et dans les mêmes circonstances que celles qui nous mettent face à la loi, nous sommes aussi sous l'emprise de la morale sans avoir la perception que la dualité de ces deux facteurs est à l'origine de notre perpétuelle remise en question et de la plupart de nos interrogations.

C'est précisément ce que souligne Louis de Naurois dans son article « Discordances *entre droit et morale* » (Revue théologique de Louvain) : « *Il y a donc un domaine commun au droit et à la morale, et ce domaine commun concerne toute l'activité de l'homme* ».

Notre pays, comme la majorité des pays occidentaux démocratiques, est assez largement libéral et impose un nombre relativement restreint d'obligations ou d'interdictions, ce qui laisse, en théorie, toute la latitude à chaque citoyen de se conduire selon sa conscience. Certains respectent la loi stricto sensu considérant que, si elle existe, elle sert donc de référence eu égard à la morale. Mais d'autres remettent en question les lois parce qu'elles n'incarnent pas l'idée qu'ils se font de l'équité, de la liberté ou du respect d'autrui. Respecter une loi qu'on désapprouve pose alors un réel problème existentiel.

Mais doit-ton suivre sa conscience, ou obéir à la loi ? Pour les chrétiens, par exemple, cela revient à se demander si Dieu est au-dessus des lois : faut-il obéir à Dieu ou aux hommes ? Quel jugement porter sur les lois en faveur de l'avortement légalement établies, quand les agissements qu'elle prévoit sont interdits par la morale chrétienne se questionne Louis de Norois : « *Les conflits de type existentiel posent le problème du devoir de conscience d'obéir à la loi. Ceux du second type posent le problème du jugement moral sur la loi. Il est clair que ce sont des problèmes bien différents en même temps que très proches et dépendants l'un de l'autre ».*

En effet, nous pouvons condamner une loi qui permet un agissement que notre conscience juge moralement interdit. A l'inverse, nous n'aurions pas à résoudre un conflit personnel par rapport au respect de la loi puisque, par hypothèse, elle est au-dessus de la morale. Proches et dépendants pourtant l'un de l'autre, c'est dans les deux cas le destin de l'homme qui est en jeu : « *si je ne condamne pas la loi dans l'abstrait, ne puis-je pas aussi m'en tenir à elle le cas échéant, dans le concret ?* » conclue le théologien.

Les névroses, l'antithèse de la perversion morale ?

Dans « *Métapsychologie* », Freud aborde la question de la morale lorsque le destin de la pulsion devient « *renversement en son contraire* ». La pulsion de mort agit dans l'organisme comme un « sadisme primordial » identique au masochisme. Selon lui le « masochisme moral » est à l'origine du sentiment de « culpabilité inconscient », qui serait une forme pathologique de la conscience morale.

La perversion et la psychose ont quelque chose en commun : le déni de la réalité. Enfant, nous sommes amenés à choisir entre l'exigence de la pulsion et l'objection de la réalité qui nous interdit le plaisir. S'installe alors la dualité de ce que l'on souhaite faire et de ce que l'environnement nous impose de faire. On refuse la réalité et on ne se laisse rien interdire, mais, dans le même temps, on doit admettre la réalité et assumer l'angoisse face à celle-ci en tant que symptôme de souffrance et on essaie de s'en défendre.

Le caractère masochiste décrit par W Reich ressent un sentiment permanent de souffrance qui se manifeste par une tendance à la plainte ou à l'autodestruction. L'envie de faire mal aux autres (le sadisme), est vécue par le « masochiste » comme une réelle souffrance. L'homme est capable de souffrir par besoin de se faire aimer. Sous sa forme la plus perverse il souffre car il ne peut pas faire autrement. Ce sont toutes les formes d'angoisses qui se mettent en place (persécution, frustration, destruction). « *L'humiliation devient un fantasme de la part de féminité dans l'homme* » affirme REICH.

Le masochisme vise l'humiliation et la domination par l'autre. Le fantasme d'être battu par son père provoque un plaisir régressif tout en satisfaisant son sentiment de culpabilité. Le masochiste souffre d'un trouble spécifique du mécanisme du plaisir. Le psychisme du masochiste se conforme au principe de plaisir /souffrance même s'il finit par s'anéantir.

Les conflits existentiels de conscience personnelle déclenchent ou plutôt réveillent nos blessures. Si notre liberté fondamentale est bafouée c'est toute la théorie des libertés qui est en cause. Il n'y a pas de faute morale à refuser d'obéir à un ordre dépassant les compétences de l'État ; mais puisque la morale n'impose ni n'interdit ce que, d'une manière abusive, l'État interdit ou impose, il n'y a pas faute morale non plus à se soumettre à la loi. Il peut y avoir cependant une directive morale, soit de soumission, pour éviter un plus grand mal, soit au contraire de résistance à l'arbitraire.

Selon le psychologue suisse Jean Piaget, le développement de la personne est un juste équilibre entre l'intelligence et l'affectivité. La personnalité se formerait vers la fin de l'enfance, entre 8 et 12 ans, avec l'organisation autonome des règles, des valeurs, et l'affirmation de la volonté « en tant que réglage et hiérarchisation morale des tendances ». La personnalité existe à partir du moment où se forme un programme de vie. Mais W Reich nous explique qu'une partie de nous-même, la forme compulsive de notre caractère, consiste à défendre le Moi contre toutes les excitations extérieures. Un trait typique du mécanisme compulsif consiste à ce que tout changement soit vécu comme quelque chose de désagréable, voire d'impossible. Ce caractère devient méfiant, doute de tout, oppose une résistance permanente, et un entêtement acharné. En société, la personnalité rigide se remarque par la maîtrise de soi ; la retenue devient une défense contre une agressivité sous-jacente ; le respect de la loi peut aussi devenir une obsession...

Wilhelm REICH dans sa théorie sur le noyau naturel d'énergie vitale de l'homme montre à quel point la libération d'énergie biopsychique délivre des contraintes psychologiques et des névroses. C'est en 1933 que W Reich achève son œuvre « *l'analyse caractérielle* ». A cette époque la plupart des chrétiens, sous l'influence de l'église, pensent vivre sous la faute d'un couple pervers transmettant les conséquences de leurs actes au monde entier. Ce mythe a tenu des générations entières d'hommes et de femmes sous l'autorité de l'Eglise. W Reich pense pouvoir les libérer en proposant des thérapies capables de guérir des « troubles de l'émotion », et de restaurer l'énergie vitale de chacun.

La contagion des foules

Prenons à présent l'exemple du nazisme. W REICH démontre que la montée du fascisme en Allemagne est liée à une névrose de masse touchant la classe bourgeoise. Que s'est-il passé en Allemagne en 1930 ? La progression rapide du capitalisme en Europe a entraîné une mécanisation progressive de la production et une croissance de la productivité des grands groupes.

L'émergence de grosses sociétés allemandes a provoqué la chute inexorable des commerçants et artisans de la petite bourgeoisie.

Les classes moyennes n'ont eu plus qu'à espérer la chute du capitalisme car, selon Reich : « *ils se confondront dans la masse grise du prolétariat, où tout le monde possède la même chose, c'est-à-dire rien, ou bien on rendra aux particuliers la possibilité d'acquérir par la force et la ténacité, par le travail ardu de toute une vie, des biens propres. Classe moyenne ou prolétariat, voilà la question ! »*.

Hitler fait appel au sentiment nationaliste des foules et décide de baser son mouvement, comme le marxisme, sur la population de masse et de mettre au point une propagande conséquente. « *Que cette organisation des masses fut couronnée de succès est imputable aux masses et non à Hitler* » souligne W REICH. C'est la structure **autoritaire, anti-libérale et anxieuse** des hommes qui a permis à sa propagande d'accrocher les masses. Et REICH d'ajouter : « C'est *la raison pour laquelle l'importance sociologique d'Hitler ne réside pas dans sa personnalité mais dans ce que les masses ont fait de lui* ».

Les ressemblances fondamentales entre la petite bourgeoisie allemande et l'idéologie fasciste s'explique par la structure psychologique qui les composent. Ce furent les classes moyennes qui fournirent le plus grand nombre de soldats au 3ème Reich. Dans les années 1932 ce sont les classes moyennes qui prirent possession de la scène politique et se sont opposées à la restructuration révolutionnaire de la société menée par le prolétariat. En réalité, personne n'a vu arriver ce mouvement car le fascisme était au départ focalisé sur la haute bourgeoisie. Dès que les foules se sont emparées du mouvement fasciste, il est devenu alors très simple de se débarrasser de l'idéologie socialiste qui était au demeurant le leurre du parti hitlérien national-socialiste (le terme « nazi » est l'abréviation de nationalsozialistisch) qui était au départ l'initiative du mouvement. Les hommes se sont emparés du pouvoir, quel qu'en fut le motif, et le mouvement fut en place. W REICH, en affirmant que « *plus une couche moyenne est influente dans une nation, plus il faut compter avec elle comme puissance sociale* » pointe le fait que le peuple bourgeois est une sorte de « bombe à retardement » par laquelle peuvent naître les idéologies les plus improbables.

Gustave LE BON confirme ce diagnostic, même s'il n'a pas connu le régime hitlérien : « *la contagion après s'être exercée dans les couches populaires passe ensuite dans les couches supérieures de la société. Devant le mécanisme de la contagion, l'intérêt personnel lui-même s'évanouit* ».

Le meneur de foule n'a juste à s'adresser aux classes populaires et à la petite bourgeoisie pour que la contagion ait lieu sur l'ensemble de la société.

Conformisme social et caractères : l'expérience de Milgram

Cette expérience de conditionnement en psychologie fut réalisée par le psychologue américain Stanley Milgram. Au début des années 1960, ses tests ont permis d'évaluer le degré d'obéissance des Américains devant une autorité qu'ils jugent légitime. Elle a permis d'étudier et de définir le processus de soumission à l'autorité, notamment quand elle induit des actions posant des problèmes de conscience morale au sujet. Pendant la guerre de Corée, il avait été constaté que 15% des prisonniers étaient réfractaires à tout lavage de cerveau. Il convenait donc d'en analyser les raisons.

Voici donc le déroulement de l'expérience (source Wikipédia) : Les participants sont des hommes et des femmes de 20 à 50 ans, issus de tous les milieux et avec différents niveaux d'éducation. L'expérience met en jeu trois personnages : un élève qui s'efforce de mémoriser des listes de mots et reçoit une décharge électrique en cas d'erreur, un enseignant, qui dicte les mots à l'élève et vérifie les réponses (en cas d'erreur, il envoie une décharge électrique destinée à faire souffrir l'élève), et un expérimentateur, qui représente l'autorité officielle. **L'expérimentateur et l'élève sont en réalité deux comédiens.**

L'enseignant, qui est le seul sujet de l'expérience réelle visant à étudier le niveau d'obéissance, ou encore la « soumission à l'autorité » se voit décrire les conditions de l'expérience portant prétendument sur la mémoire. On le soumet à un léger choc électrique de 45 volts pour lui montrer quel type de souffrance l'élève peut recevoir, et pour renforcer sa confiance sur la véracité de l'expérience. Une fois que le cobaye a accepté le protocole, un tirage au sort truqué est effectué, qui le désigne systématiquement comme enseignant.

« L'élève » est placé dans une pièce distincte, séparée par une fine cloison, et attaché sur une chaise électrique. L'enseignant-cobaye est installé devant un pupitre muni d'une rangée de manettes et reçoit la mission de faire mémoriser à l'élève des listes de mots. À chaque erreur, l'enseignant doit enclencher une manette qui, croit-il, envoie un choc électrique de tension croissante à « l'apprenant » (15 volts supplémentaires à chaque décharge). Le sujet est prié d'annoncer à haute voix la tension correspondante avant de l'appliquer. En réalité, les chocs électriques sont fictifs.

Le comédien qui simule la souffrance a reçu les consignes suivantes : à partir de 75 V, il gémit. A 120 V, il se plaint à l'expérimentateur qu'il souffre. A 135 V, il hurle. A 150 V, il supplie d'être libéré. A 270 V, il lance un cri violent, et à 300 V, il annonce qu'il ne répondra plus. Lorsque l'apprenant ne répond plus, l'expérimentateur indique qu'une absence de réponse est considérée comme une erreur.

Au stade de 150 volts, la majorité des enseignants-sujets manifestent des doutes et interrogent l'expérimentateur qui est à leur côté. L'expérimentateur est chargé de les rassurer en leur affirmant qu'ils ne sont pas tenus pour responsables des conséquences. Si un sujet hésite, l'expérimentateur a pour consigne de lui demander d'agir. Si une des personnes exprime le désir d'arrêter l'expérience, l'expérimentateur lui adresse, dans l'ordre, ces réponses : *« Veuillez continuer s'il vous plaît »*, *« L'expérience exige que vous continuiez »*, *« Il est absolument indispensable que vous continuiez »*, *« Vous n'avez pas le choix, vous devez continuer »*.

Si le sujet souhaite toujours s'arrêter après ces quatre interventions, l'expérience est interrompue. Sinon, elle prend fin quand le sujet a administré trois décharges maximales (450 volts). À l'issue de chaque expérience, un questionnaire et un entretien avec le « cobaye » jouant l'enseignant permet de recueillir ses sentiments et d'écouter les explications qu'il donne de son comportement. Cet entretien vise aussi à le réconforter en lui révélant qu'aucune décharge électrique n'a été appliquée, en le réconciliant avec l'apprenant, et en lui disant que son comportement n'a rien de sadique et est tout à fait normal.

Au total, dix-neuf variantes de l'expérience avec 636 sujets sont réalisées, permettant ainsi de définir les véritables éléments poussant une personne à obéir à une autorité qu'elle respecte et à maintenir cette obéissance. Ces variantes modifient des paramètres comme la cohérence de la hiérarchie ou la présence de deux expérimentateurs donnant des ordres contradictoires ou encore l'intégration du sujet au sein d'un groupe qui refuse d'obéir à l'expérimentateur.

La plupart des variantes permettent de constater un pourcentage d'obéissance maximum proche de 65 %. Lors des premières expériences menées, **62,5 % des sujets menèrent l'expérience à terme en infligeant à trois reprises les prétendus électrochocs de 450 volts** !

Tous les participants acceptèrent le principe annoncé et, finalement après encouragement, atteignirent les 135 volts (hurlements). La moyenne des prétendus chocs maximaux, c'est-à-dire le niveau auquel s'arrêtèrent les personnes fut 360 volts (cri violent, puis la personne ne répond plus…). Beaucoup présentaient toutefois des signes de nervosité et de réticence lors des derniers stades.

Milgram a qualifié à l'époque ces résultats « d'inattendus et inquiétants ». Des enquêtes préalables menées auprès de médecins-psychiatres avaient établi une prévision d'un taux de sujets envoyant 450 volts de l'ordre de 1 pour 1000 avec une tendance maximale avoisinant les 150 volts. Nous sommes bien au-delà.

Conformisme et processus d'obéissance

D'après-vous, quelles sont les types de personnes qui ont été jusqu'au stade d'envoyer les décharges maximales ? Aucune étude caractérologique n'a été assez pointue pour analyser quels types de caractères en furent capables ; toutefois nous allons essayer de comprendre ce qui a pu se produire dans la tête de ces fameux « bourreaux ».

Tout d'abord, Stanley Milgram a écarté l'idée que la méchanceté ou l'agressivité intrinsèques puissent être le moteur d'un acharnement à aller jusqu'au bout des tests. Il considère que l'obéissance est un comportement inhérent à la vie en société et que l'intégration d'un individu dans une hiérarchie implique que son propre fonctionnement en soit modifié : l'être humain passe alors du mode « autonome » au mode « systématique » où il devient l'agent de l'autorité en place.

Il existe toutefois un certain nombre de prédispositions pour que l'être humain obéisse. La première repose sur l'éducation. Un enfant qui a appris à obéir à ses parents parce qu'il a compris que l'autorité était la condition sine qua non pour être respecté en tant qu'individu saura obéir, dans l'absolu, à tout type d'autorité. Si dans une famille l'éducation repose sur l'autorité, elle aura des conséquences sur l'acceptation de l'autorité de l'enfant d'une façon générale et, plus tard, l'adulte gardera le même mécanisme, quelle que soit son origine sociale. Le deuxième facteur qui conditionne l'obéissance est le ralliement possible à une idéologie dominante, qui nécessite au préalable que vous ayez la conviction que la cause que vous allez défendre soit juste. Dans le cas de l'expérience de Milgram, il fut nécessaire que le candidat adhère à la légitimité de l'expérimentation scientifique et qu'il fut convaincu que la science avancerait grâce à lui. Avoir le sentiment de participer à une cause juste qui légitime l'action est transposable dans tout type d'action. C'est précisément ce qui donne le sentiment à un manifestant du mouvement des « Gilets jaunes » ou à un syndicaliste brandissant sa pancarte « *retraite à 60 ans* » que son adhésion au mouvement fera avancer la société. Mais, dans ce cas précis, l'autorité qui exerce une influence sur lui ne sera pas, en principe, celle du pouvoir politique en place mais celle dont il estime qu'elle représente son système de valeurs.

L'obéissance à une autorité et l'intégration de l'homme au sein d'une hiérarchie est l'un des fondements de toute société qui doit disposer des règles nécessaires pour délimiter notre champ d'action entre ce que l'on souhaite faire et ce qu'on a le droit de faire. Mais l'obéissance dictée par le conformisme, qui par nature est inconscient, devient une obéissance aveugle conduite par un rétrécissement du champ de conscience.

Obéir à une autorité pour se conformer à une idéologie dominante empêche l'homme de s'apercevoir que ses motivations ne sont pas propres à sa liberté de penser mais conformes à celles du groupe.

La tendance à se soumettre de façon potentiellement dangereuse voire meurtrière à une autorité est expliquée par Milgram par le fait de passer d'un état autonome à un état « agentique » (devenir l'agent de quelqu'un ...). La personne qui entre dans un système d'autorité ne se voit plus comme l'auteur de ses actes, mais plutôt comme « l'agent exécutif des volontés d'autrui » et, dès lors, ne s'estime plus responsable de ce qu'il fait. Pour ce faire, l'autorité doit être perçue comme légitime d'une part et la personne doit être persuadée qu'elle y a adhérée de son plein gré, d'autre part. C'est cette libre adhésion qui crée un sentiment d'engagement chez chacun et l'obligation morale d'assumer jusqu'au bout le rôle qu'il a choisi de tenir. C'est ainsi que « l'obéissance répond à une motivation intériorisée et non à une simple cause externe » (Stanley Milgram « *Obedience to Authority : An Experimental View* », Calmann-Lévy, coll. 1994). La manifestation la plus importante de cet état « agentique » est la syntonisation : la réceptivité face à l'autorité augmente, alors qu'elle diminue pour toute manifestation extérieure. La souffrance et la détresse de l'autre ne sont plus perceptibles par celui qui en est l'auteur.

Dans ce livre, Milgram explique que le comportement de la plupart des collaborateurs allemands sous le régime d'Hitler était similaire à cette expérience ; ils suivaient les ordres d'une autorité qu'ils respectaient et étaient un des « *maillons de la chaîne de l'extermination des Juifs* ». Un conducteur de train ou un gardien de camp de concentration était déresponsabilisé de son travail. Il pouvait ainsi attribuer la responsabilité de ses actes à une autorité supérieure en se dégageant de tout conflit avec sa propre moralité.

Cet état conduit le sujet à percevoir la situation telle que la définit l'autorité. Celui-ci exécute l'action mais c'est l'autorité qui lui confère sa signification. C'est pourquoi la personne qui a reçu la suggestion ne se sent plus personnellement responsable de ses actions à l'égard de la victime. Plus précisément, ce n'est pas son sens moral qui disparaît mais son point de vue qui est différent : le subordonné éprouve humiliation ou fierté selon la façon dont il a accompli la tâche qu'on attendait ou qu'on exigeait de lui.

Milgram a par ailleurs identifié plusieurs facteurs de maintenance dans cet état agentique : Au fur et à mesure qu'il augmente l'intensité des chocs, l'individu va rationaliser son comportement en allant jusqu'au bout. Il lui est difficile de rompre l'accord tacite passé au préalable avec l'expérimentateur. Il s'est également intéressé aux différents modes de réduction de la tension psychologique, qui, souvent, conduisent les personnes à persister dans leur comportement. Par exemple, les sujets ont tout fait pour dissimuler les conséquences perceptibles de leurs actes en évitant de regarder leur victime. Ou alors, ils ont attribué la responsabilité de leur propre souffrance à la victime en qualifiant cette dernière d'incompétente. Cette façon de procéder est précisément le mécanisme utilisé lorsque vous décidez de vous débarrasser de quelqu'un, de rompre une relation. Pour libérer votre conscience vous radicalisez votre attitude, et, par moment, vous irez jusqu'à faire en sorte d'être détesté.

La tension que vous ressentez est le signe d'une désapprobation à un ordre de l'autorité. Vous faites tout pour baisser ce niveau de tension ; le plus radical serait la désobéissance, mais lorsque vous avez accepté de vous soumettre, cela vous oblige à continuer à obéir. Vous faites alors tout pour baisser cette tension, sans désobéir.

Quel lien faire entre obéissance et caractère ?

J Cottraux et IM Blackburn (Thérapies *cognitives des troubles de la personnalité*, Ed Masson), s'inspirent du modèle de Beck pour expliquer la manière dont on traite l'information. Notre pensée régule l'action qui vient confirmer la pensée. Ce schéma se perpétue par une boucle de renforcement. Ils comparent alors le mécanisme qui se met en place chez des patients atteints de certains troubles de la personnalité à la lutte de Don Quichotte contre des géants qui ne sont en fait que des « moulins à vent ». En réalité le fait de persister dans notre comportement procède là aussi d'un rétrécissement du champ de conscience nous limitant à de faibles remises en question.

Dans l'expérience de Milgram, des sujets émettent des ricanements, désapprouvent à haute voix les ordres de l'expérimentateur, évitent de regarder l'élève, l'aident en insistant sur la bonne réponse ou encore lorsque l'expérimentateur n'est pas là ils ne donnent pas la décharge convenable exigée. Toutes ces actions visent à faire baisser le niveau de tension. Lorsqu'il n'est plus possible de le faire diminuer avec ces subterfuges, la personne désobéit purement et simplement.

Qui sont les personnes désobéissantes et quels mécanismes adoptent-elles ?

Il s'agit là en effet de la nuance fondamentale de l'opposition entre le respect de la loi et l'anarchisme, ou encore, dans une certaine mesure, de la conformité avec la pensée dominante (donc le conformisme) en opposition avec la pensée divergente (le non-conformisme).

Désobéir nécessite d'abord une prise de conscience que la situation est injuste ou non conforme à son schéma de pensée. **La désobéissance n'est pas corrélée à la largeur du champ de conscience mais, pour autant, il est normal que certains esprits larges et éveillés ne soient pas conformistes. En effet avoir la capacité de se poser de nombreuses questions donne la faculté à l'être humain de se forger un esprit critique et, ainsi, de rentrer en opposition avec tout système de pensée qui lui serait hostile.**

L'efficience est aussi un facteur supplémentaire de réflexion face à un système en opposition à sa propre morale, que l'être humain intelligent aimerait améliorer ou changer radicalement. Mais pour autant, l'être humain intelligent peut aussi bien avoir un fonctionnement « rigide » que « souple ». L'efficience n'est pas le facteur permettant d'amener l'homme vers le respect et la conformité de la loi ou de l'en écarter.

Les flegmatiques, considérés à l'unanimité par les caractérologues comme étant les plus « moraux » de tous les caractères, sont aussi les plus respectueux de la loi. Ils sont suivis par les passionnés et les sentimentaux, c'est-à-dire globalement par les secondaires. Mais sont-ce eux qui ont appuyé sur le bouton de 450 volts ? Leur moralité aurait dû les en empêcher n'est-ce pas ?

Les nerveux qui sont, eux, considérés comme les plus hostiles à l'autorité seraient-ils ceux qui en ont décidé de stopper l'expérience en premier ? Ce qui est certain, c'est que les primaires d'une manière générale sont toujours les premiers à contester l'autorité. Les rues de Paris lors des manifestations pour la retraite, pour le COVID ou pour les gilet-jaunes étaient composées en majorité de nerveux et de colériques.

Fort de ses expériences en conditionnement, Ivan Pavlov, médecin russe et prix Nobel de physiologie en 1904, a démontré que les actifs primaires et secondaires, de surcroît extravertis, étaient plus facilement conditionnables du fait de leur capacité d'excitation face aux stimuli extérieurs. R LE SENNE a confirmé ce diagnostic lorsqu'il considère que les caractères primaires sont potentiellement plus influençables et réceptifs à l'environnement extérieur. Pavlov considère par ailleurs que ses expériences menées sur les caractères « mélancoliques », peu excitables, ont permis de les qualifier de « peu conditionnables ».

Ce que soulignent par contre Cottraux et Blackburn en analysant les écrits d'Eysenck sur la « *Théorie biologique de la personnalité* », est que « *le niveau d'excitation des introvertis est plus élevé que chez les extravertis en réponse à la même stimulation externe* », ils parlent alors d'un conditionnement rapide chez les introvertis.

Plusieurs études ont montré que le neuroticisme (dépression, émotion, manque d'estime de soi) est associé à une plus grande réactivité du système nerveux sympathique. Les « névrotiques » réagissent plus fortement aux stimuli. Milgram, lorsqu'il analysait les causes qui maintiennent un sujet dans l'obéissance, considérait que le phénomène le plus intéressant parmi ceux relevés était l'anxiété, qui jouait le rôle de « soupape de sécurité » ; elle permet à l'individu de se prouver à lui-même par des manifestations émotionnelles qu'il est en désaccord avec l'ordre exécuté.

Ces différentes analyses ne donnent pas en définitive une position très claire sur la capacité des caractères primaires ou secondaires à obéir ou non ; la thèse d'Eysenck contredisant en quelque sorte celle de Pavlov sur la capacité des sentimentaux introvertis à répondre aux suggestions.

Autres explications dans les autres facteurs constitutifs de la personnalité

Revenons à la population des nerveux dont les caractérologues, de manière syntone, considèrent qu'ils sont les plus anarchiques des hommes. Les différentes enquêtes de personnalité menées en arrivent à la conclusion que le besoin de liberté du nerveux est incompatible avec l'ordre en place. Proches des nerveux, nous trouvons aussi toute la population des « para-nerveux », c'est-à-dire les caractères qui tendent à un fonctionnement émotif/non-actif/primaire. Parmi eux évolue une population très sensible à son bien-être et à sa liberté de pensée, à sa santé. Nous pourrions les appeler les **« éco-narcissiques »** tellement leur préoccupation se tourne vers eux-mêmes. Ils craignent que leur avenir soit altéré par le réchauffement climatique ou par la nourriture industrielle. La télévision leur envoie des ondes négatives sans parler des téléphones portables, de la Wifi ou de la 5G. « *Il est temps de changer le système ou bien le monde court à sa perte* » affirment-ils. Ils mettent ainsi en place un mode de vie alternatif écologique, mais paradoxalement possible grâce aux nouvelles technologies : ils veillent à leur consommation de viande, mais suivent sur YouTube des tutoriels pour élever des poules dans leur jardin ; n'ont pas la télé mais sont présents sur les réseaux sociaux via leurs smartphones où ils participent à des groupes d'échanges « Zéro déchet ».

Par principe ils étaient contre la politique Covid, comme par principe aussi ils refusent de sombrer dans le consumérisme. C'est en réalité le système qu'ils réfutent, par principe de ne pas respecter l'ordre en place. Dans certains cas, ils exploitent le système car ils ont intériorisé qu'il vaut mieux se situer au-dessus qu'en dessous des lois. Ce mécanisme est à la fois primaire et égocentrique. Primaire, parce que vivre selon des idées sans s'impliquer dans la société ne permet pas de se bâtir un avenir, qui plus est commun. Egocentrique, parce qu'ils sont très préoccupés de leur corps et sont amateurs de naturopathie, de yoga, et toutes pratiques de bien-être. Cette préoccupation maladive pour le culte du corps illustre le fait que le piédestal sur lequel ils sont élevés est suffisamment haut pour pouvoir mirer leur image dans la mare de narcisse.

Il est pourtant envisageable, à ce stade de la réflexion, d'imaginer que ces derniers n'auraient pas appuyé sur le bouton de 450 v alors que les flegmatiques l'auraient fait. Ce qui est perturbant est de penser que les hommes dont on pourrait supposer que leur morale est infaillible puissent être les « bourreaux » que nous recherchions au début de notre « enquête ». **En réalité, l'égocentrisme protège en quelque sorte des stimulations extérieures. Le repli sur soi qui en découle, empêche la personne de voir dans le détail le monde qu'il a face à lui et le limite grandement dans ses interactions.** Il devient, en définitive, comme opaque aux suggestions par le simple fait que nul n'est en mesure de lui apporter plus que ce qu'il sait déjà. Etant donc peu influençable, et, puisqu'il est persuadé de détenir la vérité absolue**, il est incapable de respecter l'ordre en place**. Pour autant, il sera capable à tout moment de renier ses pairs pour des raisons qui lui sont propres, bien souvent lorsque son intégrité est atteinte et son égo mis à mal.

Par contre l'égocentrique de type ou à tendance « psychopathique » aurait très bien pu mener l'expérience jusqu'au bout, pour le simple plaisir d'appuyer sur le bouton et de faire souffrir, sans qu'il y ait aucune relation avec l'ordre donné.

En réalité, il y aurait moult combinaisons possibles à étudier pour comprendre jusqu'où chaque être humain est capable d'aller dans le mécanisme « pervers » et l'exécution de tâches « immorales », par un respect aveugle et inconditionnel de la loi. Mais il est au moins une vertu qui nous préserverait tous plus ou moins de succomber à des actes de conditionnement dits « pervers » : il s'agit de l'empathie.

Le pouvoir de l'empathie ?

Harold Laski, théoricien politique anglais du début du 20-ème siècle écrivait : « *La civilisation est caractérisée, avant tout, par la volonté de ne pas faire souffrir gratuitement nos semblables. Selon les termes de cette définition, ceux d'entre nous qui se soumettent aveuglément aux exigences de l'autorité ne peuvent prétendre au statut d'hommes civilisés* ». Aussi insensible que semble être une personne, elle ne l'est jamais totalement. Si c'était le cas nous pourrions alors parler de maladie mentale. Le degré, l'objet et les circonstances entrent en compte dans la sensibilité d'une personne ; on peut notamment être insensible face à certaines personnes dont on se désintéresse, et très sensible face à la douleur de nos proches.

Les personnes très insensibles sont possiblement celles qui ont subi des souffrances émotionnelles lors d'un moment d'extrême vulnérabilité. Une douleur qui aurait dépassé certaines limites peut aussi être un facteur d'insensibilité. Mais l'inverse est aussi vrai : certaines personnes qui n'ont pas fait l'expérience de la souffrance, peuvent devenir insensibles car elles n'arrivent pas à attribuer un sens ou une valeur émotionnelle à la souffrance de l'autre. Leur capacité d'empathie ne s'est donc pas développée. *

* Church a mené plusieurs expériences sur les rats en 1959 ("Emotional reactions of rats to the pain of others". Journal of Comparative and Physiological Psychology) ; un rat qui a appris à appuyer sur un levier pour obtenir de la nourriture arrêtera de s'alimenter s'il perçoit que son action d'appuyer sur le levier est associée à la délivrance d'un choc électrique à un autre rat. L'empathie est la reconnaissance et la compréhension des sentiments et des émotions de l'autre. Dans un sens plus général, elle

représente la reconnaissance de ses états non-émotionnels, tels que ses propres croyances, il est alors question d'empathie cognitive.

Geoffrey Miller dans son œuvre « The Mating Mind » considère que l'empathie se serait développée parce qu'il a toujours été utile de se mettre à la place de l'autre pour savoir comment il pense et va réagir. L'empathie devenait un facteur indispensable de survie dans un monde impitoyable où la compétition entre les hommes détermine leur survie. Au fil de l'histoire, cette aptitude s'est développée chez l'être humain, et de manière particulière chez certains.

Daniel Batson a exposé une thèse fort intéressante dans son ouvrage « *The Altruism Question : Toward a Social-Psychological Answer* », qui affiche les résultats d'une vingtaine d'expériences dont le but était de confronter la théorie empathie-altruisme aux conduites d'aide. L'hypothèse que l'égoïsme prend le dessus sur l'empathie est motivée par trois types d'interprétation qui amènent des variations à cette affirmation : l'hypothèse de « la réduction de la stimulation d'aversion », de la « punition de l'empathie » et de « la récompense de l'empathie ». La première décrète que l'altruisme, loin d'être désintéressé, est en réalité motivé par le désir de réduire le sentiment d'anxiété que nous éprouvons face à la souffrance ou au besoin d'autrui. La deuxième alternative égoïste à l'hypothèse de l'empathie-altruisme démontre que nous agissons en faveur de l'autre non pas en vue de son propre bien, mais parce que nous savons que si nous ne venons pas à son secours nous éprouverons des sentiments de culpabilité ou de honte, du fait de notre conscience, ou par effet miroir vis à vis de l'autre. La dernière thèse affirme que nos comportements bienveillants ont pour cause les récompenses, sous forme de satisfaction de soi qu'on attend en retour.

Les deux professeurs américains, Elliot Sober et David Sloan Wilson (*"The Evolution and Psychology of Unselfish Behavior"* Harvard University Press, Cambridge, 1998) ont mené plusieurs études et expériences également sur le sujet. Dans l'une de leurs expériences, les sujets étaient avertis qu'ils feraient partie d'une étude dans laquelle ils auraient à regarder sur un écran une personne à laquelle dix électrochocs seraient envoyés.

Il en est ressorti que les sujets à « forte empathie » offraient davantage leur aide que ceux de « faible empathie », même lorsqu'ils sont placés en situation d'échappatoire facile. Ce résultat infirme l'idée soutenue par l'hypothèse « égoïste », que la seule explication de l'aide tient au fait que l'on se trouve dans une situation à laquelle on ne peut échapper.

Par contre l'hypothèse qui affirme que « le comportement en faveur d'autrui est principalement motivé par le désir de faire disparaître l'anxiété ou la douleur que provoque en soi le spectacle de la souffrance ou de la douleur d'autrui » n'a pas vraiment pu être vérifiée. Quoiqu'il en soit, l'empathie interviendrait quand-même comme une sorte de « soupape » qui empêcherait de faire souffrir son prochain.

Une autre série d'expériences a cherché à vérifier l'hypothèse de Daniel Batson sur « la punition de l'empathie » qui consiste à prouver que les individus qui éprouvent de l'empathie sont portés à aider autrui soit parce qu'ils veulent éviter la censure des autres, soit parce qu'ils sont sensibles à la censure de leur propre conscience. L'expérience met en avant une jeune étudiante qui, se sentant isolée, était à la recherche d'amitiés. 55% seulement des sujets de l'expérience acceptèrent de rencontrer la jeune étudiante. L'expérience montre qu'ils ont agi indépendamment de toute motivation de reconnaissance sociale. En ajoutant à cette expérience une suggestion supplémentaire, le pourcentage des participants se proposant d'aider fut supérieur puisque 72% des participants acceptèrent d'aider l'étudiante.

En conséquence, Daniel Batson concluait que, même si le sujet empathique trouvait dans l'inaction des autres de bonnes raisons pour ne pas agir, il intervenait quand même en faveur de l'étudiante pour l'aider. Ce n'est donc pas pour calmer les tourments de sa conscience qu'il agissait mais par sympathie pour son prochain.

Le harcèlement scolaire

Le manque d'empathie serait donc à l'origine de situations de mise en souffrance de l'autre et, associé à l'effet de groupe, pourrait entraîner l'être humain dans des dérives perverses. C'est précisément ce qui pourrait être à l'origine du mécanisme de harcèlement moral que vous avez peut-être subi vous-même, et qui demeure aujourd'hui un fléau permanent et grandissant dès l'entrée à l'école. Mais nous allons essayer de comprendre ce manque d'empathie, en analysant l'excellente étude de Gaston Berger (« *Traité pratique d'analyse du caractère* », Ed Puf) qui aidera à admettre que la nature caractérielle de l'homme n'est pas étrangère à son comportement parfois pervers.

L'intégration dans un groupe de copains à l'école est facilitée par quelques facteurs qui seront les mêmes que les facteurs d'exclusion : avoir des goûts et des comportements différents suffit à susciter le rejet alors qu'adapter la façon d'être du groupe favorisera son intégration.

Le mécanisme de hiérarchisation des groupes est une violence psychologique fortement présente dès le collège. Les élèves s'évaluent mutuellement selon des critères sociaux de respect de la mode ou de beauté. Ces critères subjectifs portent aussi sur l'appartenance à un milieu social ou sur les aptitudes intellectuelles ; ils deviennent alors des codes normatifs.

Ils conditionnent le regard des autres élèves ainsi que l'auto-évaluation de soi. Ceux qui ne sont pas remarqués par les plus populaires sont rejetés dans une froide invisibilité. Rappelons que les « populaires » sont les enfants extravertis, qui parlent beaucoup, qui suivent la mode, ils sont souvent bons en sport et parfois aussi en classe. Le principe est le suivant : les populaires se regroupent en général entre eux et aspirent le reste de la classe mais pas tout le monde. Ils créent ce que les enfants appellent « le groupe des populaires », délimitant une sorte d'espace dans lequel le droit d'entrée est payant : il faut ainsi *mériter* d'être accepté dans ce cercle des « élites ».

L'évaluation constante qui est faite entre les élèves engendre un contrôle social, une pression à la conformité aux normes du groupe et interviennent alors fréquemment des rappels à l'ordre des uns sur les autres à travers des remarques, ou parfois juste des petites réflexions aussi désobligeantes que déstabilisantes pour celui ou celle qui les reçoit. Au-delà des comportements de ce type, il s'opère aussi un contrôle sur les autres par des comportements d'intimidation comme le regard en coin dans le couloir par exemple. Tout cela contribue aussi à la hiérarchisation entre enfants et plus tard entre adultes.

Si l'on part du principe que la corrélation est forte entre allocentrisme et empathie, alors l'antithèse de l'empathie serait l'égocentrisme. Pourtant ces deux termes ne sont pas les degrés d'une même disposition, mais « des directions différentes dans lesquelles l'individu se sent poussé par sa nature » nous enseigne Gaston Berger. **C'est pour cette raison essentielle que Berger a ajouté à cette disposition caractérielle qu'est l'égocentrisme les deux facteurs de tendance que sont l'avidité et la tendresse,** laissant ainsi plus de variantes aux différentes nuances d'égocentrisme. Cette distinction est essentielle pour comprendre la naissance des mécanismes du harcèlement.

Anne Barrère, professeur de sciences de l'éducation à l'Université Paris-Descartes et auteur de « *L'éducation buissonnière : quand les adolescents se forment par eux-mêmes* » (2011-Armand Colin) nous explique que dans la socialisation juvénile, la violence du groupe exerce une pression « *soit pour rendre conforme, soit pour exclure* ». Les choix personnels que l'on fait adolescent risquent en permanence d'être stigmatisés par les autres. Certains adolescents vont jusqu'à s'acheter des vêtements de marque parfois très chers, s'inscrire à un sport ou arrêter telle activité, uniquement parce qu'il faut faire face au risque d'être jugés par leurs pairs.

Mais, même si les élèves se plient aux normes de leur groupe, le simple fait d'imiter les autres, ne va pas forcément arrêter la critique ; ils seront tout bonnement mis à l'écart du groupe, de la classe, voire même de l'école. L'enfant est alors confronté à plusieurs choix : « changer de style pour ne plus être exclu, avec un résultat incertain, ou bien, garder le sien et rentrer en conflit ou être mis de côté » comme le souligne Anne Barrère.

Avidité ou générosité ?

Souvenez-vous de votre entrée en classe de 6ème, c'est à ce moment-là que tout commence. Vous deviez en permanence prendre une décision entre vous conformer au groupe et les normes qu'il imposait, ou vous retrouver seul voire en situation d'exclusion. Votre construction s'est faite dans une tension permanente entre vos désirs d'appartenance et vos souhaits d'affirmation personnelle. Vous étiez souvent jugé, observé et contrôlé. Vous aviez pour autant conscience de ce mécanisme de conformisme au groupe. Il serait, selon Anne Barrère, « une sorte d'esclavage consenti et serein pour les adolescents ». En fait, vous avez été soit « dominateur », soit « suiveur », soit « à l'écart ».

Bien souvent les enfants avides sont ambitieux. Ils ont le désir d'accroître leur situation sociale et leur puissance de suggestion face aux autres. Plus tard, Ils veulent la gloire et la réussite sociale. Mais bien entendu leur façon de procéder sera en fonction de leur fondement caractériel. Un inactif « avide » aura une ambition limitée par la difficulté des obstacles à vaincre. Son ambition sera si haute qu'elle servira d'excuse à son inaction. L'enfant avide ne prêtera pas ses livres ou n'aidera pas son camarade dans le besoin. Il sera jaloux dans ses affections et dans ses amitiés.

Comme le souligne Gaston Berger « *bien des gens se croient peu avides parce que les biens matériels les laissent indifférents, alors que leur avidité s'est simplement transformée, en fonction de leurs intérêts dominants* ». Ce ne sont plus des choses mais des êtres qu'ils veulent posséder et avoir bien à eux. A l'occasion du rapport à autrui c'est encore ici le moi qui s'affirme.

L'enfant avide n'aime pas perdre, la fuite de ses possessions le blesse profondément et le choque en même temps comme une injustice. Il cherchera alors une réparation morale en faisant reconnaître son droit, qui est en réalité la « valeur » qu'il s'attribue. Il sera ardent à faire valoir ses droits et revendiquera ce qui lui est dû. Il cherchera plus tard la performance et sera soucieux de la rapidité et de l'étendue de ses progrès et de sa domination.

L'enfant ou adolescent avide veut être le premier partout et avoir le pas sur les autres. Il sera naturellement méfiant et soupçonneux. Sentant en lui la puissance de son égocentrisme, il est amené à penser que les autres sont aussi comme lui. La secondarité associée à l'avidité pourra entraîner du reste une forme de paranoïa. L'avidité, enfin, est ce besoin de faire entrer en soi le monde extérieur et de le transformer en sa propre substance.

C'est le désir de prendre en soi, d'avaler puis ensuite de conserver, de retenir. Les relations de l'enfant avec le monde extérieur s'exprimeront au départ par son comportement alimentaire. L'avidité de l'actif donne le goût de la puissance alors que l'avidité d'un sentimental se traduira par l'avarice. L'avidité des enfants « populaires » leur donne une forme de respect, corrélé à l'autorité qu'ils suscitent.

Cependant, cette avidité seule ne conduit pas à définir le profil du pervers, ou du harceleur à l'école ou au travail. **Elle prédispose l'être humain à un fonctionnement égoïste et égocentrique et lui donne la puissance nécessaire d'agir avec ce mécanisme.**

L'enfant avide optera bien souvent pour un comportement conformiste, car il a besoin de l'adhésion des autres pour exercer son pouvoir et sera à même de renier ses pairs dans la souffrance qui seront alors exclus du groupe. Puis intervient la deuxième tendance décrite par Gaston Berger : la tendresse. C'est certainement la qualité humaine qui se rapproche le plus de l'empathie. Toutefois nous avons vu précédemment qu'une conduite bienveillante qui n'aurait d'autre fin qu'un bénéfice personnel ne saurait être considérée comme empathique.

Mais la démarche empathique n'exclut pas tout bénéfice ou conséquence heureuse et profitable pour soi, et n'exige pas non plus que le bien d'autrui soit la seule et unique fin désirée.

La tendresse se situe donc encore au-delà dans l'échelle des valeurs humaines.

Tendresse ou malveillance ?

Ce qu'appelle Gaston Berger la tendresse, c'est la capacité à s'attendrir sur le sort des autres. C'est considérer les sentiments de l'autre comme étant importants. C'est aussi l'amour et le respect des enfants, ou encore des animaux. C'est comprendre la pensée d'autrui en oubliant la sienne. C'est aussi vouloir servir l'autre plus que se servir soi-même. En réalité, ce sont tous les antonymes du facteur malveillance/perversion. Ce sont aussi toutes les qualités que recherchent les pervers pour se nourrir de la personne qu'ils ont choisie comme « miroir » ou parfois comme « proie ».

Mais nous allons maintenant rentrer dans le détail de ce qui constitue le fonctionnement psychologique des « harceleurs » et aussi des « suiveurs » parce que ces derniers sont capables de fermer les yeux sur le harcèlement et d'y participer, même s'ils ne vont pas forcément être à l'initiative de celui-ci. Entre malveillance, indifférence et égocentrisme, en opposition aux personnes tendres et altruistes, se trouvent tous les mécanismes permettant de rentrer dans un processus de harcèlement.

L'enfant dont la tendresse est forte va manifester dès la petite enfance une forte empathie. Gaston Berger le souligne : « *pour lui le stade de narcisse n'aura guère existé* ». Adolescent, le désir d'union sentimentale est plus fort que la recherche du plaisir sexuel. Rousseau écrivait « *Toute idée de plaisir des sens, s'unissait en moi à une idée d'amour* ». L'amour et l'amitié tendres ont comme point commun l'oubli de soi au profit de l'autre. Ce sont les joies et les peines de l'autre dont on se préoccupe.

Certaines personnes âgées deviennent indifférentes à la mort d'autrui, même des êtres qui leur étaient chers, alors que d'autres conservent un cœur sensible ; ces derniers sont ceux dont la tendresse demeure forte. L'amour et le respect des enfants sont d'autres signes de tendresse. A ce titre, Berger précise que « *quand l'intérêt témoigné aux femmes ne se double pas de celui porté aux enfants, c'est qu'il a pour origine principal le plaisir sensuel ».* **Comprenons ici que le désintérêt total porté aux enfants est fréquemment un signe de malveillance** et peut être corrélé à une certaine forme de perversion, parfois sexuelle.

Le comportement que vous avez n'est pas toujours significatif de votre prédisposition à la tendresse. En effet, on peut être tendre mais ne pas faire grand-chose pour aider son prochain. Souvent la notion même de « devoir » se substitue à la tendresse pour agir dans le but d'aider l'autre. Dans tous les cas, vous savez si vous êtes quelqu'un de tendre ou non par la simple comparaison avec ceux qui ne le sont pas. Ce qui vous révolte est en réalité l'indifférence de l'autre. C'est aussi le sentiment permanent de se faire abuser par son patron, son collègue ou son « soi-disant » ami... C'est ressentir le manque d'empathie de l'être humain et sa profonde cruauté.

Au sein d'une entreprise, se mélangent tous les caractères. Certains de vos collègues vous diront que ce qui compte est le résultat : selon eux, c'est la seule fin en soi qui justifie tous les moyens possibles. Bien sûr, le chef d'entreprise a en permanence en tête la réussite de sa société. Mais parfois, cela se fait au détriment de ses subordonnés.

Un patron altruiste et tendre sera celui qui ne pourra pas mettre dehors son salarié même si ce dernier n'est pas le plus performant, il sera aussi bienveillant à son égard et lui laissera l'autonomie nécessaire pour accomplir sa tâche à la hauteur de ses compétences. Une personne tendre acceptera toute décision parce qu'il respectera son prochain. Il ne s'agit pas là de faiblesse mais purement et simplement de respect d'autrui.

L'empathie d'une personne tendre va jusqu'à comprendre l'animal et s'inquiéter pour lui, il est si attentif à l'importance de l'intériorité qu'il la respecte chez tous les êtres et la suppose chez l'animal. C'est précisément ce que le fonctionnement pervers ne perçoit absolument pas. Au contraire, au mieux il les considère comme du bétail, au pire il aime leur faire du mal. Un animal ira d'instinct vers celui ou celle qui l'aime, il sentira au contraire la malveillance de celui qui lui veut du mal ou l'indifférence de certains autres.

Si à ce stade de notre étude vous avez encore des doutes sur le fait de pouvoir être considéré comme quelqu'un de tendre ou non, la question que vous devez vous poser est : est-ce que les autres vous intéressent uniquement par rapport à ce que vous désirez vous-même accomplir ? Les considérez-vous comme des instruments à utiliser ou des obstacles à écarter ? Ou bien au contraire cherchez-vous à les servir plus qu'à vous servir d'eux ?

Remémorez-vous alors votre position en classe de 6ème. Etiez-vous de ceux qui utilisaient leurs camarades en vue d'obtenir quelque chose, comme la recherche de votre position sociale au sein du groupe ? Peut-être étiez-vous attiré par certains élèves parce que cela faisait « bien » d'être en présence « d'amis » populaires ou « à la mode », ou bien étiez-vous de ceux qui étaient prêts à sacrifier leurs devoirs pour passer du temps à aider votre voisin qui séchait sur sa copie ? Auriez-vous pris la défense de Nathalie lorsqu'elle se faisait cracher dessus par ses voisins de classe qui l'appelaient la Schtroumpfette ? Ou peut-être étiez-vous désigné comme le bouc-émissaire, subissant toutes sortes de brimades, ce qui a pu avoir des effets dévastateurs sur votre développement personnel et vous entraîner dans des dépressions ou de graves remises en cause de vous-même ?

La chasse

La pratique de la chasse est définie par ses adeptes comme un sport traditionnel ou ancestrale. Le chasseur nie souvent le plaisir de tuer en mettant en avant le plaisir d'observer l'animal et entrer en communion avec la nature. La chasse est une coutume reconnue dans notre société et elle compte de nombreux adeptes, principalement des hommes. La chasse était nécessaire à l'époque préhistorique, et le seul intérêt qu'elle représentait était de subvenir à ses besoins. L'homme était, du reste, lui aussi la proie d'animaux sauvages plus habiles ou plus forts que lui. Aujourd'hui, la viande s'achète prédécoupée et emballée dans les rayons de supermarchés d'une part, et il n'est pas foncièrement utile de se promener avec un fusil pour admirer la nature.

Aujourd'hui, la chasse est considérée comme une activité ludique par ses adeptes. Or, exercer une activité de détente est censée procurer du bien à soi sans nuire à son prochain. Pourtant dans cette activité-là, il y a une victime qui se fait tuer sans aucun but légitime et foncièrement utile. Si, enfant, vous avez évolué dans un environnement familial où la chasse était traditionnellement une activité du dimanche comme une autre, alors vous avez certainement été soit « poussé » à y participer, soit cela vous a paru une évidence de devenir vous aussi chasseur. Peut-être aussi que votre virilité a été remise en question par le simple fait que vous y renonciez et vous avez finalement cédé. Il est par contre des enfants de chasseurs qui se rendent compte assez vite de leur incompatibilité morale à participer à ce « loisir ».

Ce qu'écrit Gustave LE BON au sujet de la moralité des foules confirme la thèse de Gaston Berger sur le principe de l'avidité en y ajoutant, en ce qui concerne la chasse, que « les instincts de férocité destructive sont des résidus des âges primitifs dormant au fond de chacun de nous ».

Pour un individu isolé il serait dangereux de les satisfaire alors que si l'homme est absorbé dans une foule irresponsable où l'impunité est assurée cela lui donne toute liberté pour les assouvir.

Selon quelques psychiatres, il est possible de retrouver chez certains chasseurs des traits de perversion psychopathiques comme la jouissance, la domination ou parfois même l'hostilité envers l'animal. Le chasseur défend auprès de la population des arguments tels que la régulation des espèces, argument qui peut surprendre lorsque l'on connait la quantité d'animaux d'élevage lâchés dans la nature d'une part, et le nombre de prédateurs exterminés par ces mêmes chasseurs, d'autre part.

Chez certains chasseurs, on retrouve des éléments de perversité comme le sadisme lié au plaisir dans la souffrance. L'animal est considéré comme un objet. Ces chasseurs-là n'ont aucune compassion, ni aucune empathie. La domination d'un être sensible leur procure une forme de jouissance.

Gustave LE BON précise que l'homme ne pouvant exercer habituellement ces instincts destructifs sur ses semblables, il se borne à les assouvir sur les animaux. « *C'est d'une même source que dérivent la passion pour la chasse et la férocité des foules. La foule écharpant lentement une victime sans défense fait preuve d'une cruauté très lâche ; mais bien proche parente (...) de celle des chasseurs se réunissant par douzaines afin d'avoir le plaisir d'assister à l'éventrement d'un malheureux cerf par leurs chiens* ».

Les fleurs du mal

Le professeur Kurt Schneider (« *Les personnalités psychopathiques* », Ed Presse Universitaire de France, 1955, traduit par Francis Demers) a écrit ce livre remarquable sur les différentes personnalités qui ne sont pas vraiment conformes à la norme. L'intérêt principal est d'y trouver tout un panel de personnalités à mécanisme « psychopathique » qui ne sont que des variations de personnalités normales. La « liste » de Schneider apparait donc avant les théories modernes de la personnalité qui utilisent l'analyse factorielle pour valider leurs conceptions et avant les DSM dans lesquels sont affichés les troubles de la personnalité et les troubles mentaux et pour lesquels on retrouve quelques schémas de fonctionnement communs. Schneider donne la définition des « psychopathes » comme celle des « sujets qui souffrent d'un caractère anormal et font souffrir la société ». Le caractère anormal est selon lui défini par rapport à la moyenne des caractères. En raisonnant en termes de valeurs, il dégage très nettement l'absence de vertus ou de morale d'une partie de la population étudiée. C'est ce que nous tentons justement de comprendre.

Il décrit certains enfants de type « apathique » comme des bourreaux d'animaux « *aux agissements très délibérés* ». Il nous parle alors d'une « *froideur sentimentale* » qui donne un trait distinctif de ces derniers dès leur enfance, l'environnement familial étant déterminant quant à l'acquisition des valeurs morales de l'enfant. Ce sont des personnes sans compassion, sans pudeur, sans honneur, sans repentir et sans conscience. Ils sont souvent par nature « *froids, grognons et brutaux dans leur comportement social* » ; insensibilité morale et affectivité anormale les constituent. Le psychiatre Robert Gaupp considérait que « *celui qui dès sa naissance est incapable, et le demeure, de ressentir la compassion est un individu malade* ».

Alors que Schlöss cherchait à établir que l'idiotie intellectuelle avait un lien avec la folie morale, il fut conclu par Schneider que le déficit intellectuel ou l'intelligence normale des « psychopathes apathiques » étaient fréquemment vérifiés.

Comme le dit Marcel Sanguet dans « *Le pervers n'est pas celui qu'on croit* » (Ed Eyrolles), savons-nous vraiment identifier le « pervers narcissique » derrière les notions de respect de la loi, d'obéissance, d'autorité ou d'éducation ? Le pervers est selon l'auteur « *systématiquement dégagé de la communauté humaine. Il se doit d'appartenir non seulement à un autre genre mais à une autre espèce (...) il devient un surhomme à l'intelligence supérieure et dépourvu de toute émotion* ».

Dans l'imaginaire populaire, le pervers narcissique est stéréotypé à la manière d'une affiche « wanted » dans le Far West d'il y a deux siècles. Pour rentrer dans « la cour » des grands manipulateurs narcissiques, il faut répondre aux 20 critères prédéfinis. Il incarne le mal, représente à lui seul la cause de tous vos malheurs et vous devenez alors une victime innocentée. Cette manière de cliver le bien et le mal établit une ligne de démarcation très nette entre ce qui est bon et ce qui est mauvais, ce qui est moral ou ce qui est pervers. Il permet, par projection, d'évacuer tout votre côté négatif sur la figure du pervers ; « *la morale une fois sauve, le pulsionnel peut se satisfaire sans culpabilité de la peinture obscène du scénario pervers* » ajoute Marcel Sanguet.

En réalité, le pervers n'est pas systématiquement l'autre, il est possiblement créé par l'interaction entre vous et l'autre. Il n'est pas non plus toujours intelligent, bien au contraire. Si c'était le cas nous en serions bien plus fréquemment à l'abri, les êtres humains très efficients ne représentant qu'une infime minorité des habitants de la planète.

« *Ecrire la perversion en un style réaliste, serait-ce pour la condamner, semble bien être en soi pervers* ». Cette écriture perverse s'adresse à l'hypocrite lecteur, « *celui dont parle Baudelaire dans les Fleurs du mal, son semblable, son frère, qui se réfugie dans la bien-pensance affichée des nobles sentiments pour soulager ses plus bas instincts en condamnant l'autre désigné comme responsable tout en satisfaisant ses fantasmes* » (Marcel Sanguet).

Comme nous l'avons vu au cours de cette étude, le caractère est un ensemble de traits psychologiques qui définissent la manière habituelle de se comporter dans un certain type de situation. Il devient pathologique lorsque ses traits s'organisent de manière à gauchir les relations et les comportements dans un sens déterminé qui constitue un mode de défense régressif (caractère oral, anal, masochiste ou narcissique). Mais au sein même des 8 caractères de bases identifiés par R Le Senne, se situent toutes les variances possibles des perversions de caractère.

Le pervers narcissique est à la fois un mythe, une réalité et un leurre, dans la mesure où il occulte désormais l'évidence que chez beaucoup d'êtres humains se trouve des degrés, plus ou moins accentués, de manque de conscience, d'absence de moralité, de perversion, d'égoisme, d'avidité, de froideur ou d'absence d'empathie. Dessiner un portrait-robot du parfait manipulateur narcissique serait comme affirmer qu'il y a l'homme « bon » d'un côté qui serait la synthèse de toutes les vertus et le « pervers » de l'autre qui aurait hérité de toutes les tares héréditaires et culturelles.

C'est ce que nous venons de détailler en essayant de comprendre les relations parfois toxiques qui se mettent en place dans le quotidien des relations humaines en reprenant les travaux des caractérologues du 20ème siècle. Nous allons analyser maintenant les mécanismes, parfois « pervers », qui se créent dans le couple.

Les relations compliquées et les mécanismes pervers dans le couple

Nous trouvons là tous les types de perversions possibles. Il est fréquemment rapporté que des personnes absolument adorables en société deviennent de véritables bourreaux en couple. En réalité, beaucoup d'attitudes perverses naissent de l'interaction entre deux personnes dont les caractères incompatibles empêchent toute possibilité de pérennisation du couple. Nous allons prendre plusieurs exemples au fur et à mesure de l'analyse pour bien comprendre les mécanismes qui se mettent en place.

Les sites de rencontre permettent un large choix de profils pour celui ou celle qui recherche l'âme sœur. On peut même remplir son caddie sur « Adopte un mec » ou le vider après avoir fait sa « présélection ». Il est fort intéressant de se rappeler qu'autrefois on choisissait de se marier avec la fille des voisins du village pour des questions de facilité mais, de ce fait, les parents de la prétendante, agriculteurs, artisans ou commerçants, avaient des points communs avec la famille. Dans des milieux plus bourgeois ou aristocratiques les filles étaient en quelque sorte « cooptées » vers leur future belle-famille, en vue d'un mariage imminent, mais toutefois rassurant dans le sens ou l'époux était un bon parti, d'un milieu social fréquentable et surtout ressemblant à celui de ses origines.

Nous n'analyserons pas plus longtemps les aspects sociologiques pour ce chapitre mais, quoi qu'il en soit, on divorce plus aujourd'hui qu'à la fin des Trente Glorieuses, on vit moins longtemps avec son conjoint, on change plus régulièrement de partenaire et on souffre de plus en plus en couple.

Au fur et à mesure que vous avez avancé dans vos études vous avez pu peut-être eu la chance de rencontrer l'âme sœur qui vous était destinée depuis toujours. Parfois vous êtes malheureusement passé à côté sans le savoir. Lorsque vous arrivez en faculté de Biologie, d'histoire ou de Sciences économiques, il est vraisemblable que vous ayiez plus de chance d'y trouver des affinités qu'en classe de sixième où tous les types de caractère, d'intelligence et de milieux sociaux seront représentés. C'est ainsi que le destin se créé, mais il se provoque plus facilement quand la probabilité de trouver ses pairs augmente. Les corrélations entre caractères sont fortes dans un milieu où il existe des points communs entre les individus venant là pour les mêmes causes ou les mêmes passions. En troisième année de mathématiques vous rencontrerez facilement une personne aimant les mathématiques mais sûrement moins aisément celle qui excellera en français. Elle sera certainement de caractère flegmatique ou sanguin et moins possiblement passionnée ou colérique. Il y a très peu de chance qu'elle soit de type amorphe, apathique, nerveux ou sentimental. Elle sera le plus souvent, comme vous, active et non-émotive.

Si deux caractères de même formule se rencontrent, la probabilité de réussite du couple est supérieure. Deux partenaires de type non - émotif et ayant les mêmes points communs n'ont pas de véritables difficultés à se comprendre. Si la froideur est réciproque il n'y aura pas de décalage émotionnel. Si l'activité est commune alors il n'y aura pas d'incompatibilité majeure sur cet unique facteur.

Les blessures peuvent, par contre, être les premiers signes d'une potentielle explosion. Le lien entre rigidité, manie et obsession d'un flegmatique avec ses prédispositions caractérielles est fort. Imaginons que Claire, flegmatique rigide, rencontre Jacques, non-émotif, actif, primaire donc de type sanguin, qui ne soit pas très prompt à faire le ménage et ranger ses affaires. Les heurts possibles seront principalement d'ordre matériel.

Imaginons que Claire rencontre maintenant Vincent, nerveux large à tendance « je-m'en-foutiste », très inactif. Les prédispositions caractérielles de ce dernier, eu égard à son émotivité, ne lui donneront pas la tolérance pour supporter une telle rigidité. Son impulsivité ne laissera aucune chance à Claire qui, d'elle-même, n'aurait pas la vertu nécessaire pour supporter son anarchisme non plus. Nous pourrions à l'infini imaginer tous les scénarios possibles de rencontres improbables suivis d'échecs inévitables.

Fort heureusement, le monde est relativement bien fait et les rencontres s'opèrent dans l'inconscient grâce à une forme d'instinct ou d'attirance vers notre âme sœur qui, en théorie, nous ressemble davantage que les autres. Mais comme nous l'évoquions en préambule, lorsque l'on voit une personne ce n'est que son personnage et non sa personnalité que nous pouvons percevoir à la première rencontre. Au-delà des aspects caractériels se rajoutent les schémas de pensée, les blessures, l'avidité, la paresse, l'inactivité, l'égoïsme, le narcissisme, l'égocentrisme ou encore le manque de moralité qui sont tous les facteurs d'échecs du couple.

Prenons le cas de l'égoïsme : dans une certaine mesure il vous empêchera de vous rendre compte de celui de votre conjoint et vous protégera des attaques extérieures. Mais si votre conjoint n'est pas égoïste, il sera bien le premier à en souffrir. Or, la souffrance nie toute forme de tolérance : elle lui fera fermer les yeux sur toutes les autres vertus que vous pourriez avoir. Son existence à vos côtés passera du stade de l'amour à celui de cauchemar. Les schémas rigides de troubles de la personnalité concernent au bas mot 10% à 15% de la population. Ces schémas sont parfois à l'origine des comportements toxiques que certains conjoints peuvent déplorer :

Le cas du trouble de la personnalité borderline

Ce trouble est difficile à diagnostiquer puisque les symptômes ressemblent à ceux retrouvés dans plusieurs autres troubles psychologiques, tels que la bipolarité. Toutefois, il est important de préciser que cette personnalité est à la base un caractère émotif, de nature assez irritable et souvent hypersensible. L'enfance des personnes présentant ce trouble est aussi souvent caractérisée par un abandon de la part d'une figure d'attachement, le père ou la mère, en bas âge. Nous parlons bien ici d'une blessure d'abandon générée au stade archaïque de son évolution.

Il est à noter également que 60 à 80% des personnes « borderline » ont été abusées physiquement ou sexuellement par une personne en qui ils avaient confiance lors de l'enfance. Ce trouble touche de 12 à 14% des personnes atteintes d'un trouble de la personnalité, ce qui représente environ 2 à 3% de la population. 75% sont des femmes. Ce trouble est caractérisé par une difficulté à contrôler ses pulsions et ses actions, par des relations interpersonnelles instables marquées de cycles d'idéalisation et d'une méfiance importante en situation de stress de même que par une difficulté avec l'intimité.

Le docteur Sébastien Bouchard, psychothérapeute et professeur associé à l'Université de Sherbrooke a étudié pendant un an et demi, 35 couples ayant pour l'un deux un trouble de la personnalité borderline. 68% de ces couples ont traversé des épisodes répétitifs de rupture et de réconciliation pendant la période d'étude et environ 30% se sont définitivement séparés après une période de 18 mois. Un de ses constats fut que les conjoints sont souvent concernés eux-mêmes par un trouble de la personnalité. Près de 56% des personnes en couple avec une personne « borderline » rencontrent les critères diagnostiques d'un trouble de la personnalité, le plus souvent il s'agit d'un trouble de la personnalité évitant, antisocial, paranoïaque ou obsessionnel-compulsif. Il a également été remarqué que près de 90% des femmes avec ce trouble usent régulièrement de violence psychologique avec leur conjoint et que 54% sont violentes avec ce dernier.

Pourtant, Le Docteur Bouchard souligne que « *le taux de satisfaction conjugale au sein de ces couples est étonnant : 51% des femmes ayant un TPL et 60% de leur conjoint se disent satisfaits de leur union* ». Cependant, la présence d'une majorité de couples ensemble depuis longtemps et se disant satisfaits de leur union indépendamment d'un fonctionnement conjugal hautement conflictuel et instable soulève bien des questions. Selon le psychothérapeute, cela s'explique par le fait que « *le conjoint, au cours des années, s'est peut-être ajusté aux attentes élevées de sa conjointe* ». **Cela confirme en tout cas que les schémas de violence, toxiques par définition, correspondent à ce que plusieurs personnes atteintes d'un trouble de la personnalité considèrent comme des schémas cognitifs « normaux ».**

En réalité, c'est bien l'émotivité trop forte qui, associée à des facteurs culturels, est à l'origine du trouble. Ce facteur « émotivité » nous le retrouverons pratiquement systématiquement dans les relations toxiques, sans qu'il soit pour autant lié à chaque fois à un schéma cognitif déviant. En tout cas, certaines relations de couples ne fonctionnent que parce qu'il y a de fortes émotions à vivre et s'étioleraient si l'émotivité n'apportait pas un peu de « piquant » à la relation.

Comme nous l'avons déjà évoqué, lorsque vous êtes dans un mécanisme de « distorsion », vous vous dirigez naturellement vers des situations et choisissez des relations qui l'entretiennent. Si vous êtes en couple, par exemple, avec un conjoint manipulateur ou agressif, vous referez le même choix après une rupture, dans une forme d'assujettissement. Vous ferez en sorte de vous retrouver dans une situation compliquée à gérer émotionnellement pour rallumer votre mémoire traumatique. Ainsi vous chercherez à recréer les contextes familiers dans lesquels vous avez grandis.

Imaginez alors ce que peut donner un couple hyperémotif dont l'un des conjoints cherche à se faire remarquer par tous les moyens en créant des situations conflictuelles et où l'autre cherche à tout prix à obtenir l'approbation de l'autre dans un schéma pervers. La personne exigeante, narcissique, ressent le besoin d'obtenir précisément ce qu'elle veut au moment où elle le veut sans considérer à aucun moment ce qu'il en coûtera à son partenaire. Elle cherchera à contrôler l'autre à son avantage sans tenir compte de son besoin d'autonomie. Le manque d'empathie est souvent corrélé à cette situation.

Une personne trop émotive (de type nerveux ou passionné hyperémotif, à mécanisme borderline ou histrionique) face à une personnalité narcissique, peu empathique ne pourra être capable de modérer ses émotions et ses impulsions face à l'autre qui de son côté sera frustré dans ses désirs. Il n'y aura aucune issue possible à long terme.

Les relations toxiques ne s'installent pas du jour au lendemain. Il faut du temps aux mauvaises habitudes pour s'enraciner dans un couple où il sera difficile de se rendre compte que vous êtes en fait en train de détruire l'autre ou de vous faire détruire. Si votre partenaire essaye d'exercer un contrôle sur vous en vous empêchant d'accéder à votre liberté, il est possiblement dans un schéma précoce de manque de limite, de type narcissique.

Mais encore faut-il comprendre que chacun a son niveau de tolérance face à une situation : une personne peu émotive aura un niveau de tolérance souvent supérieur, mais tout est relatif ; en effet si elle n'a jamais côtoyé un conjoint hyperémotif au préalable, les relations seront complexes à comprendre car les réactions du conjoint seront inattendues.

Certains couples, enfin, où les deux conjoints sont de type « narcissique », seront parfois en mesure de trouver une forme d'équilibre ; chacun sert en quelque sorte de « miroir » à l'autre, et finalement, ils trouvent potentiellement tout ce qu'ils recherchent.

Certaines personnes peuvent se sentir agressées ou mal-aimées ou encore bafouées sur le plan de leur liberté de penser ou d'agir parce que leurs niveaux de susceptibilité, de tolérance ou leur émotivité tout simplement sont élevés. D'autres au contraire auront un niveau de tolérance fort et pourront endurer plus facilement toute sorte de blessures de leur conjoint. Enfin, beaucoup de secondaires absorbent comme une « cocotte-minute » jusqu'au jour où le vase d'expansion est trop plein. Chez les types « émotifs-primaires » (nerveux, colériques) l'impulsivité sera forte mais redescendra assez rapidement.

Si vous n'avez pas évolué dans un milieu familial où vos parents étaient amenés à se confronter régulièrement, vous aurez du mal à comprendre le schéma de votre partenaire si ce dernier a connu ce genre d'environnement. Bien souvent, quand la tension et les critiques sont omniprésentes, vous avez l'impression que vous ne pourrez jamais faire assez pour satisfaire l'autre. Pour vous prémunir des critiques, vous devez marcher sur des œufs et prendre des pincettes. C'est un comportement que vous avez hérité de votre famille et de votre éducation.

Si vous avez été élevé par des parents qui passaient leur temps à se critiquer et que vous avez passé votre enfance à les observer, les critiques deviennent une seconde nature. Cet environnement instaure des schémas toxiques qui se répèteront possiblement aux générations suivantes. A la limite les « preuves d'amour » que vous tenterez de donner à votre conjoint seront associées à la critique et votre schéma de pensée inconscient transformera les petites boutades et le « qui aime bien châtie bien » en critiques permanentes.

Dans cette forme de névrose, le surmoi est parfois trop puissant, fonctionnant de manière exacerbée ou à mauvais escient, ce qui est la cause de votre pathologie. Les aspects pathologiques sont liés à la dynamique conflictuelle entre le ça et le surmoi. Dans certaines circonstances, le moi, est débordé par la violence du conflit entre le ça et le surmoi.

Pendant la période la plus critique de votre enfance, située avant l'âge de raison, s'est jouée toute la place que vous aviez par rapport aux autres. Vous avez adopté votre genre et votre rôle sexuel. Si votre évolution a été favorable, c'est-à-dire sans difficultés majeures rencontrées avec vos parents, votre développement psychologique s'est réalisé de manière optimale ; en cas de difficulté il s'est opéré une régression à un mode relationnel et libidinal infantiles. Plus cette régression est forte, plus elle provoque des conflits pour les moments de décompensation ou de régression ultérieurs.

Les difficultés que vous rencontrez peuvent venir d'une éducation rigide dans un milieu surprotecteur et fermé. Une éducation répressive entraînera une sorte de dévoiement de l'interdit qui se portera sur votre sexualité que vous refoulerez en partie ou totalement. Si cette éducation rigide et répressive continue jusqu'à l'adolescence, elle freinera la levée du refoulement sur votre sexualité ; vous en serez quelque part privée tout comme l'ouverture à des relations en dehors de la famille vous sera aussi interdite inconsciemment. Si la proximité de vos parents est trop flagrante, ce qui peut se produire est que vous ne soyez pas en mesure d'accepter qui que ce soit d'autre que vos parents. Un amour trop important du parent de type « œdipien », insatisfait par sa relation avec son partenaire, donne une nostalgie à l'enfant qui reste fixé à cet amour. Il se produit des situations ambiguës dans le couple ; vous aurez des difficultés à aimer l'autre, à vous projeter, à être sincère dans l'amour que vous tenterez désespérément de lui donner.

Les difficultés que vous avez peuvent venir d'un père qui n'a pas su jouer son rôle de père ; un père distant et trop sévère ne fournit pas, pour le garçon, un bon modèle identificatoire. Si votre père a été agressif avec vous il a alors pu annihiler toute possibilité d'épanouissement sexuel, tout au moins sur le plan de l'hétérosexualité. Pour une fille, l'absence de contact physique et de tendresse avec ses parents, et notamment avec son père, n'apporte pas de compensations favorables à l'abandon de son « projet œdipien » au moment où sa sexualité doit s'orienter vers une personne de son âge. L'enfant peut alors être découragé à adopter le genre correspondant à son sexe biologique.

Couple et liberté

Les mécanismes toxiques où la jalousie se met en place et s'installe deviennent souvent destructeurs. La jalousie naît de la possession de l'autre et entraîne la disparition de sa liberté de penser ou d'agir. L'amour vrai s'identifie avec la liberté d'aimer. En conséquence si l'amour ne naît pas de la liberté, il ne peut pas être un amour authentique. Le devoir d'aimer l'autre n'est plus de l'amour, il devient esclavage. Celui qui doit se forcer à aimer l'autre n'est plus libre d'aimer : en perdant la liberté, il perd aussi la capacité d'aimer.

Ne pas pouvoir profiter de ses loisirs, assouvir ses centres d'intérêts ou exprimer ses opinions est symptomatique d'une relation trop fusionnelle qui par la suite devient potentiellement toxique. Ce type de couple est souvent en proie au doute. Toute idée de séparation sera considérée comme une menace. Pour soulager cette angoisse, le couple fusionne davantage. Cette situation peut entraîner de véritables drames au sein de la relation en cas de divergence d'opinions.

La simple envie de passer du temps avec ses amis, ses collègues de travail, ou sa famille pourra devenir une source de conflit. Les relations entraînant la jalousie de l'autre peuvent être corrélées à la manipulation et à la perversion. D'ailleurs, ces mécanismes se mettent aussi en place dans les relations de travail, quand un collègue envieux et jaloux vous met des bâtons dans les roues et vous empêche de vous épanouir.

Pour aimer la liberté d'une manière authentique dans son couple il est nécessaire d'être libre, et pour être vraiment libre il est nécessaire d'aimer la liberté ; pour l'aimer il faut être en capacité de savoir ce qu'elle représente réellement.

Pourtant, vous êtes tous nés libres et au début de votre existence vous aimiez votre prochain sans concession ni condition. Vous avez tous aimé vos parents, vos frères et sœurs ou les membres de votre famille proche. Mais vous avez été « jeté » dans un monde où beaucoup de gens sont prisonniers de leurs schémas, de leur surmoi… C'est ainsi que la société petit à petit vous enlève votre liberté de penser, d'agir et d'aimer. Elle vous l'enlève parce que vous devez vous conformer aux règles rigides qui y sont établies.

En effet si vous n'êtes pas libre et que vous vous trouvez face à une personne vraiment libre de penser, de croire ou d'aimer, vous voyez se refléter en l'autre ce qui vous manque. C'est alors que vous prenez conscience de votre manque de liberté, et donc de votre faillite existentielle. La plupart du temps vous n'êtes pas en mesure de tolérer cela et par conséquent vous essayerez de posséder la liberté de l'autre ou au pire de la réduire à néant.

Si toute votre vie vous avez été privé de cette liberté, peut-être qu'un jour une personne arrivera à traverser votre carapace et effleurera légèrement votre âme. Vous vous rendrez alors compte des conséquences de votre vie en captivité. La personne qui vous délivrera de cette souffrance vous invitera de cette façon à retrouver votre pensée, et votre conscience s'éveillera. Nous avons souvent abordé ce sujet du champ de conscience et de la largeur d'esprit. Vous avez compris certainement maintenant qu'il signifiait aussi en quelque sorte la liberté de penser. Ouvrir votre esprit vous invite tout simplement à ouvrir les yeux et à regarder ce qui a toujours été devant notre vue.

Et si vous regardez bien, vous vous apercevrez que vous avez toujours été libre, sans vraiment le savoir, depuis le jour où vous avez posé le premier pied sur notre terre.

Et la tendresse dans tout ça ?

Dans son « traité d'analyse du caractère », Gaston Berger souligne bien le fait que l'amour prendra des dimensions diverses selon que vous êtes, émotif, avide, tendre ou actif. L'amour « passion » par exemple est lié à l'émotivité, aux intérêts sensoriels que vous avez ainsi qu'à votre niveau de tendresse. L'amour « caprice » est lié aux intérêts sensoriels, à la primarité et à l'absence de tendresse. L'amour « tyrannique » par contre est corrélé à la tendresse et à l'avidité.

Comme nous l'avons déjà expliqué, Gaston Berger associe la tendresse à des manifestations qui apparaissent dès la petite enfance : l'amour des animaux, l'affection pour ses parents, l'empathie envers ses camarades. Si vous êtes tendre, le stade de « narcisse n'aura guère existé », souligne-t-il, et il est bon de le rappeler. L'idée de l'être à aimer ou le désir d'union sentimentale repoussent la sexualité sur un plan plus « spirituel », ou tout au moins sur la définition même de ce qu'est « l'amour vrai ».

L'absence de tendresse empêche l'amour sincère. Un sentimental sans tendresse sera soit chaste, soit misogyne.

La cruauté n'est qu'une sympathie souffrante

Nous avons compris tout à l'heure ce que la tendresse représentait comme vertu, se situant au-dessus de la plupart des autres. La tendresse est en quelque sorte la bonté que vous avez en vous de manière naturelle. C'est ce qui fait que vous consacrerez votre vie à aider les autres. C'est aussi pour cette raison que l'on sait souvent vous apprécier à juste titre et que l'on peut considérer que vous êtes quelqu'un de valeur. Si votre activité vient s'adjoindre à votre bonté, vous serez de ceux capables de réaliser, comme l'Abbé Pierre ou Mère Teresa, les actions les plus incroyables. Mais il faut comprendre que la tendresse « *ne produit pas automatiquement la moralité* ». Nous allons prendre quelques exemples pour bien comprendre.

Admettons que vous êtes émotif/non-actif de type nerveux ou sentimental. Conscient de votre faiblesse, vous serez plus vulnérable si vous êtes quelqu'un de tendre. Vous supporterez mal d'être totalement dépendant de ce qui peut arriver aux autres. Qui est tendre et faible croit souvent que sa tendresse seule fait sa faiblesse. C'est alors que vous essayerez des expériences pour vous prouver à vous-même que vous êtes en capacité d'être dur comme ce fameux « Daniel » que JP Sartre décrit dans « *Les chemins de la liberté* », qui tente en vain de « *noyer son chat qu'il aime plus que tout, pour se démontrer à lui-même qu'il est au-delà de la pitié et que sa liberté demeure entière* ». C'est en cela que Gaston Berger démontre dans cet exemple que l'amour véritable, que la tendresse fait naître, devient l'émotion la plus proche de la cruauté.

Cette notion est essentielle à la compréhension de l'être humain : Il est mécaniquement impossible que l'antonyme de la tendresse soit l'indifférence. Par ailleurs si la méchanceté diminue c'est l'indifférence qui s'installe et non la cruauté. **L'indifférence procure à tous les caractères froids une armure exempte d'émotions qui les protégera toute leur vie des aléas et de la dureté de l'existence.**

« *La cruauté à d'autres origines. La plus fréquente est celle qui fait naître de l'orgueil associé à la faiblesse et à l'agressivité. Mais la cruauté véritable, celle qui s'enchante des souffrances de l'autre, suppose chez le cruel la tendresse. Le peu d'intérêt porté aux sentiments des autres, qui est précisément le fait du non-tendre, permet sans doute à un avide d'aller son chemin sans s'occuper des souffrances qu'il engendre ; il est, par contre, incompatible avec la cruauté qui ne vit que de ces sentiments et en fait l'objet même de sa recherche* ». Gaston BERGER.

Stendhal, que Berger cite d'ailleurs dans son œuvre, écrivait en son temps : « *La cruauté, n'est qu'une sympathie souffrante* ». Entendez par là que la vengeance d'une personne aimante ayant de fortes attentes de tendresse de son conjoint pourra atteindre les limites de l'entendement lorsque sa souffrance lui fera en quelque sorte perdre la raison.

A ce stade, vous pouvez vous demander pourquoi vous aviez compris et entériné le fait que la tendresse ou la bonté protégeaient l'être humain, notamment du conformisme dont nous parlions au chapitre précédent dans ses aspects les plus malsains, et que cette notion serait soudainement remise en question.

En réalité ce qu'il faut par-dessus tout comprendre est que l'association de plusieurs facteurs crée la personnalité d'une part, mais que, du milieu dans lequel vous évoluerez, naîtra la substructure de votre être. Ainsi, dans un environnement sain et respectueux de la liberté et des valeurs humaines, la tendresse prend le pli de sa vertu la plus profonde.

C'est ce qui faisait dire à Pascal que « le Moi est haïssable » lorsqu'il parlait du moi de l'individu « *injuste en soi, car il voudrait être le tyran de tous les autres* ». Et c'est en ces termes précisément que Patrick de Ruffray, mon cher grand-père, reconnaissait l'unicité de l'être humain si l'on porte attention à un autre moi, celui de la personne que nous devons respecter et aimer.

Mais, disait-il aussi : « *Ce moi de la personne partage avec celui de l'individu les contraintes de l'humaine condition. Celles-ci les enferment en effet l'un et l'autre dans un sac de peau dont il faut tenter de sortir pour communiquer utilement ou communier gratuitement, d'où le problème de l'échange et du partage avec nos semblables* ». (Patrick de Ruffray « Le dernier bonheur », Ed France-Empire, 1988).

Si l'homme se sent bafoué dans ses sentiments de liberté et d'amour c'est alors que tous les éléments pourront se déchaîner. C'est sur ces deux termes que nous allons maintenant clôturer cette étude :

La liberté et l'amour

Lorsque vous étiez enfant vous aviez une confiance instinctive en vos parents et en le monde qui vous entourait. Spontanément vous aimiez la vie. Au bout de quelques années de votre existence, vous avez éprouvé la nécessité d'être rassuré et sécurisé eu égard aux sentiments que vous ressentiez. Par contre, vos parents ou vos professeurs, les adultes qui vous entouraient n'étaient pas libres, et en observant avec une certaine amertume votre soif de liberté, ils vous ont enlevé en quelque sorte l'optimisme inné dont vous jouissiez. Ceci n'est pas une accusation mais un constat qui nous amène à penser que d'une manière ou d'une autre, et à des degrés divers, notre liberté disparaît au profit de l'apprentissage des règles de l'existence.

La confiance que vous donnez à vos parents s'acquière au fur et à mesure que s'opère un contrôle sur vos sentiments. Instinctivement pourtant vous aimiez, vous croyiez et aviez du plaisir. Mais vous comprenez alors que vous devez « croire » et que vous devez « aimer » à la façon dont on vous l'apprend, en respectant les règles de savoir vivre et de savoir être. Dans la mesure où vous ne pouvez pas conditionner vos sentiments propres, vous devez faire semblant d'aimer et d'avoir confiance en l'autre. Vous faites semblant de sentir ce que spontanément et librement vous auriez ressenti, en transformant un sentiment libre en un sentiment contrôlé.

Les recherches de Mélanie Klein, grande psychanalyste du début du siècle dernier, ont établi que chez le bébé s'opère deux modalités normales de rapport aux « objets » de son environnement : La position *schizo-paranoïde* serait liée à la première année de vie, et la position *dépressive* se mettrait en place progressivement ensuite, vers l'âge d'un an. La seconde modalité ne viendra pas remplacer la première, mais les deux coexisteront et agiront ensuite en parallèle dans le psychisme de chacun. Pendant la première année, les objets sont perçus de manière partielle ; l'enfant distingue le sein de sa mère, ou le biberon qui lui procurent le plaisir de manger. Ces objets sont perçus comme bon ou mauvais ; Ils sont gratifiants si l'enfant a faim et satisfait ce besoin, et frustrants si l'enfant a faim mais ne satisfait pas ce besoin. C'est alors que l'enfant « *projette ses propres pulsions agressives* », sur les objets reconnus comme mauvais ; le bon objet est ainsi le sein qui apparaît quand le bébé le désire, tandis que le sein absent ou frustrant est l'archétype du mauvais objet.

La frustration de l'enfant est une réponse émotionnelle à l'opposition qu'il ressent. Elle survient face à une résistance qu'il croit percevoir et qui s'interpose à sa volonté et à ses désirs. Elle sera d'autant plus forte que le niveau d'exigence de l'enfant sera élevé.

Je me souviendrai toujours de ces enfants de Ndoga Samba dans la région de Tambacounda au Sénégal qui nous demandaient timidement l'autorisation de ramasser (pour les manger) les os de cabris que nous jetions au sol pour les chiens du village, ou encore l'amour resplendissant de cette petite fille qui promenait fièrement sur son dos, ainsi qu'elle avait vu sa mère porter ses nombreux frères et sœurs, la petite poupée que nous lui avions offerte. La pureté du cœur de ces enfants n'avait d'autres origines que leur absence d'avidité et de frustration.

Mais retournons en France où Jérôme Fourquet nous explique les prémices d'une société décadente, devenue « *immature, impatiente et incapable de réguler ses affects* ». Au cours d'un déjeuner à L'Elysée en mai 2023, ce dernier, s'appuyant sur les travaux du sociologue Norbert Elias, expliquait à notre président Macron les raisons de la « *décivilisation* » de la France. Le constat qu'il fait de notre société est accablant : violence gratuite, irrespect, narcissisme à outrance. Nous sommes dans la société du paraître sur les réseaux sociaux dont les effets de la déréalisation de l'individu ont toutes les conséquences que l'on connaît sur le mal-être de ceux qui tentent de garder malgré tout leur statut d'hommes et de femmes libres.

Les frustrations sont à l'origine des situations conflictuelles et violentes entre nous. Les émotions sont hors de contrôle. L'enfant qui n'a pas appris à mériter ce qu'on lui donne, celui à qui ses parents ont cédé à tous ses caprices ou encore cet adolescent qui n'a pas compris ce que représente la valeur du travail seront éternellement frustrés et agiront de manière irrationnelle.

La frustration est le résultat de l'impossibilité à accepter ses limites. Elle est encouragée par notre société de consommation, qui a intérêt à entretenir chez le consommateur la suggestion que ses désirs sont illimités et qu'ils peuvent être satisfaits par un acte d'achat. C'est vers 12 mois que le développement progressif de la seconde modalité de rapport aux objets s'opère chez l'enfant. La position dépressive, dans laquelle les objets commenceraient à être reconnus de manière plus complexe et élaborée, non plus simplement bons ou mauvais, mais « composés » est déterminante, comme le soulignait Mélanie Klein. En parallèle de cela se développerait progressivement la capacité « dépressive » qui ouvre la possibilité de « s'en faire » pour les autres, de ressentir de l'empathie, des sentiments positifs ou négatifs. Si l'enfant, à ce moment-là, rencontre des difficultés dans son développement psychique venant entraver la mise en place correcte de cette « position dépressive », il sera incapable de gérer ses frustrations.

Or, la frustration est bien au départ la recherche d'une certaine forme de liberté sans contrainte. Mais il y a bien dépendance envers l'objet, puisque c'est l'objet investi qui créé la frustration. Rechercher à obtenir à tout prix ce que l'on veut est une démarche avide de dépendance. La liberté est aliénée par la dépendance envers l'objet matériel. L'avidité au cœur de notre société matérialiste est un miroir aux alouettes. Elle met en place un esclavage intellectuel et nous soustrait à notre vraie liberté de penser : « *cette perpétuelle distraction, au sens pascalien du mot, qui interdit à l'homme toute introspection et le projette hors de sa propre personne en le condamnant ainsi à la superficialité* » écrivait Patrick de Ruffray, alors que nous n'étions qu'aux prémices du consumérisme, en 1987. (Dépassements, Ed CLD).

L'être humain aliéné est un oiseau qui ne peut plus voler ; il est devenu une « chose ». Celui qui le garde dans sa cage peut l'aimer en apparence ; il en prendra certainement soin, dans un mélange d'affection et de possession, mais il lui soustrait la signification même de son existence.

Celui qui n'est pas libre aura toutes les difficultés à aimer. Il lui sera impossible d'aimer la liberté de l'autre. Sa seule préoccupation sera de lui enlever sa liberté comme il l'a subi lui-même.

La haine ne peut pas naître de la liberté, mais au contraire elle naît de la privation de la liberté.

Le vrai amour naît de la liberté : c'est la liberté d'aimer et l'amour pour la liberté de l'autre.

C'est l'étincelle dans le regard de mon père qui, à presque 6 ans, rencontrait pour la première fois son père, mon grand-père, revenant de 5 longues années de captivité en 1945 et qui continuait malgré tout à écrire :

« (...) *La plus grande découverte que l'on puisse faire sur la vie est celle qui consiste à comprendre que l'amour, pour n'être point destructeur de lui-même, doit cesser d'être possession pour devenir échange et partage* ».

Remerciements

Floriane de Ruffray pour ses magnifiques illustrations, Solenne Le Cornec pour sa minutieuse relecture, et Angéline Czödör pour ses précieux conseils.

Lien internet : psychologie.com.co

Bibliographie et références

....

Les naturalistes Locke et Helvétius

Helvétius, C.-A. (1981). Correspondance générale d'Helvétius, Volume I.

John Locke, Essai sur l'entendement humain, Paris, Librairie Générale Française, 2009.

Gaston Berger

Recherches sur les conditions de la connaissance, Paris, PUF, 1941.

Phénoménologie du temps et prospective, Paris, PUF, 1964.

L'homme moderne et son éducation, Paris, PUF, 1967.

Traité pratique d'analyse du caractère, Paris, PUF, 1950.

Questionnaire caractérologique, PUF, Paris, 1950.

Caractère et personnalité, Paris, PUF, 1954.

Albert Einstein

Albert Einstein, La théorie de la relativité restreinte et générale (1916, édition française Gauthier-Villars 1956).

Comment je vois le monde, Edition Flammarion 1934, coll. « Bibliothèque de philosophie scientifique », réédition Flammarion, 1989.

Albert Einstein et Léopold Infeld (trad. Maurice Solovine), L'évolution des idées en physique : des premiers concepts aux théories de la relativité et des quanta, Paris, Flammarion, coll. « Champs » (no 119), 1983 (1re éd. 1938).

J DEWEY

Expérience et Education, Ed Bourelier, 1947.

Paul Griéger

L'intelligence et l'éducation intellectuelle – Investigations caractérologiques, P.U.F. (1950).

Précis de caractérologie à l'usage des éducateurs, Ligel (1954).

Caractère et vocation – Apport de la psychologie au problème de la vocation, Journée de la Vocation (1958).

La caractérologie ethnique – Approche et compréhension des peuples, P.U.F. (1961).

Étude pratique du caractère, Journée de la Vocation (1961).

La caractérologie scolaire – Étude pratique du caractère, Ligel (1965).

Traité de pédagogie : tome 1 Pédagogie générale ; tome 2 Pédagogie appliquée, Ligel (1968).

René Le Senne

Traité de morale générale, Paris, P.U.F., 1942.

Le devoir, Paris, Alcan, 1930.

Traité de caractérologie, Paris, P.U.F., 1945.

Introduction à la philosophie, Paris, P.U.F., 1949.

Le mensonge et le caractère, Paris, Alcan, 1930.

Carl Gustav Jung

Psychologische Typen (1920. 7e mille 1937, Rascher, Zurich et Vienne).

Les Rêves d'enfants, tome 1, Albin Michel, coll. « Bibliothèque jungienne », 2002.

L'Âme et la vie (trad. de l'allemand), Paris, LGF, coll. « Livre de Poche », 1995.

L'Âme et le soi, renaissance et individuation, Albin Michel, coll. « Le livre de poche », 1990.

L'homme à la découverte de son âme, Paris, Albin Michel, coll. « Hors collection », 1987.

Essais sur la symbolique de l'esprit, Paris, Albin Michel, 1991.

La Guérison psychologique, Paris, Georg, 1984.

L'Énergétique psychique, Genève, Georg, 1973.

La Vie symbolique : psychologie et vie religieuse, Paris, Albin Michel, coll. « Bibliothèque Jungienne », 1989.

Les Racines de la conscience, Paris, LGF, coll. « Le livre de poche », 1995.

Psychogénèse des maladies mentales, Paris, Albin Michel, coll. « Bibliothèque jungienne », 2001.

Psychologie de l'inconscient, Paris, LGF, coll. « Le livre de poche », 1996.

Psychologie du transfert, Paris, Albin Michel, 1980.

Psychologie et éducation, Paris, Buchet Chastel, 1994.

Types psychologiques, Paris, Georg, coll. « Jung », 1997.

Philippe Fossati

Institut du cerveau et de la moelle épinière. Préface Philippe Fossati , « Pratiquer la neuropsychologie en psychiatrie adulte ». Dunod, 2020.

Neuro-imagerie des troubles anxieux. Simon Lambrey, Philippe Fossati. Lavoisier, 2014.

William James

« Remarks on Spencer's Definition of Mind as Corespondance », The Journal of Speculative Philosophy, 1878.

« Great Men, Great Thoughts and the Environment », The Atlantic Monthly, 1880.

Principes de psychologie [« The Principles of Psychology »] (trad. de l'anglais), 1950 (1re éd. 1890).

Précis de psychologie [« Psychology. Briefer Course »] (trad. de l'anglais) (1re éd. 1892)

Henri Bergson,

Essai sur les données immédiates de la conscience, Paris, Félix Alcan, coll. « Bibliothèque de philosophie contemporaine », 1889.

Matière et mémoire. Essai sur la relation du corps à l'esprit, Paris, Félix Alcan, coll. « Bibliothèque de philosophie contemporaine », 1896.

L'Évolution créatrice, Paris, Félix Alcan, coll. « Bibliothèque de philosophie contemporaine », 1907.

Le matérialisme actuel, coll. « Bibliothèque de philosophie scientifique », Paris, Ernest Flammarion, 1913.

L'Énergie spirituelle. Essais et conférences, Paris, Félix Alcan, coll. « Bibliothèque de philosophie contemporaine », 1919.

Durée et Simultanéité. À propos de la théorie d'Einstein, Paris, Félix Alcan, coll. « Bibliothèque de philosophie contemporaine », 1922.

Les Deux sources de la morale et de la religion, Paris, Félix Alcan, coll. « Bibliothèque de philosophie contemporaine », 1932.

La Pensée et le Mouvant. Essais et conférences, Paris, Félix Alcan, coll. « Bibliothèque de philosophie contemporaine », 1934.

Otto Gross

Révolution sur le divan, traduction française de Jeanne Etoré, Éditions Solin, 1988.

Emmanuel Kant

Jean Lacroix, Kant et le kantisme, Presses Universitaires de France - QSJ ? 1966.

Des différentes races humaines (1775).

Critique de la raison pure (1781 ; 2de éd. 1787).

Fondements de la métaphysique des mœurs (1785).

Premiers principes métaphysiques de la science de la nature (1786).

Sur l'échec de toute tentative philosophique en matière de théodicée (1791).

Sur le mal radical (1792).

La Fin de toutes choses (1794).

Vers la paix perpétuelle (1795).

Métaphysique des mœurs (1796-1797).

Sur un prétendu droit de mentir par humanité (1797).

Jean Paulhan

Journal de Psychologie normale et pathologique, 1925, Edition Alcan.

Les Hain-Tenys Merinas (Geuthner, 1913 puis 2007).

Le Guerrier appliqué (Sansot, 1917 ; Gallimard 1930 puis 2006).

HORACE

Œuvres complètes d'Horace, traduites en vers par P. Daru, 2 Tomes, à Paris, chez Janet et Cotelle, Libraires, M DCCC XXIII.

Œuvres complètes : tome 1, Satire, Épodes, Epîtres / Horace ; traduit par Danielle Carlès. - Publie.net, 2019.

E. Wiersma,

Fournis dans la Revue « L'année Psychologique » en 1903 (*La méthode de combinaison d'Ebbinghaus et Recherches sur les oscillations de l'attention*).

Gerardus Heymans

G. Heymans (*Résultats et avenir de la psychologie spéciale /Archives néerlandaises Sciences exactes et Naturelles en 1915.*).

Quantitative Untersuchungen über die Zoellnersche und die Loebsche Taüschung (Études quantitatives sur les illusions de Zœllner et de Lœb, 1897) , Z. für Psychologie und Physiologie der Sinn, vol. XIV, pp.130-139.

Einführung in die Metaphysik (« Introduction à la métaphysique », 1905). Leipzig, Barth.

De toekomstige eeuw der psychologie (« L'avenir de la psychologie », 1909). Conférence prononcée devant le rectorat de l'université royale de Groningue le 20 septembre 1909. Groningue, éd. Wolters.

G. Heymans (trad. R. Le Senne), La Psychologie des femmes [« Psychologie der vrouwen »], 1911 (réimpr. 1925 Ch. Hérissey pour l'édition française).

Einführung in die Ethik auf Grundlage der Erfahrung (« Introduction à l'éthique sur la base de l'expérience individuelle », 1914). Leipzig, éd. Barth.

G. Heymans & T.J.C. Gerritsen, La philosophie de Heymans (1938, posthume), éd. F. Alcan, Paris.

Häberlin

(Häberlin *Der Charakter Kober, Ed Bâle, 1925. Article de W. Bowen, Journal de Psychologie norm. et pathol., 15 déc. 1930*)

Roger Gaillat

Le questionnaire caractérologique de Roger Gaillat (« *Analyse caractérielle des élèves d'une classe par leur maitre* », Presses Universitaires de France p227, 1952).

Clefs pour la caractérologie Roger Gaillat et Luc Decaunes - Clefs pour la caractérologie. ED CLEFS 01/01/1973.

Howard Gardner

Frames of Mind, the Theory of Multiple Intelligence, 1983.

Les intelligences multiples : la théorie qui bouleverse nos idées reçues, Paris, Retz, 2008.

Les Formes de l'intelligence, Paris, Odile Jacob, 2010.

Les cinq formes d'intelligence : Pour affronter l'avenir, Paris, Odile Jacob, 2009.

L'intelligence et l'école : la pensée de l'enfant et les visées de l'enseignement, Paris, Retz, 2012.

Les Personnalités exceptionnelles, Odile Jacob, 1999.

Gribouillages et dessins d'enfants, Pierre Mardaga, 1997.

La bêtise et les trois facettes de l'intelligence, Le Philosophoire, no 42, février 2014.

Platon

Œuvres complètes (trad. du grec ancien par Luc Brisson), Paris, Éditions Flammarion, 2008 (1re éd. 2006). « Lettre VII ».

Luc Brisson, « La lettre VII de Platon, une autobiographie », in L'Invention de l'autobiographie, Presses de l'École Normale Supérieure, 1993.

Apulée, Sur Platon et sa doctrine (vers 150), in Opuscules philosophiques et fragments, texte établi et traduit par Jean Beaujeu, Les Belles Lettres, 1973.

Diogène Laërce, Vies, doctrines et sentences des philosophes illustres (vers 200), Livre III, introduction, traduction et notes de Luc Brisson, La Pochotèque, Paris, 1999.

Aristote

Opera omnia (en grec). Alde Manuce, Venise (1495-1498), in-fol. Venise, Alde Manuce. Œuvres complètes à l'exception de la Rhétorique et de la Poétique, publiées par Alde Manuce en 1508 dans un recueil de traités de rhétorique.

Collection Didot, (1848-1860). T. IV : Scholia in Aristotelem, 1836 : extraits de commentaires en grec. T. V, 1870 : Aristotelis fragmenta, Valentin Rose, « Aristotelis fragmenta » ; Index aristotelicus par Hermann Bonitz.

Paul Langevin

L'Évolution de l'espace et du temps, Scientia, 1911 et La Notion de Corpuscules et d'Atomes, Paris, Hermann, 1934.

Charles Spearman

General Intelligence objectively determined and measured, American Journal of Psychology 15, 1904.

The Nature of Intelligence and the Principles of Cognition, London: Macmillan, 1923.

The Abilities of Man, London: Macmillan, 1927.

Creative Mind, New York: Appleton, 1931.

Psychology down the Ages, 1937.

Human ability, avec L. W. Jones, London: Macmillan, 1950.

David Wechsler

The Range of Human Capacities (1935)

The Measurement of Adult Intelligence (1939)

WISC (1949)

WAIS (1955)

The Measurement and Appraisal of Adult Intelligence (1958)

William Picken Alexander

Intelligence, concrete and abstract, Cambridge University Press, 1935

André Le Gall

Caractérologie des enfants et des adolescents, à l'usage des parents et des éducateurs – 1 janvier 1964, PUF.

Robert MAISTRIAUX

L'intelligence et le caractère, Presses Universitaires de France Paris 1959.

Susan Nolen-Hoeksema

Susan Nolen-Hoeksema, Abnormal Psychology, McGraw-Hill, 2013,

Jon Kabat-Zinn

L'Éveil des sens (trad. de l'anglais), Paris, Les arènes, coll. « Documents », 2009.

Au cœur de la tourmente, la pleine conscience : MBSR, la réduction du stress basée sur la mindfulness (trad. de l'anglais), Bruxelles, De Boeck, coll. « Carrefour des Psychothérapies », 2009.

L'éveil de la société (trad. de l'anglais), Paris, Les arènes 2020.

Jean Toulemonde

Les Inquiets/Ed Payot 1951.

Paul Hartenberg

Les Timides et la timidité, Paris, Alcan, 1901.

Suzanne FOUCHE

Hommes qui êtes-vous ? Paris, édit. Revue des Jeunes 1945.

Roger GAILLAT

Analyse caractérielle des élèves d'une classe par leur maître/ Presse Universitaire de France. 1952.

Aurélie Lebelle

Le Parisien Le 6 juillet 2016 « Dis-moi comment tu t'habilles, je te dirai où tu vis dans le 93 »

Jérôme Fourquet

L'Archipel Français (Ed Seuil) 2020.

David Le Breton

L'adieu au corps, Paris, Métailié, 1999.

Fiodor Dostoïevski

 Le Joueur, 1866 traduit par Ilia Danilovitch Halpérin-Kaminskiï Éditions Plon.

 Yves-Hiram Levy Haesevoets

Enfances & Psy et Traumatismes de l'Enfance et de l'adolescence. Ed de Boeck. 2008

Jeanne Siaud-Facchin

Trop intelligent pour être heureux ? (Ed Odile Jacob). 2008

Guglielmo Ferrero

Revue philosophique de la France et de l'étranger, tome 37, 1894.

George Bretts et Maureen Neihart

George T. Betts and Maureen Neihart (1988). Profi les of the gifted and talented. Gifted Child Quarterly, 32(2), 248-253.

Ernst Kretschmer

Wahnbildung und manisch-depressiver Symptomenkomplexe, Berlin, (1914, Dissertationsschrift)

Der sensitive Beziehungswahn, Berlin (1918), 2. Aufl. Berlin (1927), Habilitationsschrift

La Structure du Corps et le Caractère. (Ed Payot, 1930).

Körperbau und Charakter, Berlin, J. Springer, (1921) 9. und 10. Aufl.(1931)

Medizinische Psychologie (1922)

Hysterie, Reflex und Instinkt, Leipzig (1923)

Störungen des Gefühlslebens, Temperamente, Handbuch der Geisteskrankheiten. Band 1. Berlin (1928).

Geniale Menschen, Berlin (1929), 2. Aufl. (1931).

Psychotherapeuthische Studien, Stuttgart (1949).

Monique de Kermadec

La femme surdouée, (Albin Michel) 2019

John Pierrakos,

Core Energetics, Developing the Capacity to Love and Heal, LifeRhythm, Mendocino, California (1973) John C. Pierrakos, Core Energetics: Developing the Capacity to Love and Heal, Core Evolution Publishing, 2005.

The Case of the Broken Heart (1974) John C. Pierrakos, The Case of the Broken Heart, Institute for the New Age of Man, 1974.

The Plight of the Modern Woman (1975) John C. Pierrakos, The Plight of the Modern Woman, Institute for the New Age of Man, 1975.

Human Energy Systems Theory (1976) John C. Pierrakos, Human Energy Systems Theory: History and New Growth Perspectives, Institute for the New Age of Man, 1976.

Wilhelm Reich,

Premiers écrits, vol. 1 (articles, 1920–1925), dont Conflits de la libido et formations délirantes dans Peer Gynt d'Henrik Ibsen (1920), Payot, 2006.

Premiers écrits, vol. 2 : la génitalité dans la théorie et la thérapie des névroses, Payot, 2006 (Original allemand : Die Funktion des Orgasmus, 1927, retravaillé à partir de la théorie de l'orgone.

Matérialisme dialectique et psychanalyse dans La crise sexuelle, Éditions sociales, 1933. Original allemand : Dialektischer Materialismus und Psychoanalyse, 1929.

L'Irruption de la morale sexuelle, Payot, 1999. Original allemand : Der Einbruch der Sexualmoral, 1932

L'Analyse caractérielle, Payot-poche, 2006. Original allemand : Charakteranalyse, 1933.

La Psychologie de masse du fascisme, Payot, 1999. Original allemand : Massenpsychologie des Faschismus, 1933. Édition américaine : The Mass Psychology of Fascism, 1946, réimp. FSG, 1970

La révolution sexuelle (en), Christian Bourgois, 1982. Original allemand : Die Sexualität im Kulturkampf, 1936.

Alexander Lowen

The Voice of the Body, Bioenergetics Press Editions, Floride, 2005.

La Bio-Énergie , Tchou-Laffont 1976.

Le Langage du corps, Tchou-Laffont 1977.

William Walling

N'y allez pas, Denoël, coll. Présence du futur, no 177, 1974 ((en) No One Goes There Now, Doubleday, 1971), trad. Jean Autret.

film « *Le jouet* »

Film français réalisé et écrit par Francis Veber, sorti en 1976.

Jeffrey Young

Jeffrey E. Young, Cognitive therapy for personality disorders: a schema-focused approach, Professional Resource Press, 1999.
Janet S. Klosko, Pierre Cousineau, Marie Perron et Jeffrey E. Traduction de : Young, Je réinvente ma vie : vous valez mieux que vous ne pensez, 2018.
Janet S. Klosko et Marjorie E. Weishaar, La thérapie des schémas : approche cognitive des troubles de la personnalité, De Boeck, 2005.

Jean Cottraux et Ivy-Marie Blackburn

Thérapies cognitives des troubles de la personnalité (Ed Masson).

Hans Eysenck

L'Inégalité de l'Homme, éd. Copernic, 1977.
Déclin et chute de l'empire freudien, F.-X. de Guibert éditeur, coll. « Écologie Humaine », 1994.
Abord statistique et expérimental du problème typologique de la personnalité névrotique, psychotique et normale. Évolution psychiatrique, 1954.

Théophraste

Les Caractères (trad. du grec ancien par Nicolas Waquet, préf. Nicolas Waquet), Paris, Payot & Rivages, coll. « La Petite Bibliothèque », 2010.

Karl Birnbaum,
Psychose mit Wahnbidling wahnhafte Einbildingen bei Degenerativen, 1908
Über psychopathische Persönlichkeiten. Eine psychopathologische Studie, 1909.
Die krankhafte Willensschwäche und ihre Erscheinungsformen. Eine psychopathologische Studie für Ärzte, Pädagogen und gebildete Laien, 1911.

DSMV

American Psychiatric Association, DSM-5: diagnostic and statistical manual of mental disorders, 5e edition. Washington D.C. American Psychiatric Association, 2013.

Marie-France Hirigoyen

Le Harcèlement moral : la violence perverse au quotidien, Éditions La Découverte & Syros.

Cyril Malka

Elever un sociopathe ». Autoédition 2013.

James blair

The psychopath, emotion and the brain, Éd Malden (Mass.): Blackwell, cop. 2005. Co-écrit par James Blair, Karina Blair, Derek Mitchel.

Joseph Newman

Integrating Psychological and Neuroscience Perspectives on Psychopathy.

The Attention Bottleneck Model of Psychopathy: Implications for Self-Regulation, Violence, Neural Correlates, and Cognitive Remediation.

Matching Cognitive Remediation Training to the Differential Deficits of Psychopathic and Externalizing Prisoners: Specifying the Mechanisms of Action.

Psychopaths are Callous, Fearless, & Oblivious: Where Best to Intervene?

Kevin Dutton

La sagesse du Psychopathe » Ed Larousse 2015.

René RESTEN

Caractérologie du criminel. Ed Presse Universitaire de France en 1959.

Sylvie BOISSON

Psychiatric Expertise and Social Evaluation of Pedophily (19th-20th Centuries) par Anne-Claude Ambroise-Rendu.

Paul-René Bize

Professeur de Sélection et orientation professionnelles (1948-1970). André Grelon. Publications de l'Institut national de recherche pédagogique. 1994

Gemelli

La tendance gangster, dans « Actes du Congrès international de criminologie » 3-8 Octobre 1938. Rome, Mantellate Typographie).

Olof Kinberg

Les problèmes fondamentaux de la criminologie » Revue internationale de droit comparé. 1963.

Barbara Springer

Normative Values for the Unipedal Stance Test with Eyes Open and Closed

Springer, Barbara A. PT, PhD, OCS, SCS1; Marin, Raul MD1; Cyhan, Tamara RN, BSN1; Roberts, Holly MPT, GCS1; Gill, Norman W. PT, DSc, OCS. Journal of Geriatric Physical Therapy 30(1). p 8-15, April 2007.

Malinosky Rummel et Hansen

Etude présentée en 2010 à l'université du Québec en vertu d'un protocole d'entente sur « Les facteurs qui facilitent ou entravent l'intervention auprès des jeunes qui présentent un ou des troubles mentaux.

Currie et Widom,

Les conséquences de la maltraitance dans l'enfance sur la santé physique et mentale à l'âge adulte ; approche épidémiologique de santé publique - Revue française des affaires sociales. Une étude sur les conséquences économiques de la maltraitance (Currie et Widom, 2010).

Miller

C'est pour ton bien. 2008

Silverman

Etude réalisée en 1996

Gustave le Bon

Psychologie des Foules », PUF 1963.

Didier Raoult

Épidémies : vrais dangers et fausses alertes, Éditions Michel Lafon, mars 2020.
Carnets de guerre Covid-19, Michel Lafon, 2021.
Au-delà de l'affaire de la chloroquine, Michel Lafon, 22 novembre 2021.
Chroniques pour une humanité en quête de repères, Michel Lafon, 7 mars 2022.

Christian Perronne

Décidément, ILS n'ont toujours rien compris ! : Covid-19, celui qui dit la vérité doit être exécuté..., Paris, Albin Michel, 2021.
Les 33 questions auxquelles ILS n'ont toujours pas répondu, éditions Albin Michel, 2022.

Journal Le Figaro International

Article du 6 septembre 2018 rédigé par Coline Vasquez.

Journal Libération

Nathalie Versieux, article publié le 22 mars 2017

Louis de Naurois

Dans son article « Discordances *entre droit et morale* ». Revue théologique de Louvain.

Sigmund Freud

L'hérédité et l'étiologie des névroses, PUF, 1973.
La naissance de la psychanalyse, 7e édition, Presses universitaires de France, Paris, 1996.

Lettre à Jung du 16 avril 1909, Correspondance S. Freud-C. G. Jung, Taurus, 1978.
Introduction à la psychanalyse, Payot, coll. « Petite Bibliothèque Payot », 1970.
Trois essais sur la théorie sexuelle, Éditions Gallimard, 1987.

Jean Piaget

Le Langage et la pensée chez l'enfant, Paris, Delachaux et Niestlé, 1923.
Le jugement moral chez l'enfant, Bibliothèque philosophie contemporaine, Paris, PUF, 1932.
La naissance de l'intelligence chez l'Enfant, Delachaux et Niestlé, 1936.
Les liaisons analytiques et synthétiques dans les comportements du sujet, Paris, PUF, 1957.
Sagesse et illusions de la philosophie, PUF, 1965, coll. À la pensée, Paris, 3ème éd., 1972.
La psychologie de l'enfant, Jean Piaget et Bärbel Inhelder, Quadrige, PUF, 2004.
L'équilibration des structures cognitives : problème central du développement, Paris, PUF, 1975.

Stanley Milgram

Obedience to Authority : An Experimental View , Calmann-Lévy, coll. 1994.

Harold Laski

Studies in the Problem of Sovereignty, 1917.
The State in Theory and Practice, 1935, The Viking Press.
Reflections On the Revolution of our Time, 1943 Traduit en français.
Réflexions sur la révolution de notre temps, trad. Davenson, Paris, 1947, Ed du Seuil.

Church

Emotional reactions of rats to the pain of others. Journal of Comparative and Physiological Psychology). 1959.

Geoffrey Miller

The Mating Mind: How Sexual Choice Shaped the Evolution of Human Nature, 2001, Ed G Miller.

Daniel Batson

The Altruism Question: Toward a Social-Psychological Answer. The Altruism Question. 1991. EBook publié en 2014. Imprint Psychology Press.

Elliot Sober et David Sloan Wilson

The Evolution and Psychology of Unselfish Behavior. Harvard University Press, Cambridge, 1998. Unto Others.

Anne Barrère

L'*éducation buissonnière : quand les adolescents se forment par eux-mêmes* » (2011-Armand Colin).

Kurt Schneider

 Les personnalités psychopathiques, Ed Presse Universitaire de France, 1955, traduit par Francis Demers.

Robert Gaupp

Psychologie des Kindes, Leipzig/Berlin, 1907.

Marcel Sanguet

Le pervers n'est pas celui qu'on croit » (Ed Eyrolles). 2016

Sébastien Bouchard

Théories et cliniques de patients difficiles selon les professionnels de la santé mentale. Co-écrit. Chapitre P.17-81. Collection À l'Affût (Santé mentale au Québec).2015.

JP Sartre

L'âge de raison - Les chemins de la liberté, tome 1 Poche – 18 janvier 1972, Ed Folio.

Patrick de Ruffray

Le silence de Douaumont (1954) - Préface du Général de Gaulle. Éditions B. Grasset.

Le procès du centurion (1959) - Éditions Bloud & Gay.

Les nouveaux infidèles (1965) - Éditions Privat.

Décoloniser les provinces : conversations régionalistes en Poitou-Charentes (1967) - Éditions SFIL.

Dépassements : à la recherche d'un regard chrétien sur notre temps (1987) - Éditions CLD.

Le Dernier Bonheur (1989) - Éditions France Empire - Prix d'Académie.

Captivité de Babylone : Récit pour Juventus (1991) - Éditions France Empire.

Mélanie Klein

Francis Drossart, Une théorie kleinienne de la destructivité et de la créativité, préface de Didier Houzel, contributions de Chantal Lheureux-Davidse et de Géraldine Le Roy, Larmor-Plage, éditions du Hublot, 2016.

Le génie clinique de Mélanie Klein, (1994) Paris, Désir/Payot, 2001.

Julia Kristeva, Le Génie féminin : 2. Mélanie Klein, Paris, rééd. Gallimard, coll. « Folio essais », 2000.

 Développement d'une pensée, Paris, PUF, coll. « Bibliothèque de psychanalyse », 1985.

Paul-Claude Racamier

"Entre agonie psychique, déni psychotique et perversion narcissique". 1986. Revue française de Psychanalyse.

Merci à vous lecteurs

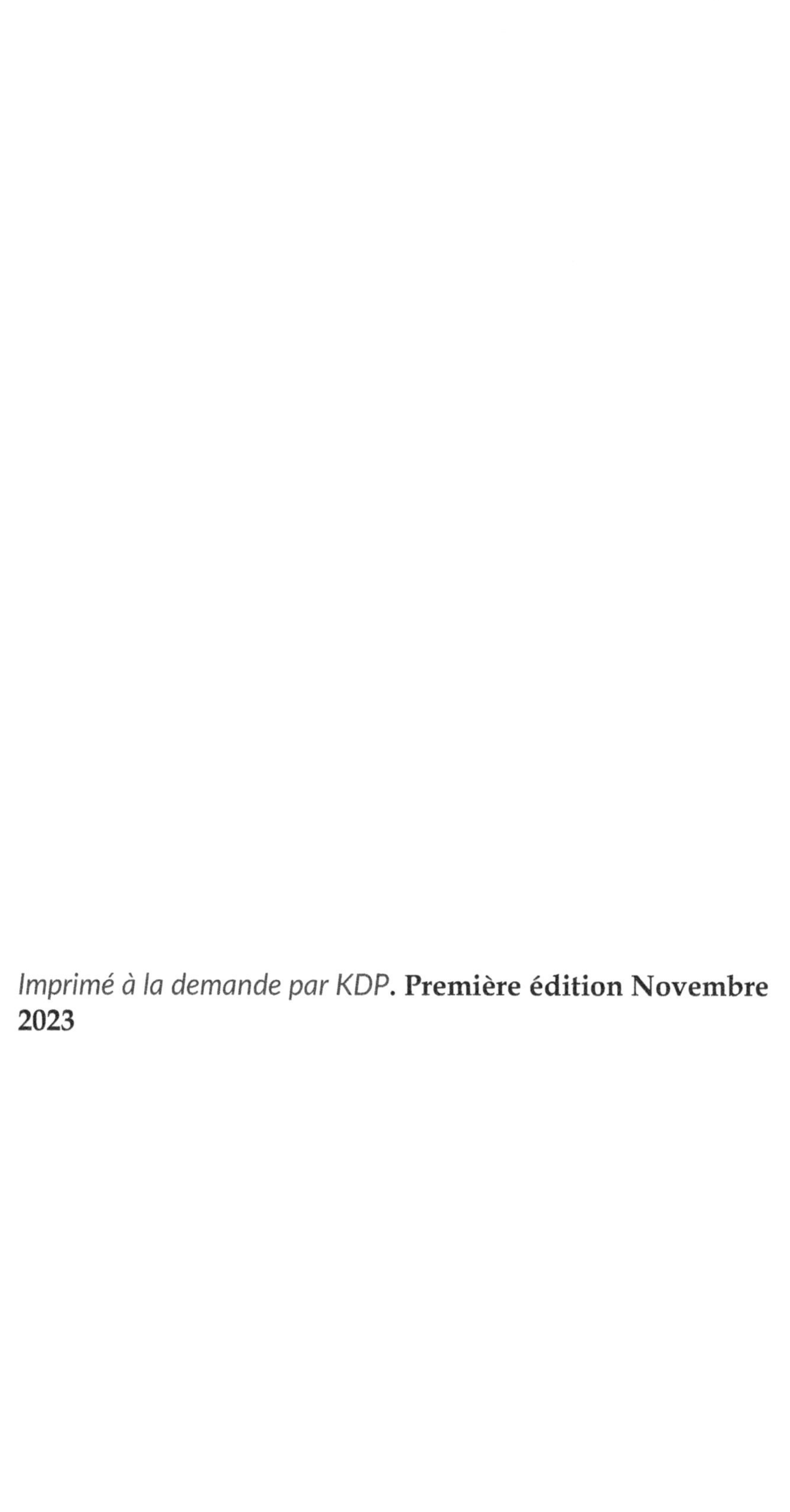

Imprimé à la demande par KDP. **Première édition Novembre 2023**